修復的正義の諸相

細井洋子先生古稀祝賀

西村春夫 編
高橋則夫

RJ叢書 9

成文堂

細井洋子先生

謹んで古稀をお祝いし
細井洋子先生に捧げます

執筆者一同

はしがき

　細井洋子先生は，2012年10月にめでたく古稀を迎えられました。
　先生は，1965年に東京女子大学文理学部社会学科を卒業され，1967年に東京都立大学大学院社会学研究科修士課程修了後すぐに東洋大学社会学部助手となられました。その後，同学部専任講師，東洋大学短期大学助教授，同教授を経て，1989年からは東洋大学社会学部教授として，長年にわたって研究および教育に多大な貢献をしてこられました。そして，1998年に東洋大学より博士（社会学）の学位を授与されるとともに，2013年に東洋大学名誉教授の称号を授与されています。
　先生は，学内においては，大学院社会学研究科委員長，社会学部長などの要職を，また学外においては，内閣府，法務省，国家公安委員会，警察庁等の政府関係各機関における委員・座長，公益財団法人の理事などの要職を歴任してこられました。
　また，先生は，2000年には「RJ研究会」を共同代表者として立ち上げられ，わが国の修復的正義・修復的司法に関する学術研究をリードするとともに，若手研究者の育成に力を注いでこられました。
　私どもRJ研究会共同代表者・会員一同は，先生の古稀を心よりお祝いするために論文集の献呈を計画し，そのための準備を進めてまいりました。先生の70歳のお誕生日に間に合わせることは叶いませんでしたが，このたび15本の論稿からなる本論文集を刊行できる運びとなりました。
　先生には，今後ともご指導を賜りますことをお願いするととともに，先生の益々のご健勝とご活躍を心より祈念して，ここに謹んで本論文集を先生に献呈申し上げます。
　本論文集の刊行については，成文堂の阿部成一社長のお世話になり，編集作業は篠﨑雄彦編集部員にご担当いただきました。この場を借りて，心より感謝申し上げます。

2015年4月　　　　　　　　　　　　　　　　　　編　者

目　次

はしがき

研究ノート　日本における修復的司法の源流を尋ねて
　　――比較年代史的検討――……………………… 西　村　春　夫　（ 1 ）
関係修復正義としての修復的司法の犯罪学・被害者学・刑事政策学
　的素地――犯罪・被害原因論としての関係犯罪論から犯罪・被害対応論としての
　関係犯罪論・親告罪論へ………………………………… 黒　澤　　　睦　（115）
刑事司法と修復的司法の機能に関する一考察
　………………………………………………………… 小長井　賀　與　（139）
加害者の責任とは何か
　　――責任の人称性からのアプローチ――……… 長谷川　裕　寿　（155）
修復責任・再考………………………………………… 高　橋　則　夫　（177）
我が国の近代刑罰思想と修復的正義・修復的刑罰論との接合点
　に関する覚書……………………………………… 宿　谷　晃　弘　（189）
修復的司法（正義）に基づく実践の有効性に関する行動科学的見地
　からの検討及び法制化を巡る留意点等について
　…………………………………………………………… 染　田　　　惠　（207）
感情を持ち込んだ正義の正当性について
　　――修復的正義に潜む強制性批判と修復的実践の可能性――
　…………………………………………………………… 山　辺　恵理子　（229）
修復的正義と日本文化に関する教育学的研究
　　――再統合的恥付けをめぐる修復的実践の教育戦略――
　…………………………………………………………… 竹　原　幸　太　（247）

学校事故における修復とは
　――2つの柔道事故と学校側の対応から考える――……南　部　さおり　(265)
「移行期の正義」における歴史教育の可能性
　――参加の諸側面に注目して――………………………原　口　友　輝　(285)
韓国の刑事司法制度における修復的司法………安　　成　訓　(303)
国際刑事裁判所における修復的アプローチ及び被害者支援
　――ルバンガ裁判を振り返って――………………龍　田　怜　奈　(317)
細井洋子先生の想い出……………………………小　柳　　武　(343)

細井洋子先生　略歴・主要著作目録……………………………(347)

研究ノート
日本における修復的司法の源流を尋ねて――比較年代史的検討――

西 村 春 夫

- Ⅰ 序
- Ⅱ 源流を遡る際の注意点
- Ⅲ RJ の定義，概念内容
- Ⅳ 主要所見
- Ⅴ 日本における源流との出会い―改めてのまとめ―
- Ⅵ その他の所見
- Ⅶ まとめに入る
- Ⅷ あとがき

Ⅰ 序

　源流，つまり物事の起点をたどるのは歴史の問題である。現在熱心に実践・研究ワークをしている人にはそれは好事家の仕事だとして冷たくあしらわれるかもしれない。いずれにせよ学者や市井人にとって一般に源流を尋ねる仕事は読み物として魅力的に映る。実践が長年積み重ねられてくれば実践の亜型も（実直な応用型と似而非応用型があろうが）同時並行的に多く積み重ねられるから，これから先，実践の理論的基礎を固めて益々の発展を目指すためには源流の問題は避けて通れない。RJ 研究にとっても事情は同じである。
　今は惨事便乗型資本主義（後掲）の盛んな世の中で，且つ"重大犯罪便乗型応報刑主義"の盛んな世の中でもあり，人々（自らも含む）を応報の桎梏から，また RJ という名の"桎梏"からも救う事を望み，つまり人々が刑事司法と RJ をよく考えて刑事司法への抵抗を促すために自らが現象を理解する試みである。
　今回，源流を尋ねる方法は年代史の作成という形で行うが，資料は文献と

関係者に対する筆者の聞き取りである。好事家と半分は見られるにしても，そこに登場する人物に筆者は十分な敬意を持って接するものである。その場合何を何処まで尋ねたらよいか，過去にさかのぼるうちに混乱してくることが予想される。あたかも大河の源流を訪ねて奥へ奥へと踏みいるとき，其処此処の岩からの幾筋もの湧水に出会うのと似ている。昔の文献資料を求めて奥へと遡る際に，イモヅル式に最近の文献に出会うことが頻繁にあり，その都度年代史の項目に加えたから（筆者の好奇心の所為である）年代史は全体として肥大化する一方であった。

　流れを学術的，理論的流れと実践的流れ（実務家やNPOグループによる試行や行政による制度化）という2側面に分けてさかのぼるが，日本の特殊事情としてrestorative justiceに与えた訳語の初出の問題もさかのぼる必要があろう。また英米，オセアニアの年代史と比較しつつ日本の年代史をまとめる，並行掲載の形をとることにしたい。比較年代史とサブタイトルを付した所以である。表2は詳細な説明を付した原表となるものであるが，一望することは難しいので，表2から説明や付記を除き項目だけを抜き取ったのが，先頭の表1である。通常の読者は表1からスタートするのがよいと思われる。表3は濃縮史と称し，表2の事項のなかで1～2行の説明のものを削除し，より多量な説明を行った事項を機械的に残した表である。「その事項はとくに重要」との筆者の信号を意味した積もりであるが，完全にそうなっているとは言えず，あくまで参考に示す。

II　源流を遡る際の注意点

　時代，地域，形態（つまりRJの定義・概念内容）を限定し，ここでの尋ねる範囲を茫漠としないよう出来るだけ狭くする。

1　時代について

　資料の作成をいわゆる先進国で近代司法が敷かれた後に限定する。近代以前に，つまり国家による刑事司法が施行される前には復讐的な罰が専ら横行していたと言うのは正しくなく，弁償もあったと言う（後掲ジョンストン

2006)。すなわち加害者を説得して（誰がどのようにしてか，多分高位高官が説得したのだろう），被害弁償，示談金，贖罪金，人命金などの形で被害者に直かに払わせていたとされる（ゲリー・ジョンストン「修復司法の根本を問う」2006）。これは西洋諸国のお話である。日本国ではどうであったか。同様，明治期の近代法導入以前は社会の法化が不十分であったから世間の慣習もそのようなものであったに違いないが，想像の域を出ない。

　話を戻す。これらのお金の一部は多分王侯貴族が召し上げることになる。それよりもっと前は当事者間の話し合いで（こじれれば部落の長老の仲介で）弁償のお金のやり取りがあっただろう。近代ではそのように支払われていたお金を国が刑罰の一種，罰金という名目で加害者から直に簒奪する形となった（N. Christie〈1977〉，現代では被害者が加害者から損害補填を求めるなら科刑とは別の民事手続が必要である）。つまり前近代には確かに私的復讐もあったかもしれないが，それだけではなく関係当事者間での損害の回復と和解も行われていた点を修復的司法推進家は指摘する。今回の作業では前近代まで遡らないし，近代といっても今回の第二次大戦後である。

2　地域について

　修復的司法の学者研究者は先住民社会では，我々が言うところの修復的司法を紛争解決のため昔も今も用いていると述べている。アメリカのナバホ族，カナダの First Nations，ニュージーランドのマオリ族，アフリカや南米の諸国の先住民社会など。ナバホ族の RJ については R. Yazzie and J.W. Zion（1996），カナダの先住民については C.T. Griffiths and R. Hamilton（1996），マオリ族については M. Jackson（1988）が執筆している。H. Zehr によると近代の RJ は先住民の RJ の単なる再生ではないと言う（筆者注，それはそうだと思う。懸念されるのは族長支配の集団であろうから，紛争の解決過程・合意の履行過程における個人個人の自発性の問題である）。それらをそっくりそのまま真似ようとするわけではないが，その思想，精神において学ぶべきである。つまり科刑というより紛争解決（conflict resolution）の思想。年代史作成の中では，ほんの一部の地域を取り上げたに留まる。アフリカや南米の諸国は除かれた。

　さてニュージーランドでは 1970 年代，懲罰的少年司法システムは少年を

成人犯罪者へと継続させるから決して建設的役割を果たしていないと批判的に考えられた。それに植民地政策として白人社会の応報的司法を先住民のマオリ族に適用しようとした誤りを白人族有志は自己反省した。それで応報刑原理を停止して先住民マオリ族の指導原理を基礎に家族・集団協議（FGC）を発足させた。これがニュージーランドのRJの発端である。マオリ族の指導原理とは，公正と正義の実現に向けての手続面の原理と，贈り物を循環させて人と人を結ぶ（つまりコミュニティを作る）精神文化面の原理である。

マオリ族文化の精神性について内田樹（2011）は贈与を例にして説いている。a. 贈り物（挨拶も贈り物である）の価値は受けとった者が自主的に決定する権利を持つ，つまり予め贈り手が決めたものではないこと，b. 誰かに何かを贈り，それが巡り巡って他の誰かが「返礼義務」を感じた時（つまり貰いっぱなしでは悪いと感じ，返礼行動に出たとき），その人はその物の価値に気づき物の価値（霊的価値）を生み出したことを意味する。贈与とは気づきと「生み出し」がマオリの人間性にほかならないと我々に教えると言う。贈与は価値の生産であると言う。日本人も贈ったりお返しをしたりするが，多くは価値抜きのお付き合いであると筆者は考える。やや唐突であるが，RJを贈与論的に理解することで初めて当事者間でのやり取り（言葉と動きの全体。何かを贈り，何かが贈られる）を自発な贈りであると考える視点が入って来てRJに携わる人々のあいだに敬意（お互いの人格的承認），謙虚，率直な驚異などの価値意識が生まれる，そのことが犯罪や紛争の非暴力的，平和的解決に導くのではなかろうか。真のRJでは単なる謝罪語句，弁償金の受け渡し行動を越えたsomething spiritualが動くとみたい。

筆者なりに内田（実はマルセル・モースの贈与論を下敷にして論じているのだが）を改めて読み解けば，贈与論は集団の中の人と人との関係性を論じているに他ならない。ただし社会学的にではなく，民族の持つ霊性の信仰から説いている。我々のRJは犯罪や紛争の平和的，非暴力的に解決することを目指しているが，その際には当事者の人と人との関係性に注目し，関係性を善き方向に発達させようとする（making things right）。ただし関係性に敢えて注目せず，被害者個人，加害者個人の心身の回復，安定を中心に強調する意見もある。それ故，先住民の知恵は我々後住民（我々近代人は先住民に倣えば「後

住民」と名付けてよい）の迷妄を啓発するところ大である。少なくとも一部のRJ研究者はそう考えた。

　後住民は応報的司法を以て先住民より新しい司法だと自負しているようである。そこでは専門職を雇い精緻な応報的司法が行われている。法廷を見れば訴追者と被告人とに分断され，お互の対立が法的争いのなかで火花を散らす。Van Ness & Strong（Restoring Justice, 2010, 4版）は，Burnside and Baker 編（1994, Relational Justice）を引用し，そういう司法を冷淡な（antiseptic）司法と呼び，その特徴を客観性，平等性，法規の公平な適用とした。斯かる司法には欠陥ありとしてそれを正そうとする一つの司法が我々の RJ であり，antiseptic な司法に対して人間味ある（passionate, 人の心を大切にする）司法と呼ばれ，その特徴は愛，同情，弱者の擁護である。

　Van Ness & Strong は RJ を推進しているゆえに passionate な司法に強く賛同しているのは明らかであるが，antiseptic な司法のよい所までも（たとえば，公平性，適正）捨てることはない。また法実務家は通常 passionate な人になって欲しいが，そのことは捜査・裁判過程で被告人に反省，悔悟，矯正可能性を声高に問題とすることを意味しないであろう。

　所で先進国では犯罪の高まりに対する一般大衆の叫びに応じて政府は厳罰化政策を強化するのが普通であるが，それは一時しのぎにもならないと言う。その現状に対して「Relational Justice」は司法の心臓部で今まで無視されてきたテーマ（すなわち犯罪で損傷された関係性〈relationships〉を修復しようというニーズ）を大々的に取りあげる。応報理論の改革，犯罪で損傷された関係性の修復である。関係性は，被害者ニーズと加害者の権利の関係，個人・地域社会・施設の三者の関係性，刑事施設の中では在監者と刑務官との関係，在監者同士の関係，所長と刑務官との関係など色々あり得る。RJ では特に被害者の権利と犯罪者の権利との関係に注目しており，一方の権利が増強されれば他方のそれは凹むというような反比例の関係でなく，共に伸張するような正比例の関係と捉えられる必要があり（双方の権利の正のバランス論，貧困者・障がい者も含めれば，全ての脅かされている者の権利の正のバランス論），世間も公権力もそう考えるべきである。表2の1976 MVFR 項目での二極構造化（同1999　坂上香も参照），森達也「自分の子どもが殺されても同じことが

言えるのかと叫ぶ人に訊きたい」ダイヤモンド社，2013，25-6 頁における二項対立の語句は被害者対犯罪者の権利の負の関係性を批判的に紹介している。

先住民の RJ の思想と実践は我々に多くの考えるヒントを与える。

3 形態について

犯罪や紛争が起こったとき，人々は当事者の発意として，あるいは代理人の提案として，ごく自然な，人間的な道徳心に動機づけられて謝ったり容認したり（時に譴責したり居直ったりもあり）している。それらの営みは，公権力が介入しないところの極く自然な（インフォーマルな）RJ とも言え，近代以前にあったし，近・現代にもあり得る。形態は交渉，仲介，私的な調停，私的な示談などなど。ただし自然な，インフォーマルな営みとしての RJ であってもすべてが美徳とは言えまい。結論（合意）に到る過程で関係当事者や仲介者相互の間で脅迫，威圧，誘導，圧迫などの非創造的な相互作用力（Eglash〈1958〉）が働き，結論があらぬ方向にねじ曲げられるかもしれない。求償を訴えた村人が逆に周りの村人から排除されるかもしれない。

源流を尋ねる場合これらの自然な RJ を無視するわけにはいかないが，記録データの不足があり遡れない，当面は，RJ の実践が国の刑事司法制度の枠内か枠外かを問わず国に対する何らかの関係のある RJ に限定したい。文献資料については英語と日本語に限定する。

4 文献資料の接した時に

源流を尋ねる場合，単に時計の針を逆に回して見出した文献資料の古さを競うことを意味するだけではなく，見出した文献資料が我々に大きなインスピレーションを与えるものかどうかは重要なポイントである。G. Johnstone 編（2003 年版），A Restorative Justice Reader はインスピレーションを与える初期の修復的司法関連の文献 5 編を示している。即ち T.F. Marshall（1998），R. E. Barnett（1977），N. Christie（1977），H. Zehr（1985），J. Braithwaite（1996）である。インスピレーションを与えるかどうかの判断は人々の価値観次第であろうが，5 文献を年代史に採録し，さらに年代史に現れるこれら 5 人の人名すべてに二個の星印を付して示した（ただし表 2 のみ）。筆者はさらに A.

Eglash（1958），エルマイラケースの担当ワーカー，Yantzi and Worth（1974）を加えたい。Eglash はアルコール依存者治療共同体（AA）の 12 ステップの企画に参加し，回復と成長のために霊的な目覚めを強調し，creative restitution を構想した。Eglash の霊的な目覚めは l，Zehr の被害者の回復と成長のための超越（transcending）なる概念に結びつくと思われる。被害者であれ加害者であれ依存者であれ現状密着型の努力だけでは回復と成長の幅は知れている。ワンステップの超越（回心ないし非日常的体験と言ってもよい）が必要とされる所以である（後掲の心的外傷後成長〈PTG〉も参照）。エルマイラの事例では 2 人のワーカーが官主導の RJ をいかにして自主的な RJ に変革するか，精神的に苦闘したのであった。

さて何を以て RJ とするのか。これから尋ねる RJ というものに関して以下少しばかり述べる。

Ⅲ　RJ の定義，概念内容

RJ は幾つかの競合する概念から成っており単一な定義は難しい。また被害者と加害者のステータスは固定的不変的とは言えず生育・発達歴，集団暴力，DV などではいずれが被害者であり，加害者であるかを判別するのは有効ではない場合もあろう。要は関係者すべてが癒し，幸福感，生活再建，人生意欲をリアルに体得すればよい（ディストピアからユートピアへの動きとしての RJ）。源流を尋ねる場合，試行錯誤のなかで RJ 像が浮上するのを期待したい。

先ず Van Ness & Strong（2010）から始める。彼らはその著，Restoring Justice, 4 版において 3 つの基本的概念と 3 つの実践原則（10 頁に所載）を示す。基本的概念の第一は出会い（encounter，この語はカウンセリング技法でも用いられる学術語）である。関係当事者が一緒に集まり，事件の内容（関係者が語る内容は必ずしも合致しないし，話題にするかどうかは司会進行役ワーカーの判断である），事件の理由，修復的過程と現行刑事司法過程の重要な違い，事件後のことなどを自由に気兼ねなく話し合う。ただし人と人との出会いの関係性に敢えて注目せず，被害者個人，加害者個人の心身の回復，安定を強調する意見もある。出会いは以上の内容を含むものとしてある（日本国の茶道で言う一期

一会の心構えと解するならば紛争解決の手続論のレベルを超えて参集者の肯定・否定の感情の交流が基底にあろう)。

RJでは話し合い、つまり対話を重視するが、RJ実践家は、話し合えば立ち所に合意に到るように考えるほど楽観主義者の集まりではない。被害加害が深刻になれば一層然りである。多くの当事者たちが確固とした自己を持たず世間的常識と一体化していたり、家族の絆を背負っていたりすると、話し合いの場は無言劇、悪人懲悪劇、復讐スリラーの演出となる。無言劇とは多くの参集者は押し黙っていて誰かが発言するのを待っている状態を意味する。日本人は下手なことを言ってその場の雰囲気を壊したくないか、発言したことが変に評価されないかを内心気にしている。これを協調主義と言うべきか、没個性の同調主義と言うべきか。そして発言が活発化すれば堂々巡りの議論となるかもしれない。元より日本国において始めから当事者たちに確立した自己を求めるのは無理な話であり、そこは司会進行役のサポートが宜しければ話し合いの過程で未成熟な自己も急速に成長発達してくるわけであり、その意味ではRJは常に生成的、つまりbecoming RJと言える。

第二は害悪の償い（reparation）である。害悪は刑事司法制度のなかで認定された犯罪事実つまり侵害された法益に留まらず、何重にもなって存在する。何重とは身体的・感情的・財産的・精神的・人格的・霊的などの害悪を意味する。次のRJの原則の第1項、被害者の癒しは何重もの害悪の治癒に係わる。

第三は変容（transformation）である。変容としてのRJは個人レベルの、目の前の害悪の臨床的、福祉的な解決・解消に係わることを超えて、人種的偏見、性差別、階級差別、抑圧などの不正義の社会構造的な諸問題に取り組むものとしてある。前項第二において害悪を侵害された保護法益以上のものと見たが、本項第三では害悪の条件を社会的基層まで掘り下げて根本的に検討しようとする。用語的には、犯罪や紛争の解決は起こった後の事後対処を解決と言い、犯罪や紛争を未然防止する根本策を展開するのが変容である（後掲参照）。変容となると教育、態度変容、社会構造的改革が大切になる。医学になぞらえて言えば（石原明子他編2014「現代社会と紛争解決学」7頁所載）、前者は疾患の治療医学（慢性化や再発があり得るだろう）、後者は予防医学（直截

なやり方とホリスティックなアプローチがある）である。両者は判然と区別できない面もある。

　個人レベルであれ集団・民族レベルであれ犯罪や紛争の構造的条件の探究に入れば解決策は一国の社会経済的，文化的政策と深い関わりを持つことになる。RJ は街のトラブル解決や公的司法改革の特にそのための手段に留まらなくなるが，未然防止の観点からは「それも良し」であろうか。「変容」が，健全にして健康的な生活環境の実現を妨げる構造的条件に踏みこまなければ真に RJ とは言えないだろう。それ故 RJ は全体としての人あるいは人間集団の生き方である（後掲，犯罪や紛争の未然防止という立場が入ってくる）。

　それ故ジェノサイド後の真実和解委員会のような国の組織的活動，NPO ボランティアの地域社会レベルの草の根活動にみられる平和と和解の構築も RJ である。ただし新政権の南ア真実和解委員会の評価について拷問，虐待などの外面的解明には有効であったものの，アパルトヘイトを支えた経済的体制つまり南アの深層病理は，解放後の南アに先進国からの投資家を呼び込むため不問に付された。新政権になっても依然として黒人は朝トタン屋根のバラックを出て白人の豪邸にいたり，そこで働き夕べにトタン屋根のボロ家に帰る。「真実」とは人権抑圧の歴史の真実は見ないようにするべく歪められた（クライン：ショック・ドクトリン—惨事便乗型資本主義の正体を暴く，訳書 2011, pp, 296-306）。一国の経済システムを変容させる役割まで RJ に期待するのは無理かもしれない。

　RJ 学に対して平和学という体系がある。社会的，国際的紛争を平和的に非暴力的に解決しようとする姿勢において RJ 学と平和学は同根であるが，互いに他をよく知らないのが現状である。斎藤育郎（日経紙夕刊 20140705）は貧困飢餓，人権抑圧，環境破壊はみんな不合理，理不尽な暴力であり，平和学はそのような暴力の状態を克服する力を結集しようとすると言い，克服する力がきちんと備わっている社会が健全な社会であると言う。筆者が思うに，健全な社会とは非暴力が実現した社会を意味せず，非暴力に向けて一歩一歩完成途上にある（becoming）社会を意味することになろう。司法領域の RJ では近隣紛争から大きな犯罪までを扱うが，重大犯罪の被害者遺族は，たとえば，殺人という暴力的に人の人権抑圧をした加害者が裁判で人権を主張

するのは論外であり，その加害者は死刑になって当然だと考える。多くの政治家（現に彼のブログを見たことがあるが）は，こういう被害者遺族に同情する気持ちを公に示すことで penal populism に迎合して自分の内なる厳罰志向を正当化し選挙の得票につなげる。日本国の刑法は法益侵害に対して死刑を含む刑罰の使用を正当化しているが，RJ 学は「刑罰は国家による暴力的解決法だ」という姿勢から，一つの暴力に対してもう一つの暴力を重ねることを容認していないし，善人悪人を問わず人は人権，人格権，幸福追求権を持つと主張している。ただこの種の大型論理だけで被害者遺族を臨床的に納得させることは出来ず，RJ 学は非暴力的な償い，癒しを探求している。

次いで彼らは RJ の 3 つの実践原則を示す。第一は，犯罪によって傷ついた被害者，加害者，地域社会を癒すように我々が精を出すことを司法（または正義）は求める。第二は，被害者，加害者，地域社会は欲する限り早期にまた広範囲に司法過程に積極的に参加することが出来るようにする。第三は，我々は行政と地域社会の相対的役割と責任について比較再検討する。正義を推進するに当たって行政は公正な秩序（a just order）維持に責任を持ち，地域社会は公正な平和（a just peace）を確立する責任を持つ。秩序と平和は相俟って安全を達成するが，秩序志向が強まると個人の自由度は減少する。したがって平和は自由を尊重する社会でこそ追求されることになる。

もし調停（VOM），カンファレンス，サークルを名乗るグループがあるとしても，これら 3 つの概念内容，3 つの実践原則が確かでない場合彼らが字面で主張するところの修復が生み出されるとは限らない。地域社会の人々が実施する近隣監視，警察の地域安全活動，政府の経済社会的不正義対策などにおいてしばしば犯罪と刑事司法についての対等な討論が忘れられている点を我々 RJ は強調したいのである。

年代史を遡ると A. Eglash（1958）は creative restitution を発表した（再掲）。彼が creative と称した所以は，償いは a 建設的営みであり，b 生涯続く創造的営みであり，c 被害者の求めに応じる自己決定的行動であり，d 共同体的であるからとした。今日の Restorative Justice の理念的基礎を形成したと言える。

では H. Zehr（ゼア）の RJ とはいかなるものであろうか。彼は T. Marshall（1999）の定義（後掲する）を援用し，「RJ は一つの過程である。できる限り当

該事件の諸関係者が参加するようにし，集団の話し合いの中で害悪，ニーズ，義務を明確にしてそれらに取り組むようにして，できる限り癒しをもたらし事態を健全化する（事態を調和にもっていく）とした」。RJ は再犯を減少さするとか，犯罪予防に役立つとか述べていない。が，RJ の有効性についての犯罪者サンプル調査では再犯の有無，頻度は効果測定の測度としてとりやすいし，助成金を出す政治家や行政を納得させやすいので使われているのが現状であろう。

　また彼は RJ の研究者・実践家が RJ らしき（あるいは似て非なる）実践を本格的 RJ と分別する重要な要素を 6 つの質問形式で挙げている[1]（訳書，修復的司法とは何か，新泉社 2013 第 3 刷 225 頁）。RJ の定義を具現するのに便利であるから以下に示す。それは，①被害者への害悪の修復（make right the harm）を目指すか，②加害者のニーズに対応しているか，③コミュニティのニーズと責任が考慮されているか，④被害者-加害者間の関係に取り組んでいるか，⑤加害者の責任を促しているか（刑事責任のことではなく，被害者への償いの責任のことである），⑥被害者と加害者に手続の関与，結論への関与を促進しているか。

　なお彼は 2002 年執筆の The Little Book of Restorative Justice の 38 頁で，悪行に対応する際，対応が RJ 的であるかないか，5 項目の RJ 判定質問を示している。前の 6 項目とはやや異なる。すなわち 1）誰が傷ついたか，2）彼ら（傷ついた人とは被害者，被害者遺族，被告人，その家族など）のニーズは何か，3）誰が彼らのニーズを充足させる責務を担うか，4）その事態に係わっている当事者は誰か，5）事態を健全化するするため関係当事者を関与させる適切な手続は何かである。これらの質問に肯定的に答えるならその司法は刑罰主義的から RJ 的へと動いていると言う。そこでは DBVO なる専門職の活動が現れて来る。特に死刑事件での被害者遺族のニーズ，被告人の責任の自覚的受け容れを司法に組み込もうとするなら尚更のことである。DBVO は被告人弁護団の中の専門職が被害者に福祉，救済，支援の手を差し伸べようとす

---

[1] もしその司法が真に RJ であれば以上の 6 質問全てにイエス，現行の応報司法（つまり応報刑司法）であればすべてにノーとなる。現行司法のイノベーションを意図するなら，幾つかの項目にイエス回答を目指さなければならない。

る諸活動である（表2の2002 Zehr 参照）。

　最近では L.W. Sherman & H. Strang（2007）は T. Marshall（1998）の RJ の定義を示した上で，彼の定義は世界標準にはほど遠いが議論の出発点にはなると言う。マーシャルの定義[2]に沿った RJ 実践は様々あるものの，①被害者，加害者，関係者の対面的カンファレンス，②対面的メディエーション（支援者は同席しない調停），③間接的，往復外交的[3]メディエーション，④被害者抜きで犯罪についての加害者と支援者の協議，⑤加害者抜きで犯罪についての被害者と支援者の協議，⑥裁判官が主導する量刑サークルなどに集約されよう〔カナダの First Nations 先住民の例あり[4]〕。

　Ⅲの最後にハンナ・アーレント（1906-1975）についての数冊の注釈本と，吉田敏雄の8章権威主義・大衆迎合主義的刑事政策を超えて（犯罪司法における修復的正義，成文堂2006 p. 177-196 所収）読後感として2点を指摘することにしたい。

　その前に言うべきは，アーレントについては我々の修復的司法の総合的研究（2006）の12頁で既に言及している。そこでは RJ が共同体主義に基礎づけられているにつきゼア，ブレイスウェイト，棚瀬の言説を引用して論じると共に，アーレントに倣い，被害者加害者対話の場は他者の存在を拒否するプライベートな空間ではなく，他者（関係者）の存在を受け入れる公共性の空間（つまりオープンな共同体）であるべきだと述べた。少年審判の非公開制は公共性の空間の観点から再検討の余地がある。

　話を戻し，第一は，20世紀が恐ろしい世紀，暴力の世紀だったと言われて

---

[2] マーシャルの定義　ある加害行為におけるすべての利害関係者が参集し，加害行為の結果と将来に対してもつ意味についてどう対処するべきかを決定する過程である。T. Marshall（1997）Seeking the Whole Justice. S. Hayman（ed.）Repairing the Damage：Restorative Justice in Action. ISTD, pp. 10-17所収。棒線筆者。決定過程だと述べているが，「何を如何に決定するか」は言っていない。訳文は J. Goodey：Victims and Victimology, 西村春夫監訳「これからの犯罪被害者学」2011, pp. 243より引用した。

　序でながら Christie の定義も挙げておくと（Marshall の定義に似ている。彼も過程論者であろう），近代修復的司法と呼ばれている形は，単純な原則に基づいている。一定の人々が集まり，事件の当事者たちと顔合わせをし，事件について耳を傾け，解決策を見つけようと努力するのである。そこには隠されたミステリーはない。龍谷矯正保護第1号2011, 13頁（訳文），犯罪社会学研究 No. 36, 2011, 22頁（英文）

[3] 両当事者を直接対面対話させるのではなく，調停者が両当事者の間を行き来して進める方式を意味する語句。

いるなかで，希望と人間味のある選択肢の一つとしてRJが誕生したと筆者は見たいのである。ただし修復的実践に努めた人々が20世紀の暴力性を感じ取っていたかどうかは分からない。この際，希望が我々をRJへと勇気づける前に，アーレントの全体主義への批判と警告，吉田の現代日本国における権威主義的・大衆迎合主義的刑事政策への批判と警告を十分見ておく必要がある。そうすると希望の大海に悲観の大滝を見出すかもしれないが，希望も見出し得るだろう。ただし現下の日本もそうだが，大衆社会の根無し草化した大衆は不安・悲観・緊張感を内に持ち（それゆえ壇上から号令を掛ける強者に密かに依存しようとする），日頃小さな悪行を重ねているだけの大衆といえども，彼らの過度の潔癖性ゆえに，贖罪のヤギ（現代では自分たちの意識下の罪悪感・差別感を洗浄するため悪徳政治家，テロリスト，連続殺人犯などを身代わりの大悪者に仕立てる儀礼）を求め，キリスト教的善悪闘争史観（日本流に言えば勧善懲悪観）に染まる。恐ろしい指導者は悪か善か，敵か味方かの二項対立に訴えてこの暴力の世紀に大衆を全体主義（国家主義，民族主義，集団主義と同義）に組織化する。日常生活で他者を敵と見て，他者の排除によって自分らの仲間意識の確認をすることはよくあることだが，国家レベルになると全体主義体制である（この辺り仲正昌樹）。大衆の処罰欲求や復讐欲求に迎合する犯罪政策は，それがたとえ修復的正義の形をとるように見えても現行の応

---

[4] sentencing circle，または peacemaking circle or circle process とも称される。Van Ness and Strong によると，encounter programs（出会いの企画）には，メディエーション，カンファレンス，サークル，impact panel（または victim impact panel，一般的な被害者・加害者等の小集団により実施される相互理解のための討論集会，特に犯罪後の被害者の影響が話される。犯人が検挙されなかったり，当の被害者加害者が会いたくなかったりする時の次善策としてのRJ）の4タイプがある。encounterの要素は，1）対面する，2）物語る，3）感情を表す，4）理解する，5）合意する，であると言われ，最終段階の合意に至るRJ的方法として4タイプが示されている。circle はカナダの先住民から生まれ，犯罪や紛争事を平和裏に（処罰によらずに）解決しようと話し合うコミュニティ住民の集会。ファシリテーター（keeper とも言う）付きで，話題は当面の犯罪・紛争を越えてもよく，参加者も広く招く。被害者・加害者のみならずコミュニティ住民の考え方や期待をも斟酌する。刑罰中心の近代司法への革新的2つの提案としてこのサークルとカンファレンスを挙げる研究者もいる。カナダには先住民の伝統的サークルが各タイプ各地にある。それらは Talking circle, Understanding circle, Healing circle, Sentencing circle, Support Circle, Community-Building circle, Conflict circle, Reintegration circle, Celebration circle であり，理論的に説明する際には Braithwaite (1989) の Crime, Shame and Reintegration が使われるようである。なぜ量刑サークルと呼ばれるかと言えば，起こった事件を特定し，拘禁刑の使用を抑制し，刑期を短くすることを機能とするサークルだからである。［正しくは量刑抑制のためのサークルである］。

報・一般威嚇予防刑法にやがて吸収合併されて，修復の核心を損ねる（吉田敏雄）。健全な大衆といえども希望が来る前に大滝によって全体主義体制・大衆迎合的立法に巻き込まれるかもしれない。

　人々の横の繋がりこそが（筆者は修復的対話における人と人との繋がりを強調したい）人間の人間たるところである。人間の尊厳にも係わるところである。これは真の意味におけるコミュニケーションであり，アーレントが重視した人間的関係としての「友情」に連なる（赦しの世界は別途考えるべきだと筆者は思う）。人間の尊厳というものは，我々が他の人々を一つの共同の世界を建設する仲間として認めることを意味する。共同の世界，複数性の世界，コモンセンスと友情の世界という3つの世界は人間の条件のテーマと重なる（太田哲男）が，RJのテーマでもあり得るのではないだろうか。尤も人が人と連なろうとする時，それらの人皆は全体主義体制に狂言的な人々であったとすれば事態は人間の尊厳を破壊するだけである。

　第二はアーレントがヤスパースから学んだこととして実存的交わりを挙げる（杉浦敏子）。実存的交わりは彼の交わりの哲学をなすものであるが，RJに引きつけて言えば，実存的交わりとは一期一会の癒しの出会いであろう。ヤスパースによれば実存的交わりに必要な条件として1）公開，2）関与，3）同等を指摘する。ヤスパースの交わりの哲学は他者性の概念とそれに伴う孤独の概念（孤立とは異なる）の探究である。RJと称する集会・協議に参加する複数の人は，ありふれた世間体，社会的ステータスを一先ず保留してみずからの内側の声に耳を傾けて（自分で自分を自分にさらけ出してみて，つまり自己開示）孤独者になり，孤独者同士が複数の他者の目に曝されてコミュニケートする。ただしコミュニケーションの目標を短兵急に「合意にあり」とせず，対話協議の過程自体に価値を見出すべきだと筆者は思う。交わりの始め，人々は闘争的かもしれないが同時に愛であるから相手に破壊の効果をもたらさない。筆者の見るところ，うまく行ったRJのメディエーション・カンファレンス・サークルは，正にこういう3条件を持つ。

Ⅳ　主要所見

1　RJ の定義・概念内容について

定義・概念内容について前項で少し説明した。源流を尋ねる際に様々な亜型に出会う。本論では決定的な定義を立てるのではなく定義に関して議論の素材を提供した。

2　RJ は辺境の刑事司法で試行の形で生まれた。

それは諸外国で然り、日本国でも然りである。現行の刑事司法制度についての批判、不満、刷新を含むから中央の刑事司法では実施しにくいからである。やがて中央の刑事司法が（硬直していなければ）注目するところとなる。諸外国で被害者にもアピールする形で現行司法に対する批判、不満、刷新を早期に打ち出したところでは RJ と被害者との連帯が生まれた。

日本国では批判、不満、刷新を打ち出した時、被害者への配慮が足りず、犯罪、犯罪者への憎しみ、怒りが捜査や裁判への批判、不満と連結して強められ、RJ は加害者の更生支援に大きく目を向け、社会的に精神的に弱き被害者を許すよう懐柔する政策だと理解された。結果として中央の刑事司法は依然として今でも冷淡である。RJ を用いて現行司法をイノベーションしようとする「創造的破壊」はなかなか軌道に乗らない。

3　官の主導で対面謝罪へ（キッチナー試行プロジェクト）

英米、オセアニア系の RJ の標準的教科書によると RJ 実践の始まりは 1974 年のエルマイラケース（エルマイラ居住の加害者少年に対するキッチナー裁判所での修復的試行）であるとされる。裁判中の加害者少年を保護観察官が連れて被害者宅に到り対面して謝罪と弁償を約束した。RJ の形式としては、これは被害者加害者調停、victim-offender mediation（VOM）である。始め官主導の RJ 試行であったものが 2 人のワーカーの努力により自主的 RJ に変革された。以下エルマイラケースを詳細に見たい。

Peachy（1989）：The Kitchener Experiment によると、この試行はメノナイト

の宗旨とクリスティ（1977）の Conflict as Property に影響されて現実化された（pp. 18）。そもそもこの試行のアイデアと新機軸（革新）は意図しない始まりだったし，控え目だった。Yantzy（Y）はメノナイト中央委員会で働いたことがあり，キッチナー裁判所の保護観察官であった。主たる業務は判決前調査を行って判事に提出することである。メノナイト教派は政治からは伝統的に距離を置いており，特に強制的権力に依存する法律システムと一線を画していた。彼らは宗教改革以来平和・非暴力主義をとる。Y は犯罪者と被害者間の紛争の peacemaking（訳語は調停，仲裁，和解など様々あり）が好ましいと思った。Y は 2 人の若者（18 と 19 歳）が被害者と会うのは素晴らしいではないかと中央委員会で発言したが，裁判官はこのような和解方式を受け入れないだろうと予想してこのアイデアを撤回した。Worth が「やってみたらどうか」と再び激励し，Y は今度はそれに肯定的に応じた。

判決前調査報告の最後で Y は「被害者との対面は治療的価値がある」と書いた。驚いたことに裁判官は一ヶ月の再拘留を命じ，その間若者は Y と W に連れられて一軒一軒の被害者に会いに行き（ある人は少年を励まし，他の人は少年を門前払いした），損害を補填することを約束した。当初誰もこの決定の真意を掴めなかった。明らかに検事は当惑した表情を浮かべた。

三ヶ月後，法廷でこのことを Y と W が報告し，判事は 1 人 200 ドルの罰金を命じ，かつ保護観察とした。少年は被害者個人別に弁償も行った。現実に加害者少年が地域の被害者あるいは襲った店を訪ねるという意味合いでコミュニティを矯正に関与させたのである。最終的に判事が Y と W の提案を受け入れたということは，この試行は国家司法の枠内で行われたことを意味する。罰金と，謝罪・弁償とが共に行われたという点はこの試行はダイバージョン施策ではなく，裁判の進行中に行われた対被害者関係の調整・回復という意味で RJ だったと解される。1974 年の実験はアイデアとしては新機軸であったが，理論的には詰めが甘かったと言わざるを得ない。1975 年に関係者がキッチナー裁判所における RJ 実施に関する覚書（後掲する）を改めて作成した時，この試行を victim/Offender Reconciliation Project と名付けた。被害者と加害者の Reconciliation（和解）が重要な目標となってきていたが，Programme と称せず Project と名付けたのは運動が未だ流動的であったから

である。1974年の試行の当初は，中心点は加害者にあり，被害者は重要だが脇役であった感がある。ただし運動が組織的，件数的に拡大するにつれ1977年には被害者と対面し損害を補填することは，お金を出せばいいのだろうという軽い気持ではなく，加害者が自分の行動つまり犯罪に義務責任をとるようにさせる道だと見られてくる。また，被害者は弁償を受けとるだけでなく，加害者との個人的接触（対面）を通してこそ加害者についての世間的な固定観念を疑うに至る道だとも考えられてくる。

さて弁償と被害者との対面謝罪という目標が実現してYとWの2人は一応満足であったが，彼らはそれ以上の構想を練っていた。丁度その頃カナダ司法改革委員会が発足していていて改革の気運もあった。1975年に彼らは判事，検事に対する覚書を発し，そのなかで保護観察命令を出す際の統一された言い方として，被告人に「保護観察官の援助で弁償に関して被害者と相互合意に達するように」と教示してはどうかと述べた。最後に，弁償に関して被害者と加害者が相互に合意に至るやり方が標準になるのが我々の望みであると述べた。これ以上のことは公言していないようである。カナダでは日本国の家裁の調査官に比べて判検事に対して地位が遥かに高いように筆者には見受けられる。

1977年に至りChristieの「Conflict as Property」が出た。YとWはChristieを読み，その主張に大いに刺激され共感することになる。彼は国が紛争を個人から奪い取り，刑事司法を独占すると述べたわけである。Peachey (1989)によるとここで手続的改良家としての彼らは明確に理念的改革家となったという。

彼らの理念への跳躍を幾つか指摘する。刑事司法の過程に素人（非専門家としての加害者，被害者，コミュニティの人たち）が自信をもって（with empowering）参加することに強調点を置くべきだとY，W，関係者は益々考えるようになった。紛争解決の脱専門家方式はボランティアワーカーのプログラムへの参入と自助グループの誕生を促進するのに資した。弁償額は被害者と加害者が自主的に決めることも現実に議論された。紛争の当事者が舞台の正面に登場し，報復よりも精神的，金銭的回復こそが正義に適うと理念の転換を考え始めた。筆者にはここら辺が現行刑事司法のイノベーションに当たる

と思われる。ただ正面に出ずソッとしておいてほしいと願う被害者もいるわけで，そういう被害者にはイノベーションは一律押し付けではなく，代わりの方策を探求するべきだろう。

　VORP は保護観察の場で成り立つから有罪決定後に量刑するとき，代替の処分形式となり得る性格を持つ。Y は判事から回付された対象者（被疑者・被告人）と面接し，和解の手続を説明した。「保護観察命令のなかに VORP が組み込まれているが，被害者に対面せず裁判所に弁償額を決めさせることも可能だ」と力説した（対象者の自発を大切にする Y や W の考え方を示す）。保護観察官やボランティアは被害者をも個別に訪ね和解の手続を説明した。多くの被害者は被害者-加害者の対面対話に参加することを選んだ。担当者は弁償額の合意に漕ぎつけるよう努力したが，稀には合意が成立せず裁判に戻ることもあった。カナダの法律システムは対審構造であり有罪か無罪かを先ず裁定する手続となっている。VORP が裁定を避け「悪事を健全化する」やり方を採用したのはキッチナー地域内のみならずオンタリオ州全域の注目するところとなった。特に近隣紛争では裁定方式でなく，メディエーション方式の方が向いている。そこで 1980 年に Community Mediation Service が Y，W，関係者により創設されることになった（後掲）。

　Y，W，Peachey たちが言っているようにキッチナーの試行は定型を示したわけではなくあくまで試行であり，これを土台に未知の海に乗り出す冒険の企てであった。我々は失敗や成功によって学ぶ。

　Y と W の「関係当事者（被害者加害者）の自主的努力に重要性」を置くべきだという直感的な考え方に Christie（1977）は明確な形を与えたわけである。この論文は英国の犯罪学誌に出たが，ノルウェーやイングランドでのメディエーションの開始は 1980 年代に入ってからであったから，筆者が思うに彼の論文はカナダの辺境の地に第一のインパクトを与えたことになる。

　1980 年，Y と W は，近隣や対人関係上の紛争を扱うため既存の法律制度の枠外にオンタリオ州で初の Community Mediation Service を創設した。1984 年カナダは弁償を被害者と加害者の協議で決めさせるよう刑法典を修正した。

　D.T. Johnson（2002 pp. 210-213，邦訳 2004）は RJ の 3 つの基準を示した。すなわち，a．RJ は犯罪を法の侵犯，国家に対する犯罪以上のものとみなす。

それゆえ被害者加害者地域社会に何重もの損傷（injuries）を与えるのである，b. 刑事手続は犯罪によって惹起された損傷を公権力以外の代行者が修復するのを支援するべきだ（すなわち加害者を処罰するだけが働きではない）と強く主張する，c. RJ は犯罪に対する国家の独占的対処を排除する。その代わり被害者加害者地域社会が社会復帰，更生，報酬，償いの手続に関与するよう活発化させる必要がある。b．cの基準は彼独特である。日本国の検察制度には（検面調書の形で）被害者加害者地域社会の声を聞くチャンネルが備わっているのは良いにしても，検察官が独占的権力で事件の筋書きを自らの都合のよいように一方的に造ると批判的に述べている。Braithwaite and Pettit（1994）の文献を脚注に示して，「RJ の核心は人々の自己決定権にあること」という彼らの考え方に Johnson も同意するからには彼は日本国の検察官の権力の恣意性を許さない姿勢と見てとれる。

　また Christie は「前近代の紛争解決法と近代の紛争解決法（RJ）が従来型の刑事裁判所と根本的に異なる 2 点とは，1．一定の強力な権力を基盤としたものではないこと　2．刑罰を科する権力がないこと，である。人々は紛争を収めるために，何らかの平和状態を作り出すためにそこに集まったのである」と明快に語っている（龍谷矯正保護，第 1 号 2011，13 頁）。これら 2 つの観点から見てキッチナーにおける官主導の RJ は，初試行としては十分評価されるが，究極的にそれに留まっていては真の RJ には到らなかったわけで，それ以上のものにしたのは Y, W と関係者の功績であると筆者は思う。

4　1971 年オハイオ州コロンバス市でメディエーションの初試行

　1974 年のエルマイラケースより前にコロンバスで hearing 形式のメディエーションプログラムがあった。コロンバスのプログラムでは被害者加害者近隣住民などに集まってもらい，被害者加害者の人間的出会いを基礎に置いて，近隣紛争で一旦損傷を受けた関係当事者間のコミュニケーションの道を再び開くことを目指した。

5　年代史における文献初出は 1955 年である

　理論面では，Van Ness & Strong（2010），Restoring Justice 4 版，22 頁による

と，H. Schrey et al.（1955）の文献にまでさかのぼる。彼らは restorative justice という用語を初めて用い，聖書における正義と法を論じた。キリスト教の書物である。この場合彼らは刑事司法制度改革のことは念頭になかったと思われる。日本国では翻訳が 1963 年に早くも刊行され「聖書における法と正義」であった。Restorative Justice の訳語は回復的正義であった。原著も訳書もそれぞれの国の刑事司法の世界にはインパクトを与えなかったと筆者には思われる。

6　宮野論文は影響力は限定的であった

宮野彬は 1981 年から 86 年にかけてアメリカの住民メディエーションや刑事和解を詳細に報告している。その先進性のゆえにか，却って我が国の刑事司法の世界には拡散しなかった。

7　高橋貞彦（1997）が RJ を修復的司法と初めて訳す

論文の表題は「修復的司法　アオテアロアの少年司法—ニュージーランドから世界への贈り物」である。彼は，関西に居住していて傷んだ文化財に「修復」という言葉がよく使われており，それを我々の文脈に当てはめて失われた正義の「修復」つまり修復的司法を着想したと筆者の聴取りに答えている。

8　日本国は RJ の発展において 20 年遅れか

英米オセアニアでは 1970 年代には研究論文の発表，実践的活動が活発化したが，我が国では 1990 年代の終わりから 2000 年代に漸く活発化した。その間 2, 30 年の開きがある。

日本では RJ 研究は輸入学問としてスタートしたから（輸入学問が悪いといっているわけではない。文明開化期の刑法学も然りだった），実践を手探りでやってみるより先に学問的興味から RJ を紹介したり，批判したり，擁護したりする論文が早期に刊行された。その後，RJ の実践は公務員や弁護士の個人技レベルで現場即応として対面謝罪の形で（対面対話というより先づ会って謝罪させる）出現したと考えられる。英米も日本も RJ は，制度化の前に被害者と加害者の対面謝罪の試みがあったのは興味深い。

RJを「ごめんなさい司法」と表現する人がいるが，RJはごめんなさい司法ではない。多くの示談書や公判廷で使われる「言辞だけの謝罪」の裏にある意図を被害者が疑うのは当然であろう。その意図を詮索せず検察官や裁判官が言辞だけの謝罪であっても罪一等を減じるのは司法手続としてはそのようなものであろう（実際多くの被告人弁護士はそれを促す）。だがしかし，RJの対面謝罪は誰が誰に対面するのかを問題にするならば，1）加害者が被害者に対面する，2）被害者が加害者に対面する，3）加害者が自己の内面に対面するという三重の対面である。3）のように自己の内面に向き合えるようになってから（謝罪・反省文を何回書いても文章がうまくなるだけである）発せられる謝罪や反省の言葉は，最早口先だけの言葉でなく，相手にも自分にも響く言葉になるだろう。

　一方的に「謝る」だけでは完璧なRJとは言えない。謝った後，相手被害者から応答があるか，あったとしたらどのような形と内容であるか，そのお返しはコミュニティの名に値するか，謝罪が事態を健全なものにする契機となったかが大事である。

V　日本における源流との出会い
——改めてのまとめ——

　日本でrestorative justiceなる語句に出会ったのは，1963年のSchrey et al. (1955)の訳本によってであった。ただしこの時，この語句は回復的正義と訳された。刑事司法政策の学者は本書を見逃したし，今日までRJに関心のある刑事司法政策学者でこの文献を引用したり，参考文献にした者はいないようである。つまりこの本はキリスト教書籍の範疇に入る。

　宮野彬（1981，1987，1990）は住民メディエーションや刑事和解，刑事仲裁という語句を訳語としして使うが，修復的司法（または修復的正義）の語句を使って諸プログラムの基盤に言及しているわけではない。宮澤浩一（1984，1992）は仲介者による加害者と被害者の話し合い和解の必要を提唱しているし，藤本（1990）は初めてVORPを紹介したがが，いずれも思想・理念としてのRJには頁を割いていない。また諸澤英道（1992），高橋則夫（1992）でも修復的司法論は取りあげられていない。

この時期 1970 年から 80 年代に諸外国では刑事和解や調停の形での実践が始まると共に応報的・懲罰的司法，あるいは先住民の司法と対比して自分たちの RJ についての思想的，理念的考察が見られた。摘記すれば，Eglash (1958)，Griffiths (1970)，Bianchi (1974, 1994)，Plack (1974)，Cantor (1976)，Christie (1977)，Barnett (1977)，Zehr and Umbreit (1982)，Justice Fellowship (1986)，Wagatsuma and Rosett (1986)，Haley (1989) などである。吉田敏雄 (2005, 95頁) によれば和解や調停の語句は被害者や被害者支援家から異が唱えられたと言う。それゆえ注意深い研究者・研究団体は修復的司法なる語句を避け，修復的対話，修復的カンファレンス，人間性調停，被害者を思いやる犯罪者対話などの語句を用いる。そこでは正しい関係の修復よりは調和ある状態の修復 (making things right) が重要視される。
　RJ は外国から入ってきた思想，実践技法であり，RJ に関する外国事情を探っていた幾人かの学者のなかで，高橋貞彦 (1997) が RJ を論じるとき修復的司法という訳語を初めて使ったと認められる。
　RJ の訳語として修復的司法 (または修復的正義) が適切であったと思う。society の訳語として「社会」を新造したのと事情は同じであると言える。世間学の佐藤直樹流に言えばは明治期に society の翻訳として社会をあてたのは，「社会」が輸入言葉であり，実体として存在しなかったからである。存在しなかったからこそよかったと言える。日本国には人々の集団乃至人的関係を表す語句として世間という土着の言葉があった。もし世間を society の翻訳として使ったなら，世間のイメージと society のイメージはちぐはぐになり，ちぐはぐを解消するためにいずれかが他方を圧倒しなければならなくなるか，世間に変えて適切な翻訳言葉を作らねばならない。
　修復的司法が RJ の翻訳として適切であったと筆者が判定するのは日本国に RJ が実体として存在しなかったからであると思う。それゆえ輸入言葉としての抵抗はあったにしろ輸入言葉として程々に使えたのである。だが年月を経て今や純正な RJ としての実体が見えて来たかと問われれば遠くに見えていると答えざるを得ないのではないか。
　斯かる実体論の他に Restorative Justice の翻訳言葉として修復的司法がその概念内容をよく表しているかという現象論がある。"本家" の RJ が完全な明

確性を持つと思われないから翻訳の修復的司法も当然曖昧性は十分にある。たとえば，RJ を表すキーワードを考えてみたいが，関係的，非公式的，非権力的，非懲罰的，自主的，自発的，愛と平和の，非暴力的，再犯防止の，癒しの，謝罪の，赦しの，人の温みの，対面的，対話的，支援的，超越的，キリスト教的，霊的などなど枚挙に暇がない。これらのキーワードを端的に言い表す一語があると言うのがそもそも疑わしい。

　実践の側面では源流をたどりにくい事情がある。警察に通報しない，あるいは警察が関知しない市井の紛争において加害者本人あるいはその保護者が謝り，被害者あるいはその保護者が黙許，または宥恕するのは極く自然な，インフォーマルな行為であるからである。これらは公式記録化，制度化されない性格の日常的営みである。推察するにこの種のインフォーマルな回復は洋の東西を問わないであろう。

　次の事例を考えてみたい。少年が少年院に在院しているとする。仮退院を前にしてどうしても被害者宅に行って謝罪したいと言う。少年を巡る状況に問題性がないと判断し，被害者も来宅を拒まなければ院長は自己の裁量で教官に命じて少年を同道して被害者宅を訪ねさせる。このようにフォーマルな刑事司法の枠内で公務員・法曹実務家個人の試みとして対面謝罪，対面対話が企画されるのは実践面の源流である。公務員が仲介の労をとるときは公権力が背景にあるのは 1974 年のエルマイラケースと同じである。

　「悪い行い（wrongdoing）」をすれば，本人なり親が謝りに行くのは洋の古今東西，人々の自然な行為であり，近代刑事司法や少年司法が RJ を積極的にか，消極的にか，取りあげるのに関係ないのである。ただ，司法が近代に誕生すると権力が悪い行いに介入するようになるのは N. Christie の指摘通りであるし，市民も司法に直ぐ行くのが正しい事だという意識が生まれる（法社会化）。市民の自己解決能力が退化し，被害者が重ね重ね被害化に及ぶケースがあるとメディアは公的機関の不適切な対応を大々的に非難する。市民は官への益々の依存に越したことはないという意識が強化される。日本国でも市井の弁護士には色々な役割認識のタイプがあり，a. 依頼者の金銭的利益を守ることを第一の仕事と考える人（金銭利益最大化型），b. 加害者被害者の抱えている問題を幅広く捉えて解決しようとする人（広域問題解決型），c. 両

者の話をよく聴き，非難や怒りの感情を静かに見守り，心からの謝罪，償い，許しを支援する人（自然派 RJ 型），d. 記憶を大切にしながら被害者加害者に個別的にアプローチして当事者が自発的に対面対話の場に乗るようにし両者のニーズを一歩一歩充足する（計画派 RJ 型），e. 弁護士の利益を第一に考える人（営業本位型）などがあろうか。上記の類型は類型であるからむしろ中間型も多い。その場合，少年の審判前後か保護観察中か，少年院入院の前中後になるか，は事情による。

　公式な刑事司法との絡みのなかで試行を初期に企画した人物・団体を敬意をもって挙げさせてもらえば，高原勝哉 (1998)，杉浦ひとみ (1999)，指宿照久 (2000)，児玉勇二 (2000)，毛利正道 (2000)，井垣康弘 (2001)，小長井賀與 (2001，2002)，田中傳一 (2002)，指宿照久 (2005)，被害者加害者対話の会運営センター (2001) である。このような実践の多くは RJ の形式としては，被害者加害者調停 (victim-offender mediation, VOM) と呼ばれる類である。カンファレンスやサークルは実践に多大な手間と根気を要するから，日本国では極めて少数にとどまる。このように 2000 年前後に集中しているが，機が熟してきたと言うことか。つまり紹介論文や学会報告が一応出たところで（ただしゼアの Changing Lenses の翻訳は 2003 年と遅い発行だった），a. 謝罪と弁償という日本型手続の要素を　b. 被害者感情を思いやりながら　c. 少年加害者の更生を意図して　d. humanistic な（この語は人間性心理学の用語である。Van Ness & Strong 流に言えば passionate な）対面対話の実現にもっていったわけである。カンファレンスやサークルなどの多人数自発参加の自由な話し合い方式を試みたわけではなかった。この段階では修復的正義の衣を纏った対面謝罪（弁護士が企画する場合は損害賠償の話題を出すかもしれず，その時は示談）と言えるかもしれない。何人かの日本人がミネソタへ行って Umbreit のもとでカンファレンスなどの実地研修を受けたのは 2001 年のことであったから，2000 年前後に試行が多く現れた理由にはならないと思われる。

　因みに筆者が日弁連の委員会で RJ の紹介を試みたのは 1998 年，坂上香が FGC のドキュメンタリーを NHK から放映したのは 1999 年，日本犯罪社会学会第 27 回大会で染田惠，筆者の司会：高橋貞彦，藤岡淳子，大塲玲子，徳岡秀雄が「修復的司法の課題と日本における可能性」を論じたのは 2000 年，

同第 28 回大会において高橋則夫の司会で小長井賀與，井垣康弘，高原勝哉が修復的司法関連の自由報告を行ったのは 2001 年，Umbreit の来日は 2000 年，Braithwaite の最初の来日は 1994 年，ワクテルとマコールドの来日は 2003 年，Chrstie の初来日は 2004 年，ゼアの来日は 2006 年であった。

VI その他の所見

1 国内の先住民の RJ 的伝統文化が未研究

日本国の先住民アイヌの RJ が研究されていれば日本の RJ は輸入学問から脱していたかもしれない。

2 J. Haley 論文は見当違いではないか：一つの批判

J. Haley は高名な日本法の学者であるが，彼の 1989 年論文では自白，改悛の状，赦免・猶予処分（筆者注，権力的裁量に依拠する処分）という日本の刑事司法の第 2 路線を犯罪者処遇上重視し英米のメディエーションはそれを見習うべきだと主張した。1995 論文のなかででは「修復的司法：日本のモデル」を論じている。

日本の警察，検察官，裁判官による公式の権力的裁量は日本の RJ の成功に必要不可欠だし，個別の加害者に対する寛大な扱いのためにはこの種の裁量が無ければ日本の法執行権力は刑事法規だけに縛られ形式的平等と一層の懲罰的手続に陥ると言う。RJ 実現のためには厳格な法規順守に依らず，権力に依るべしという主張は，今まで述べたところからみて見当違いであると言わざるを得ない。RJ は passionate justice（人間性ある正義，あるいは人の温みのある正義）を目指し，手続過程で権力を排除する。しかし，RJ 過程で権力を入れたとき権力は人間性溢れる正義に転換するだろうか。否である。イェスとみるのは幻想である。1974 年のエルマイラケースは保護観察官という官の後押しによって事態は進行したが，後に Yantzy と Worth は参加者の自主的決定を尊重する手続をとるように方針転換した。

Haley がこういう結論になったのは恐らく日本での調査研究の時，"人間味ある" 検察官エリートの論説を読み，彼らに対する聴き取り調査を経たから

であろうか，多分然り。現に従来型の自白，改悛の状，赦免・猶予処分という一連の路線は賞賛どころか，反人権性を指摘され，今や改革を迫られている。染田恵は 2005 年にバンコックで開催された第 11 回国連犯罪防止・犯罪者処遇会議におけるワークショップ 2,「修復的司法を含む刑事司法改革の推進」の概要を述べている（染田恵〈2006〉犯罪者の社会内処遇の探求—処遇の多様化と修復的司法—p. 365，p. 368）。その中で D. Van Ness は日本の保護観察では修復的司法が組織的に実施されており，千葉の被害者加害者対話の会における修復的協議の結果は家庭裁判所裁判官，保護観察官に送付されるとの記述があるが，いずれも事実誤認であると染田は述べている。つまり日本国の刑事司法制度では修復的司法路線は存在しないと言った方が正しい。この見解に付け加えれば，Zehr の Changing Lenses, 1990, 1995, 2005 年版の 217-220 頁（邦訳「修復的司法とは何か」219-222 頁）において彼が Haley 論文を引用して日本国に RJ があるかのように記述しているのは適切とは思われない。

また菊田幸一（「少年の修復的正義」西村古稀祝賀，2002，pp. 245-59 所収）は，アメリカなどにおける RJ の主張は，刑罰優先主義の反省，更生保護の実効のないこと，被害者が刑事司法で無視されてきたことを勘案すれば認められて然るべきだと述べたうえで，「日本の犯罪者への対応（Haley の言う第 2 路線を指す）は近代的司法制度と無縁な諸制度で張りめぐらされている（刑務所の拘禁が国際基準や人権規約と適合しておらずそれが日常化している現実）」と言う（同 248 頁）。菊田は第 2 路線を RJ と高く評価する Haley を厳しく批判する。さらに RJ が国家の関与を低減して民間の関与を前面に出すという時，日本では保護司の動員を想定しているとすれば，その効能の程は大いに疑問であると長年の持論を展開している（同 252 頁）。筆者も地域社会の人材（RJ に適切な人々）の発見と登録は容易ではないと認める。

菊田が少年司法に関連して論じているところに依れば，もし司法が成熟してその近代司法が様々な欠陥を生じる時（英米のように），司法改革として RJ の採用は大いに価値があると認めると述べているが（同 p. 249），現状では日本国の少年司法は十分近代化されているか，近代化以前ではないか（2000 年, 2014 年の少年法改正を見よ），と問うている。先ず司法を近代的に成熟させ，然る後 RJ 導入のを議論をしたらどうかと述べている。たとえば，上述の加

害者の矯正処遇の国際基準や人権規約の違反（近代化以前の古い体質の現れとみる見方）がある。また修復の理論的基礎として再統合的恥づけ（reintegrative shaming）の重要性を RJ は主張するが，日本国では，加害者（成人も少年も）が出れば，親の恥，地域の恥と責め立てられ，共共職を失い地域社会から逃げ出さざるを得なくさせられる（家族刑の一種）。被害者の報復感情，メディアの厳罰賛成記事（penal populism のメディアによる代行である）が追い打ちを掛けて烙印づけの恥（古い型の恥）が依然として隆盛である。

　日本国では子が大きな犯罪事件を起こした時，メディアや世間は親子・家族の実名を探り出し，彼らに非難中傷，悪口罵署雑言，復讐憎悪を浴びせるのが常である。そういう土壌で修復的正義を現実化するのは極めて困難だし，「加害者少年を甘やかすな」，「世間は厳しいと思い知らせよ」と来る。思い知らせた後は無為無策である。しかし，「人の噂も七十五日」であるから事件の事は間もなく人の脳裏から消えるが，また新しい大事件が起きて同じ言動が繰り返され復讐憎悪心は強化される。

　鈴木伸元はその著「加害者家族」（2010 年幻冬舎文庫）181 頁で，USA アーカンソー州の高校における銃乱射事件では，実名報道されたので（この事の是非は別途議論される要あり）加害者少年の親に対して箱一杯の激励の手紙が届いた事を驚愕の事実として記事にしている。筆者が思うにアメリカは大悪人と大善人で造られているが，日本国は小悪人と小善人で造られているから日本国で連続殺傷事件が実名で報道されたらどうなるか，万余の非難中傷の手紙が舞い込み，親は自殺だ。日米の民度の違いか，ここで問われるべきは我々ひとり一人のあり方である。この事を補強する素材として岡本茂樹（無期懲役囚の更生は可能か：本当に人は変わることはないのだろうか，晃洋書房，2013, pp. 262）を引用する。篤志面接委員としての彼が「一人の無期懲役受刑者が更生の道を歩み命の重みに向き合う」という趣旨の短い新聞記事を書いたところ，思わぬ反響を呼び，肯定的，好意的意見（考えさせられたなど）は 2，3 割，否定的，中傷的意見（見せかけの更生だなど）は 7 割以上であったと言う。反響はお決まりの，人間不信を地で行く勧善懲悪劇である（悪者は何時までも悪く，懲らしめる以外に方法はないという信念劇）。

　アメリカでは大学生のボランティアグループがあって子持ちの受刑者に子

どもを刑務所に連れて行き，当該受刑者と子どもを遊ばせる（平山真理からの送信による）。ここで大事な事は何年にも渡り継続実施して，親と子の同時成長を図っているということである。家族刑の緩和策であると共に長期受刑者の家族復帰の準備教育でもある。現地では被害者が承知の上で実施されているのかどうかは筆者には分からない。被害者の理解を図った上，この企画を実施していればRJの卵と言えるのではないか。日本国でこのような企画が行われる可能性があるだろうか。否であろう。民度が低いし，矯正局は家族刑回避という発想がないし，真摯なボランティアグループに対して受刑者の個人情報を提供しないと思う。ここら辺も近代化が遅れている。

親や兄弟が子の非行に真摯に取り組めば家族刑になるのをはねのけるのも事実であるが，世論やメディアのネガティブな圧力は家族を苦境の深淵に落とすだろう。

Haley路線は真にRJであるかどうかについてZehrのRJ規定（3．RJの定義，概念内容の箇所でゼアの6つの質問を参照のこと）から採点すると，質問にすべてノーだから得点はゼロになる。すなわちRJではないことになる。

3　環境犯罪学からRJに進む道

筆者は修復的司法に到る前，環境犯罪学を専攻していた。それは環境汚染の原因，影響，対応，予防を研究する，リサーチ・政策・実践の学とは全く異なる。日本国でこの種の学問を唱えたのは科警研の清永賢二と筆者が始めである。筆者が研究を始めた動機は，犯罪を減らすためには犯罪原因を潰すことより犯罪し難い状況を作る方が先決であり，かくて犯罪を未然に防止できれば総量としての刑罰を減少できるという考え方に魅力を感じたからである。つまり，

・人（人は犯罪に動機づけられている存在としての潜在犯罪者である）の周りに犯罪は割に合わないというという状況（犯罪の予想利得より予想リスク・実行の苦労つまり不利益の方が大という認識あるいは感覚）を作り，

・人にこのような合理的認識，感覚を身に付けさせる。尤も，多くの累犯障がい者は刑務所行きを高い利得と評価しているから彼らなりの固有の合理的計算を有す。刑務所生活の質（衣食住，医療，自由度，人権など）を

現行より一層低めるのでなく、彼らには社会生活の方が刑務所行きより利得が大という新たな合理性を体験的に学習させる要あり，
・潜在犯罪者と潜在被害者が実際に出会わないように分離すれば（分離は実行の苦労をそれだけ大きくさせる），犯罪の状況的予防が達成される。ただし自由抑圧的分離方式は評価できない。人生の発達早期の原因論的予防の方が青少年にとって幸福かもしれないが，その点を環境犯罪学は度外視している点に要注意である。

　市民や都市デザイナーが警察などの官と連携して合理的に犯行を阻止するための最適環境（場所的，インタネット上で）造りを実施する。造り方は工学的，行動的，意識的，様々ある。初期の環境犯罪学では日日の生活スタイルや身の回りの居住空間（暮らしのコミュニティ）における人間行動パターン分析に焦点が行ったわけで，社会の構造的格差問題は表面化しなかった。
　以上は総論であるが，犯罪は合理的選択の結果であるという環境犯罪学の観念枠組は案外知られていない。ゆえに冷静に考えれば，開き直りの瞬発的犯罪，非合理な犯罪，激情の犯罪，ハイな気分の犯罪，無謀な犯罪，確信犯は，仮に監視カメラを設置したり，設置を広報したり（検挙リスクのアップ策），重罰化政策をとったり（刑務所行きの確率のアップ策）など犯罪のコストを高める環境犯罪学的技法によっては阻止できない理屈である。
　貧困・中間層は細々と警察や交番，自治体提供の安全策に頼る（つまり税金で防犯環境を造ってもらう，市民は最低の防犯策を自分なりに実行する，たとえば夜道を独りで歩かないとか。自転車通勤を常態にし，その途次，秋には公園に立ち寄り落ちている銀杏を拾い家に持ち帰り食す。つつましい）。富裕層は自己資金を投入して警備会社と契約し（つまり有料の私警察の購入），潜在的犯行者（外敵としての不審者）が入るのを拒む重警備の戸別住宅とか集合住宅団地を用意できる。朝にはラウンジで遥かに霊峰富士を眺めながらブレークファストをとる。団地の中に，大型商店街，健康・娯楽施設，医療・ケア施設まで備えれば城塞（gated community，私警察による重警備の，外部に閉じた安全な住居空間をなす住宅団地あるいは高層住宅）の構築である。小さな監獄は城塞の塀の外側に隣して造られるだろう。斯くて社会（コミュニティ）は所得の格差によ

り分断されるのが目に見えてくるはずである。これが環境犯罪学的，自己責任資本主義的結論である。

　このように環境犯罪学を突き詰めれば，富裕層は利便を享受し（それを眼前にした貧困・中間層は激しい抗議行動を展開するかもしれず），社会（地域社会）はバラバラになるはずである。もっと露骨に言えば，「あなたの他はすべて周りは敵です。税金に頼らず（実際昨今の政府の金庫にはお金がない），自分のお金で最高の警備保障を買いなさい」というイデオロジカルなメッセージを国民とくに富裕層に送り続ける。それが完璧に実行できるかどうかは別にして環境犯罪学の政治的イデオロギーはそういうものであろう。ただし環境犯罪学者 M. Felson の Routine Activity Theory（常日頃の生活活動理論）のモデルによれば，人はすべて潜在的犯罪者（悪）であり，かつ潜在的被害者（善）でもあり，その認識を徹底すれば悪人善人を区別しないから社会再統合の契機が潜んでいるとも考えられるが，それは Felson 理論の深読みかもしれない。

　社会分断は国家社会の連帯上好ましくないと公権力や政治的有力者は見るから，安全安心な街づくり（小学生学級を動員すれば安全な地域マップ造り）というソフトなキャッチフレーズで全国民を包み込む戦略に出るのである。今や何かに付け安全安心が街に氾濫している。安全安心と言うからには人々に外敵（自分の周りの，他所者としての潜在犯罪者）侵入の危険意識を植えこむことも怠りない。なぜなら危険意識がなければ，学問としての環境犯罪学は生まれず，また地域社会（コミュニティ）のバラバラ化も防げず，ご近所の仲間意識造りもできないからである。さらに言えば身の回りの危険意識の対処に日日忙殺されていれば，社会の構造的矛盾は見る余裕なく見逃される。修復的司法でも人々の関係性（つながり，relational justice を参照），地域社会の安全を重視するが，環境犯罪学とは理念的基盤，実現施策が共に異なる。

　国際的調査（2013 国連幸福度調査）によると，デンマークは 1 位，日本国は 43 位。デンマークに長年住んでいる千葉忠夫氏へのインタビュー（日経紙 2014,0104 所載）によると共生と連帯の精神が根付いているという。またリヒテルズ直子「祖国よ安心と幸せの国となれ」によると 2013 OECD 報告による相対的貧困率は 4 番目に高い。因みにもっとも貧富の格差が激しいのはメキシコ，次いでトルコ，米国，日本，アイルランド，韓国の順となる。日本国

民の幸福度は極めて低位にあるという事実が厳然とある。斯くて安全安心とは違った観点から（幸福度はその一つである）国民の幸せをもっと考えるべきだという主張は「暇人のやる仕事」だと軽くあしらわれ，官民挙げて「安全安心」に邁進するだろう。

　要するに環境犯罪学は防犯的環境の造り方に特色がある。筆者は嘗てある研究会で刑務所の社会化（刑務所の処遇を社会に開かれたものにする，これは首肯される考え方である）を逆向きになぞらえ，「社会の刑務所化」の昨今の浸透を警告したことがある。環境犯罪学の防犯的環境造りは正に「社会の刑務所化」の推進に他ならないのではないか。この点を詳説するためにフーコーの監獄の誕生から第三章一望監視方式に注目しながら論を進めたい（田村淑の訳書，pp. 198-228）。

　フーコーは，伝染病者・犯罪者を隔離排除するための前近代の土牢式の施設（a閉じ込める，b光を絶つ，c隠すという三機能を持つと言う）を紹介し，それが近代化され，a閉じ込める，b光を与える，c隠さないという三機能を持つ，近代の一望監視施設（監獄）となったと記述している。筆者は嘗てオランダでこの種の刑務所を見学したことがある（両国の国技館様の建物で1階の枡席に当たる部分は平坦な運動場であり，中央の土俵に当たる所に中央監視塔があった）。これら三つの機能分析が環境犯罪学の防犯的環境の分析によくフィットすると思う。通常人は刑務所生活を現実に体験できないが，防犯的環境のなかで日日生活できるから，考えようによってはフーコーを追体験できる。三つの機能を順に考察する。

　先ず「閉じ込める」は今の刑務所でもその通りであり，自由に出入りできないように警備されているし，施設内では権力は規則順守型行動，規則的思考を強制してくる。我々自由であると自認する人間たちが社会という「自由と称する」空間に逆に閉じ込められている。これが社会の刑務所化にほかならない。今時の防犯的環境造りではオフリミットの環境（地帯，建物）が増えている点（ある意味では犯罪を抑制する条件になるが），地域における迷惑取締規則の増大する点，それだけ自由な生活空間が減っている点に注目する必要がある。たとえば，上記の城塞，警備員付きの高層集合住宅，オフィスビルは身分証明無しでは入れない。これらは住んでいる地域一帯の日常自然な守

り，住民相互の目線・監視性を基盤にする環境犯罪学の本来の素朴な実践方式に背反している。環境犯罪学の素朴例として暴走族の通過に悩まされる住宅団地が一方通行の道路，歩行者専用の入口，出口の合理的配置を行って静かな団地を取り返した。フーコー流に皮肉に言えば我々が逆に「証明書付き自由」と称する空間に閉じ込められる（吸い込まれる）ことを甘受すれば犯罪者が近づくのを回避できるから総量としての犯罪は抑止される。

「光を与える」は端的に言えば刑務所の独房に光の入る窓を付けたことである。現代の人権規約によれば真っ暗な独房に拘禁することは仮に懲罰であっても禁止されている。環境犯罪学的環境造りでは暗い所を明るく見通しをよくすることが奨励される。それにより犯罪者は努力・工夫しなくては人々（犯罪の標的）に近づけなくなり（暗闇の方が人に忍び寄りやすい理屈である），犯罪の実行・逃走の際のリスクは増える（つまり不利益の増強）。環境犯罪学的お勧めは茂みの除去，茂った樹木の伐採，狭い薄暗い迷路の撤去，街路灯の整備である。しかし，考え方によっては人は見通しのよい所では落ち着かなくなるから（砂漠や大草原に独りいることを想起），問題は見通しのきく環境を造ることが息詰まる空間を造ることでもある。これは余談めくが，小泉八雲（反近代派）は，日本の昔々暗い闇の存在が怪談という伝承の物語を生んだと言っているから，闇を無くすことは日本人の魂の故郷を消滅させることに結びつくかもしれない。だが重大犯罪が起こった時犯罪予防・被害防止という大目的のために暗闇退治という荒療治を町内会長，自治体首長，県市区会議員，校長などが音頭をとって世間に訴えると案外世論受けするという恐ろしさが日常近辺にある。

「隠す」は可視性，不可視性の共存問題である。フーコーにとって一望監視方式は在監者からは中央管理塔の管理者や権力者は隠されて見えず，彼らからは在監者が丸々見えるという独房である。しかも在監者たちは独房に入れられ，相互に見たり交信が出来ないように設計され，つまり各人をバラバラな存在にしている。環境犯罪学は監視カメラを用いて人々を無差別に見ることにより犯人にとって犯罪の発見と追跡のリスク状況を作り出すという触れ込みであるが（カメラにより犯人が判ったと盛に報道されるが），人は管理者から見られる客体と化す。隠されて然るべき音声を秘密裏に盗聴する盗聴器も

ある。英米の住宅地で行われる近隣監視（neighborhood watching）は，掛け声は「皆で安全なコミュニティを作ろう」であるにしても，近所に不審人物を認めたら黙って警察へ通報するようになっており，盗聴ならぬ盗視装置に近い。余談であるが，特定秘密保護法も官から民を可視的にし，民から官を不可視にする（官の秘密を保護する）ゆえにフーコーの「隠す」装置に適う。

　筆者は毎朝定時に散歩に出るが，通学路を通る時ボランティアの親が路に立ち「変な小父さん」が学童に声を掛けたり手を出さないか見守っている。ボランティアの背後には準公的権力がある。これなど一望監視になぞらえていれば「路傍監視」である。ボランティアは「変な小父さん」を見下し，「変な小父さん」はうつむいて恭順の意を示しボランティアを直視しない。定時の散歩を2階の窓から風景として見ているのと路傍監視で見ているのと，両者はどこがどう違うのか，それは権力が背後にある仕掛けの有無である。我々の主張するRJでの見る聴くは主体として対等に腹蔵なく人を見る，「権力者」を見る，人と話す，「権力者」と話すことを目指している（話し合いを無条件に礼賛していない点はⅢの第2段落を参照のこと）。

　筆者の研究集約は環境犯罪学—原因理解から状況理解への思考転換—（刑法雑誌1999年38巻3号，88-100頁）として掲載した。既にこの論文の末尾に，「住民が自分たちの居住空間を固める（筆者注，現実には固め方に貧富の格差あり）のはよいが，行き過ぎれば住民エゴ，犯罪者と被害者との敵対（筆者注，理論上自分以外の者は自分を攻める不審者と想定されるから，潜在犯罪者と潜在被害者との間に深い溝をつくり出す）である。犯罪者との和解，関係修復，被害者・犯罪者・地域社会の相互の癒しという新司法政策（筆者注，修復的司法政策を指すが明示しなかったが，高橋貞彦〈1997〉は既に修復的司法という語句を使っていた）に改めて注目したい」と述べた。この雑誌の発行年と同年に「犯罪学への招待」を出し筆者は第19章に関係修復的司法の胎動を執筆したから環境犯罪学に対する疑問，修復的司法への希望は既に持っていた。環境犯罪学から修復的司法へ到る理論的必然の道はないが，環境犯罪学が社会の分断，現代版一望監視の実態を見せつけるようになると，それらが人間性的正義を目指す修復的司法へと筆者に研究の転換を動機づけたのである。

4 被害の聖性:「そんなに簡単に傷が癒されてたまるか，おれの傷はもっと深い」，加害者の全能感:「おまえたちにおれの苦しさが分かってたまるか」

近時，被害者は応報思想に基礎をおく刑事裁判，法制審議会，記者会見，メディアの取材などの公の場で，怒り，恨み，憎しみ，不満，報復心理，恐怖心，不均衡，加害者の不逞，"正義"（正義は相手の厳罰にありという感情の主張），攻撃的批判など（これら私情に基づく負けん気の感情発露を一括して心理学用語で言うところの aggressive feelings と称する。日本語では攻撃的感情）を活発に外へ発信している。今はそれだけ社会的心理的抑圧から解放され自由に私情が発露される時代にある。

約 40 年前（当時 44 歳），筆者が第三八講「被害者」を執筆したとき（森下・須々木編，刑事政策，1975 年）最後に被害の聖性という議論に触れた。早稲田大学法学部教授，須々木守一はこの箇所に強い関心を示したのを憶えている（つい最近まで交信あり。今は召天された）。意見のやり取りの詳細は忘失した。今改めて論議を起こすならば，被害聖性論を直截に主張すると RJ への道は閉ざされる，つまり被害聖性論は対話不可論に至るだろうと筆者は理解する。

法益侵害に対処する刑事裁判では侵害量に相当する刑罰が手続通り被告人に科されて一段落する。今は被害者が欲すれば刑事裁判に参加することが出来る。近代刑法では一応罪と刑は均衡しているとみられている。斯様に地上世界では応報的裁判が冷やかに人間味なく（Van Ness たちが言うところの antiseptic justice なる観念）執り行われているが，しかし，「罪に見合う罰が与えられていない」という不満が常に被害者（遺族も含む）や一般大衆の意識の中にに流れている。司法エリート，政治家はこの判決の不満の依って来るところをあえて理論的に反論しないが，実際被害者や一般大衆が考える「罪」の内容は法曹実務家・刑法学者のそれと激しく異なるのである（勿論，法曹実務家，学者のなかでも一様とは言えない）。従って見合う程度を計る秤は同じでも錘は様々ありで，見合う罰を被害者が裁判に求めるのは理論上無理な話なのであるが，それを承知の上でか無知のためか，見合う罰を被害者がはっきり求める時代である。主要メディアはどちらかというと被害者方を支援する。

被害者がイメージする罪は裁判で認定される事実としての罪とは異なり，

むしろ被害者の受けた総体的害悪と言った方がよいものなのである。でも裁判では事実認定の手続が着々と確実に進むのである。法律家の唱える罪刑均衡の原理（これが正義に適うと考えられている）は，被害者心理に則して言えば「害刑」均衡と言うべき筋合いのものであろう。害悪から生まれる彼らの思う刑罰は罪刑均衡で生まれる刑罰より数等重いのが常であろう。罪は加害者側，罰する側の話であって体験としての害悪こそが被害者側の中心的関心事である。しかし，被害者が現行司法システムのうえで厳しい刑罰を（実利的であれ，正義と信じるであれ）強く求めているゆえに，自らの害の主張を取り下げて事実としての罪を使うのを許しているだけである（罪と罰はセットゆえ）。傷を受けたとき被害者の率直な心理では「そんなに簡単に害悪（傷）が癒されてたまるか，おれの害悪（傷）はもっと深い」と言いたいところなのであると推測する。この発信の意味を筆者なりに汲んで被害の聖性（今思うに本では尊厳性，独自性とも言い換えているから聖性という言葉には完全に自信を持っていたわけではなかったらしい）と称したのである。現行の裁判は地上世界あるいは世俗世界のイベントとみなされ，聖性論とは遠い彼方にある。この地上界を脱出すればどういうことになるか考えよう（思考実験），以下被害の聖性論の議論を進行させる。

　それで対審構造下，法廷論争が済んだ時失われるものはないのかどうか，賢者らしき人物は考え始める（攻撃的感情が内攻した被害者も含めて賢者たちと仮に名付けた）。今度は攻撃的感情が外向きから自己の内側へ向けられたもの，自分が自分で噛みしめる現実が登場してくる。ここで展開された叙述を筆者は被害の聖性（山口昌男：黒い月見座頭，展望，1974年4月 pp. 21 からのヒント）という語句を用いて記述した[5]。

　裁判関係者は被害の聖性を感得しないし，傷の癒しは意図しないし（意図するなら懲罰的正義ではなく司法の舞台をVan Nessたちが主張するところのpassionate justiceに移す必要がある。現実には裁判官は二言三言，被害者の心情を説示するかもしれないが，それで終りだろう），被害者自身も罪刑のバランスか，精々「害と罰」のバランスを問題とするに留まり，それ以上深く追究しない。RJへ育つ芽は発芽前に枯れる。害と罰のバランスを問題とすること自体，本当は矛盾している。害悪を問題にするなら，罰でないところの，そのほかの制

裁とか，解決様式（調停，和解，合意形成，RJ など）を求める筈のものだからである。当時筆者は修復的正義の知識を全く持ち合わせていなかったが，今記述を読んでみると記述には RJ の一端が薄々と書かれていると感じられる。ここでの被害の聖性は，要するに聖性→尊厳性・独自性→ソッとしておいてほしい→他者も自己もそこに踏み込むべからず（不可侵性，とは言え他者に依存したいという被害者心理も他面にはある）→天界で生まれたミステリアス→そのうちに傷は治ってくる（治らせてみせるという気持ちが含まれるかもしれない）→さてここで 2 つの方向へ展開するはずだ。だが[6]……。

聖性論は 2 つの方向へ展開され得ると筆者はみる。その一は，現代型の勧善懲悪論である。今のテレビドラマで見るように昔の勧善懲悪よりも複雑系である。裁判は勧善は演出しないが懲悪を実施し，被告人に懲役を科す。今は単純な懲悪ではなく，犯罪者の更生を考えていると反論があるかもしれないが，被害者にしてみれば更生よりも懲らしめの苦役を依然として強く欲している。その極は死刑である。懲らしめ苦しませれば被害者の身上をもっと考え深く反省するはずだと考える（実際には苦しめたり長期刑を科しても反省に結果しないと矯正技官は語っている）。positive な刑としての"反省刑"の主張は報復心理の昇華したものかもしれない（反省という言葉は裁判で裁判官も裁判員も使っているようで今や流行語である）。上述したように，裁判上の罪と刑罰は被害者にとって納得できない正義論（unsatisfying justice）に終わること

---

[5] 1974 年はカナダ，キッチナーの裁判所ではエルマイラケースがあった年であり，奇しくも日本国では山口昌男が被害の尊厳性，不具の聖性を論じた年である。両者はかけ離れている点も多々あるが，共通点もあるというのが筆者の理解である。即ち a 日常生活世界の外縁に広がる現実に（前者では裁判，後者では祭りにおける不具の祝祭性という宇宙論的拡がりの感覚）に注目する，b 通常の刑事手続を越えようとする（前者は懲罰主義ではなく謝罪，弁償，受容によって，後者は感傷的「人間」中心主義ではなく共感的人間主義・都合のよい者同士の功利的連帯感ではなく負の連帯感によって）c 人間のトータルな在り方を志向する，d 被害者・加害者・奇異なる者の存在を矮小化して人目から消滅させるのではなく凝視する，e 文化や人間の否定的側面を真摯に考える，f そういう人々が完全に癒える保証はないが人々への連帯感をバネにして社会の実態を裁く……である（展望は今や手に入りがたい。黒い月見座頭を読むには山口昌男：道化的世界，筑摩書房，1975 年か，同，ちくま文庫，1986 年が便利である）。

[6] 現実の年代史では 1974 の展望の発行，1980 の増補刑事政策の刊行から，10 年後日本被害者学会の創立，2000 年被害者支援都民センターの設立，2004 年被害者等基本法成立，2008 年被害者の刑事裁判への参加に到るまでこの世の被害者政策が次々と展開し，宇宙論的に豊かな聖性論は消し飛んだ感がある。

になろう。
　その二は，懲罰主義からの転換である。RJ の時代史を遡ると Eglash（1958）は creative restitution を構想し，裁判所の賠償命令を廃し，事件当事者間の建設的営みとしての償いを唱えた。MVFR（1976），Journey of Hope（1993）は癒しと和解を推進する。「そんなことはあり得ない」と一蹴する前にこの時代史は真摯に語っている。すなわち，転換 a. 害悪なる被害（修復的司法で言う harm のこと）は「天」から生まれたと認識したらどうか（認識の転換），転換 b. 加害者と被害者の両当事者を対立的人間関係の葛藤から解放し，より大きな展望に導けるか，転換 c. 対立感情を超越して加害者，被害者を包むすべての人との人間的共感の必要はないか，である。ここまでであれば聖性論と RJ は，難しさが大有りながら繋がりそうである。
　では今度は加害者に目を移す。加害者が「おまえたちにおれの苦しさが分かってたまるか」と他者に物言いをしたらどうか。これは内田樹の「物言い」である（呪いの時代，新潮社，2011，31 頁）。
　犯行者の苦しさは客観的にみれば軽重があるが，主観的には自分の苦しさは最大の部類だと認知している。生活苦，人生苦，孤立無縁の苦しさ，偏見差別の苦しさなど，しかも苦しさのよってきたる原因は自分本人は熟知しているし，「悪いやつ」がどこかにいて社会の構造的不正を作りだしているのを知っていると得意顔をする（他責的な説明）。（熟知しているから）色々と社会の現状を学ぶ努力をすることは最早ないと言い切る。羨望，嫉妬，憎悪，憤怒などを人にぶつけて自分の全能感と自尊感情（筆者注，ここでの自尊感情は唯我独尊のたぐいであると読んでおきたい。まとめの項の PTG を参照。PTG では基本的自尊感情を成長のためには最も重視している）を満たそうとする（同書 36 頁）。「おれの苦しさが分かってたまるか」と表明する人とは，人から学ぶ姿勢のない人，ぱっとしない正味の自分（潔白，正しさ，有能のみならず，弱さ，愚かさ，邪悪さを含むところの正味の自分）をあるがまま受け入れない人，利己的で攻撃的である人，超然と諦観するふりをする人，自分を愛しないゆえに他者を愛し得ない人，であると内田は説いている（人間の実存主義的理解に近いと思う）。こういう人は，時に「おまえたちにおれの苦しさが分かってたまるか」と人に攻め寄る（正直なところ自分でも自分の苦しさがよく分かっていな

いのかもしれない）。筆者が思うにそういう人は人とのコミュニケーションをうまくとれない人である。言われてみれば人はいくらかそういう性質を持つが，大切なのはそれを自覚してコントロールしようと努力することだろう。

今，「そんなに簡単に傷が癒されてたまるか，おれの傷はもっと深い」と内心思う被害者，「おまえたちにおれの苦しさが分かってたまるか」と内心思う加害者，両者が荒野にて出会ったと想定する。二人の思いの共通点は何人も侵すべからざる聖域（sanctuary, 安全な場所。1998 H. Bianchi を参照）を心の内に持っているという点である。それは自然なことである。問題はそれから先である。お互いがおのれの傷（害悪と同じ）について，傷の癒し方について強く自己主張すれば合意点は見出せず当然二人は激しく衝突する。コミュニケーションが全くとれない事態となる。喧嘩別れ，その夜の二人の心理状態はストレス。学問上この事態を急性ストレス障害（ASD），また心的外傷後ストレス障害（PTSD）と名付ける。PTSD についてはまとめの項で再論する。

当事者各人の完全一致の合意点（つまり一枚岩の合意点）は実際にはまずあり得ない。完全一致とさせるのはむしろ全体主義的であろう。RJ でもそうだが，ここで全体主義的を回避するためには二人の衝突なら二層の合意，五人の衝突なら五層の合意（一枚岩の合意ではないこと）に持つという寛大さ（Zehr の言うところの humility, 中庸さ）が緊要である。「合意は妥協」という日本語表現は，「自分の節を曲げてまで」を含意するゆえ日本語ではマイナスに響きやすく良い表現ではないが，ハンナ・アーレント流に複数層の合意と言ったらどうか。

二人は人間なのだから喧嘩別れを放置しておいていずれ好転するとみても良いわけだが，何とか平和的解決に持っていこうという人物が現れたとする。相互のコミュニケーションが取れるようになるのにはある種の工夫がいるであろう。たとえば，RJ のサークルやカンファレンスではどうか。成功すればファシリテーターの媒介で私情の発露を無事に通過して，その後に来る公の徳の賜物を受け入れることになろう。価値革命である[7]。

被害の聖性にしろ，加害者の全能感にしろ，分析し尽くされずしてミステリイが残る方が永遠性を獲得するかもしれないのである。

5　RJ は犯罪・紛争の事後対処のためか，犯罪・紛争の事前予防のためか

　RJ は元々応報的（懲罰的）司法の反定立として唱えられたものであり，初期のメディエーションセンターは犯罪や紛争の渦中での処理，事後処理に取り組んだ。しかし長年メディエーション事業に係わってくれば，RJ は一つのライフスタイルであることが自然に自覚されてくる。そこで RJ に携わるワーカーは「犯罪や紛争に巻き込まれる前の青少年，若い成人に RJ について知って貰い RJ 的態度を身に付けて貰うことが大切だ，知っていれば人間関係上の無用な摩擦を引き起こすことは減ってくる」と考え，RJ についての啓発教育にも取り組むことになった。日本国ではこの種啓発教育は，学校教育や社会人教育の分野でも低調というか試行段階である。第一，教育委員会や会社の総務課あたりが RJ についてまったく知らない。

　時は 2000 年に法務省矯正局長通達で被害者視点を取り入れた教育を開始した。このプログラム自体は RJ の啓発教育を少年院生，受刑者に行うものではなく，被害者の心情をふかく考え，贖罪意識や更生意欲に繋げようとするものであろう。被害者視点を取り入れた教育のなかに RJ に関する啓発教育を潜り込ませた実践例がある。それは千葉の被害者加害者対話の会運営センターが矯正局少年矯正課と連携してセンターのワーカーが在院生に RJ の理念，技法，日常生活上の RJ 的態度の必要性を教え，再非行の予防に資している由である。実施する少年院自体の RJ 的改造が望まれる。ただ再非行をしないという行動に直結するかどうか，事はそれほど単純ではない。

　ところで，この 10 年来法務省の少年矯正で実施してきた被害者視点を取り入れた教育を再検討し，被害者等に対する関係調整に係るガイドラインを設定し，2015 年までに管下の少年院で謝罪を含む関係調整のための働き掛けを試行することになった由。このガイドライン作成には上記対話の会運営センターが在院生に対して行っている RJ 的態度形成の啓発教育が大いに参考になっている。謝罪を含む関係調整は少年院が主体的に実施するものではな

---

[7] RJ に底流する 3 つの価値観として H. Zehr が改めて述べている，敬意（respect. 敬意という訳語に違和感があるならば，相手の人格の相互承認，他者に一方的に帰責しない態度），謙虚（humility，唯我独尊の反対，己が全能ではないと悟ること），畏敬または驚嘆（対象に何のわだかまりもなく，心を開いて接すること。驚き，目覚め，不思議さ，新鮮さの体験）を参照のこと（ゼア：修復的司法とは何か，第 3 刷，新泉社 2013，288 頁）。

く・指宿（2000, 2005）とは姿勢が異なる点に注意。日本国法務省は強力な犯罪被害者団体に気兼ねしてこれら貴重な二試行は法務省では長年凍結されている。今でも RJ という用語は使うことなく法務省の"地下倉庫"に寝かされている。今回のガイドライン作成で関係調整という語句は苦心の作であるが，曖昧性をぬぐえない。関係調整を関係者が申し出れば初めてスタートするらしい。申し出る者は，犯罪被害者（遺族を含む），在院者，在院者の家族親族，少年司法関係者となっている。筆者が思うに通常は安易にスタートさせることは出来ず，スタートするまでの連絡，調査，心構えの指導，事後のアフターケア，評価などを入念に行う要あり。これらは少年院側にはかなりの負担になるだろう。関係調整の取組は対面対話や対面謝罪の実現を予定しているのか，少年院が仲介役となって双方の思いを伝達するだけなのか明らかではない。謝罪が最終目標ではなく，改善更生（明確な定義はないが，改善は非行の事後対処であり，更生は再非行の防止とも言えようか）が主目的であり，かつ被害者のニーズを優先するとある。また改善更生が主目的であると言いつつ，被害者を改善更生に利用しないと言うが，これは被害者にすんなりと理解されない言辞だろう。仮に在院者が申し出ても被害者が断ればプログラムは実施されない。逆に被害者が申し出ても在院者が断れば実施されないが，少年院側は在院者が応じるよう強く説得することはあり得る。1974年のエルマイラケースでは保護観察官が主体的に対面謝罪と弁償を提案し裁判官が実施を許可した。今回の関係調整は官は受け身であるが（それは良い），さりとて実施上 RJ のための NPO 法人を積極的に活用する姿勢でもないらしい。今回の関係調整プログラムを RJ と言い切るだけの材料はないが被害者視点を取り入れた教育の RJ へ向けての一歩前進とは言えよう。

　さらに RJ は被害者加害者だけでなく地域社会をも巻き込んでいる司法であるから地域社会の社会諸資源が入ってきてコミュニティの再統合という名の犯罪や紛争の事後対処と今後の予防活動が起こる可能性がある。予防のための住民ネットワーク，支援ネットワークである。ただし昨今の自治体の財源不足ゆえに官民連携とはいうものの，実体は官主導・民追随のネットワーク造りになる恐れを十分理解しておく必要がある。

　事後対処と言い事前予防と言い，手段こそ違うが，精神は同じである。精

神とは以下の叙述をすべて肯定する態度に他ならない。すなわち1）敵を作らない，2）感情に流されない，3）異分子を排除しない，4）懲罰に訴えない，5）人間を大切にする，6）以上の叙述を肯定することは夢物語ではない。

6　RJは少年司法向きか，成人司法向きか

　成人司法がどちらかというと過去の行為を非難し刑事責任を問い，被害者には冷淡であったのに対して（今は被害者を抱え込もうとしているように見えるが），少年司法は将来に向けて少年が健全に成長するよう国が親に代わって少年を面倒みようというのが本旨である。応報レンズは過去に焦点をおくのに対して修復レンズは将来に焦点を合わすとゼアは述べるから，RJは先ずは少年司法向きである。しかし，成人司法においても修復レンズを用いて事件の対処と再犯防止を意図するならばRJは十分使える方式である。

　ただ少年司法の健全育成理念と国親思想について，RJでは健全育成は問題なく受け入れられるであろうが，国親思想は問題がある。RJでは国家と加害者が当事者ではなく，被害者加害者コミュニティが関係当事者であるから，国親（優しい国親であろうとも国家権力に違いなく，現実に国親になるのは裁判官とか保護観察官という官である）が当事者として関与する理念的余地はないし，賛同しがたい。ダメな親でも親は親であり，国はその親の健全な成長を図る責務がある。子や親は国に対して成長権を主張できるのではないか。国が関与するとすればあくまで脇役であり，サポーター，介添え役としてである。あくまで上記三者が，ニーズと責任を巡って（ゼア著修復的司法とは何か，訳書pp. 203-14）主体的に，展望的に，腹蔵なく，対話協議して非行の対応策を取りまとめ，強制的にでなく納得的な進め方で合意に達する。国は彼らに対応を委託したのだと考える。ただ被害者は対話協議という準公的な場において私的感情の発露を抑制し，建設的提案をするべきと考える。加害者も受け身でなく自己実現が可能である。国家権力の役割は精々合意を事後承認するか，合意が不十分か，実行不可能か，反社会的か（何を以て反社会的というかその定義が重要）の場合，再考を求める指導権限の保留であろう。

7 被害者の支援と犯罪者の支援との連結

アメリカでは初期のメディエーションセンターでも被害者支援と加害者支援が併行して行われたようである。日本国では 2000 年に東京都に社団法人被害者支援都民センターが創設され，以来道府県に犯罪被害者支援センターが設立されたが，すべて被害者支援に特化している。日本国ではセンターにおける両支援の併存は今のところ抵抗があって困難であるが，RJ ではその理念からして別個のものとは考えていない。Van Ness & Strong（2015）5 版によると RJ の実施原則は，(1) 癒すことに精を出す，(2) 司法過程へ積極的に参加する，(3) 行政と地域社会の相対的役割と責任について再検討するの 3 項からなるが，(1) と (2) について被害者，加害者，地域社会の間で差別していない。と言うことは被害者支援と加害者支援（両者の遺族・家族を含む）を別々に実施する原則はないと言うことである。尤も被害者と加害者の立場や状況は個別的には異なるから，差別はしないが，形は異なると考えるのは不当ではないであろう。

翻って，なぜ被害者支援と犯罪者支援を分離して行わず，連結しなければならないのであろうか。RJ のカンファレンスやサークルで対面対話する時は当然両者の支援が重要なテーマになるが，この種の支援はその場限り（アドホック）に終わることも多い。次なる支援はもっと長期な，専門的な，広範囲な支援活動である。双方への支援活動が望ましく展開するためには，1) 前提条件，2) 支援活動の原理原則，3) 支援活動の指針，4) 支援活動へのアクセス，5) 支援活動の結果の評価，6) 新たな支援活動の創出とステップバイステップである。先ずは個別に，被害者，加害者が日頃のニーズ（経済的な，福祉的な，精神的な）がある程度充足され，人権が保障されている前提を必要とする。そのうえでであるが，連結する理由は，犯罪や紛争は被害者，加害者，地域社会の関係の上で行われたものであり（それ以外のものは当面除く），関係は傷つき，正義は関係の修復（repair or restore）に存するからである。関係の修復はニーズ・利害に即して三者間で同等である（つまり全ての人が win で終える）。この点，被害者側がより多く結果を享受するべきだという声があり得るが，それをのりこえる（transcend）必要があり，その準備ワークは支援者に期待されている。そのためには両者への支援活動は連結・統合され，相互

に刺激を受けながら発達展開される必要がある。別個に分離して行うことでは修復的実践とは言えない。連結には a. 当該事件の被害者加害者の支援活動の連結，b. 一般的な被害者加害者の支援活動の連結の類型があり，また c. 同一支援者が行う場合と d. 異なった支援者が行う場合が想定される。

　ある個人の試みは貴重である。T氏は町の不動産屋を家業としている。彼の話を聞く機会があった（立川シビル市民講座 20 期 2014 年 10/19）。家業を生かして出所者の身元引受人，ホームレスの人に住所を提供したり，店は近所の子どもの溜まり場にしたりしているそうである。裁判員として裁判に係わっていた時，職業裁判官に性犯罪の加害者をサポートしたいと申し出たら裁判官は「被害者もその地域に住んでいるんです」と否定的に応じたそうだが，T氏は両者が同じ地域で暮らせる社会に変えていくのが課題だと内心考えたそうである。この話，「良民（被害者を含む）と悪人」に分断する応報・懲罰思想をとる人は悪人の危険を先ず考えるのだろうと思われる。T氏は地域の人々の再統合を考えているのだが（加害者支援と被害者支援を併行して考えないなら再統合は無理。この場合の両支援は当該事件の両者であってもなくても可），ここには RJ の萌芽的にして緩やかな定義がある筆者はみる。大きく芽吹く可能性を信じたい。

　様々な生きづらさ（生活不如意，自責の強迫観念，不適応，ストレス）を抱えている様々な人々（被害者，加害者，ワーカーたち，法曹実務家など）が相互の支援的な関わりの中で自らの人生（大袈裟に響くなら正味の自分（先述，内田樹参照）と言ってもよい）を取りもどす過程（restoring process）が正義に適うのである。とくに加害者も生きづらさを抱えていることを認識することであり，「それは自業自得だ」と突き放して考えるのは RJ 的ではないと Zehr は述べている。繰り返しになるが，支援は楽な人が不如意な人を助ける類ではないであろう。ここでの論題の周縁にあるかもしれないが，被害者遺族，加害者家族が裁判を共に傍聴していた時，支援者たちが RJ 的気配りを持つ必要性，冤罪が確定した事件においてそれまで被害者であった人物に対して RJ 的精神的ケアは十分行われているのか，課題がある。

Ⅶ　まとめに入る

　RJ の年代史を追跡していて刑事司法システムは価値の生産（主な生産者は法曹実務家）であると見てよいと認識した。一方，価値の消費はシステムに関与する人々（被害者，加害者，弁護人，コミュニティ，政治家，世人など）により行われる。どのような価値か，試論的に挙げれば，a．刑事司法の一体視観。この価値が生まれる理由は，99％の有罪率，一旦捕まったら犯罪者と烙印づけられ修正不可能，捜査官に平身低頭して謝罪すれば容疑者は謝罪は済んだという意識を持つ，報道における実名主義の横行，刑事司法諸機関の横並び権威主義などである。b．超越としての刑事司法。この価値が生まれる所以は，司法の現状を手直しこそすれ根本的改革思想が低迷している，RJ を司法手続への関与（Van Ness らの述べるところの inclusion）として積極的に捉えない，被害者と加害者の分断を敢えて問わない，検察官を公益の代表と定型的に考える，死刑執行の立ち会い制の策定しない，被害者遺族と加害者家族との精神的交流を図る社会運動を起こさないなどである。

　価値の生産と消費に係わって二つの意思決定路線が造られているのを筆者なりに見出した。一は公権力の裁量で意志決定が行われて進む路線である。警察の微罪処分，検察の起訴猶予，裁判官の執行猶予，刑事和解，少年事件における審判官の逆送の決定，刑務所の仮釈放の決定である。ただ裁量は多くの場合弁護士との打合せ，協議，討議，弁論などを伴うが，裁量自体は官の権限である。過去の行為の刑事責任を問い刑罰を科す懲罰的司法が中心である。時に被疑者・被告人の反省・悔悟・将来の矯正可能性が論争され，裁判は人間味を帯びてくるが，一の路線は antiseptic な（冷静，公正，客観的，機能主義的で人間味のない）特性を持つのが本来的であろう。二は被疑者・被告人，被害者，市民の"主導"による意思決定である（官の最終的承認を経るにしても）。RJ，司法取引，DBVO 制（表 2 の 2002 Zehr を参照），裁判外の合意（plea agreement），裁判参加制[8]，裁判員制，検察審査会制などである。日本国では仮釈放は被害者の心情を参照して官の裁量権で行われ受刑者は発議権を持っていないから消費者とはならない。市民主導は非懲罰的になるかという

と必ずしもそうではない。今まで述べたように市民は懲悪・厳罰に傾くことが多い。価値の生産と消費に際しての筆者の立場は，システムは1）懲罰的条件を排し，2）人間の条件をひもとき，3）三流政治家や学者の世界を素通りして，4）被害者・加害者・コミュニティ，三者間の安全と権利の均衡的発展（いずれも他を犠牲にしない充実）を目指すのである。

日本国ではRJは学問的に居場所がないのである。学者とくに政府寄りの学者は刑事司法政策では厳格な手続を守りつつ懲罰的な政策を愛好する。ところがアメリカで版を重ねているL. Siegelの犯罪学（11版，総頁715，2012）では8章　社会的葛藤，批判的犯罪学，修復的司法において，16章　刑事司法においてRJが論じられている。16章では犯罪統制モデル，社会復帰モデル，適正手続モデル，非介入モデル，平等的正義モデル，RJモデルを提示する。A. Karmenの被害者学入門8版2012では終章「21世紀の被害者：別の新しい方向」では，1）刑事司法システム内での一層強い権利の獲得，2）悪には悪を以てする自警的報復正義，3）修復的正義をとり挙げて論じている。

日本国では最近漸く，犯罪と社会：初歩からはじめる犯罪社会学が発行された（2011）。第11章は犯罪の修復である。さらに犯罪・非行の社会学：常識をとらえなおす視座が発行された（2014）。その本の被害者学の章で修復的司法が少々記述されているのを見出した。学部学生向きの教科書であることはさらに良い。漸く居場所が見つかったかの如くであるが，これらが今後例外の二冊でなくなることを祈りたい。

また日常倫理的にも居場所がないのである。街の政治家，メディア，大衆は一見偽悪的であっても根は義理人情加味の勧善懲悪のドラマを愛する。非暴力的，平和的解決はお芝居にならないから避けるのが常である。勧善懲悪派には「罪を憎んで人を憎まず」はあまり人気がなく，「罪を憎んで人をも憎む」に大いに喝采するであろう。RJ推進家と雖も「罪を憎んで人を憎まず」を直に信奉するだろうか。

日本で日常生活では謝罪と容認が少なくないのになぜ刑事司法システムの

---

[8] 対審構造下の公判廷では参加する被害者・遺族はサポートする「被害者参加弁護士」と共に検事側に座を占め，被告人及び被告人弁護士と対峙する格好になる。筆者の理解では対峙でこそあれ，"対面"ではない。参加の形が対峙でよいのか，DBVO制などを参考に検討の余地がある。

なかで RJ 方式が公式に拡大しないか，理解しがたい。思うに検察，裁判などの公的権力支配の第 2 路線（Haley〈1989〉〈1995〉による）が頑として根を張っていて，それを日本型 RJ（自白，改悛，猶予処分の三点セット。多くの被疑者，容疑者は面前の取調官に平身低頭して自己の悪行を謝る悪例が褒められる）と称して刑事司法エリートとが自賛し，真正の RJ を権力支配を弱めるためのインフォーマルな装置として民が考えないからであろう。

　政府，司法官僚，街の政治家，メディアは被害者の加害者に対する怒り，恨み，憎しみ，恐怖などの私情の発露に同情するように装い，その実，厳罰化（懲罰主義と社会秩序の統制の組合せから成る思想）推進の政策にうまく利用しようとする姿勢である。被害者は斯かる現状を理性的に洞察し，私情の発露はプライベートな場に限り（感情刑法，敵対刑法にならないようにするためであり，そのためには話を傾聴するワーカーの社会的配置が必要ではないか。調停〈VOM〉，RJ カンファレンスとサークルはプライベートとパブリックの中間にあり），パブリックな場では出来るだけ私情を押さえ公の道徳に従うべきである。被害者臨床心理の専門家集団は私情（既に述べた aggressive feelings のこと）の昇華[9]に穏やかに導く必要がある。

　また 1995 年の阪神大震災や同年の地下鉄サリン事件を契機にして災害や事件後の被害者・犠牲者の精神状態の診断と理解が進み PTSD なる医学用語が司法界でも定着するようになったのは歓迎すべき話である。

　斯くて日本国で PTSD への対応と治療の評価が進むなかで障害の克服から一歩進んで PTG へ関心が向かうはずだと近藤卓は（PTG 心的外傷後成長：トラウマを超えて，2012）予想する。逆境が精神的な成長をもたらすことは古今東西，経験的には知られてきたし，人の自然な適応・復元力は小さなものではない（勿論，苦しみ続ける人もいる）。20 年前程から学術の世界で議論され

---

[9] 昇華　精神分析の用語。抑圧された衝動のエネルギーが社会的文化的に許される傾向に変容・発散されること。公判廷で私情の表明として「極刑を望む」と発言する被害者は，死刑制度を容認する国でも昇華を達成した人と言えるであろうか。変容・発散されない場合，様々な症状を呈するので，社会的に個人的に変容発散する道（治療のルートを含む）を備えておくことが望まれる。被害者で「昇華は敗けだ」と考えて原衝動を突き進む者がいても as it is であろうが，もし昇華の技法に気づかないで深刻な状況にあるのであれば何らかの手段で穏やかに気づかせるべきである。2001「命のメッセージ展」は昇華度が高い。

てきた PTG も（Tedeschi & Park（eds）〈1998〉参照）近時一層論議されるようになって来た。強いストレスや喪失感（犯罪の被害加害もその一つ）を体験した人が必ずや回復・成長する（とりあえず回復，然る後成長と読めばよい。回復止まりのケースもあるかもしれないが回復が最終目標ではない。成長が終着点である）と楽観視するわけでもない。が，人生がそこにあるわけだから，つらい体験を超える可能性もそこにある。坂上（1999, 7-8 頁）のサムの例では PTSD と PTG が一人の人間のなかに同居しているかのようである。ただ犯罪被害者，加害者にいきなりこのような考え方を示すことは「成長することは善いことだ」という固定観念を押しつけるに等しい。彼らの負担をもう一つ増すに終わる恐れがある。また「回復といっても亡くなった大切な人が帰ってくるわけではない」と遺族から猛反発を受ける恐れもある。Zehr は英語で re……の付く語（restitution, redress, restore, reparation など）を慎重に使いたいと述べているのは「回復＝復元」のコンセプトの乱用を恐れているからである。

　過酷な体験を超える方法は幾つもある。嗜癖に耽溺することもあろうし，被害者が加害者に対する報復・復讐に訴え社会的アクションに出ることもあろうし（日本国の犯罪被害者はこのパターンが多い），被害者が加害者や自己に対する許しや癒しを深層動機にして社会的アクションに出るのもあろうし，文筆・絵画・工芸などの自己表現活動をするのもあろうし，敢えて無視・忘却・諦観するのもあろうし（再度の心理的抑圧かもしれない），沈思黙考もあろうし……。だが，PTG では人は過酷体験後の，ポジティブな変化，精神的成長を望ましい反応としている。変化や成長は基本的自尊感情（自暴自棄や開き直りの逆だが，一時期そうなることもあろうから一筋縄でいくような単純なものではないと思われる）をベースにして他者との関わりの中で現実のものとなる類である。

　以上は個人レベルの話であるが，国や地方自治体の政策レベルとなると話は違ってくる（既出，N. クライン著ショック・ドクトリン：惨事便乗型資本主義の正体を暴くを参照）。国や自治体の過酷な体験（体験するのは集団としての国民，住民である），つまり大災害や大惨事からの復興・成長にかこつけて一大商機を掴み（民の幸福を度外視した資本主義経済の惨事便乗型成長を意図して），官僚・政治家・御用学者が後押しして，大企業に益々高利益を生ませ，富裕層を益々

富ませ，政権党は選挙地盤を強化し，地方自治体は貧者への福祉政策（惨事前に財政的に重荷になりつつあった政策）を易易と切り捨てる。これも定義によりPTG（惨事後の，民無視の成長だが）と称することは出来るかもしれない。では惨事便乗型独裁主義，惨事便乗型社会主義ならば民の元気回復と幸福の成長を目指せるか，心許ない。

　何人かの学者が成長のステップを説明している。S. ジョゼフ著，北川知子訳「トラウマ後成長と回復」の136～141頁で，ホロビッツの「壊れた花瓶[10]」の理論を引用し，トラウマ体験の適応に関して5段階モデルを主張した。1. 悲鳴，2. 麻痺や否定，3. 侵入的再体験，4. 対処，5. 完了である。ここでは紙幅不足のため詳説しないが，ストレス後の成長のためには私たち自身の思慮深い姿勢の果たす役割が大きいと述べている。無着成恭は人間の自由にならないこと，思い通りにならない現象（筆者注，つらい体験もそうであろう）をホトケの働きと悟ったんです（お釈迦様が悟ったように彼も悟る）と書いている。宗教的超越も体験を克服する一つの方法であると思う（無着成恭・ひろさちや著　狂いの説法，2007，1頁）。ただ「成長のために心の持ちようが大切」といった世間的有名人の修身的常套句に堕さないよう筆者は自戒したい。

　最近では災害時の適応過程で，また，がん治療分野の精神腫瘍学で子どもや成人のためのPTGが試みられている。これは癌の進行と治療の過程のなかで患者も医師も打ちのめされていくのでなく成長していく，成長するよう共に自発に努力する理念と技法のことを意味する。犯罪学被害者学の分野に当てはめれば精神被害者学または精神加害者学が今後提案されるべきであ

---

[10] 壊れた花瓶理論　大切な花瓶が床に落ちて割れたとする。ショックだが損傷は軽く破片は接着剤でくっつけられた。くっついた部分は外から見ても分からない。元どおりの姿に回復できたと本人は満足する。今回のショックの体験は今まで切り抜けて来た異変と同化され，激しいストレス体験として残らない。ところで，粉々に壊れたらどうか。やはり細かい破片まで丹念に集めて復元しようとする人もいる。近くで見ればくっつけたことが分かるし，扱い方によっては再びひび割れるかもしれずビクビクものである。しかし，元通りになった。定義によってこれは同化である。破片を集め，別のオブジェも新たに持ってきて新しい作品を創る人もいる（作るではなく，creativeに創ると言える）。花瓶の壊れたのを悲しむが，復元不可能を受け入れる。過去の結び着き，愛着，考え方，習慣を手放すが，花瓶の思い出を大切に，しかも新たな形で守ったと当人の認知を修正するのである（独力ででか，サポーターの働きによってでか）。定義によってこれは適応である。実際問題として，元通りにならない場合，新しい人生への再出発がこと程簡単には行かないかもしれない。ストレスが次なるストレスをエスカレートさせるからである。

り，その中核になるはRJということになろう。PTGとRJは学問体系や実践場面で異なるが，理念は共有する部分があるのではないか。

筆者はたまたま無着成恭・ひろさちや著「狂いの説法」ぶんか社，2007年という本を手にした。2点の記載を紹介してまとめを終わりたい。

第一，金子みすゞは「朝焼小焼だ大漁だ　大羽鰮の大漁だ　浜は祭りのようだけど　海の中では何万の鰮のとむらいをするだろう」と詩作し，この本はこの詩句を引用している（同書16-17頁）。著者たちはここで勝ち組，負け組の話に移す。さしずめ勝ち組は浜の漁師で，負け組は魚の大群であると言う。今の社会の考察に入り，現代人はこうした脅迫的な「勝ち負け」言葉に翻弄され自分だけは負け組になるまいと努め身も心もボロボロになっている。経済成長や豊かさのなかで勝ち組になりたいがあまり，いつもイライラと暮らす。現代人は理性や知性，世間体や常識の鎧をまとっているから陰惨な姿を露骨には現さない。金と力をもつ人は（努力して金と力の報酬を得たのだから）勝ち組に分けられて当然だという認識がある。「悪いやつ」は努力をしなかった，怠けた，法を犯した，あるいは言うことを聞かなかったのだから負け組になって，罰を食らう，貧困に落ちる，あるいは恥をかくのは当然であると世人は考える[11]。この種の，勝ち組・負け組の考え方（勧善・懲悪を素直に肯定する心理）は，通常の文化では，幼少時から何かと植えつけられるから人の強固な信念となり，改変することは難しくなっている。負け組に入れられて不幸感を味わうのを潔しとしないなら，他人の不幸を探しては「人の不幸は我が身の幸福」と言わんばかりの偽装幸福感で自分の精神が傷つくのを避けようとする（本人は意識しないこともしばしばあり）。通常は負け組に入る犯罪者は「死んでお詫びをする」とよく言うが，それは言葉だけのうわべの話にしても，そうは言わないようにRJは犯罪者を心機一転させるのである。RJは当事者の一方を勝ち組，他方を負け組に分けるのでなく，すべての当事者を勝ち組・勝ち組にし，いずれの側にも道義的非難と苦痛を課すこ

---

[11] 人は，その人にふさわしいものを得，現に得たものはその人に値するのであるという説。日本国では若い練達のプロスポーツマンが何億円かの年俸で契約し，大悪人が死刑になるのに世人は異を唱えない。Lerner（1980）は just world hypothesis（正当な世の中という説明仮説）で上述の現象を合理化した。正当性の考え方・内容は各国，各文化で異なる。

となく紛争を非暴力的に解決する方式である。勝ち負けから勝ち勝ちへ，まさに信念体系の転換である。分野が違うが，菅沼隆は労使のウイン・ウインの関係を目指すデンマークの雇用システムを紹介している（日経紙 20140602 朝刊）。RJ における被害者・加害者関係も Zehr 以来そう主張されており，興味深いテーマである。ここで狂いの説法と RJ は合致する。

つまり関係当事者を被害者と加害者に分け，何らかの解決の結果を勝ち負けに大別するとすれば，1) 共に勝ち 2) 被害者が勝ち，加害者が負け，3) 被害者が負け，加害者が勝ち，4) 共に負けの 4 類型が生まれる。ここで RJ における勝ちとは，人の幸福感，生き辛さの緩和，満足，利得というようなその人のニーズ充足的な結果である。ただし自己のニーズ充足は無際限ではなく，人間性に即していることを要するから相手に非人間的打撃を与えて得られるような利得であってはならない（Zehr は相手に対する respect を持つことが大切だと主張している）。仮に双方が同じ客観的結果を得ても一方の当事者は勝ち，他方は負けという意識を持つかもしれない。負けとは勝ち以外である。4 類型の具体的例示は，1) は各人のニーズを充足するべく責任をもって相互にサポート（RJ 的解決），2) は被告人冷遇の応報罰的裁判，3) は被害者無視の刑事司法，4) は両者に不満・挫折感が残る裁判とか偏頗な示談である。

第二は，日本国は政治的，経済的，文化的に益々汚れいくと言う。2006 年第一次安倍晋三内閣の「美しい国　日本」というスローガンは嘘っぱちだと言う。

そこで今は第二次安倍内閣である。筆者は思うには，明治期から昭和期にわたり隆盛した富国強兵政策の換骨奪胎版を今の政策の土台にして，強面の刑事司法政策（2014 少年法改正，バタバタと行った死刑執行を想起）を伴った成長戦略が（そのお余りが司法と福祉の分野に行くのであろう）目下進行中である。高橋貞彦は懲罰的司法や，司法の福祉モデル（または社会復帰モデル）と対比して，修復的司法を明確に捉えている。たとえば，出所者に職や住居，お友達や話し相手を提供する生活支援・孤立解消施策は，無いより遥かに増しであるが，思想としての修復の実践化にはほど遠いと言う（卓見である，上述 Siegel: Criminology では刑事司法の方針として社会復帰モデル（改善更生モデルという）と修復的司法モデルを別個のものとしている）。被害者・加害者・コミュニ

ティにやさしい刑事司法は何なのか，その実現可能性はいかほどあるのか。政治・文化上，汚れた日本国の土壌に如何にして RJ を咲かせることが出来るかである。答えるには，いささか難問の第一である。

難問の第二は，レッドフック地域司法センターに見られるように 1) 地域住民に根ざし，2) 地域分権化した，3) 横割りの司法の創設である。日本国では正義は，懲罰的・応報的司法の形をとって巨大化する官僚王国・法服王国の中枢に君臨し，大衆はいつも辺縁に置かれていて正義を自ら創るのではなく，「お上の演出する勧善懲悪」とくに懲悪に喝采することに馴らされている。地域住民に根ざすと言うところの，「地域」の大衆及び中枢のエリート司法官僚に passionate 正義の何たるかを教え込む必要があるが，これは言うは易く行うは難しであろう。司法官僚と penal populism とが合体した壁は厚い。しかし，壁を突いて進む道は少しは見えるようだ。

2014 年 6 月 30 日の FORUM90 で澤康臣は「記者が見たアメリカの死刑と廃止運動」を取材報告している。全部が全部そうだと思われないが，一審の死刑判決から執行まで 10 余年を要し［制度的に言えば日本の三審制に対して USA は死刑のみ九審制であるからお金と時間が多大にかかる］，また全員が執行されるわけではない現状に対し被害者は死刑を待つ苦しみを訴え，かつその間彼らの拘置と審理，施設の維持に多額の税金を投じている無駄を訴えている。つまり感覚的存在としての被害者と tax payer としての被害者というダブルステータスが見て取れる。それで幾つかの州の被害者は死刑廃止を州議会に働きかけ，ある州では死刑廃止が実現した。被害者が死刑存置を訴えるのなら常識的にも理解できるが，死刑廃止を訴えるのは一見奇異に響くと筆者は推測する。日本国で死刑制度の費用対効果分析を活発化するのは一利あるが，正義を金銭に置き換えて議論するのは歓迎されないようだ。

澤報告では廃止後の代替策論議には触れていないが，死刑廃止を実現させた被害者が考える代替策を（筆者が想像を逞しくして）述べればこうなるだろうか。

第一は有期刑にした場合，仮釈放や恩赦の多用で在監期間を短くする。在監期間を短くすれば死刑相当の犯罪者処遇の諸費用は節約できる。しかし，これは被害者心情や当節の世論が許さないだろう。また刑務所人口を減らす

ためにa. 累犯加重の原則を廃し（現状は老年の累犯障がい者を不必要に刑務所行きにしている。懲役刑でない alternative な処遇法を考えるべきだ）b. 被害者なき犯罪（たとえば，薬物犯など）の非犯罪化を施策する（ただし薬物服用中に他の犯罪をした場合はこの限りではない）。上記 ab 共，刑務所での犯罪者処遇より予算が節約出来るような代替の処遇手法を開発する。

　第二は加害者が払う罰金，反則金，法人が納める制裁金，懲罰的賠償などを国庫に納めずに諸費用の基金として積み立て税金からの諸費用の支出を極力減らす。

　第三は有期刑で在監中の死刑相当の犯罪者処遇の内容を極端にレベルダウンし，税金の使用を減らす。これは犯罪者処遇の差別化であり，人権派から批判を受ける。

　第四は米英諸国でも拘禁刑を廃止し，日本国のように懲役刑を科すようにする。（ただし筆者は拘禁刑の支持者であり日本国の方が変わるべきだと願っている）。刑務所で懲役刑という名で苦役的・強制的労働を課し，受刑者に相応の賃金を払う。受刑者は稼いだ賃金で諸費用を払うようにし，税金で賄う額を減らす。苦しい労働で受刑者は被害者の苦しみを感受するよう意図される。しかし，実際は労働が苦しく長期化すればするほど被害者のことは念頭から外れていくと考えられるから，推奨できない。

　第五は刑務所をドシドシ民営化し株式会社〇〇刑務所（いわゆる PFI による刑務所運営）を増設する。これは露骨にいえば criminal treatment of money and for money の旗の下で刑務所が利益を上げるように成長させるのであるが，「税金の無駄使い」を改めるという大義名分をアピールすれば大いに可能性があるかもしれない。ただし犯罪者処遇が税金の無駄遣いだという観点は筆者の取るところではない。上述クラインはショック・ドクトリン〈下巻〉でアメリカをコーポラティズム国家——一体化する官と民——として論じている。それはよい意味では西欧に見られる民主的政労使の協調体制国家を表すが，クラインは官と民の癒着体制国家の正体を暴く意図がある。官は大物政治家，民は多国籍の大企業を意味する。そこで筆者なりに目をローカルな政治に移せば，規模はクラインのとは小さくなるが，企業は安定した利益を求めて容疑者検挙や犯罪者処遇をふくむ行政の分野にも大量進出する。官は民を

支配下にできるなら財政逼迫の官はそれを歓迎する。

　以下は筆者の想像する株式会社の刑務所である。所長は引退後の政治家か司法官僚である。受刑者は顧客であると同時に国家の刑罰を科されている犯罪者という二重ステータスを持っている。刑罰は just desert 方式で，反省の有無を問わず正当に科された。受刑者自身が衣食住などの経費を払う。金持ちの受刑者は自分の資産から経費を払い，貧困層は刑務所の工場で働いて賃金を得，それで払う。彼らは，通常は普通室に入るが，経費を特に多く払う人は「特等室」に入れる。市場型資本主義下の刑務所では金持ちの受刑者が優遇されるのは当然であると考えられている。彼らの共通点は社会的自由を奪う刑罰が科されている点である。食事はビュッフェスタイルで，顧客としての受刑者も，職員も同じ食堂を使い，好きなだけ食べて分量に応じて会計する。株式会社の刑務所は社会の格差の縮図でもありそれを反映するようにうまく造られている。貧困の受刑者が富裕の受刑者から食事を奪い取らないよう，受刑者の格差的処遇に不満を持たないよう，マネー資本主義の現実を職員は十分彼らに教えこむ。また食事の場は受刑者と職員の交流の場にもなり得る。嘗て筆者が尋ねた北欧の刑務所（そこは官営）ではこのような共用食堂であって所長と一緒に昼食をご馳走になったことがあった。

　被害者や世間は受刑者天国だと怒るかもしれないが，税金を使っていないから怒りは不当だと受刑者は反論するだろう。株式会社刑務所は設立の趣旨から言って被害者と受刑者の関係は断絶している。受刑者は「俺たちの」刑務所に生きているという感覚であって被害者の心情を分かる必要はなく，ただただ刑期を勤めればよいのである。受刑者を厚遇することが社会を有り難く思わせることに結び付き，再犯防止になるという論理である。苦しめれば被害者のことを考え，それに懲りて再犯防止になるという懲役の思想の逆を行く。修復的刑務所の理念と実践とには程遠いものがあるが，株式会社刑務所は犯罪者処遇の人権規約を順守するよう要求される。日本国でも死刑相当の犯罪者がこのように税金食いにならぬように対処する死刑廃止論を広く世間にアピールすれば大衆・大政治家は案外易易と受け入れるかもしれない。でもこういう死刑廃止論はどこかに悪意が潜んでいると思われる。

　RJ に対する悪意（敵意と言ってもよい）も然りである。悪意ゼロの世の中は

考えにくいが（悪意と善意は拮抗関係にあり，程々の悪意は善意を強くするという言い方もあり得る），悪意は程々に少なくして RJ の細々とした灯を絶やさないようにし，灯を将来光り輝くようにしたいと思う。今回源流を尋ねてみて日本国では RJ の流れは依然源流域にあり大河に到るには遠い先と思われた。

Ⅷ　あとがき

　顧みて細井洋子先生とは長いあいだ研究を共にして来ました。2000 年の宮澤浩一先生の古稀祝賀，第一巻では「謝罪・赦しと日本の刑事司法─関係修復正義を考える」を共著し，2006 年には修復的司法の総合的研究を企画進行させました。ここに細井先生の古稀をお祝いして拙い研究ノートを執筆しました。筆者が古稀を迎えたのは一昔前です。古稀祝賀論文集ですから通常は 70 歳以下の人が投稿するのでしょうが，細井先生，及び高橋則夫先生と RJ 研究会を長年主宰してきた経緯があって年齢を顧みずこのように執筆致しました。今時は年齢を問わず寄稿・投稿が行われているかもしれませんが，その辺の事情はよく分かりません。

　筆者が RJ 年代史作成の途次，文献資料に当たる過程で筆者には思い入れがあるが RJ には間接的にしか関連がない事項・文章を付加した場合がありますし，所感，信念・態度をより鮮明化して書いた箇所もあります。その最たるものは，Ⅳ 3　環境犯罪学から RJ に進む道，次に，同 4　被害の聖性です。それゆえ論文というより研究ノートと称した所以です。また日本語で書かれた文献を全てリストアップしたわけではありません。

　RJ 年代史に関する諸外国の資料に関して Van Ness & Strong（2010）4 版から多くの項目を得ました（その第 2 章修復的司法小史は 2009 年 12 月 26 日の RJ 研究会で前原宏一教授が報告しました）。樫村志郎教授は年代史作成の協働作業の労をとって貰いました。山田由紀子弁護士からは貴重な意見を賜わりました。染田惠保護観察官からは豊富な情報を迅速に頂戴しました。

　それなのにこの出版企画が始まって以来，原稿の作業が遅々として進まずに脱稿までの期間，及び校正完了までの期間が予想以上に長くなり，投稿者の各位にご迷惑を掛けたことをお詫びします。上記作業中，年代史の項目を

次々に追補し記述も詳しくなって行きました。そのたびに編集担当の篠﨑雄彦氏が原稿の修正を快く引き受けてくれたのは有り難いことでした。

　ノートは先住民の正義の実践からスタートし，人の心を大切にする正義（passionate justice）に及びましたが，述べられているのは正義に対する見方考え方，つまり正義観に他なりません。日本国の政治家や裁判官の口を通して示される国家の正義観（司法観）は，応報が（死刑を含む応報が）目下のところ支配的で，時に社会復帰，反省，人権，懲罰もあります。他方，関係当事者が示す，非公式，あるいは準・非公式の正義観もあり，それは時に報復であったり，償い，癒し，人間理解，共生，修復，人権，平和的解決（和解）であったりします。関係当事者は修復の名にこだわらず様々な非公式な正義を内容豊かに示してほしいです。その際先住民の RJ の思想と実践は我々に多くのヒントを与えるでしょう。

　因みに H. ゼアが「Changing Lenses：A New Focus for Crime and Delinquency」を刊行したのは 1990 年であり，2005 年の第 3 版では主題はそのままで，副題が A New Focus for Crime and Justice と改変されたのは興味を引きます。開巻一頁の Psalm 103 の掲載は第 1 から第 3 版まで変更なく（ただし英文訳自体は改訂されました），本文内容は追補的に改訂されました。第 3 版の裏表紙の賛辞においてシスタープレジャンによれば，ゼアが本のなかで勧めているように，刑事司法に民事法の原理原則の幾つかを取り入れる日がやってくるだろうと言う（筆者の読みでは一部の非刑事化，被害者の民事的な裁判参加を指す）。シスターは Dead Man Walking（死刑執行の予定者を刑務官が刑場〈電気椅子の部屋〉へ導く時の呼びかけ言葉。字義通りには〈死にゆく人が歩む〉の意）を題名にしたノンフィクションを執筆した（1966）修道女であり，彼ら及び被害者・遺族の精神的カウンセラーであって，何回か来日講演しています。2001 年には豊島区民センターで石塚伸一司会で原田正治と対談しました。

　原典や原資料にできるだけ当たりましたが，誤りや新たな重要事項の発見がありましたらご指摘を賜れば大変幸いに思います。

表 1 修復的正義の年代史：超簡単史

(作成：西村春夫、協力：樫村志郎)

北米・英・オセアニアを中心とする諸外国	日本国
1941 Von. Hentig：Remarks on the interaction of perpetrator and victim, 被害者と犯罪者との相互作用について記す	
1947 B. Mendelsohn フランス語論文において victimology なる語を造る	
1955 H. Schrey, H, Walz and W. Whitehouse, The Biblical Doctrine of Justice and Law.	
1957 SykesG. and D. Matza：Techniques of Neutralization：A Theory of Delinquency. ASR 22	
1957 UK M. Fry,「Justice for victims」国が犯罪被害者補償をするよう新立法の必要を提起	
	1958 中田修「Mendelsohn氏の被害者学―生物、心理、社会学的な科学の新しい一部門」
1958 A. Eglash, **「Creative Restitution」と題する幾つかの論文を発表。刑事司法の文脈で Restorative Justice なる語を初めて使用したと言われる。彼のcreative restitution の発想はRJの基礎を形作ったと認められる	

1960 年代 USA 東部地方の地方検事がコミュニティ調停を開始	

1964 D. Matza：Delinquency and Drift. 訳書は漂流する少年 1986	
1966 M. アンセル：La défense sociale nouvelle. 2版、邦訳は1968 吉川経夫「新社会防衛論」	
	1963 H. Schrey et al. (1955) の訳書*は、西田進、戸村政博「聖書における法と正義」日本基督教団出版部。
	1966 市瀬朝一、みゆき 通り魔殺人事件で26歳の一人息子をなくす
1968 USA S. Schafer：The Victim and his criminal.	
	1968 宮澤浩一「被害者学の基礎理論」世界書院
1969 USA T. Hirschi：Causes of Delinquency (social bond version of control), RJ の理論的基礎の一つを成す	
1970 J. Griffiths：Ideology in Criminal Procedure or A Third 'Model' of Criminal Process.	
1971 オハイオ州 Columbus 市で The Night Prosecutor Mediation Program が始まる	

1974	三菱重工ビル爆破事件が起こる
1975	西村春夫 第38講被害者、森下・須々木編 刑事政策 pp. 316-326 所収

1974 Can. オンタリオ州ウォータールー地域、エルマイラ[*]居住の少年を M. Yantzi[**]と D. Worth[**]は被害者宅に連れて行き謝罪と弁償を実施させる。カナダ初の Victim Offender Reconciliation Program (VORP)
1974 A. Plack 国の刑罰を廃止し、被害者・遺族へのケア、答責的な治療に代えることを主張
1974 H. Bianci 聖書に基礎を置くツェデカ・モデルを提唱。
1974 UK ブリストルで、被害者支援組織が誕生
1975 USA で NOVA (全米被害者援助機構) の設立
1975 USA, 大ボストンのドーチェスター市で逮捕の代わりにコミュニティメディエーションを開始
1976 Can. ウォータールー地域、キッチナーで、上記 VORP を計画的に推進するために「コミュニティ正義のための NPO」を結成した
1976 G. M. Cantor 犯罪処理の民事化。犯罪と刑罰を損害賠償と民事責任に代えるべき
1976 USA, 刑務所共同の設立 (Prison Fellowship International)。この組織の活動の一つとして Sycamore Tree Project (イチジクの木企画) がある。(1880 MADD の項参照)
1976 USA, Murder Victims' Families for Reconciliation (MVFR) が、合衆国の死刑廃止への抗議として殺人被害者遺族により設立される。この団体が 1993 年に「Journey of Hope…暴力から癒しへ」行進を企画実施
1977 N. Christie[**], Conflict as Property (British Journal of Criminology) を執筆、修復的司法の理念的基本書
1977 R. Barnett[**]: Restitution: A New Paradigm of of Criminal Justice. 彼は自由至上主義者である
1977 S. Schafer Victimology: The victim and his criminal.
1977 B. Jacob The Concept of Restitution: An Historical Overview
1978 USA Indiana 州 Elkhart 郡でミッチナーの VORP 方式を USA で初めて開設した
1978 USA The National Organization of Parents Of Murdered Children (POMC, 子を殺人で失った親の自助組織) の設立

北米・英・オセアニアを中心とする諸外国	日本国
1980 USA, 飲酒運転に反対する母の会 (MADD) の設立。 1980 Duckworth, A. M. E.: Restitution, an Analysis of the Victim-Offender Relationship: Towards a Working Model in Australia. 1980 USA H. Zehr**, Mediating the Victim-Offender Conflict. No. 2 1980 Canada Kitchener Yantzi** と Worth** たちは VORP とは別に日常的な紛争解決のため Commyunity Mediation Sservice を設立した 1980 USA 連邦議会は紛争解決法を可決 1981 ノルウェー the Mediation and Reconciliation を制定。被害者と青少年加害者との合意形成と再犯の減少を意図する 1981 USA, 被害者の権利週間を宣言(多分 NOVA の後押しがあったのだろう) 1981 USA, ニューヨークのバタヴィア地区でジェネシー司法計画を開始 1982 カリフォルニア, 州憲法で被害者の権利を規定 1982 Zehr**, H. and M. Umbreit, Victim Offender Reconciliation: An Incarceration Substitute? Federal Probation, Vol. 31, No. 4 1983 UK で初のメディエーション計画の試験実施 1983 コミュニティジャスティス計画協会が, メディエーションの手引きを刊行した 1983 Dittenhoffer and R. Ericson, The Victim-Offender Reconciliation Program: A Message to Correctional Reformers. 1984 オーストリア, 地域司法センターで裁判に代わる調停 (VOM) の試験的開始 1984 USA 犯罪被害者法制定 1984 A. Karmen Crime Victims: An Introduction to Victimology. 1st Edition. 1984 H. Bianchi: A Biblical Vision of Justice. ------ 1980年代中頃 ドイツ, フランス, メディエーション試行開始 ------ 1985 UK 内務省, 4つのメディエーションの試験的計画に補助金を出し, その有効性を検証することを始める	1981 菅野彬「刑事裁判と住民メディエーションの導入(上)ジュリスト, No. 148, 65～70, 同(下) No. 149, 148～153 頁。裁判によらないインフォーマルな解決, 和解制度, 都市裁判所計画を論じている 1984 菅澤浩一「犯罪被害者と人権」罪と罰 21巻 4号, 40～42, 少年事件において, ソシアル・ワーカーが仲介者となって加害者と被害者の和解の試みを試みた

1985　国連、いわゆる被害者の人権宣言を出す
1985　ニュージーランド　成人犯罪者を量刑する際に刑事司法典は裁判所が賠償を命じるか、犯罪者による被害者への何らかの補償を重視するよう求める。
1985　H. Zehr**：Retributive Justice, Restorative Justice.

1980年代中　Zehr** 「Changing Lenses」の執筆開始。人々の物笑いの種

1986　USA, Justice Fellowship（刑事司法の改革団体）がRJの基本原理の探究と政策展開のための研究計画をスタートさせた
1986　L. Hulsman：Critical Criminology and the Concept of Crime
1986　K. Hazlehurst：Aboriginal Criminal Justice：A Bibliographicalcal Guide
1986　Wagatsuma, H. and A. Rosett, The Implications of Apology：Law and Culture in Japan and the Unated States, Law and Society Review,
1988　N. Zeal. M. ジャケツシは報告書を提出、「マオリ」族は彼らにふさわしい修復的方法で争いを処することが許されるべきだ」と勧告
1988　USA、全米被害者加害者メディエーション協会が結成される
1988　カナダ、議会の常任委員会は「Taking Responsibility」報告を公表する。
1989　ニュージーランド、青少年を対象として家族・集団カンファレンス（FGC）を制度化
1989　吉田敏雄、ドイツのマックス・プランク研究所で開催された「刑法における修復の新しい道」討論研究会に参加する
1989　J. Haley Confession, repentance and absolution, Wriht and Galaway (eds.) Mediation and Criminal Justice 所収。日本の刑事司法は1）公式の路線と2）欧米に頼らない非公式な第2路線からなる。この路線は第1路線と "同じ" 専門実務家と、犯罪者、被害者が主役となり、自白（罪状の承認）、改悛の情（償いもあり得る）、赦免・猶予処分（刑罰一途の公式路線から外されて罰を免ぜられ、微罪処分、起訴猶予、執行猶子となる）から成る。

Van Ness and Strong (2010, 4版)（にまたはVORPやメディエーション（調停）の試験的実施がみられ、続く1990年代にはFGC、裁決サークルを始め各種の修復的プログラムの諸国への普及が

1986　Matza：漂流する少年, Delinquency and Drift (1964) の訳書
1986　我妻洋とRosettは、Implications of Apology（訳せば）謝罪の意味するもの：日本と合衆国の法と文化を執筆。
1987　宮野彬「刑事和解と刑事仲裁」第65回日本刑法学会、研究報告
1988　西村春夫、高橋良彰「高齢者の各種被害体験と被害化要因の分析」科警研報告防犯少年編、29巻1号。人の被害感覚はニーズに対応しており法益侵害の刑法的概念をもっては捉えられず

北米・英・オセアニアを中心とする諸外国	日本国
あった。 1989 Austl. J. Braithwaite** : Crime, Shame and Reintegration 1990 Zehr**: Changing Lenses. 修復的司法の最初の理論となる。邦訳は1995年版により『修復的司法とは何か』2003年。 1990 Germany 少年事件に対し起訴の代わりに和解プログラムが始まる。成人には遅く1994年に調停が始まる。 1991 ノルヴェー、Municipal Mediation Boads Act が通過。地方自治体がメディエーション（調停）を開始。 1991 Austl. NewsSouth Wales, Wagga Wagga (ワガワガ) で少年警察がカンファレンス (FGC) を開始、指導者は T. オコンネル 1991 USA テキサスの用務所、両当事者の癒しに資するならば重大犯罪の被害者、遺族の要請により加害受刑者と直接対面対話することを容認。 1992 Haley「Victim-Offender Mediation : Japanese and American Comparisons」in Messmer, H. and H-U. Otto (eds.), Restorative Justice on Trial : Pitfalls and Potentials of Victim-Offender Mediation pp. 105-130 1992 カナダの裁判所で刑事事件に対して裁断サークルの実施結果に基づき言決を出す。サークルの初めての公式採用とみなされる 1992 南オーストラリア州は少年事件に対してFGCを制度化、2005年までにビクトリア州を除く全ての州で制度化された 1992 南ア National Institute for Crime Prevention and Reintegration of Offenders がメディエーションの試験的実施を開始 1992 ノルヴェー Municipal Mediation Boards を制度化 1993 南ア真実和解委員会がスタート。アパルトヘイト時代の犯罪を修復的正義の適用で解決するため 1993 全米被害者加害者メディエーション協会が国際化され、被害者加害者メディエーション協会 (VOMA) となる 1993 フランス 少年と成人事件に対し被害者-加害者調停が検察官の下で始まる。1980年代中頃から幾つかの試験的企画が行われた 1993 USA「Journey of Hope…暴力から癒しへ」行進が始まる	1990 藤本哲也「用政政策あ・ら・かると」アメリカとカナダの被害者加害者和解計画（VORP）を日本に初めて紹介した。 1990 宮野彬『刑事和解と刑事仲裁』信山社出版 1990 日本被害者学会の設立 1991 田口守一「財産としての紛争という考え方について、愛知学院大学法学論集。Christie : Conflict as Property の紹介的論文 1991 平松毅、寺沢比奈子、2003年に「社会の共有財産としての紛争」（法と政治、関西学院大学法政学会、54巻、629-649）として完訳刊行した 1992 東京医科歯科大学内に被害者の援助のために「犯罪被害者相談室」を開設。 1992 諸澤英道『被害者学入門』成文堂 1992 高橋則夫「刑法における損害回復論」、刑法雑誌 1992 「宮澤浩一「被害者学の現況」犯人の社会復帰を使す方策としてダイバージョンが提案されているが、それだけでは犯人の処遇に偏しているのる。加害者を被害者の話し合い和解を試みること、矯正保護では犯人をして「被害者への贖（あがない）」の支持を喚起することを通して、被害者の苦しみと痛みを考慮するべきである。被害者学研究創刊号。

1993	Sister H. Prejean : Dead Man Walking を著す
1994	オーストラリアのオコンネル (T. O'Connell) が USA ペンシルベニアを訪れワガワガモデルの FGC を講演会で伝授。ワクドルも列席す
1994	ワクドル、家族集団協議 (FGC) を推進するためリアルジャスティスを設立。
1994	Bazemore and Umbreit が 21 世紀の少年司法の国家戦略として Balanced and Restorative Justice Project (BARJP) を刊行。
1994	英国テムズヴァレイ警察はショッピングセンターにおける万引き犯対策として修復的警告を開始
1994	カナダ、高危険性の性犯罪者を地域に再統合させるために NGO「支援と説明義務の環」を結成
1994	ミネソタ矯正局、RJ 企画官を創設、Kay Pranis が任命された
1994	USA バージニア州で初めて被害者遺族の死刑執行の立ち会いを許可、テキサス州は 1996 年に許可、これ以前は不明。鮎田実調べ
1994	アメリカ法曹協会、裁判で修復的方式を使うことを承認
1994	オーストラリア、クイーンズランド州、学校の生徒指導で NZ の RJ 方式を導入
1994	J. Burnside and N. Baker「Relational Justice」
1994	H. Bianchi : Justice as Sanctuary : Toward a New System of Crime Control
1995	ニュージーランド、成人に対して 3 つのコミュニティ・カンファレンスを試験実施
1995	Consedine, J. が Restorative Justice : Healing the Effects of Crime を執筆した。高橋貞彦がこれを翻訳して自費出版した
1995	M. Young, Restorative Community Justice : A Call to Action, NOVA.
1995	カナダ警察は被疑者が軽い罪を犯し否認していない事案を扱う地区正義法廷 (community justice forums) で FGC (家族集団協議) 導入
1995	カナダ用法典を改正して修復的司法の原理・原則を導入する
1995	J. Haley, victim-Offender Mediation : Lessons from the Japanese Experience Mediation Quarterly Vol. 12, no. 3, 236-242 頁では「修復的司法：日本のモデル」を論じている。
1995	Austral. キャンベラにおいて再統合の恥づけ実験 (RISE) という 5 年間の調査研究が始まる
1996	カナダ矯正部門、カナダ初の RJ 強調週間を催す
1996	USA の国際刑務所共同 (Prison Fellowship International) が RJ のインター

1994	J. Braithwaite Resolving Crime in the Community : Restorative Justice Reforms in New Zealand and Australia. 名古屋矯正管区講演レジュメ
1994	J. Braithwaite 日大の招きで来日し講演する
1995	吉田敏雄「法的平和の恢復」行為者-被害者-仲介・和解の視座 (1)、北海学園大学法学研究、30 巻 1 号。
1996	宮澤浩一代表、「犯罪被害者の研究」日本での初めての犯罪被害者についての実証的調査研究。

北米・英・オセアニアを中心とする諸外国	日本国
ネットワークを開設 1996 USAの若干の州、学校の生徒指導の分野でRJ方式を導入 1996 Yazzie, R. and J. Zion：Navaho Restorative Justice：The Law of Euality and Justice. 1996 Griffiths, C. T. and R. Hamilton：Sanctioning and Healing：Res-torative Justice in Canadian Aboriginal Communities. 1996 J. Braithwaite**：Restorative Justice and a Better Future. 1996 USAインディアナポリスにおいて「コミュニティに正義を戻す」企画がスタート、分析はMcGarrell, E. F. et al. (2000) Returning Justice to the Community. 1996 南ア マンデラ大統領の提唱で真実和解委員会 (TRC) を設置、ツツ大司教が委員長となる 1996 南ア 家族集団協議 (FGC) の試験的実施を開始 1997 USAの連邦司法省が修復的司法の全米会議を開く 1997 カナダ、バンクーバーにおいて「納得の行く確かな正義 (Satisfying Justice)」という旗印の下、RJの全国会議を開く 1997 ベルギー 少年に対するRJを調査研究する国際的ネットワークが後援して第1回国際会議を開く 1997 UK T. Marshall：Seeking the Whole Justice. S. Hayman (ed.) Repairing the Damage：Restorative Justice in Action. ISTD, pp. 10-17 所収。 1997 USA, デラウエア州 Kim Book, Restorative Justice：An Annotated Bibliography を編集した。その i 買で、Zehr**（1990）の Changing Lenses は RJ なる概念を社会に広めることに貢献したと言う 1998 UK T. F. Marshall**：Restorative Justice：An Overview 1998 ノルウェー Sections71a, 72 of the Criminal Procedure Act により検察当局が終局処分としてメディエーション 1998 UK, 初犯の全犯罪少年を修復的手続に回すことを法的に制度化する。 1998 デンマーク Crime Prevention Council が司法省の示唆により調停を試験的に開始。 1998 ヨーロッパの調査研究によれば、全欧に900のメディエーションプログ	1996 高橋則夫「アメリカ州法における損害回復論」、鈴木義男古稀祝賀論文集所収 1990年代中頃 被疑者被告人弁護士が被害者の気持ちを汲んで弁護活動開始（毛利広道の言）、被疑者被告人と被害者（遺族）の間にあって両者の意思疎通の促進を図る点、全面的RJと言えないが、従来型示談に挑戦する 1997 高橋貞彦、「修復的司法 アオテアロアの少年司法 ニュージーランド から世界への贈り物」中山研一古稀祝賀論文集、第五巻所収、「修復的司法」という日本語の初出だと思われる。 1997 藤本哲也「ニュージーランドの青少年法と青少年司法システムの現状」法学新報、103巻3、4号、修復的正義の諸要素が法に従い列挙・検討されている。修復的司法ないし修復的正義の語は見出されないが、Family Group Conferenceに家族グループ協議会の語が与えられている 1997 藤本哲也「ノルウェーにおける裁判システム以外での紛争処理の現状と課題」、この考えは、アメリカの近隣ジャスティスセンター（Neighborhood Justice Center）や紛争処理センター（Conflict Resolution Center）の影響を受けたものであると言う 1998 西村春夫、研究休暇を得て早大法学研究科に国内留学した際、テーマは「補償司法」について：被害者学における損害回復と刑罰との対比。 1998 高原勝哉、岡山仲裁センターADRの特性を生かし、修復的実践を開始する

ラムが在任する由
1998　カナダ Waterloo 地域で高齢者虐待ケースに RJ 実践を開始
1998　Tedeschi & Park (eds): Posttraumatic Growth: Positive Changes in the Aftermath of Crisis
1999　欧州会議の閣僚会議は刑事事件においてメディエーションを使うべきとする勧告 No. R (99) 19 を採択
1999　ニュージーランド、生徒指導の分野で停学処分に代え RJ 方式を導入
1999　Haley「Apology and Pardon: Learning from Japan」in Etzioni (ed.) Civic Repentance (Rowman & Litlefield), pp. 97-120. 吾妻洋と Rosett による謝罪と弁償に基づく日本の文化や刑事司法の実態分析を評価
1999　ニュージーランド　Consedine & Bowen: Restorative Justice: Contemporary Themes and Practice が出版される
1999　T. Marshall: Restorative Justice: An Overview. Home Office
1999　全国被害者支援ネットワーク、被害者の権利宣言を公表
1999　杉浦ひとみ弁護士、窃盗事件で保護観察の段階にある少年と親さを強く説得して被害者と直接対面させての謝罪と償い。従来型の示談では何も伝わらないとの見解。
1999　坂上香「少年が被害者と向き合うとき」現地取材による FGC のドキュメンタリー番組
1999　坂上香『癒しと和解への旅：犯罪被害者と死刑囚の家族たち』岩波書店
1999　西村春夫「犯罪学への招待」第 19 章において H. ゼアの修復的司法を紹介、そこでは関係修復的司法という語が用いられている
1999　高橋則夫「修復的司法と回復的司法の可能性」法と政治（関西学院大学）法律時報 71 巻 10 号
1999　前野育三「修復的司法と回復的司法の可能性」法と政治（関西学院大学）
1999　西村春夫「環境犯罪学一原因理解から状況理解への思考転換一」用法雄誌、38 巻 3 号、88-100。

2000　横山実、M. ライトの修復司法を紹介、犯罪科学、中央大学犯罪科学研究会発行
2000　西村春夫、細井洋子「謝罪・赦しと日本の刑事司法―関係修復的正義を考える」宮澤浩一古稀祝賀論文集　第一巻　犯罪被害者論の新動向（以下「宮澤古稀」）pp. 19-74
2000　新倉修「用法の課題としての被害者」宮澤古稀、pp. 119-134
2000　高瀬則夫「法益の担い手としての被害者一回復的司法の視座―」宮澤古稀、pp. 151-174
2000　奥村正雄「刑法における損害回復論の検討―イギリスの議論を中心に―」宮澤古稀、pp. 175-197
2000　被害者視点を取り入れた矯正教育の実施、法務省矯正局長指示
2000　指宿信、医療少年院院長としての決裁により少年（傷害致死事件の当事者）を教官同道で被害者宅にお参りに行かせた。［こういう事は当時制度化されていなかったしできそうであろう］
2000　児玉勇二弁護士、少年による暴行傷害死事に関連する損害賠償の民事訴訟において、和解にあたり修復的カンファレンスを試みる
2000　毛利正道弁護士、少年の集団暴行事件で、少年審判後、被害者加害者の直接対面による謝罪を試みる

1998　カナダ Waterloo 地域で高齢者虐待ケースに RJ 実践を開始
1998　Tedeschi & Park (eds): Posttraumatic Growth: Positive Changes in the Aftermath of Crisis
1999　欧州会議の閣僚会議は刑事事件においてメディエーションを使うべきとする勧告 No. R (99) 19 を採択
1999　ニュージーランド、生徒指導の分野で停学処分に代え RJ 方式を導入
1999　Haley「Apology and Pardon: Learning from Japan」in Etzioni (ed.) Civic Repentance (Rowman & Litlefield), pp. 97-120. 吾妻洋と Rosett による謝罪と弁償に基づく日本の文化や刑事司法の実態分析を評価
1999　ニュージーランド　Consedine & Bowen: Restorative Justice: Contemporary Themes and Practice が出版される
1999　T. Marshall: Restorative Justice: An Overview. Home Office

2000　カナダ BC 州、学校の生徒指導の分野で RJ 方式を導入
2000　USA、ワシントンとマコーネル、International Insuitute for Restorative Practices (IIRP) を設立
2000　被害者加害者メディエーションと RJ のための欧州フォーラムを結成
2000　USA レッドフック地域司法センター設立、スラム地域に立地し警察、裁判所、保護局が同居してのワンストップとしての処遇を試みる
2000　第 10 回国連犯罪防止会議におけるウィーン宣言において修復的司法の語句が国連レベルで初めて言及される
2000　A. Morris のノートにより、ニュージーランドは RJ の有効性について、国際比較的評価研究を開始
2000　ルワンダに Gacaca（ガチャチャ、伝統的）法定を制度化

北米・英・オセアニアを中心とする諸外国	日本国
	2000 東京都に「社団法人被害者支援都民センター」を設立
	2000 日弁連、Umbreit 教授を招聘
	2000 第1回 RJ 研究会を早稲田大学において開く。
	2000 佐伯仁志「アメリカ少年司法制度の新しい動き―均衡のとれた修復的正義のアプローチ」大正大学カウンセリング研究所紀要。「均衡のとれた修復的正義」とは Baranced And Restorative Justice (BARJ) を指す
	2000 徳岡秀雄「少年司法は均衡・修復的枠組の時代か」刑政 111 巻 2 号。US、イリノイ州が実施している BARJ の理論的枠組の説明と問題点の指摘
	2000 片山徒有、少年院を訪問して少年との対話を開始。自己の被害者感情を披瀝するに留まらず、少年の立ち直りを共に語る（インパクトパネル）
	2000 全国犯罪被害者の会（あすの会）設立
	2000 染田恵の調査によると、この時期にマスコミに修復的司法という語句が登場し始める。西部読売紙の「両鉄バス乗っ取り事件」についての報道を参照。また朝日新聞論壇に山田由紀子弁護士が「加害少年に被害者側の対話を」を執筆する
	2001 少年法の改正。審判では少年をして自己の非行について内省を促す。被害者は意見陳述ができるようになった
	2001 井垣康弘、この改正の趣旨を生かして、審判くにあたり家裁調査官をして少年（保護者を含めて）に連絡会をさせて謝罪・償いを済ませたか、どうかを聞く方式を開始する
	2001 小長井賀興、鳥取保護観察所において保護観察対象少年に対して直接対面対話謝罪の初めての試行
	2001 井垣康弘、傷害致死事件の少年審判において加害少年に被害者を同席させて対話を初めて行わせる
	2001 大塚豊一、山田由紀子等、被害者加害者対話の会運営センター（千葉対話の会）の設立
	2001 刑法学会、第 79 回大会、共同研究第 III 分科会において「刑事司法の目的と修復的司法の可能性」を討論する
	2001 ミネソタ大学の Prof. Umbreit のところに山田弁護士等 4 名が初心者向け研修に行く
	2001 児玉勇二、杉浦ひとみ、毛利正道、池上健治 犯罪被害者支援士ネットワークの第 1 回年次大会を開く。
	2001 少年犯罪被害者支援弁護士ネットワーク編「少年犯罪と被害者の人権：改正少年法をめぐって」明石書店
	2001 前野育三・高橋貞彦監訳「修復的司法―現代的課題と実践」関西学院大
2001 ニュージーランド、「裁判所委託による修復的司法カンファレンス」の試験実施を開始	
2001 欧州連合、刑事手続における被害者の地位に関する枠組み決議を出す。そこでは刑事事件に対してメディエーションを推進するよう加盟各国を義務づける	

学出版会

2001　少年犯罪被害者の会、「命のメッセージ展」を開始

2002　[少年犯罪被害者の会]の東氏は、少年院を訪れ始め少年たちに語り、時に相手にも話をさせる。2004年頃から刑務所へも行き始める（インパクト・スケルの一類型）

2002　集団暴行による傷害致死事件の保護観察対象少年に対して直接対面謝罪の試行。更生保護と犯罪予防、37巻1号、2003年

2002　井垣康弘判事、修復的司法の勉強会を始める。この会には被害者も随時に参加

2002　高ögen貞彦「修復的司法か関係修復的司法か」修復的司法という訳語あり

2002　小長井賀興　保護観察における日本型関係修復の可能性

2002　J. Braithwaite 来日、第13回日本被害者学会、及び東洋大学において講演する

2002　高橋則夫・西村春夫・吉岡一男・所一彦：刑事の目的と修復的司法の可能性。5人それぞれが修復的司法について各人の視点から報告した。刑法雑誌、第41巻、第2号所収

2003　西村春夫・細井洋子・髙橋則夫監訳　修復的司法とは何か―応報から関係修復へ、新泉社。H. ゼーの Changing Lenses, 1995版の翻訳

2003　中央大学、日本比較法研究所がアルジャシティス（現在IIRP）のワケテル、マコールドを招聘

2003　髙橋則夫　修復的司法の探求 RJ叢書の1巻として成文堂から刊行

2003　東京の国連アジア極東犯罪防止研修所で第129回高官国際セミナーとして専門講師を招き RJ に関する研修を実施

2003　営季浩　「更生保護と犯罪予防誌：巻頭言」、被害者和解の枠組み」に言及

2003　内閣府　正式に公表された青少年育成東大綱の中で、「修復的司法活動の我が国への応用について検討する」が盛り込まれました

2004　D. T. Johnson 大久保光也訳：アメリカ人の見た日本の検察制度　法務総合研究所　被害者の視点を取り入れた教育に関して研究会を開始する

2004　犯罪被害者等基本法の成立

2004　裁判員の参加する刑事裁判に関する法律が成立する。

2004　大阪で被害者と加害者の対話支援センター（関西 VOM）の設立

2004　N. クリスティ（University of Oslo, Norway）、国連アジア極東犯罪防止研

2002　国連経済社会理事会、刑事分野における修復的司法プログラムの活用に関する基本原則を採択

2002　ディボンとコネクール、学校の生徒指導の分野でカンファレンス方式を導入。その後、教育、司法、警察が連携して実践を継続

2002　USA デラウエア州 Victims' Voices Heard-Severe Violence Dialogu Program を設立

2002　H. Zehr**：The Little of Restorative Justice を執筆、そのなかで死刑相当事件においてDefense-based Victim Outreach (DBVO) の必要性を示唆。被告人側の弁護団の中のある者が、正義とは適正手続のみならず被害者遺族の癒しに向けても手を差し伸べるようなもっと広い概念（今なれも反再同罰観として）のRJの萌芽」だと考えるに至ったという。

2002　D. Johnson : The Japanese Way of Justice : Prosecuting Crime in Japan. 邦訳は大久保光也「アメリカ人の見た日本の検察制度」2004

2004　中国 Center for Restorative Justice が北京の China University of Political Science and Law に設立される

2004　USA Murder Victims' Families for Human Rights (MVFHR) が Renny Cushing によって提唱・創設された

北米・英・オセアニアを中心とする諸外国	日本国
	2005 修所の第127回国際研修において講義。そのタイトルは「A SUITABLE AMOUNT OF CRIME」。同じ題名の著作が平松などにより2006年に翻訳出版されている（後出）
2005 USA, Fresno Pasific University が修復的懲戒制度を造る	2005 警察庁、少年に対する修復的対話の制度化に向けて試験実施
2005 ベルギー、刑事事件において、被害者あるいは加害者の請求により メディエーション実施を認める法律を施行	2005 指宿照久、医療少年院の少年（事件時）をして重傷を負わせた女性の一人に会いに行かせる
2005 国連 バンコック宣言、被害者の利益と犯罪者の改善更生を図るため修復的司法政策を取り込むよう勧告した。	2005 山本英政、ワクテルのリアルジャスティス（1997）を翻訳
2005 ルワンダ 佐々木和之、ジェノサイド後の癒しと和解のための被害者と加害者の協働作業を現地にて企画、実践	2005 藤岡淳子編著「被害者と加害者の対話による回復を求めて」（誠信書房）第1回 RJ 全国連絡会（2回目から全国交流会）の実施
	2005 野田愛子、元判事官 東京少年友の会にて RJ を我が国の少年司法に取り入れるべく記念講演
	2006 ゼア, H. 東京聖暁学院・東京ミッション研究所の招聘により来日。牧師を対象とする連続レクチャー、その他。東京で幾つかの講演会をする
	2006 平松毅・寺澤比奈子訳「人が人を裁く「A SUITABLE AMOUNT OF CRIME」の翻訳出版
	2006 入門 有護堂。クリスティ 修復的司法の総合的研究―刑罰を超え新たな正義を求めて」（鳳聞書房）日本で初の RJ に関する実証的研究
	2006 細井、西村、樫村、辰野 修復的司法の総合的研究―刑罰を超え新たな正義を求めて」（鳳聞書房）日本で初の RJ に関する実証的研究
	2006 朝日新聞学芸欄、連載「学の今」に、和解と癒しをめざす「修復的司法」上下が掲載される。
2006 修復的司法プログラムに関するハンドブックが国連により刊行される	2006 西村邦雄訳、西村春夫・細井洋子・高橋則夫監訳 犯罪被害の体験をこえて：生きる意味の再発見、現代人文社。H. ゼア (2001) の Transcending: Reflections of Crime Victims の翻訳
2006 Calhaun & Tedeschi (eds)：Handbook of Posttraumatic Growth. PTG と称される。訳本は2014年に出た。	2006 西村邦雄訳、西村春夫・細井洋子・高橋則夫監訳 終身刑を生きる：自己との対話、現代人文社。H. ゼア (1996) の Doing Life の翻訳である
	2006 大阪次田高校で生徒指導で RJ 方式を試行、また紛争解決スキルとして RJ 方式を生徒に学習させる
	2006 服部朗「少年法における司法福祉の展開」第V部で修復的司法を論じる
2007 L. Sherman and H. Strang：Restorative Justice：The Evidence, The Smith Institute. RJ の有効性に関する36の実証的研究をメタ分析した結果の報告	2007 西村春夫代表、文科省科研費助成により victim impact panels（単に impact panels とも言う）の研究実施。2009年までの3カ年
2007 司法の有効化のための欧州委員会（CEPEJ）、刑事事件に対するメディエーション実施の新運用基準を公表	2007 警察庁、少年対話会の全国実施、つまり制度化する
	2008 兵庫県弁護士会、被害者加害者対話センターを開設、謝罪文鎖行を創設

2008	UK．犯罪被害者が RJ にアクセスする権利を助成するための NGO「Why Me?」が結成される	2008 千葉対話の会（山田由紀子理事長，少年院に出向いて RJ の考え方と日常の紛争の修復的解決法を受践的に少年に教育指導
		2008 森田ゆり「責任と癒し」築地書館。ゼフ（2002）の The Little Book of Restorative Justice の翻訳
		2008 被害者参加人制度，及び被害者参加人のための国選弁護制度が始まる。一定の刑事事件の被害者等が裁判所の許可を得て刑事裁判に参加するという制度である。［裁判員裁判とセットで理解するべきだろう］
		2008 World Open Heart（WOH）の設立，代表は阿部恭子
2009	南ア RJ の考えを強固にするため New Child Justice Act を制定。	2009 裁判員制度が始まる［被害者の裁判参加とセットで理解するべき］
2010	USA MVFHR（和解のための殺人被害者遺族の会）欧州連合（EU）の全面的支援で来日	2010 片山徒有 被害者の視点を取り入れた教育と最近の被害を巡る法制度環境の変化について，矯正講座第 30 号
2010	USA A. Karmen: Crime Victims—An Introduction to Victimology 7Edition. 2012 年に 8 版が出版された。	2010 被害者の少年審判傍聴制度が始まる
		2011 N. クリスティが来日し，日弁連第 54 回人権擁護大会第 1 分科会シンポジウム「私たちは『犯罪』とどう向き合うべきか？」にて基調講演し，また龍谷大学矯正・保護総合センター主催シンポジウム「人間を大切にする刑事政策を求めて」「他者との出会い（他者を知る）」という題目で講演
		2011 神戸 第 16 回国際犯罪学会において Braithwaite は「Social Capital, Rehabilitation, Tradition」を講演。
2012	UK Ministry of Justice「Restorative Justice Action Plan for the Criminal Justice system」英国における刑事司法システムのなかへ被害者指向の RJ をもっと組み込まうと訴える	日本の RJ 関係のテーマセッションとして 4 つが開催された
		2011 第 7 回 RJ 全国交流会で，日本の RJ の源流として，4 人が報告
2013	UK 成人に対する修復的司法を制度化する。根拠法令は Crime and Courts Act 2013, CCA2013	2013 日弁連国際交流委員会 助きを始めた修復的司法：国際刑事裁判所の紹介
2013	電子出版「Restorative Justice」No1, Hart Publishing	人間の安全保障」への日本法曹の貢献の可能性。ルワンダ・ケースの紹介
		2013 坂上香ドキュメンタリーフィルム「TALK BACK：沈黙を破る女たち」完成
		2014 アジ研（UNAFEI）第 156 回国際高官セミナー「被害者保護と修復的司法の取組」
		2014 宅．清水監訳，心的外傷後成長ハンドブック：耐え難い体験が人の心にもたらすもの。2006 Calhaun & Tedeschi（eds）の翻訳

注1. 人名に対して敬称を省略した。
2. RJ は Restorative Justice の略語であり、今では修復的司法または修復的正義という訳語が一般的である
3. 年代史は樫村と西村の共同作業の作品であり、その際、原典・関係者からの情報・証言を多数収集した
4. 諸外国の項目抽出は主として Van Ness & Strong (2010) Restoring Justice, fourth edition によった
5. 本年代史は RJ に関する参考文献をリストアップしたものではない。筆者の裁量で説明や被害者学関連の事項も掲載した
6. [ ] は筆者の解釈、評価を示す。表2は事項毎に説明や筆者の所見を付した。この年代史の作成は法学修士大学院生がマスタートした。その後を西村が追補した。表1は説明や所見のみの超簡単な表である
7. 年代史作成の経緯について：この年代史の作成にあたり我々が範としたものが Schrey, Walz and Whitehouse Influence upon the Established Criminal and/or Juvenile Justice System」というダイヤグラムを持った、2011年に当たる第16回国際犯罪学会開催にあたり追補を重ねするに当たる第16回国際犯罪学会開催所で講義をする際、神戸における第16回国際犯罪学会開催所で被害者学を講義するに当たり追補を重ねたものである。2011年の第7回 RJ 全国交流会開催の際、RJ の日本における源流の事項を西村が追補、2011年、神戸における第16回国際犯罪学会開催所で被害者学を講義するに当たり追補を重ねたものである。2011年の第7回 RJ 全国交流会開催の際、「The State of Restorative Justice in Japan: Its そこで、Schrey, et al. (1955) 及び Eglash (1958) について樫村が原著論文にまで遡り補強した。さらに2012年開催の台湾カンファレンス「修復的司法、人権と平和教育」における樫村報告のため両人が分担して掲載すべき事項を筆者が執筆まで筆者が積み上げ今回に到ったものである。

表 2 修復的正義の年代史：詳細史

(作成：西村春夫，協力：樫村志郎)

北米・英・オセアニアを中心とする諸外国	日本国
1941 Von. Hentig：被害者と犯罪者との相互作用についての論文	
1947 B. Mendelsohn フランス語論文においてvictimologyなる語を造る	
1955 H. Schrey, H, Walz and W. Whitehouse, The Biblical Doctrine of Justice and Law. 本書は、1950年ドイツ・トライサにおいて世界教会協議会（WCC）*が開かれ本書の表題の如き議論がなされた成果である。RJなる語を用いて論じる箇所があり（本書182-3頁），Van Ness & Strong (2010) はRJなる語句が初めて登場した文献とした(Restoring Justice, 4版, 22頁参照)。RJが使われた文脈→日本国1963年の訳書の項を参照。 *今でも社会正義、環境問題に積極的に発言している。日本キリスト教協議会はWCCのメンバーである。	
1957 SykesG. and D. Matza: Techniques of Neutralization: A Theory of Delinquency. ASR 22. Matza (1964) と共に犯罪の正当化、自己防衛の心理的基礎を形成する。RJの対話がさそれを打破し自己の再発見に資するか	
1957 UK M. Fry, 「Justice for victims」国が犯罪被害者補償をするよう新立法の必要を提起，ロンドン・オブザバー誌，11月10日号	1958 中田修「Mendelsohn氏の被害者学─生物、心理、社会学的な科学の新しい一部門」犯罪学雑誌、24巻、178-84
1958 A. Eglash,** 矯正の心理学用語で、刑事司法の正義論の見地から非行少年の処遇につき刑罰への代替策としてだけでなく、心理治療的処遇への転換を主張。この年「Creative Restitution」と題する論文を発表。そもそも刑事司法に潜む非人間性と非有効性を指摘し、1950年代にアルコール依存者治療共同体(AA)の12ステップの企画に参加してのcreative restitutionの経験からcreative restitutionつまり単なる原状回復を排し、creativeを冠することで、それは1）建設的営みであり、2）生涯続く（創造的営みであり、3）被害者の求めに応じる加害少年の自己決定的行動であり、4）共同体的である、とした。刑事司法のの文脈でRestorative Justiceなる語を初めて使用したと言われる。彼のcreative restitutionの発想はRJの基礎を作ったと認められる	1963 H. Schrey et al. (1955) の訳書。西田進、戸村政博*訳、西田進「聖書における法と正義」日本基督教団出版部。訳書の題が原著と異なり"法と正義"となっているのは、訳者を含めて日本人の精神構造として法を先に置いたのであろう。訳者たちがさきに時代の記念碑的作品である。本訳書によれば、配分的正義、等価交換的(commutative)正義、応報的正義などが、北海教区の職域伝道部**に席をともにした時代の記念碑的作品である。訳書235頁において、回復的正義、等価交換的(commutative)正義、応報的正義などが、この正義こそが現在の法のなしえないところを変えることができ、全人類が悩み、この正義の人間的正義を絶えず不正義に変えることにより、すなわち罪の傷をいやし、罪に打ち勝つ積極的力を持たせるという
---------- 1960年代 USA東部地方の地方検事が軽微な犯罪事件にコミュニティ調停を	

年	北米・英・オセアニアを中心とする諸外国	日本国
	開始。ただコミュニティ調停やコミュニティ司法と名乗る企画には修復的実践の過程に対して検察官や裁判官の権威・司法主義的介入が強すぎて国家刑事司法の転換と言うにはほど遠いものもあった由	*訳書が見出された経緯：栗村志郎が原本の国内での存在を知るため神戸大学図書館を起点に所蔵検索し、原書の存在を見出し、同時に翻訳書の存在もヒットした。原書はアメリカアマゾンで、訳書は「日本の古本屋」のウェブサイトで運良く購入できた。 **職域伝道とは教会の外、職場などでのでも聖書研究会や短い礼拝などで参加者を増やす伝道方法。町の集会室を借りて行うこともある。
1964	D. Matza：Delinquency and Drift. 訳書は漂流する少年 1986	
1966	M. アンセル：La défense sociale nouvelle. 2版、邦訳は1968 吉川経夫訳 新社会防衛論。伝統的な応報処罰、保安処分的な刑罰論（従来的な刑罰論）を否定し、人道主義的刑政策を主張。犯罪者の人格の尊厳を社会から防衛することが「新」の本旨である。1977年に被害者に対する国家補償が制度化され、翌年に新社会防衛論が被害者の保護、救済が強化されたことをベースに記述した）	1966 市萠朝一、みゆき 通り魔殺人事件で26歳の一人息子を亡くし、一念発起して、犯罪被害者遺族への国家補償の実現を目指して東奔西走（犯人に対する怒り憎しみは依然として存在する）が、攻撃感情の一部は世の人のための政策実現の建設的行動に昇華。しかし、官僚も国会議員もこの意義を理解せず冷淡視する。20年後1986年の朝日新聞特集による、家の仏壇には遺影を飾らず、犯人への激しい憎しみは消えない19歳の少年、5年～10年の不定期刑の支援を神的支援と喪の作業、の複雑性という長期的支援の課題が存在する。 朝一が犯罪被害者に対する国家補償を思い付きえたのは、（佐藤秀夫）が彼が勉強するなかで民事がらみの事件（公害犯罪など）では被害者への国家補償のケースがかなり存在するのに刑事事件では無いのはおかしいという彼らの鋭い疑問からだったと筆者は推測する。
1968	USA S. Schafer：The Victim and his criminal. 英語圏における初の被害者に関する教科書。	1968 宮澤浩一「被害者学の基礎理論」世界書院
1969	USA T. Hirschi：Causes of Delinquency（bond version of social control）、この社会的絆づけ理論とは別に、この社会的統制理論はRJの理論的基礎の一つを成す。Braithwaiteの再統合の恥づけ理論は非行に到らない要因を追究するが、RJの理論的基礎に到らない要因の追究ではない。ハーシーは非行に到らない要因の追究である。ハーシーは非行に到らない4種類の社会的ボンド（絆）を挙げる、即ちattachment（愛着、傾倒）、commitment（関与、係わり）、involvement（忙殺、没頭）、belief（信用、社会の信条体系の共有感覚）。［ハーシーの非行理論（実は非行化を食い止める理論）がRJの基礎理論となる理由は、RJは当事者間の関係修正、対話を目標とするのに対し、ハーシーは対自分関係上、対他人関係上、社会関係上の結びつきの強化を訴えるなど、関係性を焦点にするからである］	
1970	J. Griffiths：Ideology in Criminal Procedure or A Third 'Model' of Criminal Process. Packerの戦闘モデルを批判し家族モデル（中身は修復的正義と言える）を提唱	
1971	オハイオ州Columbus市でThe Night Prosecutor Mediation Programが始まる。このための大きなプログラムである。これは市の弁護士、Capital大学の教授などが共同して作った対人関係上の軽犯罪を公式の刑事手続外で解決する	

1974	カナダ、オンタリオ州ウォータールー地域、キッチナーの裁判所。エルマイラ*住住の少年に対する裁判においてメノナイト派の保護観察官・ボランティアワーカー (M. Yantzi** and D. Worth**) が加害少年（週末の夜に酔っての器物損壊行動）を被害者宅に連れて行き謝罪しての提案をするよう提案し、議論の末、裁判官は最終的にこの提案を認め、刑罰に代えてこの提案の実施を終局処分として裁決した（ダイヴァージョン）。ある被害者は少年を受け入れる前に払いたが、別の被害者は家に招いて謝罪・償いを優しく受け入れた。カナダ初の Victim Offender Mediatioin (VOM) であり、エルマイラケースは RJ の世界でまず先に語られる事案となった。その後、警察は青少年犯罪者に焦点を当てて FCC に係わられる事態となったが、コミュニティーメンバー構成人モデルを地域社会に基づいている。これらサーケー *s の指導でも、量刑者地域ではごく広くRJを適用するケースがヨーロッパ・カナダの支配的となっている。カナダの住民の文化を再建しようという政治的思想と連結している。カナダの刑事司法システムは基本的に対審構造である [彼らは裁判手続での対面謝罪と償いう自体に意義を見出したので、RJの先駆けと意義づけされるのは後世の学者である。現今の RJ においては reconciliation の話は治政的に使われておらず、歴史的に価値ある話になりつつある。**キッチナーの北数マイルにある町。キッチナーは現今の司法管轄区内にある。元はメノナイト派のドイツ系移民が入植した地柄。メープルシロップの特産地で有名である。］ [警察が修復的介入をするための根拠法合として 1984 年に Young Offenders Act が制定され、量刑段階では 1996 年に刑法が改正された。裁判官はRJ、被害者への弁償、被害者一加害者和解パネル、再統合サーケール、加害者支援サーケールなど自由刑以外の選択肢が可能となり、被害者と加害者の情緒	1974 三菱重エビル爆破事件 これを契機に被害者（遺族を含む）への国家補償の議が急速に高まり、81 年に犯罪被害者等給付金支給法が施行される 1975 西村春夫 第 38 講 被害者、木下・須々木編 刑事政策 pp. 316-326 所載、社会的寛容の必要、加害者と被害者の対立的人間関係の葛藤からの解放、被害者の尊厳性、両当事者間の人間的共感性について述べるが、被害者同行の必要までは言反されず

る方式で、J. W. Palmer によれば逮捕前のダイバージョンとして設定されている。調停は聴取方式 (hearing) で行われる。被害者、加害者、友人、近隣住民、関係者が聴取の求めに応じて延長となって集まる。Capital 大学法科大学院の学生が市の検察官の監督の下で延長となって聴き取りを行う。

night と呼ばれる所以は夜な夜な人々が集まりやすいから。聴取の執行は被害者との「人間的な出合い」の考え方を基礎に当事者間のコミュニケーションの道を再開することに資する。[説明記事のなかでは RJ という語が使われていないことに要注意。次の 1974 年のエルマイラケースとの相異についての考察が必要であろう]

北米・英・オセアニアを中心とする諸外国	日本国
的ニーズに対応している。1998年現在、カナダ全土には200 修復的司法の同体がある] Van Ness & Strong 4版 (2010) によると、今までRJを発展させた三つの中核的プログラムは、①カナダのVORP、②アメリカの刑事司法制度のなかでのメディエーション・ダイヤローグ、例えばテキサス (1991) の被害者受刑者の癒しの対面対話、③ノルウェー (1981) の被害者加害者和解プログラムであると言う 1974 A. Plack 応報と抑圧に他ならぬ、国の刑罰を廃止し、被害者、遺族への弁償、被害者のケア、答責的な治療に代えることを始め、※この頃からのドイツの不安からの解放」和解 成文堂。原典はドイツ語なので、当面は吉田敏雄 (2005) : 法的平和への恢復」法時平和 (57 頁以下) の引用による 1974 H. Bianci 要償を基礎に置くツエーダル・モデルを提唱。それは刑罰と応報の廃止。犯罪者と被害者を引き離すことなく、「何らかを果たす」「関係的な実面上「人間の不安からの解放」を意味する。原典はドイツ語なので、当面は吉田敏雄 (2005) : 法的平和への恢復 成文堂。pp. 71-75 1974 UK ブリストルで、被害者支援組織が誕生 1975 USA で NOVA (全米被害者援助機構) の設立 1975 USA, 大ボストンのドーチェスター市で逮捕の代わりにコミュニティメディエーションを開始 1976 カナダ、ウォータールー地域、キッチナー* で、上記 [エルマイラケース] を担当した保護観察所の職員を中心にして VORP を計画的に推進するためにコミュニティ正義のための NPO を結成した。D Peachy (1989) によると、VORP と裁判所は良い関係で発展したわけではない。*元々はメノナイトのドイツ系移民が入植した町、近代文明利器の使用を拒否し昔ながらの自然密着型の生活をしている。秋のオクトバーフェストは有名である」[著者は2回訪問した。] 1976 G. M. Cantor 犯罪処理の民事化。犯罪と刑罰を損害賠償と民事責任に代える。 1976 USA, 刑務所共同の設立。その後世界各地で同種の組織が設立され、International名を乗ることになった。キリスト教徒のボランティアが集まって受刑者とその家族のために結成。近時は被害者支援にも企画を並んだ。この組織の活動のーっとしてSyca-	1981 宮野彬「刑事裁判と住民メディエーションの導入 (上)」ジュリスト, No. 148, 65〜70、同 (下) No. 149, 148〜153頁、都市裁判所計画を論じているな解決、和解制度、都市裁判所計画を論じている 1984 宮澤浩一「犯罪被害者と人権」罪と罰 21巻4号、40〜42、少年事件において、ソシャル・ワーカーが仲介となって加害者となった少年の手続きを打ち切るような刑事政策を示唆。和解ができたときには少年の手続を打ち切るような刑事政策を示唆 1986 Matza: 漂流する少年 (成文堂), Delinquency and Drift (1964) の翻訳。今の時代なら、さしづめ老年と漂流 (老後破産) であろう 1986 我妻洋と Rosett は、(訳せば) 謝罪の意味するもの: 日本と合衆国の法と文化を執筆。左欄の1986 Wagatsuma, H. and A. Rosett, を参照 1987 「宮野彬「刑事和解と刑事仲裁」第65回日本刑法学会、研究報告 1988 西村春夫、高橋良彰「高齢者の各種被害体験と被害化要因の分析」科警研報告犯少年編, 29巻1号, 44〜。人の被害体験を以下では捉えられず、被害者ニーズに対応しており法益侵害の用法的概念を以下では捉えられず、従って別途の対応を要する 1990 藤本哲也「用事政策あ・ら・かると」アメリカとカナダの被害者加害者和解計画 (VORP) を日本に初めて紹介した。被害者、加害者、双方にとってVORPの果たす建設的役割を説く

1990 宮野彬『刑事和解と刑事仲裁』信山社出版。上記1981年のジュリスト論文を発展させたものであり、国民の司法参加と司法協力という視点からアメリカのコミュニティ・ミディエーションや刑事アービトレーション手続、1975（ママ）年カナダオンタリオ州キッチナーの刑事和解プログラム（VORP*）を紹介。論述している。こういう和解や仲裁や司法参加・協力の一形態である。N. クリスティの「資産としての紛争」の引用あり（165頁）。

*VORPでは犯罪加害者が被害者と顔を合わせないで弁償金を支払うことは嫌われる（以下をも含めて164頁）。当事者たちは責任を持って行動できる人々と捉えられており、話し合い、金銭支払、奉仕提供などに基づく解決は双方がお互いに同等の権利と責任を持つ主体として認められるようになっている（当初は相互に怒り、無関心、迷惑、恨み、憎悪、敵視、虚無などに支配されていても、いつかお互いを超える時が来る）。宮野はカナダオンタリオ州発のVORPをつかみにくい概念である修復・回復司法あるいはRJと称してRJあるいはRJの引用かとも称している。

****この164頁辺りN. クリスティの引用かとも称しい。
1990 日本被害者学会の設立

1991 田口守一「財産としての紛争」という考え方について、愛知学院大学法学論集。Christie : Conflict as Property の紹介的訳

―――――
平松弘、寺沢比奈子、2003年に「社会の共有財産としての紛争」（法と政治、関西学院大学法政学会、54巻、629-649）として完訳刊行した

1992 東京医科歯科大学内に被害者の援助のために「犯罪被害者相談室」を開設。
1992 諸澤英通「被害者学入門」成文堂
1992 高橋則夫「刑法における損害回復論」、刑法雑誌
1992 宮澤浩一「被害者の現況」犯人の社会復帰を促す方策としてダイバージョンが採用されている現状、それだけでは犯人の処遇に偏している。加害者と被害者の話し合い和解を試みること、矯正保護では犯人として被害者への償い（あがない）の気持ちを喚起することなどを通して、被害者の苦しみと痛みを考慮するべきではないかと提案。全体とのバランスを失しない刑事政策を提案。被害者学研究創刊号。なお当号では日本被害者学会第1回学術大会における

more Tree Project（イチジクの木企画）がある。ただし何年頃からかまってかは不明。これは衝撃パネルという広義のRJで、刑務所の一室に直接関係のない複数の被害者を受刑者が集まり（少人数規模）、調整司法役員を加わっての罪の告白、責任、後悔、赦し、贖い、更生、和解などの話題に全面的に取り組む12週間のプログラムで最後に自分の被害者に対する手紙の民族朗読和を目指しての取組であるが、1994年、ルワンダでの民族間虐殺事件の被害者視点を取り入れた教育は、応報的懲役用のパネルの思想、人材、規模このプロジェクトが実施している。［日本の刑事施設でもこの被害者視点を取り入れた教育は、応報的懲役用のパネルの思想、人材、規模の面で全く未発達であると筆者は考える］（1880 MADDの項参照）

1976 USA. Murder Victims' Families for Reconciliation (MVFR)が、合衆国最大の殺人被害者遺族の抗議により誕生。1987年に全米的組織となる。死刑執行に出会っても苦悩は消えずむしろ目増の加害者の死刑という復讐に出会っても苦悩は消えずむしろ目増しで「Journey of Hope」。暴力囚の家族が共に出院して、癒し、和解をとなる。被害者遺族と死刑囚の家族が共に出院して、癒し、和解を語り合い、体験を共有する。NVCANが進めている「被害者の権利」の強化という発想は社会を被害者と加害者つきうにという二極構造化する危険を強く指摘したのは坂上香（1999）を参照

1977 N. Christie** , Conflict as Property（British Journal of Criminology）を執筆、修復的司法の理念的基本書。現代の用刑事司法が犯罪者と被害者の紛争を国家（職業的法曹）が介入して解決しようとするのは問題だとし、紛争を両当事者に還付すべきだと主張した。紛争を私事化する。単なる先祖返りの発想だとも批判される

1977 R. Barnett**：Restitution : A New Paradigm of of Criminal Justice. 犯罪者への刑罰を被害者への純粋弁償によって置き換えるのが正義だとした自由主義者で、検事の動務から法学部教授に転じた後、犯罪行為の不法行為化、つまり民事化を主張。

1977 S. Schafer Victimology : The victim and his criminal.
1977 B. Jacob The Concept of Restitution : An Historical Overview, J. Hudson and B. Galaway (eds) Restitution in Criminal Justice 所収

1978 USAインディアナ州 Elkhart 郡カナダ・キッチナーのVORP方式をUSAで初めて開設した。現在、Center for Community Justice と称し、RJの原理に基づくプログラムを提供している。たとえば、コミュニティの安全強化、被害者に対する支援と補償の提供、犯罪者の社会復帰の援助、犯罪者被害者の償い（あがない）の気持ちの支持をすることなどを通して、被害者の苦しみとコミュニティ三者間の和解の促進など、VORPを修復と称するが、犯罪者への援助活動が並行して行われる企画に注目

北米・英・オセアニアを中心とする諸外国	日本国
	1994 J. Braithwaite Resolving Crime in the Community：Restorative Justice Reforms in New Zealand and Australia. 名古屋矯正管区講演シュシ
	1994 J. Braithwaite 日弁連の招きで来日し、「Organizational Crime and Republican Criminological Praxis」の題目で講演
	1995 吉田敏雄、「法的平和の回復」「行為無価値論の視座 (1)」、北海学園大学法学研究、30巻1号。2002年、37巻3号以降の法的平和の恢復場では、restorationの訳語について、それが刑法全体の指導理念を意味する場合は「恢復」を用い、刑罰と対照的な反作用を意味する場合は「修復」を使った由
	1996 宮澤浩一代表、「犯罪被害者に関する専門実務家に対しての実証的な調査研究。刑事司法における犯罪被害者への保護政策を3個まで選択させた（問17，付問1）。質問票を作成したところ、当時、RJ研究チームの共通課題ではなかったのでRJ用語句は使用しなかったろう。でも、調査対象の多くの実務家はRJを理解しなかったろう。RJと繋がる語句としては、加害者との和解、示談のバックアップなど刑事司法への参加の保証（VISを想起した項目）、事件や加害者についての情報提供などで、それに対する「重視する」％は極めて低く、高かったのはプライバシーの確保、損害の弁償、金銭的支援、精神的回復の支援であった。この結果は、刑事司法の目的とする質問（問16）で、加害者の紛争解決（1977 Christie：Conflict as Propertyを参照）に対する「強くそう思う」％は極めて低く、また、これからの犯罪被害者に関する国のあるべき施策（問17）について、被害者と犯罪者の両者を尊重する施策に対する「非常に賛成」％は低いことをよく符合する。なお、被害者各人の認識する損害の範囲については、高橋則夫を参照のこと
	1996 高橋則夫『アメリカ用法における損害回復論』、鈴木義男古稀祝賀論文集所収。ここではRJを回復的正義としている

北米・英・オセアニアを中心とする諸外国
1978 USA The National Organization of Parents Of Murdered Children (POMC, 子を殺人で失った親の自助組織）の設立。Chnging Len ses の第2章（邦訳38頁）にPOMCの好意的記述あり。被害者に対する友人の反応を4つに類型化している点を引用。この団体の活動の一つとして、殺人犯受刑者の早期仮釈放の阻止プログラム（PBP）が注目される。これは現行の仮釈手続に鈍感じる被害者の意志的物言い（怒りや幻滅を含む）を通して愛する子供の殺人事件で感じた不正義を再均衡化するための正義の物言いとしている。［団体は今も健在で被害者の心情を汲するとしているが、これからの時代に適うものかどうか］
1980 USA、飲酒運転に反対する母の会（MADD）の設立。これは被害者衝撃パネル、あるいは単にインパクト・パネルとも称され、最広義のRJ方式を実践する組織。対象加害者は裁判官や保護観察官による最後の出席命令される。一般的被害者（遺族）が自己の被害心境を酒酔運転の有罪者に鮮烈に伝え穏便にはMADDが被害者支援センターから派遣される。60から90分、話をする。原則として静聴するだけであるが、被害者が同意すれば質疑応答が非公式会合がり得る。始まりは各地で母親の会って自然発生的に会を作ったのではないかという疑問が残される。［静聴するだけではパネルまでが制度化するべきでない。議論が高まっていない日本の裁判・保護観察では、どだいインパクト・パネルの方がパネルに発した開発厳密化一辺倒で、1976 刑務所共同参照、こちらの方がパネルに徹している）
1980 USA H. Zehr**, Mediating the Victim-Offender Conflict. No. 2 in the series New Perspectives on Crime and Justice. インディアナ州Elkhart 郡では、Prisoner and Community Together (PACT) の一部門としてVORP (Victim Offender Reconciliation Program）がある。これは訓練を受けたボランティアの介在により被害者と加害者が対面し事実と感情の交換を来たし、弁償の合意に到るとするものである。本著はメノナイト中央委員会刑事司法部会からそのための説明書として刊行された
1980 Canada Kitchener Yantzi**とWorth*** たちはメノナイト中央委員会の援助を受けCommyunity Mediation Serviceを設立した。日常的な紛争を含む司法機関の枠外で解決するためのプログラムである。犯罪に対するVORPは民営化企画の一環として地域に存続する／1982年に同じくメノナイト中央委員会の援助を受けてVictim Serviceが分離独立し、Yanti***はVORPをもっぱらさらには包括組織として刊行され続けた

Community Justice Initiatives が設立される
1980 USA 連邦議会は RJ 的紛争解決法を可決。情報センターを創設し調査研究。商店街に居を構えた刑事司法複合体の普及が可能になる
1981 ノルウェー the Mediation and Reconciliation に被害者被告人弁護士が被害者の気持ちを汲んで弁護活動開始としての社会的サービスを一環とする「穏やかな刑と犯罪予防手段」のためのヴァージョン企画が導入された
1981 USA、被害者の権利週間を宣言「多分 NOVA の後押しがあったのだろう」
1981 USA、ニューヨークのバタヴィア市でジェネシー司法計画を開始。地域奉仕命令、被害者支援、VOM の併設を特徴とする
1982 カリフォルニア、州憲法で被害者の権利を規定
1982 Zehr**, H. and M. Umbreit, Victim Offender Reconciliation : An Incarceration Substitute? Federal Probation, Vol. 31, No. 4
1983 UK で初のメディエーション計画の試験的実施
1983 コミュニティジャスティス計画協会が、メディエーションの手引きを刊行した。本手引きは、カナダのキチナーにおけるコミュニティメディエーションサービス (CMS) と被害者加害者和解計画 (VORP) を基礎に、概念的定義、ガイドライン、トレーニング教材を構成したものである
1983 Dittenhoffer and R. Ericson, The Victim-Offender Reconciliation Program : A Message to Correctional Reformers. Univ. Tronto Law Journal
1984 オーストリア、地域司法センターで裁判に代わる調停 (VOM) の試験的開始
1984 USA 犯罪被害者法制定
1984 A. Karmen Crime Victims : An Introduction to Victimology. 1st Edition. 最終章では被害者の権利の宣言、インフォーマル正義(調停 (mediation) と暴力的な自警 〈vigilantism〉 を考察。2010 Karmen を参照
1984 H. Bianchi : A Biblical Vision of Justice.

- - - - - -
1980 年代中頃 ドイツ、フランス、メディエーション試行開始
- - - - - -
1985 UK 内務省、4 つのメディエーションの試験的計画に補助金を出し、その有効性を検証することを始める

- - - - - -
1990 年代中頃 被疑者被告人弁護士が被害者(遺族)の間にあって両者の意思疎通の促進を図る点、全面的 RJ と言えないが、従来型示談に挑戦する(毛利正道の言)、被疑者被告人と被害者(遺族)の間にあって両者の意思疎通の促進を図る点、全面的 RJ と言えないが、従来型示談に挑戦する
- - - - - -
1997 高橋貞彦、「修復的司法 アオテアロアの少年司法―ニュージーランド 修復的司法 第五巻所収。我が国では大衆は「安全な社会の実現のためには厳しく、確実な刑罰を」という政治的キャンペーンに煽られて懲罰的司法を支持し、政治・法律的には修復的司法はあまり顧慮されておらず紹介されてもいないと言う
1997 藤本哲也「ニュージーランドの青少年法と青少年司法システムの現状」法学新報、103 巻 3、4 号、修復的正義の諸要求が体系に従い列挙・検討されているが、それらの中心主題としての修復的正義の訳語は見出されないが、Family Group Conference に家族グループ協議会の訳語が与えられている
1997 藤本哲也「ノルウェーにおける裁判システム以外での紛争処理の現状と課題」、ノルウェーは、紛争処理委員会 (Conflict Resolution Board) の設立の試みが 1983 年からなされており、この考えは、アメリカの近隣ジャスティスセンター (Neighborhood Justice Center) や紛争処理センター (Conflict Resolution Center) の影響を受けたものであると言う
1998 高原勝哉、岡山仲裁センター (1997) に民事の ADR として発足)ADR の特性を生かし、犯罪被害者のニーズ充足を本旨にした修復的実践を開始。2009 年 9 月)。ただし 2013 年に被害者サポートセンターと改称する [被害者サポートの方が政府の補助金を得やすい出]
1998 西村春夫、研究休暇を得て早大法学研究科に国内留学した際、テーマは「補償問題」について:被害者学における損害回復と刑罰との対比。[テーマの中に修復的司法という語は用いられず、当時早大図書館に所蔵されていた RJ 関係本は 1 冊のみであった]
1999 全国被害者支援ネットワーク、被害者の権利宣言を公表
1999 杉浦ひとみ弁護士、窃盗事件での保護観察の段階にある少年と親を強く説得して被害者と直接対話させての謝罪と償い、従来型の示談では何も伝わらない被害者の実情、被害者の思いを加害少年に伝え本当の反省の機会を与えた

北米・英・オセアニアを中心とする諸外国	日本国
1985 国連、いわゆる被害者の人権宣言を出す 1985 ニュージーランド 成人犯罪者を量刑する際に刑事司法典は裁判所が賠償を命じるか、犯罪者による被害者への何らかの補償の形をとるよう求める。公判前、あるいは量刑前の介入は公的裁量の形をとる。1996年にはダイバージョンとしての3つの修復的企画が試験的に設定される 1985 H. Zehr** : Retributive Justice, Restorative Justice. (No. 4 in the series New Perspectives on Crime and Justice). 応報 (現行司法のこと) と修復のこつの司法のパラダイムが比較され前者は被害者のニーズをなおざりにし、被害者に対する加害者の償いの責任を等閑視する。応報 (just deserts) からパラダイム転換を主張 ------- 1980年代中頃 Zehr** 「Changing Lenses」の執筆を開始。人々の物笑いの種となったと述懐している、隔世の感あり ------- 1986 USA, Justice Fellowship (刑事司法の改革団体) が RJ の基本原理の探究と政策展開のための複数年研究計画をスタートさせた 1986 L. Hulsman : Critical Criminology and the Concept of Crime, Contemporary Crises 10, pp. 63–80 1986 K. Hazlehurst : Aboriginal Criminal Justice : A Bibliographicalcal Guide 1986 Wagatsuma, H. and A. Rosett, The Implications of Apology : Lawand Culture in Japan and the Unated States, Law and Society Review, 461-98. Haley に先駆けて、日本には日常生活に謝罪と赦しの文化が浸透しており、私人の間の紛争にはもちろん、刑事司法の中にも見られる (怒りと赦し) と論じている。刑事司法としては「謝罪と赦し」は虚飾の形式もあり得るがここでの議論外)が犯罪の件数を減らすのに寄与する。[その他、筆者の思いつく効用としては、謝罪によって検察官や裁判官の心証を良くしてもらい、罪を犯した責任を本人に強く意識させ、一層の自白を引き出すとされよう。被害者は悪い気がしないはずである。謝罪と応分の弁償をすれば (法廷近くに使われる意を見せれば) 裁判はうまく行く。[私人の間の謝罪の言葉に気軽に使われる慣行、それに応じて相手被害者は怨むこと少ないし、黙認の発音する。国家が公共のなかに未来の意味において存在しているのが、近年欧米で新しい正義として注目されている関係修復的正義の理念を参照しつつ明らかにする。	1999 坂上香「少年が被害者と向き合うとき」現地取材による FGC のドキュメンタリー番組として NHK から放映。筆者は大学の教材として使用 1999 坂上香「癒しと和解への旅：犯罪被害者と死刑囚の家族たち」岩波書店、アミティ、MVFR (和解のための殺人被害者遺族の会)、死刑、救しさを超えて友人 (救すとは口に出さない対話)「などを論じる。MVFR は、死刑で死に至った者の家族と共に遺族たちになることをも目指す。応報に口にさない対話、などを論じる。MVFR は、死刑で死に至った者の家族と共に遺族たちになることをも目指す。復讐心から抜け出すたのというより心の苦悩を抜け出すため死刑廃止を訴える団体。特に本書の記述は 70-72 頁に所載。新しい被害者運動を求えた家族のプロローグ、新しい被害者運動を求えた家族のプロローグ。日本国には死刑囚の家族たちと被害者遺族の立会い記事共は 70-72 頁に所載。日本国には福路方式を見据え死刑執行のために死刑執行のためには一蹴ではないか。死刑執行の立会い、民・官の関係当事者の証言などが、幅広い情報開示が必要になる。左欄の 1976 MVFR を参照のこと 1999 西村春夫、H. ゼアの「関係修復的司法」と話が用いられている 1999 高橋則夫「被害者関係的刑事司法と修復 (関係修復)」法律時報 71 巻 10 号 1999 前野育三「修復的司法の可能性」法と政治 (関西学院大学) 1999 西村春夫「環境犯罪学—原因理解から状況理解へ—」刑法雑誌、38 巻 3 号、88-100。その最終頁、(9) として応報的正義に立つ用罰アプローチを排し、関係修復的司法と癒しと和解の理念に立つ用罰アプローチを排し、関係修復的正義に立つ新政策を提起 2000 横山実、M. ライトの修復的司法を紹介、犯罪科学、中央大学犯罪科学研究会発行 2000 西村春夫、細井洋子「謝罪・救しと日本の刑事司法—関係修復的正義を考える、我が国の日常生活で耳にする謝罪と救しが法制度や国民意識のなかに未来の意味において存在しているのか、近年欧米で新しい正義として注目されている関係修復的正義の理念を参照しつつ明らかにする。宮澤浩告

1988　N. Zeal. M. ジャナンソンは報告書を政府に提出。「マオリ族は植民地になる前の修復的原理に戻り、彼らにふさわしい方法で紛争に対処すべき者、国家の応答レベルだ」と勧告をする。当時、白人からかたちは先住民司法の修復的権利と文化の関心の復活だという思想的側面であり、先住民の権利と文化の関心の復活だという思想を映す反植民地闘争の一部であり、先住民族被害者参加コンベーション協会が結成される
1988　USA、全米被害者参加コンベーション協会が結成される
1988　カナダ、議会の常任委員会は「Taking Responsibility」報告を公表する。VORPの全国化拡大と、カナダの刑罰法規を修正して被害者と地域社会に対する賠償を加えることを目指す
1989　ニュージーランド、青少年を対象として家族・集団カンファレンス（FGC）を制度化。その根拠となった立法は the Children, Young Persons and Their Families Actである。この法律では青少年犯罪者の司法と被害者のケアを保護を決定する
1989　吉田敏雄、ドイツのマックス・プランク研究所で開催された「用法における修復の新しい道」討論研究会に参加する
1989　J. Haley Confession, repentance and absolution, Writh and Galaway (eds.) Mediation and Criminal Justice 所収。日本の刑の用法は1）公式の刑事司法と2）欧米に類をみない非公式な第2路線からの第1路線と「同じ」専門実務家と、犯罪者、被害者が主役となる。自白（罪状の承認）、改悛の状（償いもあり得る）、赦免、起訴猶予、執行猶予（刑罰一途の公式路線から外されて調べ免ぜられ、微罪処分、起訴猶予、執行猶予）から成る。さらに、被害者弁救に対する温情・慈悲に従うことかある。彼は他の産業社会に比べ日本の犯罪率が低い傾向は独創的であり、公正性にあるとする。彼はこの路線を肯定的に理解しようとした（207頁、「日本の刑事司法にはアメリカから取り入れたがる何かがある」という彼の間題設定。そして第2路線こそが、犯罪者の社会復帰を成就させ、先進産業社会に受け入れられ政治的に実現し得る目的とさせるのである。先進産業社会のRJ的観点からの日本刑事司法制の研究はこの先駆性において十分に評価される。第1と第2路線を理論的に分離したのは独創的である（ただし出典明記Van Ness & Strong (2010) 4版でもこの論文を第1路線でも重用されているが、第2路線固有のものではないのではないか。改悛の情を担当する専門家職がいない、猶予処分を受けた者に社会的分を与える評価がなされないどこか、日本には判決前調査を担当する専門職がいない、事例的研究が存在するか、など統計的、事例的差異について論じていなかったので改善するものである）[こうした修復の批判を含めた議論を中心にイギリスの損害回復論を展開する、いずれも応答レベルだが、国際社会レベルに枝分かれし、b. 地域社会レベルに分かれ、被害者の立場を考慮した関係修復的司法の相違が認められる可能性は大きく、検討すべき課題は限りなくある。宮澤古稀、pp. 119-134
2000　新倉修『刑法の課題としての紛争』21世紀の刑法の用法を展望すると、国家法だが、a. 国際社会レベル、b. 地域社会レベルに枝分かれ、被害者の立場を考慮した関係修復的司法の相違が認められる可能性は大きく、検討すべき課題は限りなくある。宮澤古稀、pp. 119-134
2000　高橋則夫「法益の担い手としての刑事被害者一回復的司法の視座―」、犯罪被害者が刑事司法で忘れられていたという被害者の具体的利益を法益（殺人ならんらの生命という法益であり、何の誰されたという人間ではない）という抽象的概念に理没させていった図式にあったからである。犯罪者が、もっぱら国家対個人という図式にならないという回復的司法モデルには犯罪対処の方向として重大な挑戦であろう。「刑」法という用語自体には犯罪には刑罰で対処するという前提法的司法（英語圏では刑法（penal law）のほか『犯罪』法（criminal law）という用語がある）、その場合加害者・被害者の関係修復（犯罪の傷跡の癒し）という側面が前面に出てくる。日本語圏ドイツ語圏では損害回復一語であり、そうなると民政的給付による損害回復の強調される。宮澤古稀、pp. 151-174
2000　奥村正雄「刑法における損害回復論の検討―イギリスの議論を中心に―」刑事司法のあり方について、従来の国家と被害者・被害者との二極構造の捉え方から、犯罪被害者を加える三極構造の捉え方に転換し、謝罪、被害弁償、和解が成立すれば刑事手続の打ち切り、刑の減免を認めるべきだという損害回復型刑事司法論が台頭しつつある。著者は二の刑事司法の紛争舗買の損害回復論モデルに関連する Zedner の紛争解決型の損害回復司法モデルと、それらモデルを応報型司法モデルに立つ Ashworth の批判的検討を基盤として慎重に紹介する。宮澤古稀、pp. 175-197
2000　被害者視点を取り入れた矯正教育の実施、法務省矯正局長指示
2000　指詰照夫、医療少年院院長として教官同意で被害者に参加せ加害殺死事件（傷害致死事件の当事）を会同記としてに合わせて決議により少年と被害者にに行わせた。[こうした事は当時制度化されていなかったことで今でも起こる]
2000　児玉勇二弁護士、少年による暴力事件に関連する修復的カンファレンス訴訟において、和解による2度の（一度目は失敗）修復的カンファレンスを（仮に上告のビデオに擬って）初めて試みる。社会内刑事世界において被害者と加害者を分離することは好ましくないと主張
2000　毛利正直弁護士、少年の集団暴行事件で、審判後、被害者加害者の直接対面による謝罪で謝罪を試みる
2000　東京都に「社団法人被害者支援都民センター」を設立
2000　日弁連、Umbreit 教授を招聘、救都市で修復的カンファレンスの公開ト

北米・英・オセアニアを中心とする諸外国	日本国
など疑問の余地がある。二つの路線分析にあたり人権抑圧の視点を欠落させるのは偏った引用・参照文献過多の所為もあろうが、自白の誘導が"有罪"推定、検察官の専断的配慮、"温情ある"裁判と自認し、これが日本版 RJ だと誇りにする。被告人の反省視の裁判、有罪率 99％の裁判、被害者の救しへの半強制(形だけの)謝罪の文化、被害者の救しへの半強制(示談事例に見られる)が今や比以上に敷せられているとき筆者は思料する。 ------ 1989 Austl. J. Braithwaite**: Crime, Shame and Reintegration. 加害者への恥ずけは社会的に烙印を押しするのでなく再統合を目指すため 1990 Zehr**: Changing Lenses. 修復的司法の最初の理論的、実践的基本書となる。邦訳は 1995 年版により「修復的司法とは何か」2003 年、2005 年に第 3 版が出たが、本文内容は変わっていない。 1990 Germany 少年事件に対し起訴の代わりに和解プログラムが始まる。成人には遅く 1994 年に調停が始まる。それより前 1980 年代中頃に学者、ソーシャルワーカー、検察官が集まって実験的企画があった。 1991 ノルウェー、Municipal Mediation Boads Act が通過。地方自治体がメディエーション(調停)を開始。ノルウェーの調停は、1970 年代における 1.クリスティーの論文「財産としての紛争」と、2.政府報告書「青少年犯罪と刑事司法システム」に刺激的始原がある。この報告書により 1981 年に初めて犯罪少年に対して社会的な生産を課すと犯罪子的手段」のためのダイバージョンプロジェクトが導入された。法令は the Mediation and Reconciliation と称され、被害者と加害者の合意形成、再犯の減少がみられた。将来は判決の選択肢の一つとして調停の導入が構想されている。[ノルウェーはクリスティーの住んでいる国で、警察はナチドイツに支配されていた] 1991 Austl. New South Wales, Wagga Wagga (ワガワガ) で少年警察が少年に警	レーニングを開く。 2000 第 1 回 RJ 研究会を早稲田大学において開く。報告者は、西村春夫「関係修復正義論について」、宮崎英生「Weitekamp, Elmar (1999) The History of Restorative Justice, in Bazemore/Walgrave (eds.), Restorative Juvenile Justice : Repairing the Harm of Youth Crime」 2000 佐伯仁志「アメリカ少年司法制度の新しい動き―均衡のとれた修復的正義のアプローチ」大正大学人文学研究所紀要。「均衡のとれた修復的正義」とは Baranced And Restorative Justice (BARJ) を指す 2000 徳岡秀雄「少年司法は均衡・修復司法の時代か」刑政 111 巻 2 号。US, イリノイ州が実施する BARJ の理論的枠組の説明と問題点の指摘 2000 片山徒有 少年院を訪問して少年の立ち直りを共に語る (インパクトバイブル教育) するに止まらず、少年の立ち上げているみ由 [被害者視点からお願いしたいこと思う] 2000 全国犯罪被害者の会 (あすの会) 設立 2000 染田惠の調査によると、この時期にマスコミに修復司法という話の声が登場し始める。西部読売記壇に山田由紀子弁護士が「加害少年に乗り取る事件」について報道を参照。また朝日新聞論壇に山田由紀子弁護士が「加害少年に被害者側の対面を」を執筆 2001 少年法の改正。審判では少年をして自己の非行について内省を促す。保護者に対する少年の監護に責任を自覚させ、訓戒、指導などの措置をとることができる。被害者に対して記録の閲覧・勝写ができる権利が与えられた。審判結果の通知を受けることができるよう、意見陳述もでき、決定理由の通知を受けることができるという権利が与えられた。 2001 井垣康弘、この改正の趣旨を生かして、審判を開くにあたり家裁調査官として少年 (保護者を含めて) に連絡させて謝罪、償いを済ませたか、どうかを月々方式で確かめた 2001 小長井賀与、鳥取保護観察所において保護観察対象少年に対して直接対面謝罪の初めての試行 2001 井垣康弘、家庭裁判所の傷害致死事件の審判において加害少年と被害者を同席させて対話―山田由紀子弁、被害加害両者対話の初めての試行 2001 大塚喜一、被害加害者対話センター (千葉対話の会) の設立

日本における修復的司法の源流を尋ねて（西村）

2001　刑法学会、第79回大会、共同研究第Ⅲ分科会において「刑法の目的と修復的司法の可能性」を討論する

2001　ミネソタ大学の Prof. Umbreit のところで山田弁護士等4名が初心者向け研修に行く

2001　児玉勇一、杉浦ひとみ、毛利正直、池上健他 犯罪被害者支援弁護士ネットワークの第1回大会を開く。会の名称は被害者支援となっているが、当事者間の相互理解・直接対話を進めるとも理念としても持つ

2001　少年犯罪被害者支援弁護士ネットワーク編「少年犯罪と被害者の人権：改正少年法をめぐって」明石書店。この本で、修復的司法関連の記載として、山田由紀子は被害者ケア・システムの必要性の事項のなかで発言し (pp. 76-98)、坂上香は「被害者参加カンファレンス―スーパードウィング少年院の試み」から (pp. 198-226)、前野育三は修復的司法―世界の流れと日本での方向 (pp. 227-250) を執筆する

2001　前野育三・高原貫全監訳「修復的司法―現代的課題と実践」関西学院大学出版会。本書はコンセディーンとボーエンの Restorative Justice: Contemporary Themes and Practice を翻訳したものである

2001　少年犯罪被害者の会、「命のメッセージ展」を開始、2008 年には施設として初めて川越少年刑務所で受刑者と職員を対象に展示

2002　高校生の殺意を犯罪でごとして「少年犯罪被害者の会」の東氏は、事件後3年目に少年院を訪ね始めた被害者の辛い心境を少年たちに語りたい、自分たちの心境を少年たちに知ってほしい、被害者の声を直に届けさせたちに深く考えさせる。2004 年頃から、真の更生は複雑だが、少年たちと対話関係を持つことが出来ないかなど。某氏の更生は複雑だが、少年たちと対話関係を持つことが出来ないかなど。某事者を代表する2009 年東氏に質問紙による回答を求め、また面接をして聞き書きをした。[少年院で話をするようになった動機・目的は、推測的解釈を含めれば、少年院生教育の辛さを知りたい、事件の真実を知りたい、被害者の辛さを少年たちに知ってほしい、被害者の声を直に届けさせたちに深く考えさせる。真の更生は複雑だが、少年たちと対話関係を持つことが出来ないかなど。真の更生はそれが自己の存在証明になると思っているとも推測される、この点を継続的にケアが必要的に自己死退するよう助言支援が行われていなかったなどがあり点が課題的に実情するが実情だ]

2002　田中康二、集団暴行による傷害致死事件の修復的司法の試行、更生保護と犯罪予防、37巻1号、2003年接対面謝罪の試行。更生保護による更生事件の誕生、法廷で検察の証言としても死刑を加害少年の担当が主催で修復的司法の勉強会を始める。加害少年と被害者のコミュニケーションを円滑にさせるような援助を行い、少年の更

2002　井面明弘判事、被害者遺族による傷害致死事件の保護観察対象少年に対して直接対面謝罪の試行

告訴分を受けるための前提として警察署において制服の警察官がファシリテーターとなりカンファレンスを開始。指導者は T. オコンネル。批判点は 1. カンファレンス過程に権力な力が入っていること、2. ネットワークでニュージーランドにおけるFGC プログラムに啓発されて Braithwaite** (1989) が [Crime, Shame and Reintegration] を執筆し、そのアイデアを初めて実践したのである。当初のウガワガ企画の裏付けがなく、1994 年に中命の法令を取消し、1996 年に Young Offenders Act を制定し再出発した。1997 年までに全ての州で FGC を施行

1991　USA テキサスの刑務所、両当事者の癒しに資するならば重大犯罪の被害者、遺族の要請により加害受刑者と直接対面対話することを容認。カナダ発の上記 VORP が宗教色が強いので脱宗教化した。

1992　Haley「Victim-Offender Mediation: Japanese and American Comparisons」in Messmer, H. and H.-U. Otto (eds.), Restorative Justice on Trial: Pitfalls and Potentials of Victim-Offender Mediation pp. 105-130

1992　カナダの裁判所でサークルの実践結果に基づく言渡し決定を出す。サークルに対して裁判サークルの公式採用でのみとみなされる

1992　南オーストラリア州は少年事件に対してFGC を制度化し、2005 年までにビクトリア州を除く全ての州で制度化された

1992　南ア National Institute for Crime Prevention and Reintegration of Offenders が被害者加害者メディエーションの実験を開始

1992　ノルウェー 刑事訴追の一つの代替として Municipal Mediation Boards を制度化。ノルウェー、調停員は一般市民。Christie はノルウェーの Mediation Boards の父であるとされる

1993　南ア 真実和解委員会がスタート。アパルトヘイト時代の犯罪を修復的正義の適用で平和的に被害者遺族に納得させ平和的に解決するように

1993　全米被害者加害者メディエーション協会 (VOMA) となる

1993　フランス 少年と成人事件に対し被害者加害者調停が検察庁の調停ボランティアが行い結果を検察庁に報告する。実際の仕事は検察庁の認可で受けた被害者支援協会の調停ボランティアが行い結果を検察庁に報告する。1980 年代中頃から始まった試みがある

1993　USA「Journey of Hope…暴力から癒しへ」の発足がある (坂上 1999, 76-82 頁を参照、ビル（被害者遺族）行脚がある)。MVFR の会員。彼の担当が主犯な15歳の少女に教えられ、法廷で検察の証言としても死刑を主張。死刑判決後、宗教的体験を経て彼は彼女に手紙を書くに至り文通を続け

北米・英・オセアニアを中心とする諸外国	日本国
1993 け、死刑滅刑の運動を組織し実現し、Journey of Hope に発展 Sister H. Prejean：Dead Mab Walking を表す。邦訳は同書で、1996年同書店から。彼女は死刑執行の現場まで「死にゆく人（dead man）」と共に歩んだ実体験を文章に綴った。死刑の人間実存的影響について書いた初出の本でピューリッツァー賞を受賞した。彼女は死刑廃止論者で常日頃拘置所の死刑確定者及びその家族を心的に支えるが、当然ヤブレンシャーの被害者遺族とも共にする姿勢を大切にしている。 1994 Austl. のオコンネル (T. O'Connell) が USA ペンシルベニアを訪れワガサモデルの FGC（起源はニュージーランドの FGC だが、その変形。1974年開始のメノナイトの VORP とも異なる形の RJ）を講演会で伝授。リアルジャスティスのワグデルは驚き (epiphany) を以てこれを聞き、以後 IRP を設立するなど北アメリカのリアルジャスティスを推進する基となる。裁判所の他に被害者、加害者、地域社会にとって真の正義（リアルジャスティス）が必要だとワグデルは確信するに至る 1994 ワグデル、家族集団協議（FGC）を推進するために NGO「支援と説明義務の党」を設立 1994 Bazemore and Umbreit が21世紀の少年司法の国家戦略として Balanced and Restorative Justice Project (BARJP) を刊行。同プロジェクトの米国の連邦少年司法非行防止局は BARJ プロジェクトを統括する。RJ 普及のためのトレーニング技術的援助に資金的補助を開始 1994 英国デスモスヴァレイ警察はショッピングセンターにおける万引きを犯罪化として修復的警告を開始 1994 カナダ、高危険性の性犯罪者を地域に再統合させるために NGO「支援と説明義務の環」を結成 1994 ミネソタ矯正局、RJ 企画官を創設。Kay Pranis が任命された 1994 USA バージニア州で初めて被害者遺族の死刑執行の立会いを許可。テキサス州は1996年に許可。（鮎田実調べ）。被害者の権利として当然だ。無意味な満足感を与えるだけで、野蛮なことだとする賛否あり。立会いそのものは80年代から実施されたようだが、詳細不明 1994 アメリカ法曹協会、裁判の修復的方式を使うことを承認 1994 オーストラリア、クイーンズランド州、学校の生徒指導で NZ の RJ 方式を導入 1994 J. Burnside and N. Baker「Relational Justice」。この書では近代西洋文化により多く汚染される刑事司法への対抗策として関係主義を唱導し、メディ	生と被害者側の立ち直りと社会の安全を図るとの RJ についての勉強。この会には筆者も出席し被害者も随時に参加したが、退庁後も結局勉強会を継続している由 2002 高橋貞良「修復的司法か刑事修復的司法」犯罪被害とその修復：西村古稀祝賀、pp. 291-302. 懲罰的司法、福祉的司法と対比される司法としての RJ に修復的司法なる訳語を与えたのは文化財の「修復」からヒント 2002 小長井賞貫　保護観察における日本型関係修復的正義の可能性。西村古稀祝賀、pp. 261-74. 論述に地域での6つの事例（1. 保護観察官が遺族宅に本人を同伴し謝罪と焼香、2. 地域の老人福祉施設に同行、奉仕活動、3. 傷病を負わせた加害少年、被害者、同友人、保護司が参加しての対応、示談、被害弁償、両親が遺族宅に行き謝罪し焼香、5. 服役中の本人に変わって両親が遺族宅に行き供養料を募る。遺族は本人からの謝罪の手紙を受け取り拒否、6. 仮出獄の本人に代わって保護観察官と保護司が遺族宅に行き謝罪文と供養料を手渡す）を示した 2002 J. Braithwaite 来日、第13回日本被害者学会にて「Philosophy of the Victim Support」の題で講演する。東洋大学では「修復的司法の思想」という題名で講演する（2006 修復的司法の総合研究、風間書房に採録） 2002 高橋則夫・西村春夫・吉岡一男・所一彦、刑法の目的と修復的司法の可能性。諸外国に比し最も遅れていた「刑事修復的司法における被害者の地位をめぐる諸問題には向上してきている。そのような状況で修復的司法システムという2方向に向かうと思われる。斯くして5人が修復的司法の観点から報告した。刑法雑誌、第41巻、第2号所収。2001年の用法学会における第Ⅲ分科会の報告を論文化したものである 2003 西村春夫・細井洋子・高橋則夫監訳　修復的司法とは何か―応報から関係修復へ、新泉社。H. ゼアの Changing Lenses, 1995 版の翻訳 2003 中央研究所が日本比較法研究所が「アルジャスティス（現在 IIRP）のワグデル、マコールドを招聘。ワグデル著「リアルジャスティス」を山本英政が翻訳（成文堂、2005年　RJ 叢書2として刊行） 2003 高橋則夫、修復的司法の探求を論じる。以降現在まで8巻を刊行する RJ 叢書の初巻として成文堂から刊行 2003 改政、国際会議をひらく 2003 東京の国連アジア極東犯罪防止研修所の第123回国際研修「犯罪被

エーション，FGC を高く評価する

1994　H. Bianchi: Justice as Sanctuary：英語版の原版は 1985 年に刊行。フランス語の原版は 1994 年と，Pepinsky の前書き付きで 2010 年に出た。彼は前書きで言う。「Хは決して終わることのない，公開の，過程と討論を Bianchi が求めた 1994 年の本の観点は，H. Mika や H. Zehr が同時代に "RJ" と定義した内容の本質，私（Pepinsky）の "peacemaking" の定義に名付けることよりはるかに建設的である。悪などとは異なった次元を国中に行き渡らせることをより着手することを (sanctuary) を実本的に表している。さらに，異なった次元を国中に行き渡らせることをより B 氏が私も考えていた。我々にはは絶体的に公平でないのであって，討論者が自説を腹蔵なく公平するこ（時には恐怖や怒りを込めて）安全な場所を提供するのが正義であるという考えのものである。

彼は当時オランダの教授である。刑法司法司法廃絶のための国際カンファレンスのメンバーである。複雑な現代社会派法（刑法）を必要としているのではなく，法を丸呑みすることではなく，そのところ十分わり得ることに聖書が私には思われる。法の概念を現代の法体系が理解するべく（正義）を訳すと誤解を招くのでは古田敏雄（法的平和主義の仮説）を用いていると言う」（正・ツェアとシュニヴァ（生まれ）である。官ではなく民の人が正しまれと言っているの RJ 対話の場を設定することなどできであろう。ツェアにならっていってくれて RJ 対話の場を設定することなどできである。1) 何かを果たすること，2) 客観的真実ではなく関係の真実を確認すること，3) 人と人とのつながりの関係の達成条件を人間を存在することだと言う。（この辺りは古田 2005 を参照）。筆者はこの（後述）であると言う。（この辺りは古田 2005 を参照）。筆者はその翻訳，「修復的司法とは何か」の第 10 章を参照するのもよいと思う。

結局本書は，ヘブライ語の原典に沿っていてそれはもはやキリスト教国における正義の再検討には適用できないようそ直す。ではない。人権侵害，侮辱，侮蔑，抑圧，差別，貧困，格差，戦争などと現代刑事司法や具や体制の桎梏からの解放はどこの国にも望ますれるところある。一般的正義を見直しをホームレストの教国にも十分価値がある。斯くて地域市民も共生する，伝統的な処罰システムに変えて，被害者と加害者と地域市民を共生する，排除的ではないという意）犯罪統制システムの構築に向かう。このシステムでの有罪の無罪かの裁決方式でなく民事法や労働法の紛争解決方式を導入する。この紛争解決方式は RJ の対応，協議に協議し推進するだとだという。

1995 ニュージーランド，成人に対しての3つのコミュニティ・カンファレンス

害者の保護及び修復的司法アプローチを含む被害者の刑事司法過程への積極的参加」を課題として Austral, USA (K. Pranis)，UK (P. Dunn)，ドイツ (S. Frey)，タイ (K. Kittayarak) から専門講師を招き実施。その時，千葉弁護士会 山田由紀子弁護士は千葉弁護士会の実践を紹介した。

J. Braithwaite は，The Evolution of Restoring Justice と，Restoring Justice Theories and Worries の 2 つを講義する。その中核的主張は，(1) 犯罪の統制は犯罪を悪化させる。(2) 烙印，軽蔑，追放の恥づけは犯罪を悪化させる。(3) 再統合の恥づけ，加害者に対する人格尊重の枠内での犯罪行為の否定，有責の社会的風習を組み立て，加害者などは犯罪を予防することには寄与しない。この理論に寄与しない理論には話し合いは加害者や加害者家族に及ぼす犯罪の結果についての話し合いは加害者や加害者に対する愛と敬意の強い関係を経験する人々への支持という社会的風習のなかに再統合を組み入れスの進行などかって貰えるの社会的権習となって新聞の恥ではなく，我々が敬意と信頼をもって貰えるの観点から新聞の恥ではなく，我々が敬意と信頼をもって貰えるの観点から新聞の恥を社会に再び融け込ませる。復帰させるの意」

1. 再統合の恥づけ理論　なぜ RJ が効用を減少させるのか

2. 手続的正義の理論　RJ 手続が公正に出来ていること，RJ に参加する人々が公正に扱われていることを意味する。再統合の恥づけのアイデアは，行為の否定は加害者に対する敬意の枠内で伝達されること。これは下座を全させて悪かったと言わせることではない。敬意を表する方法は，他者をよく聴くこと，言い分をよく聴くこと，手続をコントロールするよう他者をエンパワーすること，年齢性人種の偏見から自由であること，他者をエンパワーすること，年齢性人種の偏見からあらゆる権力濫用からの予防手段を持つことである。刑事裁判のようにあらゆる権力濫用からの予防手段を持つこといかないが，RJ のカンファレンスは加害者や被害者が公正さを想定すっただけの理論の親愛の感情

3. 認知されない恥の感情　恥は健やかな人間が恥をかいたとから誰でも身に感じる。異常ではない情動（感情）である。これらの情動は放置されれば他我や自我を攻撃したり社会関係を絶たりそゆえに破壊的・犯罪的である。「関係こと絶つことが破壊的であることは，Burnside & Baker: Relational Justice を参照」。同様に恥は他者との関係を気にする社会絆を取り戻すから我々の内に秘める力である（RJ 実践における公正は法では認知される法的責任を個人的に感ずを支えず論理的に離散し，恥は恥かなの論点で隠れて真正さそ隠れうよく認知されない恥は暴力を招く。認知されない恥はカンファレンスの場において恥を受け入れ加害者は刑事裁判よりも修復的司法において恥を受け入れ加害者は刑事裁判よりも修復的司法のように導くべきだという

北米・英・オセアニアを中心とする諸外国	日本国
1995年までに19のカンファレンスプログラムが誕生した を試験実施。2005年までに19のカンファレンスプログラムが誕生した。 Consedine, J. が Restorative Justice : Healing the Effects of Crime を執筆した。高橋貞彦がこれを翻訳として自費出版した 1995 M. Young, Restorative Community Justice : A Call to Action. NOVA. 地域における多機関連携的修復的司法の提案として価値があるが、ただ当時学校には視野の内になかった。 1995 カナダ警察は被害者か嫌疑が軽い罪を犯し否認していない事案を扱う地区正義法廷 (community justice forums) で家族集団協議法を導入 1995 カナダ刑法典を改正して修復的司法の原理・原則を導入する 1995 J. Haley, [victim-Offender Mediation : Lessons from the Japanese Experience] Mediation Quarterly Vol. 12, no. 3. 1989 の論文で明らかにした、自白、改悛の状、被免、猶予処分という日本の第2路線は社会的逸脱行動の是正には欠かせないとの趣旨を受けて英米系のRJ メディエーションは何処のモデルを論じている。日本の警察、検察官、裁判官に対する権力的司法の放大は必要不可欠とし、個別の加害者に対する覚えを扱いのためのこの種の裁量が無ければ日本の法執行権力は刑事規制だけに縛られ形式的手続と一層の処罰の手続に陥るという一連の主張に対する英米系のRJはいえ同国の一種での権力が"慈悲"的にしても専断的に介する事のRJは果たしてRJと言えるのか、どうか。また加害者の改悛、被害者らの赦し、日常見られるこの種の私的仲裁人、家族の作成……なとの諸要素は寛大な処分の背景を示されている地域社会には依然生きているという。 [Haley の日本における RJ の概念づけは疑問を呼ぶ。彼の示す日本国用刑事司法の建前論と英米系のメディエーションの実態論とを対比させるのは無理というものである。H. ゼラは Haley (1989) と Haley (1995) の論文を大いに取り挙げ紹介している。しかし、Haley に触発されたゼラ**の終章のメッセージは (邦訳 222-3)、Haley の過大な期待を戒めるなどを示唆するに富む] 1995 Austral. キャンベラに始まる。Braithwaite** がドンの無作為選定の手法で RJ カンファレンスの有効性を標準の裁判手続と比較分析する。抜訳法の再犯防止効果以外の変則的な形で進められた	[この恥の感情処理論は他の研究者の主張の引用から成る。情動としての恥は育ちにつけ悪しきにつけ暴れ馬のようなもので、修復的カンファレンスの場で適切に制御される必要があるる。そこに修復的司法のメリットがある] 4. 反抗 (defiance) の理論 理論を作り上げる 1) 制裁は将来的な反抗を惹起する 2) 制裁は将来的な法律遵守を予防する ただし a. 加害者が制裁行為を正当と見、b. 恥を受け入れ、コミュニティとの連帯を相変わらず誇らしく思う限りにおいてである。 RJ手続応報的司法はこの2) のa, b, c 3条件を満たしそうであるが、c に強いポンド (結びつき) を持ち、c 恥を相変わらず誇らしく思うこの2) のa, b, c 3条件を満たしそうであるが、 3) 制裁は将来的に法律遵守と無関係である 2003 苫澤浩二 [同法的な解決] では事件の核心には触れることに、形式的には犯罪大網の中で、5 特定の状況に ある青少年を関係施設などに直ちに立ち直りを促し、自己の被害を精神的に克服する契機となるべき「社会的平和の回復」、従来の応報的司法に代わる [修復的司法・被害者和解の枠組み」 [日本型加害者・修復的司法の可能性] に言及、 2003 内閣府 正式に公表された青少年青少年育成施策大綱の中で、5 特定の状況にある青少年対策の基本方向、(3) 少年非行対策の充実・多様化、(処遇全般の充実・多様化) の項目に [修復的司法活動の我が国への応用可能性について検討を推進する] が盛り込まれた。修復的司法の各機関が肯定的であり、刑事司法の各機関で進めた 討は、有力な被害者団体が否定的であり、直接的対話以外の変則的な形で進められた 2004 D. T. Johnson 大久保光也訳『アメリカ人の見た日本の検察制度』 法務省矯正局 [被害者の視点を取り入れた教育] に関して研究会を開始する。遅くとも4回実施。これにより矯正全体の流れが実質的に定着するが、この教育は本格的な RJ とは異なる 2004 裁判員の参加する刑事裁判に関する法律が成立する。[裁判の市民参加が裁判員の形をとって実現した。これまでは維エリートたちは準先進国に顔向けができないと恥ずかしく思っていたわけである。RJ の推進は世進とは違]

[別] 2004 大阪で被害者と加害者の対話支援センター（関西VOM）の設立
2004 N. クリスティ（University of Oslo, Norway）、国連アジア極東犯罪防止研修所の第127回国際研修において講義、そのタイトルは「A SUITABLE AMOUNT OF CRIME」。同じ題名の著作が2006年に翻訳出版されている（後出）
2005 警察庁、検察少年に対する修復的対話による回復を求めて」試験実施
2005 指宿照久、医療少年院の少年（事件時）をして重傷を負わせた女性の一人に会いに行かせ、2時間程対話的謝罪をさせた。会うのを断った被害者もいた由
2005 ワクテルのリアルジャスティス（1997）を山本英政がRJ叢書2巻として翻訳出版
2005 第1回RJ全国交流会を関西学院にて開催。事例分析は井垣康弘、大坊郁夫がそれぞれ行った。個別報告は粟野真造、前原宏一、小長井賀與、柴田恵、平山真理、吉田敏雄、根本和子にまりなさとし
2005 野田愛子、元裁判官　東京少年友の会創立40周年記念集会にて「東京少年友の会と共に：過去・現在・未来」という題目の記念講演を行った。講演の反訳記録は、ケース研究286号25-54頁2006年に所載。頁の半数は4少年友の会の今後の展望—修復的司法の活用を話題にする。そのために家裁の育てる友の会のボランティアや法観察の補導委託先の活用を提起していると筆者は受けとめた。ここには井垣康弘裁判官（2001）のRJ的裁判の試行は言及されず、その後の講演もその後の家裁のRJへの取組を促進させず
2006 ゼア、H. 東京聖書学院・東京ミッション研究所がH.ゼアを招聘、牧師を対象として連続レクチャー。その他、日本宣教学会、親和では法（ゆるし、いやし、和解）、早稲田比較法研究所〔近代における刑罰論と修復的司法〕、日弁連（21世紀の「復讐」と「赦し」）、「死刑を止めよう」宗教者ネットワーク（罪の裁きからさずなの回復—修復的司法の聖書的・霊的基礎）、東洋大学社会学部（アメリカにおける私の実践）などか講演会を実施する
2006 平松毅・寺澤比奈子がN. クリスティ「A SUITABLE AMOUNT OF

発する実験犯罪学と解しても了。1999年に「Experiments in restorative policing : Final Repor on the Canbera Reintegrative Shaming」という最終報告書が出た
1996 カナダ矯正部門、カナダ初のRJ強調週間を催す
1996 USA 国際刑務所共同（Prison Fellowship International）が Restorative Justice Online を開設
1996 USAの若干の州、学校の生徒指導の分野でRJ方式を導入
1996 Yazzie, R. and J. Zion : Navaho Restorative Justice : The Law of Euality and Justice. Galaway and Hudson (eds) Restorative Justice : International Perspectives. pp. 157-73 所収
1996 Griffiths, C. T. and R. Hamilton : Restorative Justice : Sanctioning and Healing : Restorative Justice in Canadian Aboriginal Communities. Galaway and Hudson (eds) Restorative Justice : International Perspectives. pp. 175-92 所収
1996 J. Braithwaite** : Restorative Justice and a Better Future. in Dal-house Review 76 : 1, pp. 9-32
1996 USA インディアナポリスにおいて「コミュニティに正義を反す：インディアナポリスの少年司法実験」がスタート、1999年までの3カ年研究。分析は McGarrell, E. F. et al. (2000) Returning Justice to the Community. Hudson Institute. 紹介は染田恵 (2002) 修復的司法の基礎的概念の再検討及び修復的司法プログラムの実効性と実務的可能性。犯罪と被害とその修復：西村古稀祝賀、pp. 282-284 所載、敬文堂
1996 南ア「すべての人種が共に生きる」というマンデラ大統領の提唱で生きる真実和解委員会（TRC）を設置。ツツ司教が委員長となる。日々「過去に目を開せた同じことの繰り返しです。〈アパルトヘイト時代の白人政府の秘密警察が行った拷問、暴行〉を見つめらればいけません。この時初めて新しい社会を作ることが出来るのです」と活動した。2003年には筆者もマンデラ日と「相手への複雑な感情と苦しみを呼ぶ起こす。それでも引き替えに処罰なき正義を手に入れらるのは被害者にとって受け入れがたい哲学的な問題だ。ただしTRCが当初通りに過去を清算し対立的国民の和解を達成できなかった活動過程のなかで見出した様々な政治的、社会的課題を非暴力的に追求する姿勢がより大切であろう」
1996 南ア 家族集団協議（FGC）の試験的実施を開始
1997 USAの連邦司法省が修復的司法の全米会議を開く
1997 カナダ、バンクーバーにおいて「納得の行く確かな正義（Satisfying

北米・英・オセアニアを中心とする諸外国	日本国
1997 ベルギー 少年に対するRJの全国会議を開く Justice」という旗印の下、RJの全国会議を開く	
1997 UK T. Marshall : Seeking the Whole Justice. S. Hayman (ed.) Repairing the Damage : Restorative Justice in Action. ISTD, pp. 10-17 所収。RJの定義を発表	
1997 USA. デラウエア州 Kim Book, 娘さんの刺殺事件のあと2年を経て刑務所でボランティアとして受刑者に対する「被害者感受性企画」に参加の機会を得る。1998、軽度の犯罪に対する調停を開始。2002, Victims' Voices Heard (VVH, 被害者傾聴会)を設立。以後は 2002 VVH を見よ	
1997 USA McCold, Restorative Justice : An Annotated Bibliography を編集した。そのi買で、I. Zehr (1990) の Changing Lenses はカナダ・オンタリオ州 Kitchener のインディアナ州 Elkhart の裁判所の被害者加害者調停の被害加害者調停で起こった事をにとなった。2. 裁判所は RJ なる概念を使ったので RJ は社会に広まるので社会に広まることになった。2. 上記刑罰理論はうまく実践される様々な実践は、応報、抑止、能力剥奪、社会復帰などの刑罰理論はうまく説明出来ず、Zehr の RJ のアイデアでこそ記述可能。3. 上記刑罰理論は被害者や地域社会に明確な役割を与えるものではなく、癒しや地域社会の再建が驚異的に実現されることをうまく説明出来ないだろう	2006 細井、西村、辰野、反野『修復的司法の総合的研究 ― 刑罰を超えた新たな正義を求めて』(風間書房)。科学研究費補助金による研究報告書である。第I部では実践、山田由紀子、片山由佳有、冨田信徳、井垣康弘、井口壮太郎、杉浦ひとみ、太田浩之、藤原正範、井垣敏之、指宿信、小長井賀與がそれぞれ個別の分野でのRJ実践を記述した。第II部では、受刑者(質問紙調査)、実務家(座談会の転記)、日本の一般市民(質問紙調査)を対象としてRJについて実証データを掲載。世界の犯罪防止会議「相乗効果で染田恵が 2005 年バンコクにおける第11回国連犯罪防止会議「相乗効果で染田恵が 2005 年バンコクにおける第11回国連犯罪防止会議「修復的司法を含む刑事司法改革の推進」の要旨を記述
1998 UK T. F. Marshall**: Restorative Justice : An Overview. RJ は過程であるという最も一般に受け入れられている定義を発表した。UK, Home Office から発行された 2006 年の Findings 274 においても参考文献としても挙げられているが 1999 年刊行となっている	2006 朝日新聞学芸欄。連載「学をめざす」に、和解で修復的司法をめざす新しい考え方が上下で掲載される。ただし、刑事法学で修復的司法という新しい考え方が上下で掲載される。ただし、刑事法学で修復的司法という新しい考え方を主張している。被害者が加害者の直接対話を通じて両者の関係の修復を図る。近代刑事司法の限界や問題点を乗り越える試みだという。推進派の登場人物は、高橋則夫、瀧川裕英、山田由紀子、井垣康弘、細川久光、松窪孝明、大塚喜一、前野育夫、三木憲明、西村春夫、この異色記事は今や官民(被害者を含む)の処罰派に批判・懐疑派は小西聖子、瀬川晃、ブレード、大塚裕史、全生主義体制化の荒波先を行く見えないとくない。掲載日 2006518.0525
1998 ノルウェー Sections 71a, 72 of the Criminal Procedure Act により検察当局が終局処分としてメディエーションを裁量できる	2006 西村邦雄訳、西村春夫・細井洋子・高橋則夫監訳 現代人文社. H. ゼア (2001) の Transcending : Reflections of Crime Victims の翻訳
1998 UK, 初犯の全犯罪少年を修復的手続に回すことを法的に制度化する。その法律とは Crime and Disorder Act と 1999 Youth Justice and Criminal Evidence Act である	2006 西村邦雄訳、西村春夫・細井洋子・高橋則夫監訳 犯罪被害の体験をこえて:生きる意味の再発見、現代人文社. H. ゼア (1996) の DoingLife の翻訳である
1998 デンマーク Crime Prevention Council が司法改の示範により調停を試験的に開始。公判の前にダイバージョンとしてでなく行われ、その成功・不成功を裁判官が判決にあたり配慮する。その他、1995 年に以上に試みが小規模で始められる [2013 国連幸福度調査世界第1位(日本は 43 位)とされた社会福祉国家で、共生と連帯の精神が根付き、社会的弱者を助ける民意が確立している(千葉忠志電談日経 2014/01/07)]	2006 服部朗『少年法における司法福祉の展開』第V部で修復的司法を論じるRJ方式を生徒指導で生徒指導に学習させる大阪茨田高校で生徒指導にRJ方式を試行、また紛争解決スキルとしてRJ方式を生徒に学習させる
1998 ヨーロッパの調査研究によれば、全欧に 900 のメディエーションプログラムが存在する由	2007 西村春夫代表、文部省科学研究費助成により victim impact panel (単に impact panels とも言う) の研究実施。2009 年までの3カ年。Van Ness & Strong によればこの方式は広義のRJである。左掲の 1976 USA, Prison Fellowship In-

1998 カナダ Kitchener を含む Waterloo 地域で A Healing Approach to Elder Abuse Project：The Restorative Justice Approaches to Elder Abuse Project を開始。これより前、M. Yantzi**は、この地域に 1972 年に創設された CJI（Community Justice Initiatives）の理事長に 1978 年に就任*。1974 年の少年犯罪に RJ を初めて適用した Yantzi**などのスタッフは学校の生徒指導、家庭内暴力、高齢者虐待などにも広く RJ 的手法を用いる NPO の開設を積極的に使用してきた

1998 Tedeschi & Park（eds）：Posttraumatic Growth：Positive Changes in the Aftermath of Crisis. PTSD と並行して PTG と称される。過酷な体験（犯罪の被害者加害者も含む）を経ても人は精神的に成長していくことに注目する精神医学的臨床心理学的理論と実践。理念的に RJ と共通点

1999 欧州会議の閣僚会議は刑事事件においてメディエーションを使うべき勧告 No. R (99) 19 を採択

1999 ニュージーランド、生徒指導の分野で停学処分に代え RJ 方式を導入

1999 Haley「Apology and Pardon：Learning from Japan」in Etzioni（ed.）Civic Repentance（Rowman & Litlefield）, pp. 97-120. 吾妻洋と Rosett による謝罪と弁償に基づく日本の文化が刑事司法の実態分析を評価

1999 ニュージーランド Consedine & Bowen：Restorative Justice：Contemporary Themes and Practice. が出版される

2000 カナダ BC 州、学校の生徒指導の分野で RJ 方式を導入

2000 USA、ワクテルとマコールド、修復的実践を推進するために International Insuitute for Restorative Practices（IIRP）を創設

2000 被害者参加型メディエーションと RJ のための欧州フォーラムを結成

2000 USA レッドフック地域司法センター設立。警察、裁判所、修復的実践、治療矯正部門が同居しての一貫した処遇、編制下行政の見直し政策。問題解決型司法、社会資源の総合的再配分などの試みであり、司法の脱中央集権化を目指す。犯罪者摘発・地域からの排除に集中せず庶民の駆け込み寺」としての機能をもたせる。被害者を含む地域住民と加害者との対話集会を開く。最近日本国で論議されている地域社会貢献（奉仕）活動なる類は官から一方的に科されることが多く、日本の地域社会（そもそも修復的正義の実践さえも）に根ざされる恐れがあり、おそらく修復的正義としても成育することは難しく、犯罪発生率は発芽しても成育することも落ち社会的に発芽しても成育することは難しく低下した由。紹介者は渋田思、第 12 章の 4．社会に根ざした修復的司法 地域に根ざした司法の手段である不公正是正の手段としての修復的司法 今年で

temational の項の Sycamore Tree Project や MADD（1980）は好例。日本の矯正の被害者視点を取り入れた教育は vip となり非なりと分析された

2007 警察庁、少年対話会の全国実施。つまり制度化するまた、実施状況は警察白書には記載されず、都道府県がそれぞれの状況に合わせて実施すればよいというレベルの制度化である（小林淳一「警察と修復的司法―少年対話会の取組を考える」明日 130-51 頁所収）。日本国の少年司法機関での唯一の RJ である

2008 兵庫県弁護士会、被害者加害者対話センターを開設、謝罪文銀行を創設、千葉対話の会（山田由紀子理事長、少年院に出向いて RJ の考え方と、日常の紛争の修復的解決法を実践的に教育指導

2008 森田ゆり、責任と悔い、築地書館、ゼア（2002）の The Little Book of Restorative Justice の翻訳である

2008 被害者参加人制度、及び被害者参加人のための国選弁護制度が始まる。一定の刑事事件の被害者等が裁判所の許可を得て刑事裁判に参加するという制度である。[裁判員裁判とセットで理解するべきだろう]

2008 World Open Heart（WOH）の設立、代表は阿部恭子。犯罪加害者家族の支援活動に特化するが、被害者支援、加害者支援つまり RJ も視野に入れて考えていると言われる

2009 裁判員制度が始まる [被害者の裁判参加とセットで理解するべき]

2010 片山徒有 被害者の視点を取り入れた教育と最近の被害者を巡る法制度の環境の変化について、矯正講座第 30 号、pp. 50。第三世代の教育とは、相互理解、人間性に基づく共感、関係性を定式文化、彼の少年院での少年への話し方は 1．講座会形式、2．小グループ式、3．個別指導、その場合退院した後でも連絡を取ってくる少年がいる由（片山談）

2010 被害者（遺族）の少年審判傍聴制度が始まる

2010 MVFHR（人権を求めて殺人被害者遺族の会）の会員が来日し講演

2011 N. クリスティが来日し、日弁連第 54 回人権擁護大会第 1 分科会シンポジウム「私たちは「犯罪」とどう向き合うべきか？」にて基調講演し、今年

北米・英・オセアニアを中心とする諸外国	日本国
したが司法の欧米における具体的実践。細井他編『修復的正義の今日・明日』米国論文では欧州の近隣司法センターが他リバプール地域司法センター、オーストラリアのトリア州の近隣司法センターが紹介されている。pp.276-91。	7/22のオスロ大量殺人に対して適切な応報を考えることは不可能であり用罰には限界がある、赦しが必要だとを強調する。また渋谷大学講広・保護総合センター主催シンポジウム「人間性を大切にする刑事政策を求めて」において「他者との出会い（他者を知る）」という題目で講演する。以下：平和的解決方式、それが前近代のものであり近代のRJ方式であれ、刑事法廷と根本的に異なる権威には基礎をおいていないこと、刑罰を科する権力を持たないことである。
2000 第10回国連犯罪防止会議における修復的司法のウィーン宣言が採択される。この言及は2002年の国連経済社会理事会における「刑事分野における修復的司法プログラムの活用に関する基本原則」となって結実した。	また、今までの被害者運動の実績を賞賛と否定する積もりはないが、強すぎる被害者運動は、刑法・刑事裁判が主張する罪刑均衡を崩し、被害者正義という大義名分の下犯罪者を罰するに等しい節度を恐れない応報にする。つまりオスロ大量殺人事件の際限に置頭において[7/22のオスロ大量殺人事件のはずだとして、9節、修復的司法一過主義を厳罰化の発言であろう。別の道ある為はずだとして、9節、修復的司法一過主義をやり直す。
2000 A. MorrisのノートによるとニュージーランドはRJの有効性について、オーストラリア、ベルギー、カナダ、イングランド、オランダ、USAを対象にして比較評価研究を開始	ノルウェーでは修復するのに刑事手続上の制約が設けられているのに対し、刑事裁判には情報（証拠）を収集するのに刑事手続上の制約を認めることができる。そこでは、1.関係当事者が主役となり、手続上の主役となり、2.各人は情報を互いに知ることができるようになる。
2000 ルワンダにおいて民族間のジェノサイドに対してGacaca（ガチャチャ、伝統的）法廷を被害者と加害者との和解と国家の平和の構築のため制度化。佐々木和利之の論文によると期待通り進んでいないと言う	3.刑事法廷と違って相互に理解できる思い切った対策を大変歓迎する見方。4.苦痛に値する用罰が科されるよ不安・心配なら、5.完全な人間として、自己を表出できるようになる。6.平和的解決を見つけられる可能性が高まる。クリスティは、RJの描写は理想的な出会いに過ぎるという批判を招くかもしれない。この講演にまるRJの描写は理想的で、自ら刑事裁判の全面的廃止論で主張[maximalist、最事者は主役となり、手続上の主役となり、悪な事態を想定し危険性に対する対策を大変歓迎する見方」と断言せず、「廃止に向けて出来ることを少しずつやっていく最小限主義者（pale minimalist）」であるとした。
2001 ニュージーランド、「裁判所委託による修復的司法カンファレンス」の試験実施を開始	さらに講演を進め、現代において「他者との出会い」を難しくするのは、相互の情報不足のみならず、RJの生産活発至上主義、経済発至上主義、社会の大規模ニット化成、医療・教育・官僚・警察の中央集権化、権威的ケアの提供、などの構造的要因であるとする。
2001 欧州連合、刑事手続における被害者の地位に関する枠組み決議案を出す。そこでは刑事事件にRJを推進するか加盟各国をを義務づける	[日本国版RJとは：1995 Haleyの論文は日本国の現RJモデル用刑事司法当局の権力的裁量に基づいてうまく刑罰を回避しているモデルを賞賛しているのだが、それが果たして諸外国が学ぶべきモデルと言えるのかは強い疑問を持つ。
2001 UK D. Miers : An International Review of Restorative Justice. Home Office Policing and Reducing Crime Unit. ヨーロッパ13カ国、Austral. Can. New Zealand、USAをを対象としてRJの開始年代、根拠法規、実施方法、現状分析、評価、将来像についての調査報告。まとめ的所見として 1. RJの定義多様化は難しい、2. RJ技法を活用する場として7類型を抽出した、3. 7類型は共通する取り組み方として a. 話し合いを活用したり b. 被害者などの具体的産物などの具体的産物を提供すること、良い結果を目指すこと。被告は被害者の弁償、物品、奉仕などの具体的産物を提供することなど。c. 加害者は被告者の弁償、物品、奉仕などの具体的産物を提供する時の、RJなる語の使用に関心がある。筆者のとりまとめのカンファレンシング、他の相互作用方式とその結果のRJが標準的価値であろう	[大量殺人事件が起こる日本の現刑事司法ではメディア、政権与党を巻き込んで応報主義の死刑論が大合唱されるだろう。その渦中で平和的解決に
2002 国連経済社会理事会、刑事分野における修復的司法プログラムの活用に関する基本原則を採択。数年のプログラムが50カ国で実施中	
2002 デイバーとコヌリーヘール警察、教育、警察が連携して実践を継続	
2002 USAデラウェア州 Victims' Voices Heard-Severe Violence Dialogu Program	

ついて被害者遺族の理解を如何にして得るか。人同士が自己の情報をオープンにしていけば人同士は益々近づいて責任が生じ上記クリスティの講演題目にある「他者との出合い」の確実性が高まるのだが、高まる前に人との格差のなかで支配下、支配下の人同士はその関係が成立たないからである。ただ彼の言う他者は、一概に保護・国家対対人の関係が成立たないからである。ただ彼の言う他者は、国家対対人、我々が日常街角で経験する他人では、実存的な人間と認識される。人を心底から認識・理解するのは至難なく、実存的な人間と認識される。人を心底から認識・理解するのは至難の業だと普通は考えられる。ところがネロスの大量殺人事件としてのは、社会事象を先例にしを聞く、ナイーヴを驚きをもって見るのが大切なのからもしろもあ、社会事象を先例にしを聞く、ナイーヴを驚きをもって見るのが大切なのからもしろもあ、RJ 実践家が持つべき価値観語っているは懐疑論に陥らないために [修復的司法とは何か] 3 刷、新泉社、288頁。[すべての人は人間である] は彼の揺るぎない信念であると思われる)

2011 神戸 第 16 回国際犯罪学会開催、Braithwaite は [Social Capital, Rehabilitation, Tradition] を講演。日常の比較問題紙調査からの RJ の支持者、反対者、応報刑の支持者の属性を抽出した。日本のデータは 2006 年の [修復的司法の総合的研究] に所載のもの。

(なお Social Capital は社会関係資本と訳すつつでも資本主義や資本家 (事業の成立維持に必要な基金) とは全く異なる概念であるが、比較のため言及する。日本の刑事司法に RJ を理解すれば理解するよう元手を具体的に言えば、信頼、互酬性の規範、絆 (ネットワーク、ボンドとも言う) である。(稲葉説あろうが引用)。[ネットワーク] については近隣つまり地域共同体 (共同体本来の目的は、内田樹の概念によれば、弱者の受け入れを支援するか、それとを誰がやるかと言えば強者である) だけでなく、インターネット上、嗜好上のネットワークもあるのはホンドについては、左関 1969 T. Hirschi を参照)。

[巨視的分析のレベルではこれらの元手が働いてる社会成員を協調の意識と、行動へと導く。(できるだけ全員が [資本家] になってしまえばいいわけ)。そしてる全員が協調的社会の実現に向かう。ことになる。OECD 34 カ国いわゆる先進国は全員資本主義体制であるから個人、会社、国は全て自分本位的、利己的行動原則へ動いて、場合によっては他本本位的、利他的 (自分を殺して協調的に) に動いてはずである (自発の charity、ボランティア活動、社会貢献活動)。しかく権力が協調を唯一押しつけるかもしれない。集団主義の強い日本国はそのリスクが高い。そういう時 [協調はすべて善し。そが合唱するすべての個人は (たとえば、障害者、天才・異才) にまで教に対する寛容 (つまり人を個人として大切にすること) は失われ、彼らは社会的に排除され孤立化させられる危険がある、つまり未来 Social Capital が目指すとすべての社会員を協調するのとは逆を行くことになる。RJ やホンド・ネットワークはそうした成

を設立。このモデルを初めてデキサスにかけ、東部大メトリキスト大学を勉強しているうちの NPO を作り上げた。対面対話により被害者は人生計画に狂わず責任を負せたことを加害者に告げ、犯罪について加害者が責任を感じ、悔恨を表すのなかで支援し、加害者は活力を得、加害者の刑務所内での生活を知り、犯罪後に起こった加害者の変容を感知することが出来ると言う。プログラムが成功すれば安全な環境のなかでで癒しと回復が促進される上で、この会は被害者と受刑者とのダイヤローグを本旨とし、自らも RJ の専門職集団として短いことも知られている。デラウェア州は死刑判決から執行までの期間が短いことも知られている。

2002 D. Johnson: The Japanese Way of Justice Prosecuting Crime in Japan. 日本の検察官に対する聞き取りと文献資料に当たる。210 頁以下に日本の刑事司法は RJ を実践しているとする Haley の主張に疑問を呈する。Johnson は RJ の 3 つの基準 (RJ は、1. 犯罪を犯した人間たちの法違反、あるいは国家に対する損害を償うことは手動けすることを手動けすること [閉刑事手続は犯罪以上のもの [生きた人間たちへの法違反、あるいは国家に対する以上のもの [生まれた人間たちの犯罪事上の支助による] 3. 犯罪への応答に国民が参加することを画策すること) [閉刑罰を科することは入] に照らしては RJ 事司法の刑罰を加する)。[閉刑罰を科することは入] に照らしては RJ の中心的理解とは程遠いと結論。犯罪事実に関し検察権の絶対的な権力の裁量権の行使は RJ の中心的理解とは程遠いと結論。被害者 (検察官) の犯罪事実に立証に都合の良いように被疑者 (時には人間的にも、公判に該当される) は、正人の供述・証言を独占するだけでなく、証言を遮断すること (公判廷で証言を聴き、公判を傍聴し、拘置所に出向いたら) を専断的に (時には人間的にも該当する) 再構成することもある。彼は達者や公判を行い、公判で証言を聴き、公判を傍聴し、拘置所に出向いたら) を駆使して聞き取り調査を行い、アメリカ人の見た日本の検察制度』 2004 年は木下光世 [アメリカ人の見た日本の検察制度] 2004 年は邦訳がある。

2002 H. Zehr ** The Little of Restorative Justice を執筆。その 38-9 頁で死刑相当事件において Defense-based Victim Outreach (DBVO、あるいは DIVO、DVO とも呼ばれている) の必要性を示唆。被告人間の弁護活動の中である者が、死刑相当事件での自己の役割に疑問を生み出した。役割の再検討に乗り出した。確かに適正な別問 (死刑) の人を殺した) は正義の一要素には違いないが、正義とは被害者遺族の癒しに向けて手を伸べていくほうがよろしいというより広い概念 (すなわち反刑罰観としての RJ の萌芽) だという内省が背景にあった。現行司法の大枠の中で被害者の癒しや被告人の真の DBVO 活動の結果、司法手続がよりまして修正され、一種の司法取引) が成功するこの DBVO 活動の結果、司法取引合意 (plea agreements、一種の司法取引) が成功するこれにも裁判外合意 (plea agreements、一種の司法取引) が成功することも起きだした。別の本 [In the Shadow of Death: Restorative Justice and Death Row Families, 2006] によると、1981 年には会設弁護士

北米・英・オセアニアを中心とする諸外国	日本国
Dick Burr は死刑刑事件を専ら扱うになり、1995年のオクラホマの連邦政府ビルの爆破事件で弁護団の一員となった時被害者遺族の深刻さを知り、それを機に Burr に教えた Zehr に、後に Zehr**、Krause**、Burr 3人が図って Victim Outreach Specialist (VOS) プログラムを立ち上げた。specialist は被告人側の弁護のなかにおいて中立的専門職、コーディネーターである。当時、多分 Burr はこのような刑期一辺倒での弁護士は他州においても働いていただろうかが詳細は追求できていない。今でも DBVO は検事と被告人側弁護団の間に介在して双方に被害者遺族、被告人やその家族の情報を正しく伝えるようにすることや、或いは被害者遺族（現実には多くの難点がある）RJ実践家とみなされる日本国においても現れて欲しい「法廷外の人間関係支援専門職」の考え方である 2004　中国　Center for Restorative Justice が北京の China University of Political Science and Law に設立される 2004　USA Murder Victims' Families for Human Rights (MVFHR、人権のための殺人被害者遺族の会) が Renny Cushing（殺人事件の被害者遺族）によって創設された。殺人事件の被害者遺族が死刑を執行された者の遺族（執行前の死刑確定者の家族は準会員となる）が意思交流しつつ刑事司法制度の改革、死刑制度廃止に向けて共に活動する。会員は、死刑が自分たちに癒しをもたらさないし、被害者の正義を貫徹する方法でもないことを語るよう活動を重ねる。日本の NPO、ocean（被害者と加害者の出会いを考える会、代表：原田正治）は MVFHR の提携団体である。Cushing と原田は会って、2010年欧州連合 (EU) の招きで来日、講演する 2005　USA、Fresno Pacific University が修復的懲戒制度を造る 2005　ベルギー、刑事事件において、被害者あるいは加害者の請求によりメディエーション実施を認める法律を施行 2005　国連バンコック宣言の第32項で被害者の利益と犯罪者の改善更生を目標として修復的司法政策の取組みを組み込むべきことが勧告 2005　ルワンダ　佐々木制彦、ガチャチャ法廷とは別にジェノサイド後の癒しと和解のための被害者と加害者の協働作業を見れに企画、実践 2006　修復的司法プログラムに関するハンドブックが国連により刊行される 2006　Calhaun & Tedeschi (eds) : Handbook of Posttraumatic Growth. この道の専門家によるる標準的入門書。PTG。訳本は2014年に出た。	らないように腹蔵なき対面対話を企図するものだ。覚きさる協調、押し付け協調の国は市民の幸福度が高いとは言えないだろうし、国連の幸福度調査で日本国の第43位はさぞそれを如実に示す。今や死刑制度の存廃は社会関係資本の外部不経済と市民が認識し始めなければならない時である。 [ここで Social Capital あるは協調の協調論の背後に改めて注目すれば、ネットワーク成員間にある「ゆるい支配ー従属関係、屈辱一嘲敬の関係、拠み一嘲敬の関係、成員の持たない価値観の異同の問題が協調の態度変容や新行動の取得ならず共有の身近などの他者から情報を得られ微視的分析のレベルでここでの情報を使って合理的に行動し、送られた情報に信頼関係を結べる人間的にあらば協調しで意気投合しないで場合ここを信頼できぞなそうな子に協調する。1. 意気投合とか行かない場合。信頼できるそうな子に信頼→信頼を確信という3段階のステップを踏めるので感なくそうか。互酬性のネットワークのなかで我々が社会関係資本の「質」になって他者を助け、他者に助けられるのはそう善きサマリア人）からのヒントを得ない。たとえば、路傍に倒れた善きサマリア人がいる学者、同郷人は傍に見て通り過ぎることに、異国人が救いの手を差し伸べることきる〕 この時、テーマセッションとして行われたRJ関連のものを以下に示す： ◇藤岡淳子司会　Practice of Restorative Approach to Crime ◇前野育三と兵庫弁護士会　Restorative Justice in Japan and Future Possibilities ◇細井洋子司会　The State of Restorative Justice in Japan : Its Influence upon the Established Criminal and/or Juvenile Justice System ◇伊藤富士江司会　日本における被害者支援の現状と課題 2011　第7回RJ全国交流会で、日本のRJの源流として、井垣康弘元裁判官、指定医元少年院、小長井良浩元鳥取の保護観察官、山田由紀子弁護士、被害者加害者対話の会運営センター理事長などのバイオが報告した。4人のうち3人は関西方面からの報告であり、冬の気配を配置して言えば"西高東低"である。高原勝岡山中央センター所長（当時）は遺憾ながら企画者が失念した。CDでの記録あり） 2013　日弁連国際交流委員会　動き始めた修復的司法：国際刑事裁判所と「人

2007 L. Sherman and H. Strang : Restorative Justice : The Evidence, The Smith Institute. UK, USA, Can. Austral. New Zealand における RJ の有効性に関する 36 の実証的研究をメタ分析した。主として直接的対面対話と裁判所の金銭的償命令との比較した研究である

2007 司法の有効化のための欧州委員会（CEPEJ）、刑事事件に対するメディエーション実施の新運用基準を公表

2008 UK、犯罪被害者が RJ にアクセスする権利を助成するため NGO「Why Me？」が結成される

2009 南ア RJ の考えを強固にすることに備えて New Child Justice Act を制定。RJ を高める条項が入る

2010 USA MVFHR（人権のための殺人被害遺族の会）欧州連合（EU）の全面的支援で来日

2010 USA A. Karmen : Crime Victims—An Introduction to Victimology 7 Edition (2012 年に 8 版が出版された)。終章「21 世紀の被害者」において被害者が示す 3 つの方向性を暗示した。すなわち 1 刑事司法制度の中で近時公式に与えられた法律的権利の行使を追求する 2 自分に害を与えた加害者への恨みを晴らそうと復讐的暴力に向かう 3 修復的正義という新たな道を開く可能性を唱えている。1 においては自由至上主義者（civil libertarian）の反発、司法官僚の疑念を招く。2 においては取り乱した被害者と、同調する群衆による私刑（lynch）を含む暴力的自警（vigilanitism、町内会の自警的傾向）や銃器を以て不審の相手を殺害する自衛手段が強烈で USA に伝統的にある［日本流に言えば赤穂浪士の討ちいりや敵討が調和的（harmonious）関係であるという大衆意識であろう］。3 においては地域社会の中で当事者が刑事司法に倣り戻り未解決の意的合意に漕ぎつけることが目標になる。このうこの分野で活動する被害者はまだ少ないが、今後発展するであろうと著者は記す。

2012 UK Ministry of Justice「Restorative Justice Action Plan for the Criminal Justice system」英国における刑事司法システムのなかで被害者向の RJ をもっと組み入込もうと訴える。9 頁の印刷物。冒頭「多くの被害者にとって加害者が刑罰を科されることは、人生を生きることを可能にさせる。他の被害者にとっては刑罰手続は十分なものとして受けとらない。犯罪の被害者の傷、ストレス、不安を科す裁判手続を開く必要があるのに、被害者がそれを相手の犯罪加害者が真心を開く言葉にできないことでイライラを感じ

間の安全保障への日本法曹の貢献の可能性。ルワンダ・ケースの紹介があり、この民族和解プロジェクトは、左欄、1976 USA、刑務所共同の設立立を参照

2013 坂上香ドキュメンタリーフィルム「TALK BACK：沈黙を破る女たち」完成。受刑者劇団がサンフランシスコの女性刑務所で誕生し、劇団員が出所して身分が完全に受刑者となり、世間に出た彼女らは AIDS 陽性者たちが共なる劇団活動を通して声を上げ「恥（屈辱）と孤立」の抑圧を繰り返して新しい人生の生き方を探求する。団員の一人は、立ち直りのため心理療法、薬の調剤に頼らず、思うな境に賭けたと言う［彼女たちは刑罰では何一つ問題は解決しないと主張する。思うな活動の中に加害者被害者が気づきを生むから、活動の過程でお互いに被害者・加害者性に気づきを和解、メディエーション、カンファレンスなどの気運が生まれるのではないか（インパクトパネルの実践例になり得る）］

2014 アジ研（UNAFEI）第 156 回国際高官セミナー「被害者保護と修復的司法の取組」客員専門家に、B. スティールス、B. モーイー、G. キリセトッフ。日本人の外部講師は、柴田恵、池田晃子、斎藤智子、飛鳥井望、野口元郎の 5 人。刑事司法の各段階における被害者保護及び修復的司法の現状と課題を検討する

2014 宅、清水監訳、心的外傷後成長ハンドブック：耐え難い体験が人の心にもたらすもの、2006 Calhaun & Tedeschi（eds）の翻訳である

北米・英・オセアニアを中心とする諸外国	日本国
ている」という段落から始まる。[刑罰が区切りとなるかは安易には言えない。ここでは赦免を待っている被害者よりも、ニュースが示されたりイライラしている被害者像が示されている。不満感は RJ の対面対話で解消されるという布石であろうが、加害者が何らかの判決決定感は示されていない] 2013 UK 成人に対する修復的司法を制度化する。根拠法は Crime and Courts Act 2013, CCA2013, Schedule16, Part 2, Defering the Sentence to Allow for Restorative Justice. 成人被疑者被告人に修復的活動を行わせるため判決決定を猶予する [英米オセアニアでは有罪と量刑は別のステージ] 2013 電子出版 [Restorative Justice] No. 1, Hart Publishing. It aims to gather and present in a systematised way the fruits of academic research as well as practice and policy related information on RJ worldwide.	

注1. 人名に対しては敬称を省略した
2. RJ は Restorative Justice の略語であり、今では修復的司法または修復的正義という訳語が一般的である
3. 年代史は縢村と西村の共同作業の作品であり、その際、原典・原著論文、関係者からの情報・証言を多数収集した
4. 諸外国の項目抽出は主として Van Ness & Strong（2010）Restoring Justice, fourth edition によった
5. 本年代史は RJ に関する参考文献をリストアップしたものではない。筆者の裁量で被害者学関連の事項も若干掲載した
6. [ ] は筆者の解釈、評価を示す。表2は事項毎に筆者の所見や評価を付した。表1は説明や所見を省き、事項のみの超簡単な表である

表 3　修復的正義の年代史：濃縮史

(作成：西村春夫，協力：樫村志郎)

北米・英・オセアニアを中心とする諸外国	日本国
1955　H. Schrey, H, Walz and W. Whitehouse, The Biblical Doctrine of Justice and Law。本書は，1950年ドイツ・トライザにおいて世界教会協議会 (WCC)*が開かれ本書の表題の如きが議論された成果であろう。本書で RJ なる語を用いて論じる箇所があり (本書182-3頁)，Van Ness & Strong (2010) は RJ なる語句を初めて登場した文献とした (Restoring Justice, 4版, 22頁参照)。RJ が使われた文脈→日本国1963年の訳書の頁を参照。 ＊今でも社会正義，環境問題に積極的に発言している。日本キリスト教協議会は WCC のメンバーである。	1963　H. Schrey et al. (1955) の訳書*は，西田進，戸村政博「聖書における法と正義」日本基督教団出版部。訳書の題が原著と異なり "法と正義" となっているのは，訳者を含む日本人の精神的構造として法という宇宙的原理を先に置いたのであろう。訳者あとがきによれば，本訳書は彼らが北海教区の職域伝道部*に席をともにした時代の記念品である。訳書235頁において，配分的正義，等価交換的 (commutative) 正義，応報的正義を述べ，最後に回復的正義 (RJ の訳語とした) を主張。この正義こそが現在の法のなしえないところ
1957　Sykes G. and D. Matza : Techniques of Neutralization : A Theory of Delinquency. ASR 22. Matza (1964) と共に犯罪の正当化，自己防衛の心理的基礎を成す。RJ の対話がこれを打破し自己の再発見に資するか	
1958　A. Eglash, **矯正の心理学者で，刑事司法の正義論の見地から非行少年の処遇につき刑罰への代替策としてだけでなく，心理治療的処遇への転換をも主張。この年「Creative Restitution」と題するいくつかの論文を発表。そもそも刑事司法に潜在し非人間性と非有効性を指摘して，1950年代にアルコール依存者治療共同体 (AA) の12ステップの企画に参加しての経験からのcreative restitution を構想した。restitution つまり単なる原状回復を排し，creative を冠することで，それは1) 建設的営みであり，2) 生涯続く創造的営みであり，3) 被害者の求めに応じる加害少年の自己決定的行動であり，4) 共同体的であるとした。刑事司法の文脈で Restorative Justice なる語を初めて使用したと言われる。彼の creative restitution の発想は RJ の基礎を形作ったと認められる	
ーーーーー	
1960年代　USA 東部地方の地方検事が軽微な犯罪事件にコミュニティ調停を開始。ただしコミュニティ調停やコミュニティ司法と名乗る企画には修復的実践の過程に対して検察官や裁判官の権威主義的介入が強すぎて国家刑罰司法の転換と言うにはほど遠いものもあった由	
ーーーーー	
1966　M. アンセル : La défense sociale nouvelle, 2版, 吉川経夫「新邦訳は1968	

北米・英・オセアニアを中心とする諸外国	日本国
社会防衛論。伝統的な応報的、保安処分的な用罰観、人道主義的刑事政策を主張。犯罪者の人格の尊厳を社会から防衛することが「新」の木旨である。1977年に被害者に対する国家補償が制度化され、翌年に新社会防衛論み被害者的強化が補充された（この項は水谷規男、中野正剛、イヴ・ジャンソロをベースに記述した）	をなすことができ、全人類が悩み、最番の人間的正義が絶えず不正義に変えるところの根源的傷、すなわち罪の傷をいやし、罪に打ち勝つ積極的力を持たせると言う
1969 USA T. Hirschi: Causes of Delinquency (bond version of social control), Braithwaite の再統合の恥づけ理論とは別に、この社会的統制理論は RJ の理論的基礎の一つを成す。ハーシーは非行に到る要因に到らない要因を追究する（裏を返せば非行に到る要因の追究でもある）。4種類の社会的ボンド（結び着き、絆）を挙げる、attachment（愛着、傾斜）、commitment（関与、係わり）、involvement（忙殺、没頭）、belief（信用、社会の信条体系の共有感覚）。[ハーシーの非行理論（実は非行化を食い止める理論）が RJ の基礎理論となる理由、RJ は当事者間の関係いかんを食とするのに対し、ハーシーは対自分関係、対隣人関係上、対社会関係上の結びつきの強化を訴えるなど、関係性を焦点にするからである]	**訳書が見出される経緯：樫村志郎が原書の国内での存在を知るため神戸大学図書館を起点に所蔵検索し、原書の存在を見出し、同時に翻訳書の存在もヒットした。訳書はアメリカアマゾンで、原書は「日本の古本屋」のウェブサイトで運よく購入できた。 **職域伝道とは教会の外、職場などでの聖書研究会や短い礼拝などでも参加者を増やす伝道方法。町の集会室を借りて行うこともある。
1970 J. Griffiths: Ideology in Criminal Procedure or A Third 'Model' of Criminal Process. Packer の戦闘モデルを批判し家族モデル（中身は修復的正義と言える）を提唱	
1971 オハイオ州 Columbus 市で The Night Prosecutor Mediation Program が始まる。この国で初の大きなプログラムである。これは市の弁護主、Capital 大学の教授などが共同して作った対人関係上の刑事事案外で解決する方式で、J. W. Palmer によれば逮捕前のダイバーションとして設定されている。調停は聴取方式（hearing）で行われる。被害者、加害者、友人、近隣住民、関係者が聴取の求めに応じて集まる。Capital 大学法科大学院の学生が市の検察官の監督の下で座長となって聴き取りを行う。聴問事件の執行は被害者との「人間的な出会い」の考え方を基礎に当事者間のコミュニケーションの道を再開することに資する。[説明記事のなかでは RJ という語句が使われていないことに要注意。次の1974年のエルマイラケースとの相景について考察が必要であろう]	
1974 カナダ、オンタリオ州ウォータールー地域、キッチナーの裁判所、エル	

マイラ＊居住の少年に対する裁判においてメノナイト派の保護観察官・ボランティアワーカー（M. Yantzi and D. Worth）が加害少年（週末の夜に酔っての器物損壊行動）を被害者宅に連れて行き償還して弁償をするよう提案し、議論の末、裁判官は最終的にこの提案を認め、刑罰に代えてこの提案の実施を終局処分として裁決した（ダイヴァージョン）。ある被害者は快く受け入れを門前払いしたが、別の被害者は家に招じ入れ謝罪、弁償を優しく受け入れた。カナダの世界初のVictim Offender Mediation（VOM）であり、エルマイラケースはRJの世界で先ず記憶に留められる事案となった。その後、警察は青少年犯罪者に焦点を当ててFGCに係わったが、コミュニティ司法ホーラムと呼ぶ及成人もモデルも地域社会に存在した。これらサークルはYantzi＊＊らの指導よろしく、RJ的実践は地域社会に基づいている。量刑前サークル、癒し的サークルは先住民の文化を力強く再建しようという政治的思想と連結している。カナダの刑事司法システムは基本的に対審構造である

その後ウォーター・地域での対面調停と償い自体に意義を見出したのであって、RJの先駆者と意義づけたのは後世の学者である。現今のRJにおいては reconciliationの話は殆ど使われておらず、歴史的に価値ある話になりつつある。＊ キッチナーの北数マイルにある町、キッチナーのヨーロッパ・カナダ文化の支配に抗して先住民のヨーロッパ・カナダ文化の支配に抗して先住民（1998カナダも見よ）現今のヨーロッパ・カナダ文化の支配に抗して先住民る（1998カナダも見よ）現今のヨーロッパ・カナダ文化の支配に抗して先住民導、家庭内暴力、高齢者虐待ケースに広くRJを適用するべく発展していその後ウォーカー地域では80、90年代には発展した。高校の生徒指

[彼らは裁判手続での対面調停と償い自体に意義を見出したのであって、RJの先駆者と意義づけたのは後世の学者である。現今のRJにおいては reconciliationの話は殆ど使われておらず、歴史的に価値ある話になりつつある。＊ キッチナーの北数マイルにある町、キッチナーのドイツ系移民が入植した地帯、メーノルショップの特産地元はメノナイトのドイツ系の多く入植した地帯、メーノルショップの特産地で有名である]

[警察が修復的介入を大をするための根拠法案として1984年にYoung Offenders Act が制定され、量刑段階では1996年に刑事法が改正された。裁判官はRJ、被害者への弁償、被害者・加害者和解パネル、量刑合一サークル、加害者支援サークルなど自由刑以外の選択肢が可能となり、被害者と加害者の情緒的ニーズにも対応している。1998年現在、カナダ全土には200修復的司法の活動団体がある]

Van Ness & Strong 4版（2010）によると、今までRJを発展させる三つの中核的修復プログラムは、①カナダのVORP、②アメリカの刑事司法制度のなかでのメディエーション・ダイヤローグ（1991）の被害者受刑者の癒しの対面対話、③ノルウェー（1981）の被害者加害者和解プログラムであると言う。

1974 A. Plack 応報と抑圧を他ならぬ、国の刑罰を廃止し、被害者・遺族への弁償、被害者のケア、答責的な治療に代えることを主張＊ この項から、
1974 H. Bianci（英語名は Bianchi）、1976 Cantor, 1977 Christie, 1977 Barnett
の記述の多くは吉田敏雄「法的平和の恢復」成文堂、2005年、第三章修復思

北米・英・オセアニアを中心とする諸外国	日本国
想の現代の先駆者（57頁以下）の引用による	1975 西村春夫 第38講 被害者、社会的寛容の必要、加害者と被害者間の両当事者間の人間的共感について述べるが、両当事者間の司法、修復的司法への疑義、応報の必要の如きは触れられず
1974 H. Bianci 聖書に基礎を置き「ツエデカ・モデル」を提唱。それは刑罰と応報の廃止。犯罪者と被害者を引き離すことなく、「何かを見たす」、「関係の真実の確認」、「人間の不安からの解放」を意味する。引用した原典はドイツ語版なので、当面は吉田敏雄（2005）：法治平和の修復文堂、pp. 71-75	
1976 カナダ、ウォーターループ地域、キッチナー*で、上記［エルマイラケース］を担当した保護観察所の職員を中心にしてVORPを計画的に推進するために［コミュニティ正義のためのNPO］を結成した。D. Peachey (1989) によると、VORPと裁判所は良い関係で発展したわけではない。［筆者は2回訪問した。*元々はメノナイトのドイツ系移民が入植した町、近代文明機器の使用を拒否し昔ながらの自然密着型の生活をしている。秋のオクトーバーフェストは有名である］	
1976 USA、刑務所共同の設立（Prison Fellowship International）。その後世界各地で同種の組織が設立され、Internationalを名乗ることになった。キリスト教徒のボランティアが集まって受刑者とその家族のために結成。近時は被害者支援にも企画を拡大。この組織の活動の一つとしてSycamore Tree Project（イチジクの木企画）がある。ただし何年頃からか始まったかは不明。これは衝撃パネルという広義のRJで、刑務所の一室に直接関係のない複数の被害者が集まり（少人数規模）、調整役などの話題を進行させる。6-12週間のプログラムにて最後に自身の被害者に対する手紙を書かせるこのプロジェクトが実施されている。［日本の刑事施設ではだかりパネルの考えを取り入れた教育は、応報的懲役刑の壁が立ちはだかりパネルの考えを、人材、規模の面で全く未発達と言って筆者は考える］（1880 MADDの項参照）	
1976 USA、Murder Victims' Families for Reconciliation（MVFR）が、合衆国の死刑復活への抗議として殺人被害者遺族により誕生。1987年に全米的組織となる。死刑執行に立ち会っても苦悩は消せず生きる目的を喪失。これが1993年に「Journey of Hope…暴力から癒し」行進を企画実施の動機となる。被害者遺族と死刑因家族が共に旅をし、死刑廃止、和解を語り合い、「体験を有する。NVCANが推進している「善人をまわり悪人をと悪いという二極構造化する発想は社会を加害者と被害者に二極化する危険を強く指摘しているのは有名である。右欄の坂上香（1999）を参照	

1977 N. Christie, Conflict as Property（British Journal of Criminology）を執筆。修復的司法の理念基本書。現代の刑事司法が介入して解決しようとするのは問題だとし、紛争の当事者（職業的法曹）が介入して解決しようとするのは問題だとし、紛争の当事者に還付するべきだと主張した。紛争を私事にするものだ、単なる先祖返りの発想だと批判される

1977 R. Barnett : Restitution : A New Paradigm of of Criminal Justice. 犯罪者への刑罰を被害者への純粋弁償によって置き換えるのが正義だとした自由至上主義者。検事の勤務から法学部教授に転じた後、犯罪行為の不法行為化、つまり民事化を主張。

1978 USA インディアナ州 Elkhart 郡でカナダ・キッチナーの VORP 方式を USA で初めて開設した。現在、Center for Community Justice と称し、RJ の原理に基づくプログラムを提供している。たとえば、コミュニティの安全強化、被害者に対する支援と補償プログラムの提供、犯罪者の社会復帰の援助、犯罪者と被害者コミュニティ三者間の和解の促進など。VORP と称するが、犯罪者と被害者への援助活動が並行して行われる企画に注目

1978 USA The National Organization of Parents Of Murdered Children（POMC、子を殺人で失った親の自助組織）の設立。Zehr : Chnging Lenses の第 2 章（邦訳 38 頁）原注（1）、（2）に POMC の好意的記述あり。被害者に対する友人の反応を 4 つに類型化している点を引用。この団体の活動の一つとして、殺人犯受刑者の早期仮釈放の阻止プログラム（PBP）が注目される。これは現行の仮釈放手続に対する被害者の意志的物言い（怒りや幻滅を含む）を通して、愛する子供の殺人事件で不正義を再均衡化するための正義の物言いだとしている。PBP を提案する被害者の心情はさすがとされるが、これからの時代に適うものかどうか

1980 USA、飲酒運転に反対する母の会（MADD）の設立。これは被害者衝撃パネル、被害者加害者パネル、あるいは単にインパクト・パネルとも称される最広義の RJ 方式を実践する組織。対象加害者は裁判官や保護観察官にパネルへの出席を命令される。一般的被害者（遺族）が自己の被害心境を酒酔運転の有罪者に鮮烈にして穏便に話す。被害者は MADD や被害者支援センターから慎重に選ばれ派遣される。60 から 90 分、話をする。原則として静聴するだけであるが、被害者が同意すれば質疑応答や非公式会話がありえる。始まりは各地で母親が集まって自然発生的に会を作ったのだろうと推測される。［「静聴」するだけではパネルと言えるのではないのかという疑問が残る。日本の裁判・保護観察ではここまで制度化するべく議論が高まっていない。厳罰化一辺倒で、どだいインパクト・パネルの思想、人材、方法論は未開発

北米・英・オセアニアを中心とする諸外国	日本国
1980 USA H. Zehr, Mediating the Victim-Offender Conflict. No. 2 in the series New Perspectives on Crime and Justice. インディアナ州 Elkhart 郡には、Prisoner and Community Together (PACT) の一部門として VORP (Victim Offender Reconciliation Program) がある。これは訓練を受けたボランティアの介在により被害者と加害者が対面し事実の交換を果たし、弁償の合意に到ろうとするものである。本書はメノナイト中央委員会刑事司法部会からそのための説明書として刊行された 1980 Canada Kitchener Yantzi と Worth たちはメノナイト中央委員会の援助を受けて Community Mediation Sservice を設立した。日常的な紛争を刑事司法機関の枠外で解決するためのプログラムである。犯罪に対する VORP は民営化企画の一環として地域に存続する 1982 年に同じくメノナイト中央委員会の援助を受けて Victim Service が分離独立し、Yanti は VORP を去ってこちらに移る。同年に VORP を包括組織として Community Justice Initiatives が設立された 1981 ノルウェー the Mediation and Reconciliation に依拠して初発青少年に対して社会的サービスを一環とする「穏健な罰と犯罪予防手段」のためのダイバージョン企画が導入された 1983 コミュニティジャスティス計画協会が、メディエーションの手引きを刊行した。本手引きは、カナダのキチナーにおけるコミュニティメディエーションサービス (CMS) と被害者加害者和解計画 (VORP) を基礎に、概念的定義、ガイドライン、トレーニング教材を構成したものである 1984 A. Karmen Crime Victims : An Introduction to Victimology. 1st Edition. 最終章では被害者の権利の宣言、インフォーマル正義 (調停〈mediation〉と暴力的な自警〈vigilantism〉を参察。2010 Karmen を参照 1985 ニュージーランド 成人犯罪者を量刑するに際して刑事司法典は裁判所が賠償を命じるか、犯罪者による被害者への何らかの補償を重視するよう求める。公判前、あるいは量刑前の介入は公的裁量の形をとる。1996 年にはダイバージョンとしての 3 つの修復的企画が試験的に設定される 1985 H. Zehr : Retributive Justice, Restorative Justice. (No. 4 in the series New Perspectives on Crime and Justice)	1981 宮野彬「刑事裁判と住民メディエーションの導入（上）ジュリスト、No. 148, 65〜70、同（下）No. 149, 148〜153 頁。裁判によらないインフォーマルな解決、和解制度、都市裁判所計画を論じている 1984 宮澤浩一「犯罪被害者と人権」罪と罰 21 巻 4 号、40〜42、少年事件においてソシアル・ワーカーが仲介者となって加害者と被害者の和解を試み、和解ができたときは少年の手続をうち切るような刑事政策を示唆

応報（現行司法のこと）と修復の二つの司法のパラダイムが比較され前者は被害者のニーズをなおざりにし、被害者に対する加害者の責任を等閑視する。応報 (just deserts) から修復へのパラダイム転換を主張

1986 Wagatsuma, H. and A. Rosett, The Implications of Apology : Law and Culture in Japan and the United States, Law and Society Review, 461-98. Haley に先駈けて、日本には日常生活に謝罪と赦しの文化が底流している、私人の間の紛争にはもちろん、刑事司法の中にも浸透している。刑事司法に与えるインパクト、効用としては「謝罪ばかりで赦し（怒り、虚脱などもあり得るがここでの議論外）」が訴訟の件数を減らすのに寄与する。[その他、謝罪はいつく効用としては、謝罪によって公権力の検察官や裁判官の心証を良くしてもらい、罪を犯した責任を本人に強く意識させ、一層の自白を引き出すとされよう。被害者は悪い気がしないはずである。謝罪と応分の弁償の言葉の発信をする。それは誠意を見せれば）裁判はうまく行く。[私人の間で謝罪と応分の弁償の言葉の発信をする。それは謝罪と黙認の弁償をする、気軽に使われる慣行、それに応じて相手被害者は有意思ないし黙認の弁償の発信をする。それはそれで日常生活でスムーズに事は行く、国家が介入・構築している刑事司法制度では事情が大きく異なる。]

1988 N. Zeal. M. ジャケソンは報告書を政府に提出、「マオリ族は植民地になる前の修復的原理に戻り、彼らにふさわしい方法で紛争に対処することが、ゆされるべきだ」と勧告する。当然、白人がもたらした国家の応報的刑罰制度を棄てて祖先の修復的司法の伝統に立ち返るべきだ。反植民地闘争の一部であり、先住民の権利と文化への関心の復活だという思潮の反映

1988 カナダ、議会の常任委員会「Taking Responsibility」報告を公表する。VORP の全国拡大、カナダの刑罰法規を修正して被害者と地域社会に対する賠償を新たに加えることをを目指す

1989 ニュージーランド、青少年を対象として家族・集団カンファレンス (FGC) を制度化。その根拠となった立法は the Children, Young Persons and Their Families Act である。この法律では青少年犯罪者の司法とケアと保護を決定する

1989 J. Haley Confession, repentance and absolution, Wriht and Galaway Mediation and Criminal Justice 所収。日本の刑事司法は1）公式の路線と2）欧米に類を見ない非公式の第2路線から成る。この路線は第1路線と"同じ"専門実務家と、犯罪者、被害者が主役となる。自白（罪状の承認）、改悛の状（悔いもあり得る）、赦免・猶予処分（刑罰一途の公式路線から外されて罰を免ぜられ、微罪処分、起訴猶予、執行猶予となる）から成る。さらに、被害

1988 西村春夫、高橋良彰「高齢者の各種被害体験と被害化要因の分析」科警研報告防犯少年編、29巻1号、44〜。人の被害はニーズに対応しており法益侵害の刑法的概念をもってしては捉えられず、従って別途の対応を要する

北米・英・オセアニアを中心とする諸外国	日本国
者に教えを請うこと。権威当局の温情・憐憫に従うことがある。彼は他の産業化社会に比べ日本の犯罪率が減少傾向にある理由を、公正性にあるとする。彼はこの路線の第2の被害者加害者和解プログラム (VORP) と比較検討しても肯定的に理解しようとする (207頁)。「日本の刑事司法にはアメリカが取り入れる何かがある」という彼の疑問設定。そして第2路線から実現し得る目的に社会復帰を成就させ、それを社会的に受け入れられ政治的に実現しようとするならば注目に値する路線。[Haley のRJ 的観点からの日本刑事司法の弊害を是正しようとする先駆性において十分に評価される。Van Ness & Strong (2010) 4版でもこの論文を取り上げ、第1と第2路線を理論的に分析したのは独創的である（ただし出典無記入）。ところで、自白も改悛も第1路線でも重視されており第2路線固有のものではないのではないかが、改悛の情を担当する検察官や裁判官がいない）、釈予処分を受けたことそうでなかった者との差異について統計的、事例的研究が存在するか、など疑問の余地がある。二つの路線分析にあたり人権抑圧の視点を欠落させるなど偏った引用・参照文献過多もあろう。自白の誘導も "有罪" 推定、検察官の専断的配慮（"温情ある" 配慮と自認）、これで日本版 RJ だと誇りにするか、被告人の反省重視の裁判、有罪率 99% の裁判、慣行化した (形だけの) 謝罪の文化、被害者の敵しへの半強制（示談事例に見られる）が今や祖上に載せられていると思料する。] ―――――― Van Ness and Strong (2010, 4版) によれば 1974 年から 1800 年代末に世界的に見て VORP やメディエーション（調停）により司法が支えられ「修復的司法とは何か」新泉社 2003 年。成人には FGC。裁決サークルを始め多くの修復的プログラムのこの国への普及があった。 1990 Zehr: Changing Lenses。修復的司法の最初の理論的、実践的基本書となる。邦訳は 1995 年版により成さ来た「修復的司法とは何か」新泉社 2003 年。 1990 Germany 少年事件に対し起訴の代わりに和解プログラムが始まる。成人には遅く 1994 年に調停が始まる。それより前 1980 年代中頃から学者、ソーシャルワーカー、検察官が集まって実験的企画があった。	1990 藤本哲也「刑事政策あ・ら・かると」アメリカとカナダの被害者加害者和解計画 (VORP) を日本に初めて紹介した。被害者、加害者双方にとって VORP の果たす建設的役割を説く 1990 宮野彬「刑事和解と刑事仲裁」信山社出版。上記 1981 年のジュリスト論文を発展させたものであり、国民の司法参加と司法協力という視点からアメリカのコミュニティ・ミディエーションや刑事ダイバージョン手続、

1975（ママ）年カナダオンタリオ州キッチナーの刑事和解プログラム（VORP*）を紹介・論述している。こういう和解々仲裁では非ランティアが公正な第三者・中立な者として働くという意味で司法参加・協力の一形態である。N. クリスティの「資産としての紛争」の引用あり（165頁）。

*VORPでは犯罪者が被害者と顔を合わせ弁償金を支払うことは嫌われる（以下含めて164頁）。当事者たちは責任を持って行動できる人々と捉えられる（当初は無責任人間と見られていても）。犯罪は個人間の不均衡や関係を引き起こしており、話し合い、金銭支払、奉仕提供などに基づく解決は双方がお互いを同等の権利と責任を持つ主体として認められるようになっていく関係回復（不均衡から均衡への過程）と理解される（当初は相互に対し無関心、迷惑、恨み、憎悪、敵視、歪み、さげすみが来る）。宮野はカナダオンタリオ州発のVORPをいつかはみずから超えるほどのRJあるいは修復・回復司法なる語を使っている和解プログラムと称して164頁辺りN. クリスティの引用から終わらしい。

1991 田口守一「財産としての紛争」について、愛知学院大学法学論集、Christie: Conflict as Property の紹介的訳である

1992 宮澤浩一……「被害者学の現況、犯人の社会復帰を促す方策としてダイバージョンが提案されているが、それだけでは犯人の処遇に偏しており、縦の保護を試みること、被害者の話し合いを通じて犯人とを「被害者の贖いの気持ちを喚起すること」を通じて、被害者の痛みを考慮するべきである。全体としてのバランスを失しない刑事政策を提案。被害者学研究創刊号、なお当号では日本被害者学会第1回学術大会におけるシンポジウム記録を載せ、そのなかで宮澤氏は示唆、田口守一は刑訴の目的や被害者学会から法的平和に応ずる必要、刑訴にもシーガルの主体にあらず、森田洋司は加害者被害者という社会的に意味ある役割付与に至る相互作用過程（ラベリング）について発言

1991 ノルウェー、Municipal Mediation Boards Act が通過、地方自治体がメディエーション（調停）を開始。ノルウェーの調停は、1970年代におけるリスティーの論文「財産としての紛争」、2. 政府報告書「青少年犯罪と刑事司法システム」に刺激的な始まりの原点がある。1981年に初めて青少年に対して社会的サービスを一環とする「穏健な話と犯罪予防手段」のためのダイバージョンプロジェクトが導入された。法令はその他のMediation and Reconciliation と称され、被害者と加害青少年の合意形成、再犯の減少みられた。将来は判決の選択肢の一つとして調停の導入が構想されている。[ノルウェーはクリスティーの住んでいる国で、昔はナチドイツに支配されていた]

1991 Austl. New South Wales, Wagga Wagga（ワガワガ）で少年警察官が少年に警告処分を科すための前提として警察官がファッシュンレンスを開始。指導者はT. オコーネル。批判点は1. カンファレンス過程に警官が大きく介入していること、2. ネットワイドニングの恐れがあることである。ニュージーランドにおけるFGCプログラムそのアイデアを初めて実践に移したのである。当初のワガワガ企画は執筆中のBraithwaite（1989）が『Crime, Shame and Reintegration』を啓発されて実践してみたものである。1994年に一旦解消し、1996年にFGCを制定し再出発した。1997年までには全ての州で条例、カナダ発の上記VORPが宗教色が強いので脱宗教化した。

1991 USA テキサスの刑務所、両当事者の癒しに資するならば重大犯罪の被害者、遺族の要請により加害受刑者と直接対面対話することを容認。カナダ発の上記VORPが宗教色が強いので脱宗教化した。

1992 Haley「Victim-Offender Mediation: Japanese and American Comparisons」in Messmer, H. and H.-U. Otto (eds.), Restorative Justice on Trial: Pitfalls and Potentials of Victim-Offender Mediation pp. 105-130

1992 ノルウェー用刑事訴追の一つの代替としてMunicipal Mediation Boards のすべて度化。調停員は一般市民。Christie はノルウェーの Municipal Mediation Boards のすべてあると言われる。

1993 フランス、少年と成人事件に対し被害者・加害者調停が検察の下で始まる。実際の仕事は検察庁の認可を受けた被害者支援協会の調停ボランティアが行い、結果を検察官に報告する。1980年代中ばから試行あり

1993 USA「Journey of Hope」（被害者遺族）の発案から誕生（坂上 1999、76-82頁を参照。ビル・ピルケ（被害者遺族）が発案、ペレマ系）の発案から誕生。MVFRの会員。彼の祖母が主犯格の15歳の少女に殺され、法廷で検察の証人として死刑を主張。死刑判決後、宗教的体験を経て彼は彼女に手紙を書くに至り文通を続

北米・英・オセアニアを中心とする諸外国	日本国
け、死刑廃止の運動を組織し実現。Journey に発展	
1994 Ausll. のオコンネル (T. O'Connell) が USA ペンシルベニアを訪ねワガワガモデルの FGC（起源はニュージーランドの FGC だが、その変型。1974年開始のメンバートの VORP と異なる形の RJ）を講演会で伝授。リアルジャスティスのワグナルは驚き (epiphany) を以てこれを聞き、以後 IIRP を設立するなど北アメリカで修復的カンファレンスを推進する基となる。裁判の他に被害者、加害者、地域社会にとって真のジャスティス（リアルジャスティス）が必要だとワグナルは確信するに至る	1994 J. Braithwaite Resolving Crime in the Community: Restorative Justice Reforms in New Zealand and Australia. 名古屋矯正管区講演レジュメ
1994 Bazemore and Umbreit が 21 世紀の少年司法の国家戦略として Balanced and Restorative Justice Project (BARJP) を刊行。合衆国の連邦少年司法非行防止局は BARJ プロジェクトと称する、RJ 普及のためのトレーニングと技術的援助に資金的補助を開始	
1994 USA バージニア州で初めて被害者遺族の死刑執行の立会いを許可、デキサス州は 1996 年に許可、鮎田実調べ。被害者の権利としての当然、無意味な満足感、野蛮なことだなど賛否あり。立会いそのものは 80 年代から実施されたようだが、詳細不明	
1994 J. Burnside and N. Baker「Relational Justice」。この書では近代西洋文化により悪く汚染される刑事司法への対抗策として関係正義を唱道し、メディエーション、FGC を高く評価する	
1994 H. Bianchi: Justice as Sanctuary: Toward a New System of Crime Control. RJ 的紛争解決の理念に基づく非懲罰的・非抑圧的犯罪統制システムの可能性を提起。ビランキについては吉田敏雄：法的平和の恢復、71-75 頁を参照	1995 吉田敏雄、「法的平和の恢復」行為者―被害者―仲介・和解の視座 (1)、北海学園大学 法学研究、30 巻 1 号。2002 年、37 巻 3 号以降の法的平和の恢復では、restoration の訳語について、それが用法全体の指導理念を意味する場合は「恢復」を用い、刑罰と対照的な反作用を意味する場合は「修復」を使った由
1995 ニュージーランド、成人に対して 3 つのコミュニティ・カンファレンスを試験実施、2005 年までに 19 のカンファレンスプログラムが誕生した	
1995 M. Young, Restorative Community Justice: A Call to Action, NOVA。地域における多機関連携的修復的司法の提案として価値がある。ただし当時学校は視野の内になかった	
1995 J. Haley、「Victim-Offender Mediation: Lessons from the Japanese Experience」Mediation Quarterly Vol. 12, no. 3. 1989 の論文で明かした、自白、改悛の状、赦免、猶予処分という日本的な第 2 路線は社会的逸脱行動の是正にはなかせないとの趣旨を承けて欧米系のメディエーションは第 2 路線をもっと見習うべきだし、メディエーションが被害者支援以上のものになり得るとしたら再統合プログラムへの拡大は何処の地域社会でも大切だと主張、236-242 頁	

では「修復的司法：日本のモデル」を論じている。日本の警察官、検察官、裁判官による公式の権力的裁量は日本のRJの成功に必要不可欠だし、個別の加害者に対する寛大な扱いのためにこの種の裁量が無ければ日本の法秩序が権力な刑事法規だけに縛られる形式的平等に陥ると言う。「なぜ」という一連の主張になるのか理解に苦しむ。猶予処分とはいえ刑罰の一種である。権力が"慈悲"的にしても専断的に介入するのがRJは果たしてRJと言えるのか、どうか。また加害者の身元引受、被害者の赦し、日常見られる紛争の私的仲裁人、家族や地域社会の作成…などの諸要素は寛大な処分の背景をなす。さらに保護司が配置されている地域社会は依然生きていると言う。

[Haleyの理論と英米のRJの概念づけは疑問を孕む。彼の示す日本国刑事司法の理論前面と英米のメディエーションの実態論とを対応させるのは無理というものであるか。H. ゼアはHaley (1989) とHaley (1995) の論文を過大に取り上げ紹介している。(邦訳修復的司法とは何か、新泉社、2013、219-22) と思われる。しかし、Haleyに触発されたゼアの終りのメッセージは（邦訳222-3）、Haleyの過大な期待を戒めるなど示唆に富む。]

1995 Austral. キャンベラにおいて再統合の恥づけ実験 (RISE) という調査研究が始まる。Braithwaite の再統合の恥づけ理論に依拠しオーストラリア国立大学、RJセンターが行った。無作為指定の手法でRJとカンファレンスの有効性と標準の裁判手続と比較分析する。根拠に基づく刑事政策の可能性を探究する実験犯罪学と解される。1999年に終了し、2011年に「Experiments in restorative policing : Final Repor on the Canberra Reintegrative Shaming」という最終報告書が出る

1996 Yazzie, R. and J. Zion : Navaho Restorative Justice : The Law of Euality and Justice. Galaway and Hudson (eds) Restorative Justice : International Perspectives. pp. 157-73 所収

1996 Griffiths, C. T. and R. Hamilton : Restorative Justice : Sanctioning and Healing in Canadian Aboriginal Communities. Galaway and Hudson (eds) Restorative Justice : International Perspectives. pp. 175-92 所収

1996 J. Braithwaite : Restorative Justice and a Better Future. in Dalhouse Review 76: 1, pp. 9-32

1996 USA インディアナポリスにおいて「コミュニティに正義を戻す」… インディアナポリス少年司法実験」がスタート、1999年までの3カ年研究。分析は McGarrell, E. F. et al., (2000) Returning Justice to the Community. Hudson Institute. 紹介は染田惠 (2002) 修復的司法の基礎的概念の再検討及び修復的司法プログラムの実効性と実務的可能性。犯罪と修復：西村古稀

1996「営事浩一代表、「犯罪被害者の研究」犯罪被害者研究」の実証的調査研究。刑事司法の専門実務家に対して今後優先すべき被害者政策を3個まで選択させた（問17、付問1）。質問票を作成した当時、RJは研究チームの共通課題ではなかったのでRJなる語句は使用しなかった。しても、調査対象の多くの実務家はRJを理解しなかったろう。RJと繋がる語句としては、加害者との和解、示談のバックアップ、事件や加害者についての情報提供などで、これらに対する「重視する」項目、高かったのはプライバシーの確保、VISを想定した項目、極めて低く、加害者被害者の支援、精神的回復の支援、金銭的支援、精神的回復の支援、加害者の弁償、金銭的支援（問16）で、加害者被害者の「強くそう思う」%は極めて低く、また、法の目的を聞いた質問（問17、付問を参照）。1977 Christie : Conflict as Property などを背景に、これからの犯罪被害者に関する国のあるべき施策（問17）について、被害者と犯罪者の両者を尊重する施策に対する「非常に賛成」%は低いことともよく

北米・英・オセアニアを中心とする諸外国	日本国
祝賀, pp. 282-284 敬文堂	
1996 南ア「すべての人権が共に生きる」というマンデラ大統領の提唱で真実和解委員会 (TRC) を設置。ツツ大司教が委員長となる。日く「過去に目を閉ざせば同じことの繰り返しです過去の真実（アパルトヘイト時代の白人政権の秘密警察が行った拷問、殺戮）を見つめなければなりません。その時初めて新しい社会を作ることが出来るのです」。マンデラ曰く「相手への複雑な感情と苦しみを呼び起こす。それを引き替えに処罰ではなく彼らの中に入れられるのは被害者にとって受け入れがたい哲学的な問題だ」。ただしTRCが当初の意図通りに被害者の清算と対立的国民の和解を達成できたかの問題ではなく、活動過程のなかで見出した様々な政治的、社会的課題を非暴力的に追求する姿勢が大切であろう	符合する。なお、被害者各人の認識する損害の範囲については、1988 西村・高橋を参照のこと
	1990 年代中頃　被疑者被告人弁護士が被害者の気持ちを汲んで弁護活動開始（毛利正道先言、被疑者被告人と被害者（遺族）の間にあって両者の意思疎通の促進などのRJを言えないが、全面的RJを言えないが、従来型示談に挑戦する
1997 USA、デラウェア州 Kim Book、娘さんの刺殺事件のあと 2 年を経て刑務所でボランティアとして受刑者との「被害者感受性企画」に参加の機会を得る。1998、軽度の犯罪に対する調停の実践を試験 (VVH, 被害者傾聴会）を設立。以後は 2002 VVH を見る	1997 高橋貞也、「修復的司法アオテアロアの少年司法＝ニュージーランドから世界に学ぶ贈り物」中山研一古稀祝賀論文集、成文堂「修復的司法」という日本語の初出と思われる。我が国では大きな反響。「安全な社会の実現のためには厳しく、確実な処罰を」という政治的キャンペーンに煽られて厳罰的な司法を支持し、政治・法律的には修復的司法はあまり顧慮されておらず紹介されていないと言う
1997 USA McCold, Restorative Justice: An Annotated Bibliography を編集した。その i 頁で、I. Zehr (1990) の Changing Lenses はオンタリオの Kitchener やインディアナ州の Elkhart の裁判所の実務加害者調停で起こった事をただ記述するのにRJなる概念を使ってのRJは法に広まるとなったもの。2. 判外紛争解決の様々な実践は、応答、抑止、能力剥奪、社会復帰などの刑罰理論ではよく説明出来ず、Zehr の RJ アイデアでこそ記述可能。3. 上記用罰理論は被害者や地域社会に明確な役割を与えるのに十分ではなく、癒しや地域社会の再建が驚異的成功を実現されることをうまく説明出来ないだろう	1997 朝日新報、103 巻 3、4 号、修復的正義の請求額が法条に従い判例・検討されているが、それらの中心と主題としての修復的原理の観点が示されていない。修復的司法ないし法律的・法律・法律的には修復的グループ協議会の訳語が見出されないか、Family Group Conference に家族グループ協議会の訳語がみられている
	1997 慶本新報「ノルウェーでは、紛争処理委員会 (Conflict Resolution Board) の設立の試みが 1983 年からなされており、この考えは、アメリカの近隣ジャスティスセンター (Neighborhood Justice Center) や紛争処理センター (Conflict Resolution Center) の影響があるものと言う
1998 UK、初犯の全犯罪少年を修復の手続に回すことを法的に制度化する。その法律とは Crime and Disorder Act と 1999 Youth Justice and Criminal Evidence Act である	1998 高原勝哉、岡山仲裁センター（1997 に民事の ADR として発足）ADR の特性を生かし、犯罪被害者のニーズ充足を本旨にした修復的実践を開始。2009 年までの 12 年間に扱った件数は 37 件である（日本連、自由と正義、2010 年 9 月）。ただし 2013 年に被害者サポートセンターと改称するが［被害者サポートの前にダイバージョンとしてでなく行われ、その成功・不成
1998 デンマーク Crime Prevention Council が司法者の示唆により調停を試験的に開始。公判の前にダイバージョンとしてでなく行われ、その成功・不成	サポートの方が政府の補助金を受けるものとなり被害者は補助金を得やすい出。］

1998 西村春夫、研究休暇を得て早大法学研究科に国内留学した際、テーマは「補償司法」について〔2013 国連幸福度調査で世界1位（日本は43位）とされた社会福祉国家で、共生と連帯の精神が根付き、社会的弱者を助ける民意が確立している（千葉忠夫談日経2014/01/07）〕
1998 カナダ Kitchener を含む Waterloo 地域で A Healing Approach to Elder Abuse Project これより前、M. Yantzi は、この地域に1972年に創設された CJI (Community Justice Initiatives) の理事に1978年級任した。1974年の少年犯罪に RJ を初めて適用した Yantzi などのスタッフは学校の生徒指導、家庭内暴力、高齢者虐待などにも広く RJ 的手法を用いる NPO の開設を積極的に後押ししてきた
1998 Tedeschi & Park (eds)：Posttraumatic Growth：Positive Changes in the Aftermath of Crisis. PTSD と並行して PTG と称される。過酷な体験（犯罪の被害加害を含む）を経ても人は精神的に成長していくことに注目する精神医学的臨床心理学的理論と実践。理念的に RJ とは共通点

功を裁判官が判決にあたり配慮する。その前、1995年に以上に試みが小規模で始められる

1998 西村春夫、研究休暇を得て早大法学研究科に国内留学した際、テーマは「補償司法」について：被害者等における損害回復と刑罰との対比」—マの中に修復的司法という語は用いられず、当時早大図書館に所蔵されていた RJ の本は1冊のみであった〕
1999 杉浦ひとみ弁護士、窃盗事件で保護観察の段階にある少年を親との繋を強く説得して被害者と直接対面させての謝罪と償い。従来型の示談での反省の機会を与えたない被害者の実情、被害者の思いを加害少年に伝え真の反省の機会を与えたいという趣旨
1999 坂上香「癒しと和解への旅：犯罪被害者と死刑囚の家族たち」岩波書店。アミティ、MVFR（和解のための殺人被害者遺族の会）、死刑、死刑囚の家族（敵にすることはしない）対応などを論じる。MVFR は、死刑で死んだ者の家族と共に死刑囚たちが、復讐心から抜け出すためのより心の苦悩を抜け出すためた死刑廃止を訴える団体。両遺族は敵対を超えて友人になれる。特にプロローグ、新しい被害者運動を参照。被害者遺族の死刑執行の立会い記事はないか。日本国には死刑囚の家族と被害者遺族がつなぐ、語り合う社会運動はないか。死刑廃止に向けての議論を将来を見据えて建設的に行うために死刑執行の立会い、官の関係当事者の証言を含めるなど、幅広い情報開示が前提になる。左欄の1976 MVFR を参照
1999 西村春夫「環境犯罪学—原因理解から状況理解への思考転換—」用法雑誌. 38巻3号. 88-100. その最終頁. (9) として応報的正義に立つ刑罰アプローチを排し、関係修復的正義に立つ癒しと和解の新政策を提起
2000 指宿照夫、医療少年院院長としての決裁により少年（傷害致死事件の当事者）を三回忌に合わせて教官同道で被害者にお参りに行かせた。〔こういう事は当時制度化されていなかったしかもでもあろう〕

1999 Haley「Apology and Pardon: Learning from Japan」in Etzioni (ed.) Civic Repentance (Rowman & Litlefield), pp. 97-120. 吾妻洋と Rosett による謝罪と弁償に基づく日本の文化や刑事司法の実態分析を評価

2000 USA レッドフック地域司法センター設立。警察、裁判所、保護確保部門が同居しての一貫した処遇（縦割り行政の是正策。修復的実践、治療的法学、問題解決型法廷、社会資源の総合的再投入など新味を盛込。スラム地域に立

北米・英・オセアニアを中心とする諸外国		日本国
地した刑事司法の one-stop office 化の試みであり、司法の脱中央集権化を排した地域密着警察化を目指す。犯罪多発地発・地域からの排除に集中せず「居residents住民の駆け込み寺」としての機能を持たせる。被害者を含む地域住民と加害者との対話集会をも行う。最近日本国で講論されている犯罪者の社会貢献（奉仕）活動なる類似は捜査官一方向に科され、犯罪者には罰として認知としてしか住民の社会には活着かれた修復の種は発芽しない（筆者の所感）。犯罪発生は賽しく低下した例が染田恵、成芽して、日本の地域土壌にうまく潜かれた修復の種は発芽しない（筆者の所感）。犯罪発生は賽しく低下した例が染田恵、成芽して、第12章の4、社会的不公正是正のための修復的司法—地域に根ざした司法（3）地域に根ざした司法の欧米における具体的実践、細井他編「修復的司法の今日・明日」pp. 276-91。染田論文ではあまり北リズベール地域センター、オーストラリアビクトリア州の近隣司法センターが紹介されている。	2000	児玉勇二弁護士による暴行傷害致死事に関連する損害賠償の民事訴訟において、和解にあたり2度の（一度目は失敗）修復的カンファレンスを駆け込み寺として試みる。（仮に春のビデオに倣って）初めて刑事司法の世界において被害者と加害者を分断するのは好ましくないと主張
	2000	第1回RJ研究会を早稲田大学にて開催。報告者、西村春夫「修復復正義について」、宮崎哲生［Weitekamp/Walgrave (eds.), The History of Restorative Justice, in Bazemore/Walgrave (eds.), Restorative Juvenile Justice: Repairing the Harm of Youth Crime］
	2000	佐伯仁志「アメリカ少年司法制度の新しい動き—均衡のとれた修復的正義のアプローチ」、大正大学カウンセリング研究所紀要。「均衡のとれた修復的司法（BARJ）」とは Baranced And Restorative Justice (BARJ) を指す
	2000	片山徒有少年院を訪問して少年との対話的講演を開始。自己の被害者感情を披瀝する少年にも留まらず、少年の立ち直りを共に語る（インパクトトラベルの類）。「何かが加わったら連絡を」と告げている由［被害者視点を取り入れた教育ではスピーカーにとどまっていないと思う］
2000	2000	染田恵の調査によると、この時期にマスコミに修復的司法という言葉が登場し始める。西部読売新聞に「アメリカ少年司法の新しい制度のとれた修復的司法 「バス乗っ取り事件」について報道を参照。また朝日新聞論壇に山田由紀子弁護士が「加害少年と被害者側の対話を」を執筆
2000 A. Morrisのノートによると、ニュージーランドはRJの有効性について、オーストラリア、ベルギー、カナダ、イングランド、オランダ、USAを対象にして比較評価研究を開始		
2000 ルワンダにおいて民族間のジェノサイドに対して Gacaca（ガチャチャ、伝統的）法廷を被害者と加害者との和解と国家の平和の構築のため義務づける		
2001 欧州連合、刑事手続における被害者の地位に関する枠組み決議を出す。そこでは刑事件に対してメディエーションを推進するように加盟各国を義務づける	2001	少年法の改正。審判では少年をして自己の非行について内省を促す。保護者に対する少年の監護の責任を自覚させ、訓戒、指導などの措置をとることができる。被害者に対しては記録の閲覧・購写の問題、意見陳述、決定理由の通知を受けることができるという権利が与えられた。
2001 UK D. Miers : An International Review of Restorative Justice. Home Office Policing and Reducing Crime Unit. ヨーロッパ13カ国、Austral. Can. New Zealand, USAを対象としてRJの開始年代、根拠法規、実施方法、現状分析、評価、将来像についての調査報告。まとめ的見としても1. RJの定義の統一化は難しい、2. RJ技法を活用する場としても7類型に共通する取り組みとしても、良い結果を出すためにb. 加害者は被害者に金銭、物品、奉仕などの具体的産物を提供する。本報告は純粋な裁判所命令の代替、RJなる語の使用は、他の相互作用関心がある。焦点はメディエーション、カンファレンシング、補償以上を意味する時の、RJなる語の使用は、他の相互作用	2001	井垣康弘、この改正の趣旨を生かして、審判を公開にくだった家裁調査官をして少年（保護者を含めて）に連絡させて謝罪、償いを済ませたか、どうかを分発する
	2001	小長井賀與、鳥取保護観察所の傷害致死事件の審判において加害少年と被害者を同席させて対話、謝罪、償いの初めての試行
	2001	大塚享一・山田由紀子等、被害者加害者対話の会運営センター（千葉対

2001 児玉勇二、杉浦ひとみ、毛利正道、池上健治犯罪被害者支援士ネットワークの第1回年次大会を開く。会の名称は被害者支援士ネットワーク間の相互理解・直接対話を進めることも理念としても持つ

2001 前野育三・高橋貞彦監訳「修復的司法──現代的な課題と実践」関西学院大学出版会。本書はコンセディーンとボーエンの Restorative Justice : Contemporary Themes and Practice を翻訳したものである

話の会」の設立

2002 高校生の愛息を犯罪で亡くした「少年犯罪被害者の会」の末氏は、事件後3年して少年院を訪れ始めた被害者の辛い心境を少年たちに語り、時に相手にも話をさせる。2004年頃から刑務所へも行き始める。筆者を代表とする科研費補助金で被害者インパクトパネルの実証研究を実施、その一環として2009年末氏に質問紙による回答を求め、また面接をして聞き取りをした。[少年院教育の実情を知りたい、事件の真実を知りたい、自分に起こったことを被害者の声を直に届けけ少年たちに深く考えさせれば、真の更生を少年に叶っていく未来に実体関係できることが自己の存在証明になるとも思っている。この点を継続的にケアして自己発達するように導く支援者がいなかったりが実情であるようだ]

2002 井垣康弘判事、神戸大学を辞し修復的司法の勉強会を始める。加害少年と被害者間のコミュニケーションを円滑にさせるよう修復的司法の可能性、福祉的司法と対比される司法としての「修復」からRJに修復的司法なる訳語を与えたのは文化的からそと

2002 高橋貞彦「修復的司法が刑事関係修復的司法」犯罪被害者との修復 : 西村古稀祝賀、pp. 291-302. 懲罰的司法、福祉的司法と対比される司法としての「修復」からRJに修復的司法と訳したのは文化的からそと

2002 小長井賀與 保護観察における日本型関係修復的正義の可能性、保護観察官が遺族宅に本人を同伴して謝罪し謝罪、被害者、3. 傷害を負わせて加害少年が参加しての話活動、示談、被害弁護、4. 出所後本人を遺族宅に行かせ、謝罪と焼香、5. 服役中の本人に変わって両親が遺族宅に行き供養料と墓参、遺族は本人からの謝罪の手紙を受け取り拒否、6. 仮出獄の本人に代わって保護観察官が遺族宅に行き謝罪と供養料を手渡す

2002 J. Braithwaite 米日、第13回日本被害学会にて「Philosophy of the Vic-

方式とその結果である。筆者の見解では実利的なRJが標準値であろう

2002 USA デラウェア州 Victims' Voices Heard-Severe Violence Dialogu Program を設立。このモデルは初めにテキサスの刑務所で Kim Book は RJ を Umbreit のクラスから学びメナイト大学で勉強しての NPO を立ち上げた。対面対話により被害者は人生計画に狂いが生じたことを加害者に告げ、犯罪について加害者と質疑応答し、加害者が責任を感じ、悔恨を表すのを得る。被害者は活力を得、加害者の刑務所内での生活を知り、犯罪後に起こった加害者の変容を感知することが出来るようになる。プログラムが成功すれば安全な環境のなかで癒しと回復が促進されよう。この会は被害者を受刑者とのダイヤローグを本旨とし、自らもRJの専門職集団だと性格づけている

2002 D. Johnson : The Japanese Way of Justice Prosecuting Crime in Japan. 日本の検察官に対する聞き取りと文献資料に当たる。210頁以下において日本の刑事司法はRJを実証していると主張する法学書を呈する。Johnson は RJの3つの基準 (RJは、1. 犯罪を単なる法違反、あるいは国家に対する罪以上のもの [生きる人間たちの諸関係の崩壊] とみなす 2. 刑事手続は犯罪の損害を償うことを手助けするもの [刑罰の科すではない] 3. 犯罪への応答に対する政府 [警察検察裁判所の意] 独占を排し、被害者加害者地域社会に社会復帰、損害賠償、損害回復にRJの理念に近くはあるが、基準に達していないと結論。犯罪事実の構築に関し検察官の絶大な権力的裁量権の行使がRJの中心的理念とは程遠いと言う [公判における自分から (検察官) の児罪立証に都合の良いように被害者、証人の供述、証言を専断的に (時には人間的に接すること含)、再編成することを意識していなかったいるかが達しない言外の日本語を駆使して聞き取り調査を行い、拘置所に出向いたやり出]。邦訳は大久保光也著「アメリカ人の見た日本の検察制度」2004年。

2002 H. Zehr The Little of Restorative Justice を執筆、その38-9頁で死刑事件において Defense-based Victim Outreach (DBVO、あるいは DIVO、DVO とも呼ばれている) の必要性を示唆している。被告人側の弁護団の中のある者が死刑事件での自己の役割に疑問を感じ、役割の再検討に乗り出した。確かに過

北米・英・オセアニアを中心とする諸外国	日本国
正式刑罰（死刑も含む）は正義の一要素には違いないが、正義とは被害者遺族の癒しの手助けを含むもっと広い概念（すなわち反刑罰としての RJ の萌芽）だという内省が背景にある。現行司法の大枠の中での DBVO 活動の結果、司法手続が若干修正され、被害者の癒しや被告人の責任を進展させる裁判外の可能性（plea agreements，一種の司法取引）が成立するなら大成功というこの合意は関係当事者の対面対話（RJ カンファレンス）の結果ではない。別の本（In the Shadow of Death : Restorative Justice and Death Row Families, 2006）によると，1981 年には公設弁護人 Dick Burr は死刑事件を専ら扱うようになり，1995 年のオクラホマの連邦政府ビルの爆破事件で弁護団の一員になった時被害者遺族の心的外傷の深刻さを知り，それを機に Burr は Zehr に教えを乞い，後に Zehr, Krause, Burr の 3 人が図って Victim Outreach Specialist（VOS）プログラムを立ち上げた。specialist は被害人側の弁護人のなかで中立的でない専門職，コーディネーター である。当時，多分 Burr のような刑罰一辺倒でない州でも他州においても動いていっただろうが詳細は定かでない。今では DBVO は検事と被害人側の弁護団の間に介在して双方に被害者遺族，被告人やその家族の情報を正しく伝えようとするゆえに RJ 実践家とみなされる（本文の 3．RJ の定義，概念内容の項参照）。被害者参加制度のある日本国にも現れて欲しい専門職である	tim Support」の題で講演する。東京大学では「修復的司法の思想」という題名で講演する（2006 修復的司法の総合的研究，風間書房に採録）
	2002 高橋則夫・西村春夫・吉岡一男・所一彦，刑法の目的と修復的司法の可能性。諸外国に比し最も遅れていた「刑事手続における被害者の地位は1）被害者の権利確立，2）修復的司法システムという 2 方向へ向かうと思われる。斯くして 5 人が修復的司法について各人の観点から報告した。用法雑誌, 第 41 巻, 第 2 号所収。2001 年の用法学会における第三分科会の報告と質疑を活字化したものである
	2003 西村春夫・細井洋子・髙橋則夫監訳　修復的司法とは何か――応報から関係修復へ，新泉社。H. ゼアの Changing Lenses, 1995 版の翻訳
	2003 髙橋則夫　修復的司法の探求 RJ 叢書の初巻として成文堂から刊行。理論，政策，国際会議などを論じる。以降現在まで 8 巻を刊行する
	東京の国連アジア極東犯罪防止研修所での第 123 回国際研修は「犯罪被害者の保護及び修復的司法アプローチをも課題に刑事司法過程への積極的関与」を課題に，山田由紀子弁護士は千葉に K. Kittayarak（タイ），K. Pranis（USA），P. Dunn（UK），S. Frey（ドイツ）を専門講師に招き実施。その時，山田由紀子弁護士は千葉に J. Braithwaite は RJ に関して以下を講義した…… Braithwaite は, The Evolution of Restoring Justice と, Restoring Justice : Theories and Worries の 2 つを講義する。ここに取り上げる 4 つの協働する理論は なぜ RJ が犯罪を減少させるかの説明を提供する

1．再統合の恥づけ理論　その中核的主張は，(1) 犯罪の容認は事態を悪くさせる，(2) 烙印，追放の恥づけは犯罪を悪化させる，恥じらいが重，(3) 再統合的恥づけは，加害者に対する人格的尊重の枠内での犯罪行為の否定，若恩の社会的家族に及ぶまず犯罪の結果についての話し合いはカンファレンスの進行なかっての恥を組み立て，加害者が社会的風習のなかに再統合を組み込み入れる。我々が分かって貰えるというのが社会的裁判官や新聞の恥ではなく，我々が敬意と信頼を持つ人々の積極的観点からの恥である［再統合とは人を社会に再び繋げていまる，RJ に参加する人々が正義は扱われていると感じることを意味する。再統合の恥づけのアイデアが正義は扱われていると感じることを意味する。再統合の恥づけのアイデアが不正さを恥じて悪かったことを伝達されることにある。敬意を表す方法は，公正さ

2．手続的正義の理論 RJ 手続が公正に扱うことを意味すること，RJ に参加する人々 |

あること、言い分をよく聴くこと、手続をコントロールするよう他者をカウンセリングすること、年齢性人種の偏見から自由であることである。刑事裁判のようにあらゆる権力濫用からの予防手段が公正だと想定するだけの理論的根拠を持つシスは加害者や被害者が公正だと想定するだけの理論的根拠を持つ。

3. 認知されない恥の感情の理論　恥は健全な人間が感事をしたなら誰でも身に感じる、異常ではない情動（感情）である。これらの情動は放置されれば他者を攻撃し自我を自我を攻撃したり社会関係を絶ったりするゆえに破壊的・犯罪的である［Burnside & Baker: Relational Justice を参照］。同時に恥は他者との関係の絆を取り戻そうと我々に働きかける活力をも内に秘める（RJ 実践における再統合の恥ラベリング）。刑事法廷では恥を書かける法的責任を個人の感情を支える言論理的として烙印とされる（緋文字の論争の例）。認知されない恥は暴力を招く。加害者は刑事裁判よりも修復的カンファレンスの場で適切に制御されるほうが良い。そこに修復的司法のメリットがある［この恥の感情理論は他の研究者の主張のようにもなる。情動のカンファレンスの場で適切に制御されるほうが良い。そこに修復的司法のメリットがある］

4. 反抗 (defiance) の理論　L. Sherman は3つの主張からなる、反抗の統合理論を作り上げる。

1) 制裁は将来的に法への反抗を惹起する
2) 制裁は将来的に法律違反を予防する
3) 制裁は将来的に法律違反と無関係である

ただし a. 加害者が制裁執行為を正当と見、b. 加害者が制裁機関やコミュニティに強い絆（結び着き）を持ち、c. 恥を受け入れ、コミュニティとの連帯を相変わらず誇らしく思う限りにおいてである。

RJ 手続は応報的司法より（この2）の a, b, c 3 条件を満たしそうであるから、RJ は再犯防止に有効であろう

2003「菅澤浩一 「巻頭言」、形式的な「同法的な解決」では事件の核心には触れる由もないとして被害者として犯罪者の立ち直りに自己の被害を精神的に応報する契機ともなるべき「社会的平和の回復、従来の応報的司法に代わる「修復的司法」または「日本型加害者・被害者和解の枠組み」に言及、更生保護と犯罪予防

2003 内閣府 正式に公表された青少年育成施策大綱の中で、5 特定の状況にある青少年に関する施策の基本的方向、(3) 少年非行対策への不適応への対応、①少年非行対策、(処遇全般の充実) の項目に「謝罪を含め被害者との関係改善に向けた取組を支援するほか、修復的司法活動

北米・英・オセアニアを中心とする諸外国	日本国
2004 USA Murder Victims' Families for Human Rights (MVFHR) が Renny Cushing（殺人事件の被害者遺族）によって提唱・創設された。殺人事件の被害者遺族と死刑を執行された者の遺族が意思交流しつつ刑事司法制度の改善、死刑制度廃止に向けて活動する。2010 年欧州連合（EU）の招きで来日、講演する	2004 D. T. Johnson 大久保光也訳：アメリカ人の見た日本の検察制度の我が国への応用の可能性について検討することが盛り込まれました［可能性の検討は、有力な被害者団体が否定的であり、刑事司法の各機関でも積極的ではなかったため、直接的対面対話以外の変則的な形で進められた］
	2004 法務省矯正局「被害者矯正の視点を取り入れた教育」に関して研究会を開始する、延べ 4 回実施。これにより矯正全体の流れが実質的に定着したが、この教育は本格的な RJ とは異なる
	2004 犯罪被害者等基本法の成立
	2004 裁判員の参加する刑事裁判に関する法律が成立する。［裁判への市民参加が裁判員をとって実現した。これらは先進民主国に顔向けができないと恥ずかしく思っていたからである。RJ の推進とは話は別］
	2004 大阪で被害者と加害者の対話支援センター（関西 VOM）の設立
	2004 N. クリスティ (University of Oslo, Norway)、国連アジア極東犯罪防止研修所の第 127 回国際研修において講演、そのタイトルは「A SUITABLE AMOUNT OF CRIME」。同じ題名の著作が 2006 年に翻訳出版されている（後出）
	2005 指鳩照久、医療少年院の少年（事件時）そして重傷を負わせた女性の一人に会いに行かせ、2 時間程対話的謝罪をさせた。会うのを断った被害者も いた由
	2005 第 1 回 R J 全国交流会（正確には第 1 回 RJ 全国連絡会）を関西学院にて開催。事例分析は井垣康弘、大坊愛子がそれぞれ行った。筆者のメモその他によると個別報告は栗野貞造、前原宏一、小長井賀與、柴田恵、平山真理、吉田敏雄、根本和子にわたされたようである
	2005 野田愛子、元裁判官　東京少年友の会創立 40 周年記念集会にてて「東京少年友の会と共に：過去、現在・未来」という題目の記念講演を行った。講演の反訳記録は、ケース研究 286 号 25-54 頁 2006 年に所載。頁の半数は 4 他の会の今後の展望－修復的司法を話題にする。そのために家裁の官で はなくの会のボランティアや家裁観察の補導委託先の活用を提起しているが、野田の発言を受けとって、そこには井垣康弘教官 (2001) の RJ 的審判の試行は言及されず。折角の講演もその後の家裁の RJ への動きを加速させず
	2006 ゼア, H. 東京聖書学院・東京ミッション研究所が招聘、牧師を対象とし

て連続レクチャー。その他、日本嘗教学会、日本賠償法研究所（近代における用刑論と修復的司法）、日弁連（21世紀の〈復讐〉と〈赦し〉）、「死刑を止めよう」宗教者ネットワーク（罪の裁きからゆるすまでの回復—修復的司法の聖書的・霊的基礎」、東洋大学社会学部（アメリカにおける修復的司法の実践）などが講演会を実施する

2006 平松毅・寺澤比奈子訳・N. クリスティ「A SUITABLE AMOUNT OF CRIME」を翻訳出版。書名は「人が人を裁くとき—裁判員のための修復的司法入門」、有信堂

2006 細井、西村、樫林、辰野「修復的司法の総合的研究—用刑を超え新たな正義を求めて」（鳳凰書房）。科学研究費補助金による研究報告書である。第II部では実践と課題として片山徒有、冨田信穂、山田由紀子、高原勝哉、井口圧太郎、杉浦ひとみ、太田浩之、藤原正範、井垣康弘、指宿照久、浜井浩一、小長井賀輿がそれぞれ個別の分野でのRJ実践を記述した。第III部では、受刑者（質問紙調査）、実務家（座談会の転記）、日本の一般市民（質問紙調査）を対象としてRJについて実証データを掲載した。世界の修復的司法の一部では浜田寿が2005年バンコクにおける第11回国連犯罪防止会議「相乗効果と対応」における2ワークショップ2修復的司法を含む刑事司法改革の推進」の要旨を記述

2006 朝日新聞学芸欄、連載「学の今」に、和解と癒しをめざす「修復的司法」上下が掲載される。出だしは、刑事法学で修復的司法という新しい考え方が主張されている。被害者と加害者の直接対話を通じて両者の関係の修復を図る。近代刑事司法の限界や問題点を乗り越えるための試みだという。推進派の登場人物は、高橋則夫、山田由紀子、大塚洋一、前野育三、三木憲明、西村春夫、松宮孝明、諸田亨明、井垣康弘、大家重夫、批判・懐疑派は小西聖子、瀬川晃、この異色記事は今や官民（被害者を含む）の処罰認、犯罪者のスケープゴート化、大衆社会化、全体主義的体制化の荒波に流されているとも言えなくはない。掲載日：20060518.0525

2006 西村邦雄訳、西村春夫・細井洋子・高橋則夫監訳　犯罪被害の体験をこえて：生きる意味の再発見、現代人文社。H. ゼア (2001) のTranscending : Reflections of Crime Victims の翻訳

2007 西村春夫代表、文部省科研費助成により victim impact panel（単に impact panelsとも言う）の研究実施。2009 年までの3ヵ年。Van Ness & Strong によればこの方式は広義のRJである。左例、1976 USA, Prison Fellowship International の頃のSycamore Tree ProjectやMADD (1980) は好例。日本の矯正の頃の被害者教育を取り入れた教育は vip を似て非なりと分析された

2007 警察庁、少年対話会の全国実施、つまり制度化するが、実施状況は警察

2007 L. Sherman and H. Strang : Restorative Justice : The Evidence, The Smith Institute. UK, USA, Can. Austral. New Zealand におけるRJの有効性に関する36の実証的研究をメタ分析した。主として直接的対面対話と裁判所の金銭的弁償命令との比較した研究である

北米・英・オセアニアを中心とする諸外国	日本国
	2008 白書に掲載されず、都道府県がそれぞれの状況を勘案して実施すればよいというレベルの制度化。被害者参加人制度、及び被害者等の国選弁護制度が始まる。一定の刑事事件の被害者等が裁判所の許可を得て刑事裁判に参加するという制度である。[裁判員裁判とセットで理解するべきだろう]
	2008 World Open Heart (WOH) の設立、代表は阿部恭子。犯罪加害者家族の支援活動に特化するが、被害者支援、加害者支援も怠らない、つまり RJ も視野に入れて考えているとも言われる
	2010 片山従下 被害者の視点を取り入れた教育と最近の被害者を巡る法制度環境の変化について、矯正講座第 30 号、pp. 50。第三世代の教育とは、相互理解。人間性に基づく共感、関係性をテコにした成長である由。彼の少年院での少年への話し方は 1. 講演会形式、2. 小グループ式、3. 個別指導、その場合退席していくる連絡を取ってくる少年がいる由（片山談）
2010 USA A. Karmen : Crime Victims—An Introduction to Victimology 7 Edition (2012年に8版が出版された)。終章「21世紀の被害者」において被害者が示す3つの方向性を著者は暗示した。すなわち1 刑事司法制度の中で近時公式に与えられた法律的権利の行使を追求する 2 自分に害を与えた加害者への恨みを晴らそうと復讐的暴力に向かう 3 修復的正義という新たな道を開く可能性を探求する方向である。1 において は取り乱した被害者と、同調する司法官僚の疑念を招く。2 においては自由至上主義者 (civil libertarian) の反発、司法官僚による私刑 (lynch) を含む暴力的な自警 (vigilantism)、町内会の自衛的夜回り程度の話ではなく、銃器を以て不審の相手を殺害する自衛手段が強烈に USA に伝統的にある[日本流に即して言えば赤穂浪士の討ち入りやヤクザ礼賛の大衆意識であろう]。3 においては地域社会のなかで当事者が調和的 (harmonious) 関係を取り戻す永続的な合意に漕ぎつけることが目標になる。この分野で活動する被害者は未だ少ないが、今後発展するであろうと著者は記す。	2011 N. クリスティが来日し、日弁連第54回人権擁護大会第1分科会シンポジウム「私たちは〈犯罪〉とどう向き合うべきか？」にて基調講演し、今年7/22のオスロ大量殺人事件に対して適切な応報を考えることは不可能であろう用件だ。また龍谷大学矯正・保護総合センター主催シンポジウム「人間を大切にする刑事政策を求めて」において「他者との出会い（他者を知る）」という題目で講演する。以下： 平和的解決方式、それは従来のものであってあれ近代の RJ 方式であれ、刑事司法と根本的に異なる権力を持っていない。1. 結集可能な権威には基礎を置いていないこと、刑罰を科する権力を持っていないこと。 また、これまでの被害者運動の実績を賞賛するものではない。これは否定する積もりではないが、強すぎる被害者運動は、刑法・刑事裁判が主張する罪刑均衡をくずすのにすぎない。被害者 正義という大義名分の旗の下犯罪者に課す苛酷を開くものだ[7/22のオスロ大量殺人件を念頭に置いての著者であろう]。別の道もあるはずだとして、修復的司法が過去をやり直す。に話を進める。 ノルウェーでは修復的司法委員会が組織されており、刑事裁判は情報（証拠）を収集するのに制約が設けられているのに対し、修復の集会では、手続上の制約なく情報を集めることができる。そこでは 1. 関係当事者が主役となり、2. 各人は情報をお互いに知ることができるようになり、

110

3. 刑事法廷と違って相互に知り合い理解できるようになり、4. 苦痛に値する刑罰が科されるぞ不安・心配なく、5. 完全な人間として、自己を表出できるようになり、6. 平和的解決を見つけられる可能性が高まる。クリスティーにとってRJ の描写は理想的に過ぎるという批判を招くかもしれない。この講演で クリスティーは、自らを刑事裁判の全面的廃止論者[maximalist、原義は 最悪な事態を想定し危機に対処する思い切った対策を大変に求める見方]と断言せず、「廃止に向けて出来ることを少しずつやっていくのが最小限主義者 (pale minimalist)」であるとした

さらに講演を進め、現代において「他者との出会い」を難しくするのは、相互の情報不足のみならず、経済発展至上主義、社会の大規模ユニットの生成、医療・権力・教育・官僚・警察の中央集権化、権威的ケアの提供、などの構造的要因であるとする

[日本国の RJ とは：1995 Haley の論文は日本国の RJ モデルは用事司法当局の権力的裁量に基づいて刑罰を回避してうまく刑罰を賛している、そそれが果たして諸外国が学ぶべきモデルと言えるのか疑問を持つ強い筆者は強い疑問を持つ]

[大量殺人事件が起きされれば日本の現下の風潮では死刑大合唱がされるだろう。その渦中で平和的解決をオープンについて被害者遺族の理解を如何にして得るか。人間同士が益々近づかっている人人同士は益々近づかっていけば人間同士は益々近々自己の情報をオープンにしていけば人間同士は益々近々を高まるのだが、高まる前に人と人の格差のなかで支配・服一被支配、保護一被保護という人対人、国家対人の関係が立ちはだかる。「他者との出会い」のみならず「ただ彼の言う他者、理解する他者とは我々が日常街角で経験する他者ではなく、実存的な人間とも認識される。ところがスクロの大量殺人事件に際しては因われず、ナイーヴな驚きをもって見るのが大切かもしれない。H. ゼアの用語でいえばこれは畏敬主義の葉であるのかもしれず、社会事象を先鋭に先が見開くにつけたられは米社至難の葉であるのかもしれず、社会事象を先鋭に先抱いている人間と認識することが大切かもしれない。H. ゼアの用語としての wonder, awe である（邦訳『修復的司法とは何か』3 頁、新泉社、288 頁）。「すべての人は人間関係に飢える」は彼の描かぬ信念でもあると思われた]

2011 神戸 第16回国際犯罪学会開催。Braithwaite は「Social Capital, Rehabilitation, Tradition」を講演。日豪の比較質問紙調査から RJ の支持者、反対者、応報刑の支持者の属性を抽出した。日本のデータは 2006 年の「修復的司法の総合的研究」に所載のもの。

[なお Social Capital は社会関係資本と訳す。資本と言っても資本主義や資

北米・英・オセアニアを中心とする諸外国	日本国
	本家の「資本（事業の成立維持に必要な基金）」とは全く異なる概念であるが、比喩的に「社会を造るのに必要な基本的要素（元手）」と解すれば理解されよう。元手を具体的に言えば、(諸説あろうが) 信頼、互酬性の規範、絆（ネットワーク、ボンドとも言う）である（稲葉陽二の引用）。[ネットワークについては近隣つまり地域共同体（共同体本来の目的は、内田樹の概念によれば、弱者の受け入れと支援にあり、それらを誰がやるかと言えば強者である）だけでなく、近時はインターネット上、嗜好上のネットワークもある。ボンドについては、左欄 1969 T. Hirschi を参照][巨視的分析のレベルではこれらの元手が働いて社会成員の意識と行動へと導く。できれば全員が「資本」に向かって社会成員全員として行動し協調の社会の実現に向かうことになる。OECD34カ国いようと先進国いようと全員が協調の実現であるから良いことになる。国はすべて自分本位的、利己的行動原則で動いていて、場合によっては他者に対して自分を殺して協調的に動くはずである（自発のcharity、ボランティア活動、社会貢献活動など）。しかし権力が協調を唯一押しつけるかもしれない。集団主義の強い日本国はそのリスクが高い。そういう時「協調」はすべて（自分を個人として大切にすること）に対する寛容（つまり人を個人として孤立化させられる危険がある。たとえば、犯罪者、障がい者、天才・異才）は失われ、彼らは社会的に排除されされるか成らされる。つまり社会は Social Capital の共生と連帯の逆を行くことになる。RJやボンド・ネットワークはそうとは言えないだろうし、国連の幸福度調査で日本国の第43位はそれを如実に示す。今や死刑制度の存置は社会関係資本の外部不経済と市民の協議し始めなければならない時であろう。][ここで Social Capital 論の協調の背後に改めて注目すれば、ネットワーク成員間にあるであろう支配=従属の関係、負い目＝恩義一名誉の関係、恨み＝尊敬の関係、成員の持つ価値観の異同ないし共有の問題がら協調の態度変容や新行動の取得にもたらす影響を考察することが待たれている。微視的分析のレベルでは、人は信頼の置ける身近な他者から情報を得られ、贈られれば安心してその情報を使って合理的に行動し、送られた情報は相互に協調するだろう。双方が意気投合して一挙に信頼関係を結べば相互に協調するだろう。1. 意気投合が行かない場合、先ずは信頼そうであろう確認ある一信頼度の精査→信頼できるかそうでないという3段階のステップを踏む者が信頼関係資本の「資本家」になって他者に助けられているのはそう簡明快なことでは無いだろうか。信頼したものは、他者に助けられるのはそう単明快なことでは

2012	UK Ministry of Justice「Restorative Justice Action Plan for the Criminal Justice system」英国における刑事司法システムのなかで修復的司法指向のRJをもっと組み込もうと訴える9頁の印刷物。冒頭「多くの被害者にとって加害者が刑罰を科されることは、区切りとなり、人生を生きることを可能にさせる。他の被害者にとっては刑罰を科す裁判手続は十分ではないと受けとる。犯罪で生じた被害者の傷、ストレス、不安を相手の犯罪加害者が最も聞く必要があるのに、被害者がそれを的確に言葉にできないことでイライラを感じている」という段落から始まる。〔刑罰照応の区切りとなるかどうかは安易には言えない。ここでは救済を待っている被害者よりも、ニーズが満たされないライラをつのらせている被害者が示されている。不満感はRJの対面対話で解消されるという布石であろうが、加害者も感じているであろう何らかの欲求不満感には言及されていない〕
2013	UK 成人に対する修復的司法を制度化する。根拠法は Crime and Courts Act 2013, CCA2013, Schedule16, Part 2, Defering the Sentence to Allow for Restorative Justice. 成人被疑者被告人に修復的活動を行わせるための判決決定を猶予する〔英米オセアニアでは有罪と量刑は別のステージ〕
2013	電子出版「Restorative Justice」No. 1, Hart Publishing. It aims together and present in a systematised way the fruits of academic research as well as practice and policy related information on RJ worldwide.

注1．表2の詳細史のなかで、事項が1～2行の説明であるものを削除した結果を濃縮史として示した。ただし2行でも残した事項がある
2．その他の注は表2の注に準じる

たとえば、聖書の寓話（隣人愛を説く善きサマリア人）からヒントを得れば、路傍に倒れて半死半生の人がいるのを学者、同郷人は横目に見て通り過ぎるのに、異国人が救いの手を差し伸べているのが如きであるこの時、テーマセッションとして行われた RJ 関連のを以下に示す:

◇藤岡淳子司会 日本における刑事司法システムのなかで被害者指向のRJを
◇前野育三と兵庫弁護士会 Practice of Restorative Approach to Crime
◇細井洋子司会 The State of Restorative Justice in Japan: Its Influence upon the Established Criminal and/or Juvenile Justice System
◇伊藤冨士江司会 日本における被害者支援の現状と課題

2011	第7回RJ全国交流会で、日本のRJの源流として、井垣康弘元裁判官、指宿照久元少年院長、小長井賀與元鳥取保護観察官、山田由紀子弁護士被害者加害者対話の会運営センター理事長などのパイオニアが報告した。4人のうち3人は関西方面からの報告であり、冬の気配配置で言えば"西高東低"である。高原勝哉岡山中裁センター所長（当時）は遠隔ながら企画念にCDでの記録あり。
2013	日弁連国際交流委員会 動き始めた修復的司法：国際刑事裁判所と「人間の安全保障」への日本法貢献の可能性。ルワンダ・ケースの紹介あり。この民族和解プロジェクトは、左翼、1976 USA、刑務所共生の設立を参照
2013	坂上香ドキュメンタリーフィルム「TALK BACK：沈黙を破る女たち」完成。受刑者元受刑者がサンフランシスコの女性刑務所で誕生した劇団員たちが共なる劇団活動が受刑者となり、世間に出た彼女たちはAIDS陽性者たちが共有する新しい生の生き方を探求する。団員の一人は言う〔彼女たちは刑務所では何一つ問題は解決しないと主張する。団活動に賭けたと言う〕劇団員の中には加害者自身が混在するから、活動の過程でおたがいに被害者性、加害者性に気づき合解、メディエーション、カンファレンスなどの気運が生まれるのではないか（インパクトパネルの実践例になり得る）
2014	アジ研 (UNAFEI) 第156回国際高官セミナー「被害者保護と修復的司法の取組がテーマ、スティーブルス、B. スティーブンス、G. ギリヒトソン。日本の外部講師は、柴田恵、池田眞子、斎藤豊子、飛鳥井望、野口元郎の5人。刑事司法の各段階における被害者保護及び修復的司法の現状と課題を検討する

関係修復正義としての修復的司法の
犯罪学・被害者学・刑事政策学的素地
――犯罪・被害原因論としての関係犯罪論から犯罪・被害対応論としての関係犯罪論・親告罪論へ――

黒 澤　　睦

I　はじめに――「関係」修復正義という名称のもつ2つの意味
　1　修復的司法（正義）の概念
　2　「関係」修復的正義という概念・名称
　3　問題提起――〈事前の「関係」〉と〈事後の「関係」〉

II　関係犯罪と親告罪制度の趣旨
　　――犯罪・被害原因論（事前）から犯罪・被害対応論（事後）へ
　1　関係犯罪（Beziehungsdelikte）とは何か
　2　関係犯罪と親告罪制度の趣旨
　3　「関係犯罪」論の射程――関係修復正義からみた犯罪・被害対応論（事後）としての可能性

III　罪名別にみた被害者と加害者の関係に関する日独の統計データ
　　――「関係」修復正義がなぜ必要なのか
　1　罪名別にみた被害者と加害者の関係（ドイツ）
　2　罪名別にみた被害者と加害者の関係（日本）
　3　分析と評価――特に関係修復正義の必要性の観点から

IV　むすびにかえて

I　はじめに
――「関係」修復正義という名称のもつ2つの意味――

1　修復的司法（正義）の概念

　修復的司法（正義）の概念については，これまでも盛んに議論されてきたように，純粋モデルと最大化モデルないし狭義と広義など，様々な理解がある[1]。とはいえ，現在では，2002年の国際連合経済社会理事会決議「刑事事件にお

ける修復的司法プログラムの使用に関する基本原則」の定義に即して理解するのが一般的なようである。すなわち,「修復的過程」を用いて,「修復的結果」の実現を目指すもの,具体的には,「一般的に進行役の助けを借りながら,被害者及び加害者,そして適切な場合には,犯罪による影響を受けたその他の人々又はコミュニティの構成員が,犯罪によって生じた問題の解決について,ともに能動的に参加する,あらゆる過程」(調停,和解,カンファレンス,量刑サークルを含む)を用いて,その「修復的過程の結果として得られた一つの合意」(「個人的及び集団的なニーズ並びに当事者の責任に適合し,被害者及び加害者の再統合を達成することを目的とした,犯罪に対する応答やプログラムとしての賠償,原状回復及び社会奉仕」を含む)の実現を目指すもの[2],と一般には理解されている。

他方で,修復的司法の理念には理解を示しつつも,現実的な問題点を指摘する見解も見受けられる[3]。また,わが国では,修復的司法の実践は公的システムのレベルでは必ずしも拡がっていないのが現状である。

2 「関係」修復的正義という概念・名称

ところで,修復的司法(正義)の概念・名称に関して注意しなければならないこととして,「Justice」を「司法」と理解するか「正義」と理解するかという問題のほかに,概念・名称に「関係」を明示的・積極的に含ませるか否かという問題が挙げられる。

例えば,わが国の有力な修復的司法(正義)論者である細井洋子は,その論

---

[1] 高橋則夫『修復的司法の探求』(成文堂,2003 年) 86 頁以下,謝如媛「修復的司法の制度化に向けて――そのモデル論の検討」一橋法学 2 巻 1 号 (2003 年) 175 頁法学下等を参照。
[2] 2002 年 7 月 24 日国際連合経済社会理事会決議「刑事事件における修復的司法プログラムの使用に関する基本原則」(Basic Principles on the Use of Restorative Justice Programmes in Criminal Matters, UN Doc. E/CN.15/2002/14, 2002) について,山口直也「修復的司法に関する国連基本原則の成立」山梨学院大学法学論集 49 号 (2003 年) 143 頁以下を参照。また,国連基本原則とあわせて欧州連合の動向も紹介・検討したものとして,吉田敏雄「修復的司法(正義)に関する国際準則」北海学園大学学園論集 125 号 (2005 年) 1 頁以下〔後に,同『法的平和の恢復――応報・威嚇刑法から修復的正義指向の犯罪法へ――』(成文堂,2005 年) 1 頁以下に所収〕がある。
[3] わが国における代表的なものとして,瀬川晃「修復的司法 (Restorative Justice) 論の混迷」同志社法学 56 巻 6 号 (2005 年) 565 頁以下,同「ユートピアとしての修復的司法」犯罪と非行 144 号 (2005 年) 4 頁以下を参照。

考において「関係修復正義」という用語を用いている（いた）[4]。西村春夫＝細井洋子によれば，名称に「関係」を含ませた理由は，「単に被害者の物質的，精神的回復のみならず，被害者-加害者-コミュニティ，相互の壊れた関係を平和で完全な関係に戻すことに（理屈をいえば，始めから壊れているか，元に戻ることはあり得ないかもしれず，正確には関係を<u>新しく作り直す</u>と言いたいが，くどいので『戻す』を使うことにした）restore の意味を見出すからである」〔下線は原文により，<u>二重下線</u>は筆者による〕というものである[5]。

また，修復的司法の古典とされるゼア（Howard Zehr：初版は 1990 年，第 3 版は 2005 年）も，犯罪を「（人間）関係」(human relationship(s)) の侵害ととらえ，その「関係」の修復に重きを置いているものと見られる[6]。すなわち，「シャロームの理念は，犯罪が人間関係の侵害であることも教えている。犯罪は私たちの信頼感をゆるがし，疑念，疎外，ときには人種差別の感情をも引き起こす。友人や恋人，親類や隣人との間に壁さえ作ってしまうことも多いのだ。犯罪は私たちを取り巻くこうした人々との関係に影響を及ぼすのである。〔改行〕犯罪はまた，被害者と加害者の関係が引き裂かれることを意味する。以前は何の関係もなくても，犯罪によって関係が生じ，その関係は普通，敵対的なものとなる。解決されないままにしておけば，この敵対関係はさらに，双方の幸福感をぶち壊すことになる。」[7]とし，また，「犯罪を対人関係の側面から見ると，犯罪は紛争を伴うことに気づく。〔中略〕結局のところ，犯罪は

---

[4] 細井洋子「「関係修復的司法」の周辺──フェミニズムおよびポストモダニズムとの関連において」所一彦編集代表『犯罪の被害とその修復─西村春夫先生古稀祝賀─』（敬文堂，2002 年）345 頁以下，西村春夫＝細井洋子「謝罪・赦しと日本の刑事司法──関係修復正義を考える」『宮澤浩一先生古稀祝賀論文集（第一巻）犯罪被害者論の新動向』（成文堂，2000 年）19 頁以下，西村春夫＝細井洋子「図説・関係修復正義──被害者司法から関係修復正義への道のりは近くにありや」犯罪と非行 125 号（2000 年）5 頁以下等を参照。また，ハワード・ゼア著/西村春夫ほか監訳『修復的司法とは何か──応報から関係修復へ』（新泉社，2003 年）の副題も「関係」修復となっている。なお，西村と細井は，現在は，論文等において別の名称（「修復正義」・「修復的正義」）を用いることが多いが，理念としては「関係」を含ませることを必ずしも放棄していないようである。
[5] 西村＝細井・前掲注（4）図説 9 頁以下。
[6] Howard Zehr, *Changing Lenses : A New Focus for Crime and Justice*, 3rd ed., 2005, pp. 181-183, pp. 187-188〔邦訳として，ゼア著/西村ほか監訳・前掲注（4）184 頁以下および 189 頁以下〔高橋則夫＝宮崎英生訳〕〕。
[7] Zehr, *supra* note 6, pp. 181-182. 引用は，ゼア著/西村ほか監訳・前掲注（4）184 頁〔高橋＝宮崎訳〕による。

個人間の紛争を生み出し，紛争から犯罪が起こることもある。」とする[8]。そして，司法の第一目標を被害者のための回復と癒しとした上で，「被害者と加害者の関係を癒すことが，司法の第二の関心事でなければならない。」[9]として，和解は一つの連続体ととらえなければならないというクラーセン（Ron Claassen）の見解[10]を引用しつつ，「一方はまったくの敵対，他方は力強く前向きな関係の修復または創出である。犯罪が発生したときの関係は，通常，物差しの敵対側にある。対処されないままにしておけば，通常，関係はずっとその状態であるか，もっと深刻な敵対関係へ向かうことになる。となると，司法の目標は関係を和解の方向へ進めることでなければならない。このように関係を癒すことは，たとえ不完全だとしても，個人のための癒しの重要な第一歩である。司法は和解を保証したり強制したりはできないが，こうした和解が生まれる機会を提供するものでなければならない。」[11]とする。

3　問題提起──〈事前の「関係」〉と〈事後の「関係」〉

以上で見てきた修復的司法（正義）における「関係」概念には，大きく分けて2つのものが含まれているように思われる。ひとつは，犯罪が発生する前（事前）の被害者と加害者との関係であり，もうひとつは，犯罪が発生した後（事後）の被害者と加害者との関係である。

このうち，〈事前の「関係」〉には，①犯罪により侵害されることになった健全な関係（場合によっては，無関係も含む），すなわち被侵害利益としての関係という側面と，②犯罪・被害を引き起こすこととなった関係，すなわち犯罪・被害の原因（一要因）としての関係という側面（ゼアのいう，紛争から犯罪が起こることもあるという側面）とがある。他方で，〈事後の「関係」〉には，①創出・回復・増強されるべき利益としての健全な関係（場合によっては，無関

---

[8] Zehr, *supra* note 6, pp. 182-183. 引用は，ゼア著/西村ほか監訳・前掲注（4）185頁〔高橋＝宮崎訳〕による。

[9] Zehr, *supra* note 6, pp. 186-187. 引用は，ゼア著/西村ほか監訳・前掲注（4）189頁〔高橋＝宮崎訳〕による。

[10] Ron Claassen and Howard Zehr, *VORP Organizing : A Foundation in the Church*, 1988, p. 5.

[11] Zehr, *supra* note 6, pp. 187-188. 引用は，ゼア著/西村ほか監訳・前掲注（4）190頁〔高橋＝宮崎訳〕による。

係も含む）という側面と，②（再び）犯罪・被害の原因（一要因）となりうる改善されるべき関係（敵対関係）という側面とがある。「事態の健全化」(making things right) や，健全な関係の創出・構築・「新たな作り直し」というように称されているのは，意識的であれ無意識的であれ，このような事後の関係の両側面をあわせて理解しているものと考えられる。そして，それぞれの①と②は，同一事件の中で程度の差はあれ併存する場合が多いであろうし，事前の①・②と事後の①・②とは相互に対応する場合が多いであろう。もっとも，修復的司法をめぐる従来の議論では，主としてそれぞれの①に主眼が置かれてきたようである。

ところで，修復的司法（正義）は，軽微な犯罪や財産犯には適用しやすいが，殺人や強姦などの重大犯罪には適用するのが困難であるするのが一般的な理解のようである[12]。しかしながら，前述の犯罪と人をめぐる多様な「関係」に着目した場合，そのような犯罪にも，さらにはそのような犯罪にこそ，関係修復正義としての修復的司法が必要とされる素地があるように思われる。それは，犯罪の種類によって，被害者と加害者が元々密接な関係にある比率が高いものがあると見受けられるからである。

本論文では，以上のような問題関心から，犯罪と人をめぐる「関係」に着目して，関係修復正義としての修復的司法が適用されるべき理論的・実践的な素地を探ることとする。以下では，まず，Ⅱにおいて，ドイツ刑事法学における「関係犯罪」(Beziehungsdelikte) という概念とそれと関連した親告罪制度の趣旨をめぐる議論を素材にして，犯罪と人をめぐる「関係」について，犯罪・被害原因論（事前）と犯罪・被害対応論（事後）の両側面から理論的検討を加える。それを受けて，Ⅲにおいて，罪名別にみた被害者と加害者の関係に関する日独の統計データを検討することで，それぞれの犯罪において「関係」修復正義がなぜ必要とされるのか，その素地に関して，ほんの一側面ではあるが，実践的な根拠を確認することとする。

---

[12] 殺人への修復的司法の適用の可能性を論じるものとして，長谷川裕寿「殺人と修復的司法」細井洋子ほか編『修復的正義の今日・明日――後期モダニティにおける新しい人間観の可能性』（成文堂，2010年）88頁以下（適用を肯定）を参照。性犯罪への修復的司法の適用の可能性を論じるものとして，平山真理「性犯罪と修復的司法」細井洋子ほか編『修復的正義の今日・明日――後期モダニティにおける新しい人間観の可能性』（成文堂，2010年）69頁以下（適用を肯定）を参照。

II 関係犯罪と親告罪制度の趣旨
―― 犯罪・被害原因論(事前)から犯罪・被害対応論(事後)へ ――

1 関係犯罪（Beziehungsdelikte）とは何か

　関係犯罪（Beziehungsdelikte；Beziehungsverbrechen）の概念を早期に明確に提示したものとしてドイツ刑事法学においてしばしば引用されるのは，シュルツ論文（Hans Schultz：1956 年）[13]である。

(1) シュルツの「関係犯罪」論

　このシュルツ論文は，同論文の冒頭の注 1 で触れられているように，先行する v・ヘンティッヒ著書（Hans von Hentig：1948 年）[14]に影響を受けるとともに，エレンベルガー論文（H. Ellenberger：1954 年）[15]を批判的に検討したものである。

　シュルツ論文は，被害者と加害者の関係について，犯罪の種類を 2 つに分ける。ひとつは，特定の個人被害者のいない反逆罪などの国家犯罪，加害者と被害者との関係が実際の事件経過の中でその形成に影響を与えていない窃盗などであり，もうひとつは，ある一定の人間関係から生じ，主としてこのような関係によって決定された犯罪，つまり「関係犯罪」（Beziehungsverbrechen）である。そして，「関係犯罪」は，加害者と被害者との実際の現在の対立がその特徴となっている。同じ財産犯でも，窃盗罪は関係犯罪ではないが，詐欺罪は関係犯罪の典型例であるとする[16]。

　さらに，シュルツ論文は，v・ヘンティッヒ著書とエレンベルガー論文における概念の混同を整理し，「関係犯罪」として加害者と被害者の関係が犯罪学

---

[13] *Hans Schultz*, Kriminologische und Strafrechtliche Bemerkungen zur Beziehung zwischen Täter und Opfer, Schweizerische Zeitschrift für Strafrecht 71, 1956, S.171ff.　同論文については，宮澤浩一によって，既に詳細な紹介がなされている（宮澤浩一『被害者学の基礎理論』(世界書院，1966 年) 163 頁以下）。もちろん，被害者と加害者との関係に着目する論考はシュルツ論文以前にも存在する。例えば，ドイツにおける殺人に関して，Hans von Hentig, *The Criminal and His Victim*：Studies in the Sociobiology of Crime, 1948, p. 391 が挙げられる。

[14] von Hentig, *supra* note 13.

[15] *Henri F. Ellenberger*, Psychologische Beziehungen zwischen Verbrecher und Opfer, Zeitschrift für Psychotherapie und medizinische Psychologie 4, 1954, S.261ff.；*ders*., Relations psycologiques entre le criminel et la victime, Revue internationale de criminologie et de police technique 8, 1954, pp. 103ff.

[16] *Schultz*, a. a. O.（Anm.13），S.171ff.　紹介として，宮澤・前掲注（13）165 頁以下も参照。

の対象となるのは，加害者と被害者の直接的・現実的対立が実際に生じており，個々の具体的行為がその関係から生じている場合に限られるとして，過去に被害を受けた者がその個人的な損害や社会的屈辱を克服できずに後に加害者になるようなものは，犯罪心理学で検討されるべきであり，「関係犯罪」に含ませるべきでないとする[17]。

(2) シュルツの「関係犯罪」論に対する評価と現在の「関係犯罪」論の位置づけ

シュルツ論文に対しては，宮澤浩一により，「もっぱらエレンベルガーの批判に当てられ……独立の科学としての被害者学の発展にそれほど大きな寄与をしたとはいえない内容のものである」[18]との痛切な批判が向けられている。また，宮澤は，シュルツ論文が窃盗を「関係犯罪」に含ませない点について，「窃盗犯といえども人間関係より派生するものであり，なるほど犯行時には発覚されないといっても，犯罪人は犯行時（犯行地）に，被害者を予定して行動するという意味で，この窃盗行為を通じて両者はともに相関連し合っているのである」[19]と批判する。もっとも，宮澤も，犯罪心理学で検討されるべき犯罪を抽出・除外した点については評価する[20]。

ところで，シュルツ論文が提示した「関係犯罪」概念に関する近時のドイツ刑事法学における評価はどうであろうか。一方では，そもそも，犯罪原因論として行為者と被害者との関係を考察することや，犯罪に対する被害者の寄与という形で考察することは，歴史的考察の中で振り返られるものに過ぎなくなってきている，というような消極的な評価[21]も見られるところである。しかし，他方で，カイザー（Günther Kaiser：1996年・1997年）は，行為者と被害者が相互に知っていたか知らなかったかによる区別は言明力が強い（aussagekräftig）としつつ，その中に「関係犯罪」が含まれるとし，その際，シュルツ論文を引用しており[22]，シュルツ論文に対して一定の肯定的評価をしているものと見られる。さらに，本論文Ⅲで見るように，現在のドイツの警察

---

[17] *Schultz*, a. a. O. (Anm.13), S.179f. 紹介として，宮澤・前掲注 (13) 166頁以下も参照。
[18] 宮澤・前掲注 (13) 164頁。
[19] 宮澤・前掲注 (13) 165頁以下および224頁以下。
[20] 宮澤・前掲注 (13) 166頁。
[21] *Michael Bock* (Hrsg.), Hans Göppinger, Kriminologie, 6.Aufl., 2008, §12 Rn.12 [S.179f.] [Bock].

犯罪統計は,「被害者と被疑者の関係」(Opfer-Tatverdächtigen-Beziehung) を独立の項目として立てている[23]。学説上も,「被害者と被疑者との関係」を取り上げつつ,各論的検討として,各犯罪類型が「関係犯罪」と位置づけられるか否かを検討するもの[24]が少なくない。このように,近時のドイツ刑事法学においても,シュルツ論文の主張そのものの当否は別として,「関係犯罪」という概念に一定の理論的・実践的な指標としての期待を抱き続けているものといえよう。

しかし,シュルツ論文とその延長線上にある「関係犯罪」をめぐる議論の多くは,主として犯罪学の中でなされているものであるためか,犯罪が発生する環境・状況としての「関係」という〈事前〉の〈犯罪原因論〉の枠組み,広く見積もっても〈事前〉の〈被害原因論〉の枠組みを大きく超えるものではないように見受けられる。

2　関係犯罪と親告罪制度の趣旨

以上のような〈事前〉の〈犯罪原因論〉の枠組みの中で議論されていた「関係犯罪」概念に,親告罪の趣旨との関係で,全く別の観点から切り込んだのが,次に見るマイヴァルト論文 (Manfred Maiwald：1970 年)[25]である。

(1) マイヴァルトの「人間関係的犯罪実行」論

マイヴァルト論文は,一般には,親告罪制度の趣旨に関して「宥和・和解思想」(Versöhnungsgedanke) による一元的理解を提示したものとして著名であるが,より正確には,後述のように,「宥和・和解思想」とともに,親告罪に位置づけられる犯罪は「事前に存在している行為者と被害者との関係」の結果 (das Ergebnis schon vorher bestehender Beziehungen zwischen Täter und Opfer) であ

---

[22] *Günther Kaiser*, Kriminologie：Ein Lehrbuch, 3.Aufl., 1996, §49 Rn.4［S.550f.］；*ders.*, Kriminologie：Eine Einführung in die Grundlagen, 10.Aufl., 1997, S.335. 後者の概説書の第 7 版 (1985 年刊) の邦訳として,ギュンター・カイザー著/山中敬一訳『犯罪学』(成文堂,1987 年) 115 頁も参照。

[23] *Bundeskriminalamt* (Hrsg.), Polizeiliche Kriminalstatistik Bundesrepublik Deutschland Berichtsjahr 2012, 2013, S.47ff.［5．3 Opfer-Tatverdächtigen-Beziehung］および同資料別添の Tabelle 92ff.〔いずれも,http://www.bka.de/DE/Publikationen/PolizeilicheKriminalstatistik/pks_node.html から入手可能である〕を参照。

[24] *Ulrich Eisenberg*, Kriminologie, 6.Aufl., 2005, §49 Rn.13［S.801ff.］und §55 Rn.1ff.［S.893ff.］；*Hans-Dieter Schwind*, Kriminologie：Eine praxisorientierte Einführung mit Beispielen, 22.Aufl., 2013, §19 Rn. 17ff.［S.404ff.］。

り，親告罪制度の統一原理は特別な「人間関係的犯罪実行」（spezifish person-bezogene Tatbegehung）であると主張している点に，大きな意義がある。

まず，マイヴァルトは，歴史的な宥和・和解思想について検討する[26]。その検討にあたって，行為の当罰性（Strafwürdigkeit）は事後的な被害者の同意（告訴申立てを差し控えること）によって左右することはできないという通説的理解があることを前置きする。そのうえで，プロイセン一般ラント法典の侮辱および軽度傷害の規定（被害者が行為および行為者を認識してから3ヶ月以内に告訴を申し立てない場合には，実際に赦し（Verzeihen）がなされたかどうかにかかわらず処罰が不可能になるが，それは「黙示的な赦し」（stillschweigende Verzeihung）と呼ばれることがあるということ）を参考にして[27]，次のような伝統的な宥和・和解思想を見出す。すなわち，「現に犯罪が起こってしまった後の共同体社会内の法的平和の再創造・回復（wieder herstellen）は，国家的な刑罰的反作用のみでなく行為者と被害者との宥和・和解（Versöhnung）によっても可能であり，その場合，積極的な赦し（aktive Verzeihen）に限らず甘受（Sich-Arrangieren）のみでも宥和・和解であると理解される可能性がある」[28]。そして，そこで前提になっているのは，刑罰が法的平和の回復という目的の追求によって正統化されるということである。また，被害者が行為者と宥和・和解したならば，社会生活において生じた緊張関係が被害者自身の意思によって処理されたことから，犯罪によって一般市民に生じた不安と危険感が消滅する[29]。

次に，マイヴァルトは，以上のような歴史的な宥和・和解思想をこんにちの親告罪と結びつけてよいかどうか，すなわち，宥和・和解思想の射程距離

---

[25] *Manfred Maiwald*, Die Beteiligung des Verletzten am Strafverfahren, Goltdammner's Archiv für Strafrecht (GA) 1970, S.33ff. マイヴァルトの見解の概要については，田口守一「親告罪の告訴と国家訴追主義」『宮澤浩一先生古稀祝賀論文集（第一巻）犯罪被害者論の新動向』（成文堂，2000年）246頁以下，拙稿「修復的司法としての親告罪？」法学研究論集16号（2002年）11頁を参照。さらに詳細に検討を加えたものとして，拙著『告訴権・親告罪に関する研究』（明治大学大学院，2007年）110頁以下があり，本文での記述はこれをもとにしている。

[26] *Maiwald*, a. a. O.（Anm.25），S.35ff.

[27] *Maiwald*, a. a. O.（Anm.25），S.35f.

[28] *Maiwald*, a. a. O.（Anm.25），S.36. なお，田口・前掲注（25）247頁も参照。「Sich-Arrangieren」の訳語について，マイヴァルトの記述がプロイセン一般ラント法時代の規定を参考にしていること（とくに，「黙示的な赦し」という評価）を考慮するならば，〈消極的な受入れ〉という意味をもつものとして，本文のように「甘受」と訳すのが適切であろう。

を検討する[30]。その際，少額の詐欺が親告罪でないにもかかわらず，高価な装置の破壊による器物損壊が親告罪であるという具体例〔ただし，現在は両者とも条件付親告罪である[31]〕をあげて，告訴要件の設置・不設置の基準を犯罪の重大性ではないとし[32]，告訴要件（≒親告罪規定）の根拠は，被害者の意思が行為者の不処罰に向いている場合に国家が刑罰を断念しうる根拠を与えるような典型的犯罪学的状況を考慮に入れて探求されなければならないとする[33]。そして，暴行・傷害・器物損壊に犯罪学的な次のような同じ特徴があるとする。すなわち，「このような犯罪を特徴付けるのは，それらが典型的に被侵害者の人物（Person）に向けられていることである。行為者にとって重要なのは，まさに〈この〉被害者に打撃を与えることであり，そのすべてが，日常生活をともにする人との間で頻繁に発生する……いさかい（Streiterei）に基づくものである」。それゆえ，行為者と被害者との宥和・和解によって，第三者への不安も取り除く。これに対して，職権犯罪は，〈利益〉が重要とされ，被害者の損害や誰が被害者であるかは重要ではなく，そのような損害がその被害者に向けられたのが偶然であることから，行為者と被害者との宥和・和解は，〔自分も被害を受けるかもしれないという〕一般市民の不安を消し去って法的平和を回復することにはならない[34]。つまり，親告罪という犯罪は「事前に存在している行為者と被害者との関係」の結果と考えられ，「行為がまさに被害者という人物に対して向けられている」[35]ことが重要であり，そのよう

---

[29] *Maiwald*, a. a. O.（Anm.25），S.36. さらに，マイヴァルトは，被侵害法益に関して被害者がそもそも任意に処分する権限をもっていることが宥和・和解による社会的紛争の解決の前提であるとし，被害者が行為前に法的に有効な同意をしえない場合（例えば，殺人（未遂），重度傷害）は，行為後にも行為者との宥和・和解によって要罰性を消滅させることはできないとする（*Maiwald*, a. a. O.（Anm.25），S.36）。

[30] *Maiwald*, a. a. O.（Anm.25），S.36ff.

[31] 条件付親告罪について，拙稿「ドイツにおける条件付親告罪の構造と問題点」法律論叢77巻4・5合併号（菊田幸一教授古稀記念論文集）(2005年) 59頁以下およびその引用・参照文献を参照。

[32] さらに，マイヴァルトは，別の箇所で，刑事訴追官庁がすべての軽微犯罪を引き受けるべきでないことは，告訴要件ではなくドイツ刑訴法153条にみられるような起訴法定主義の緩和によるべきであり，告訴要件というものはむしろ被害者そのものへの配慮のみである可能性があると述べている（*Maiwald*, a. a. O.（Anm.25），S.41 und S.43）。

[33] *Maiwald*, a. a. O.（Anm.25），S.36f.

[34] *Maiwald*, a. a. O.（Anm.25），S.37.

[35] *Maiwald*, a. a. O.（Anm.25），S.37. なお，田口・前掲注（25）247頁も参照。

な理解は，誘惑行為，家庭内・親族内の窃盗等，不正競争防止法違反，著作権侵害等にもあてはまる[36]。以上をまとめると，親告罪の統一的原理は，特別な「人間関係的犯罪実行」という類型に還元される[37]。そこから導かれる帰結は，①告訴要件に実体法的内容が内在していること[38]，②告訴要件の設置にあたって宥和・和解思想がその限界線を示すということ（宥和・和解思想の射程距離の問題）である[39]。

そして，マイヴァルトは，章を改めて，上記で示された宥和・和解思想および〈事前に存在している行為者と被害者との関係〉概念をもとにして，現行法の親告罪の範囲が適切であるかどうかを検討する[40]。まず，過失傷害は宥和・和解思想の射程から外れる。なぜなら，過失犯罪は，行為者の不注意な行動が結果を生じさせたということであり，ある意味で偶然なものといえることから，前述の犯罪学的類型として二人の人間間の特殊な紛争状況という形で起こりえないからである[41]。また，〔改正前の〕「困窮」窃盗等（ドイツ刑法248条a）も宥和・和解思想の射程から外れる。なぜなら，被害者は行為者にとっての良い機会の犠牲者であって偶然の被害者だからである[42]。

(2) マイヴァルトの「人間関係的犯罪実行」論に対する評価[43]

マイヴァルトの「人間関係的犯罪実行」論に対する評価は分かれており，肯定的評価をする[44]場合でもその限界を指摘する見解が多いようである。

例えば，親告罪の根拠について二分説をとるルドルフィ＝ヴォルター

---

[36] *Maiwald*, a. a. O.（Anm.25），S.37f. 著作権侵害等においては，行為者にとって被害者は「国民のうちの一人」という関係に立たず，むしろ行為者は当該保護著作物を介して被害者に結びついた形で直面する（*Maiwald*, a. a. O.（Anm.25），S.37f.）。

[37] *Maiwald*, a. a. O.（Anm.25），S.38.

[38] *Maiwald*, a. a. O.（Anm.25），S.38f. 親告罪における告訴の実体法的性格について，拙稿「告訴権・親告罪の法的性質に関する一試論―親告罪における告訴は訴訟条件にすぎないのか―」富大経済論集51巻1号（2005年）1頁以下およびその引用・参照文献を参照。

[39] *Maiwald*, a. a. O.（Anm.25），S.39.

[40] *Maiwald*, a. a. O.（Anm.25），S.43. 田口・前掲注（25）249頁注（18）も参照。

[41] *Maiwald*, a. a. O.（Anm.25），S.43. 田口・前掲注（25）249頁注（18）も参照。

[42] *Maiwald*, a. a. O.（Anm.25），S.43f.

[43] マイヴァルトの見解についての簡潔な検討として，拙稿・前掲注（25）11頁を参照。

[44] 本文で紹介するもののものか，マイヴァルトの見解をほぼ肯定的に受け入れ，「法的平和の回復」の観点から議論を展開しているものとして，*Jürgen Strüwer*, Ein Beitrag zur Bestimmung des strafprozessualen Begriffs "Verletzter", 1976, S.111ff. がある。

(Hans-Joachim Rudolphi/Jürgen Wolter：2004 年）は，マイヴァルトの「人間関係的犯罪実行」論に対して基本的には肯定的評価をしているが，二分説のうちの第一類型の説明として次のように述べる（なお，第二類型は軽微犯罪である）。すなわち，行為者が類型的に特定の犠牲者をねらうような場合（例えば，侮辱，発言の秘密の侵害，信書の秘密の侵害，未成年者略取，器物損壊，家庭内窃盗，故意傷害）には，行為の犠牲者は，一般市民の代表としてではなく，行為者にすでに面識のある個人としての個別的な人物であって，第三者も一般市民も潜在的犠牲者（potentielle Opfer）とはみなされない。したがって，その人物のみに限定される攻撃によりわずかに乱された法的平和を，行為者との宥和・和解（Versöhnung）によって回復し，それによって刑事手続を不要とする可能性が犠牲者に開かれている[45]。しかし，宥和・和解は，親告罪の理解に非常に重要ではあるが，職権訴追主義（Offizialmaxime）の制限を説明するのにはふさわしくない[46]。

　また，親告罪の根拠について三分説をとるシュレーター（Tanja Schröter：1998 年）は，行為前に存在する行為者と被害者との「面識」（Bekanntschaft）というメルクマールに疑問を投げかける[47]。すなわち，家庭内・家族内窃盗の場合には，被害者と行為者が通常は行為前に知り合いであるということはそのとおりであるが，傷害罪および侮辱罪を除いて，そのような面識が親告罪の特徴となっていることを強く根拠づけるデータは存在しない。特に，親告罪である過失傷害のうち，事前に面識があることがまれである交通事故による過失傷害が約 90％を占めることが大きな反証になる。また，器物損壊は，自らの行動によって損害を与える者のことなど考えない野蛮な破壊行為に

---

[45] *Hans-Joachim Rudolphi/Jürgen Wolter*, in：Systematischer Kommentar zum Strafgesetzbuch, 7.Aufl., 2004, Vor §77 Rn.2. ルドルフィ（＝ヴォルター）の見解について検討したものとして，拙稿「親告罪における告訴の意義」法学研究論集 15 号（2001 年）10 頁以下および拙著・前掲注（25）111 頁以下があり，本文での記述はこれをもとにしている。

[46] ルドルフィ＝ヴォルターによれば，告訴要件を設ける根拠として宥和・和解に加えて必要とされるのは，(A) 重大犯罪の問題ではないこと，そして特に (B) 刑事訴追と「犠牲者の重大な利益」とが対立していることである。例えば，(b-1) 親族間の窃盗の場合には，家族の平穏（Familienfrieden）の維持という利益，(b-2) 侮辱の場合には，生じた被害以上に刑事手続によって犠牲者に負担をかけないという思想，(b-3) 未成年者略取の場合には，刑事訴訟によって犠牲者の親族関係にそれ以上介入しないとの意図である（*Rudolphi/Wolter*, a. a. O.（Anm.45), Vor §77 Rn.3）。

[47] *Tanja Schröter*, Der Begriff des Verletzten im Strafantragsrecht（§77 Absaz 1 StGB), 1998, S.53ff.

よって生じることが多い。密猟者も同様に損害を与えるもの者のことなど考えない。車両の無権限使用や少額の窃盗・横領のような場合，具体的な被害者の被害は，さらに偶然のものであり，好都合な機会の帰結である[48]。

　さらに，親告罪制度の全廃を主張しているヴァイゲント (Thomas Weigend：1989年)[49]は，宥和・和解思想という考え方は魅力的であるとしつつも，次のように限界を指摘する。まず，現行法の親告罪のすべてが宥和・和解が期待されるような「関係犯罪」(Beziehungsstraftaten；Beziehungsdelikte）というわけではない。それとは逆に，行為者と被害者の間で和解 (Ausgleich) が生じることは他の犯罪でも可能であり，そのような和解の可能性を数少ない一定の親告罪に法律上限定してしまう理由が明確ではない[50]。また，もっぱら関与者の私的領域のみにおいて起こる犯罪の場合には，公的平穏はその定義どおりまったく乱されないので，被害者の和解 (Aussöhnung) は一般人の不安や危険感を取り除くことができず（なぜなら，そのような感情がそもそも存在していない)，さらに，宥和・和解 (Versöhnung) に至らなかったからといって，私的な出来事が事後的に公的な事柄に変わることは不可能であるからである[51]。そして，平和的な和解 (gütliche Ausgleich) の方が刑事手続よりも常に優先されなければならないという出発点は絶対的に妥当であるが，それは非公式紛争解決 (informelle Streitbeilegung) の機会を適切な調停制度 (Mediationseinrichtung) を整備することによって高めるべきであり，告訴権・親告罪という回り道をする必要はない[52]。

---

[48] *Schröter*, a. a. O.（Anm.47), S.53f.
[49] Thomas Weigend, Deliktsopfer und Strafverfahren, 1989, S.444f. 同書の紹介として，宮澤浩一「〈紹介と批評〉トーマス・ヴァイゲント著『犯罪の被害者と刑事手続』一九八九年」法学研究64巻5号 (1991年) 151頁以下を参照。なお，同書で述べられた見解は，イェシェック＝ヴァイゲントの刑法教科書（第5版，1996年）においても維持されている (Vgl. *Hans-Heinrich Jescheck/Thomas Weigend*, Lehrbuch des Strafrechts, Allgemeiner Teil, 5.Aufl., 1996, S.907f. 邦訳として，イェシェック＝ヴァイゲント著/西原春夫監訳『ドイツ刑法総論〔第5版〕』(成文堂，1999年) 723頁〔齊藤信宰訳〕も参照)。ヴァイゲントの見解について検討したものとして，拙著・前掲注 (25) 115頁以下があり，本文での記述はこれをもとにしている。
[50] *Weigend*, a. a. O.（Anm.49), S.450.
[51] *Weigend*, a. a. O.（Anm.49), S.450f.
[52] *Weigend*, a. a. O.（Anm.49), S.451.

3 「関係犯罪」論の射程——関係修復正義からみた犯罪・被害対応論(事後)としての可能性[53]

マイヴァルトの見解の要点をまとめるならば、親告罪にあたる犯罪行為は、典型的に行為者と特定の被害者との関係の中で起こり、それが類型的に特定の個人に向けられており（第三者や一般市民が潜在的犠牲者ではなく）、行為者と被害者との宥和・和解により一般市民の不安を消し去って法的平和を回復することができるというものである。

マイヴァルトの見解は、犯罪・被害が発生する環境・状況としての「関係」という〈事前〉の〈犯罪原因論〉ないし〈被害原因論〉ばかりでなく、そのような「関係」ゆえにどのような対応が可能かという〈事後〉の〈犯罪対応論〉ないし〈被害対応論〉までも、関係犯罪論の射程に入れた点に、大きな意義が認められる。

しかし、マイヴァルトの見解は、〈被害対応論〉の面で十分とはいえない部分が残っている。それは、マイヴァルトが、関係犯罪を主として親告罪との関係に限定して論じ、そして、親告罪制度の趣旨うち国家刑罰権が一部制限・一部放棄されるという部分に力点を置いて、その説明のために、関係犯罪における〈人〉という観点よりも、〈行為〉という観点を重視したためである。すなわち、親告罪制度の趣旨との関係で言えば、〈人〉への着目は、事前に関係をもつ行為者と被害者が宥和・和解することそれ自体の必要性（さらに、副次的であるかもしれないが、そのような人間関係の外部的介入からの保護）という観点が含まれうることから、宥和・和解が親告罪を創設する〈必要性〉に結びつきうる。これに対して、〈行為〉への着目は、一般市民が潜在的被害者になっていないことが問題とされており、さらにそれが国家訴追権・刑罰権の発動の不必要性、すなわち職権訴追主義を制限する〈許容性〉になっていることから、宥和・和解が親告罪を創設する〈許容性〉と結びつきうるのである[54]。

---

[53] 本節での記述は、拙稿・前掲注（45）11頁以下および拙著・前掲注（25）118頁をもとに、「関係」の観点から検討し直したものである。

[54] 親告罪制度の趣旨との関係に関する本段落での記述について、拙稿・前掲注（45）11頁以下および拙著・前掲注（25）118頁を参照。

このように，マイヴァルトの述べる「関係」概念には，犯罪が生じた特別な人間関係という〈人〉という観点と，犯罪行為が特定の個人に向けられているという〈行為〉という観点との2つがある。それは，「事前に存在している行為者と被害者との関係」（親告罪に該当する犯罪が「日常生活をともにする人との間で頻繁に発生する……いさかいに基づくものである」とも述べている）と「人間関係的犯罪実行」という，マイヴァルト自身が用いた2つのキーワードによってその特徴が示される。そして，これらの2つの観点は，本論文Ⅰ3の問題提起で述べた〈事前の「関係」〉と〈事後の「関係」〉にも関わってくる。

まず，〈人〉の関係への着目は，〈事前の「関係」〉として，①犯罪により侵害されることになった健全な関係，すなわち被侵害利益としての関係という側面と，②犯罪を引き起こすこととなった関係，すなわち犯罪の原因（一要因）としての関係という側面が認められる。他方で，〈事後の「関係」〉として，①創出・回復・増強されるべき利益としての健全な関係という側面と，②（再び）犯罪の原因（一要因）となりうる改善されるべき関係（敵対関係）という側面が認められるからである。しかし，マイヴァルトは，このような〈人〉の関係をあまり重視しなかったために，宥和・和解思想を掲げつつも，〈被害対応論〉の面が十分とはいえなくなってしまったのである。その意味で，現実的な対応論としては，ヴァイゲントも指摘するように，国家刑罰権を一部制限・一部放棄の問題とは切り離して，宥和・和解というような非公式紛争解決の機会をより保障するために，直接的に，和解あっせん制度や調停制度などを整備することが重要となる。

とはいえ，〈行為〉への着目は，関係修復正義論との関係で，新たな可能性を提示する。すなわち，この〈行為〉が誰に向けられているのかという関心は，潜在的被害者，つまりその行為がどの範囲まで影響を与えうるものなのかという形で，その行為とどの範囲のコミュニティ（一般によくいわれる地域社会のほかに，狭くは，家族・親族も含まれるし，交友関係，学校・職場，人種，宗教，広くは国家や地球全体も含まれよう）[55]およびその構成員が関係するのか

---

[55] コミュニティ概念やコミュニティの実在性については，周知の通り大きな争いがあるが，本論文では割愛する。

が問題となる。そして，それに合わせて，事後に犯罪や被害に対応すべき（ドイツ刑事法学の言葉を借りれば，法的平和を回復すべき）範囲も変わってくる。つまり，関係修復正義論において想定されるべきコミュニティは固定的なものではないのである。

III 罪名別にみた被害者と加害者の関係に関する日独の統計データ―「関係」修復正義がなぜ必要なのか―

これまで見てきたように，かつては〈事前〉の〈犯罪・被害原因論〉として注目されてきた「関係犯罪」論であったが，マイヴァルトによって〈事後〉の〈犯罪・被害対応論〉がその射程に入れられた。さらに，〈人〉の関係に着目し，近時の関係修復正義論をあわせて考えることで，積極的な〈犯罪・被害対応論〉の素地となる可能性が出てきた。

そこで，このような〈犯罪・被害対応論〉としての素地として，実際に犯罪・被害をめぐって具体的にどのような人間「関係」が存在するのか，罪名別にみた被害者と加害者の関係に関する日独の統計データを用いて検討することとしたい[56]。検討の順序は，本論文IIにおいて「関係犯罪」概念を検討してきたドイツのものを先に検討することとし，それを踏まえつつ，その次に，わが国のものを検討することとする。

ところで，諸澤英道によるわが国で最も著名な被害者学の教科書（1998年）[57]も，日本，アメリカ，ドイツにおける罪名別にみた被害者と加害者の関係に関する統計データを紹介・分析している。しかし，そこでの紹介・分析は，「第2編 被害の原因論」/「15. 被害者からの被害化促進要因」/「15-3. 被害者と加害者の面識関係（acquaintance relation）」という箇所に位置づけられている[58]。つまり，被害者と加害者の面識関係は，被害の原因，より具体的には，被害者からの被害化促進要因の一部と位置づけられているのである。これは，本論文II1でみたドイツにおける学問・実務上の位置づけとも一致して

---

[56] 犯罪・被害をめぐる人間「関係」を考察するためには，心理学や社会学など様々な諸科学を駆使することが必要であるが，本論文の射程を超えるため，割愛する。
[57] 諸澤英道『新版被害者学入門』（成文堂，1998年）。
[58] 諸澤・前掲注（57）198頁。

いる。

しかし，本論文は，罪名別にみた被害者と加害者の関係に関する統計データを，関係修復正義が必要とされる素地として検討しようとするものである点で，これらの先行研究と目的を異にするものである。

1 罪名別にみた被害者と加害者の関係（ドイツ）

ドイツにおける罪種・罪名別にみた被害者と加害者の関係については，ドイツ連邦刑事局が編集する『ドイツ連邦共和国警察犯罪統計年報○』（Polizeiliche Kriminalstatistik Bundesrepublik Deutschland Berichtsjahr ○）〔○は西暦年が入る〕に，「被害者と被疑者の関係」（Opfer-Tatverdächtigen-Beziehung）として，①男女合計，②男女別，③パートナー関係別（婚姻関係，内縁関係，離婚等）について，既遂・未遂とその合計の3種類に分けて，殺人・傷害・強盗などの一部の罪名・罪種ごとに検挙件数が示されており，また，統計年報の付属別添資料として，広範囲にわたる罪名・罪種について詳細に区分された統計表が付されている[59]。

ここでは，本論文執筆時点の最新版である『ドイツ連邦共和国警察犯罪統計年報2012』に基づいて，被害者と加害者の関係の割合を検討することとする。ただし，ドイツでは，わが国と「関係」についての分類が異なっており，そのままではわが国の統計と比較検討することが難しい。すなわち，(A) わが国の警察犯罪統計での分類は，(A-1)「実父母」・「養父母」・「継父母」・「配偶者」（内数として「女」）・「実子」・「養子」・「継子」・「兄弟姉妹」・「その他の親族」，(A-2)「知人・友人」・「職場関係者」・「その他」，(A-3)「面識なし」，(A-4)「法人・団体・被害者なし」であり，犯罪白書は，それぞれ，(A-1)「親族」，(A-2)「面識あり」，(A-3)「面識なし」，(A-4)「その他」としている。これに対して，(B) ドイツの警察犯罪統計における「関係」の大分類は，(B-1)「親族（婚姻関係にない生活共同体のパートナーを含む）」（Verwandtschaft ein-

---

[59] *Bundeskriminalamt* (Hrsg.), Polizeiliche Kriminalstatistik Bundesrepublik Deutschland Berichtsjahr 2012, 2013, S.47ff.〔5.3 Opfer-Tatverdächtigen-Beziehung〕および同資料別添の Tabelle 92ff.〔いずれも，http://www.bka.de/DE/Publikationen/PolizeilicheKriminalstatistik/pks__node.html から入手可能である〕を参照。なお，別添の統計表は非常に広範なものではあるが，すべての罪名をカバーしているわけではなく，例えば窃盗犯のものはないようである。

schließlich Partner nichtehelicher Lebensgemeinschaften), (B-2)「友人・知人」(Bekantschaft), (B-3)「同国人」(Landsmann)[60], (B-4)「一時的関係」(flüchtige Vorbeziehung), (B-5)「無関係」(keine Vorbeziehung), (B-6)「不明」(ungeklärt) である[61]。そこで，わが国の犯罪白書の分類を参考に，①「親族等」〔ドイツの分類を考慮して統一的に「等」を挿入した〕，②「面識あり」，③「面識なし」，④「その他」，⑤「不明」という分類を採用し，ドイツの統計データに関しては，わが国の分類との比較が困難である，(B-3)「同国人」は「面識なし」に，(B-4)「一時的関係」は「面識あり」として扱うこととする[62]。

以上の分類に基づいて，親族および面識ありの合計値の大きい順に並べると，図1のようになる。

この図1によれば，強姦，殺人，自由に対する罪，傷害は，親族等と面識ありが5割以上であるし，性的虐待等も4割を超える。これらは，比較的密接な人間関係の中で発生しており，「関係犯罪」として位置づけられる一条件を満たしているといえよう。そして，実際に，ドイツ刑事法学においても，殺人，性犯罪ないし性的虐待等は，「関係犯罪」と位置づけられている[63]（その他の犯罪の位置づけについて，本論文IIの学説を参照）。

2 罪名別にみた被害者と加害者の関係（日本）

わが国における罪種・罪名別にみた被害者と加害者の関係については，警察庁編集による犯罪統計書である『平成○年の犯罪』に，「罪種別　被疑者と被害者との関係別　検挙件数」（解決事件を除く）として詳細なデータが掲載されているほか，その統計に基づいた概要が法務省法務総合研究所編『平成

---

[60] *Bundeskriminalamt* (Hrsg.), a. a. O. (Anm.59), S.47 の表 5-T05「Opfer-Tatverdächtigen-Beziehung (Opfer insgesamt)」の表注によれば，この分類は，被害者が外国国民である場合のみに用いられ，かつ，親族でも友人・知人でもない場合に該当する。

[61] この6分類は大分類であって，別添の統計表では，分類がさらに細分化されている。

[62] ドイツの警察犯罪統計の統計表の項目順および枠線の区切りから判断すると，ドイツにおいては，「一時的に関係があった者」は，面識なしに近いものと考えられているようであるが，わが国の分類にあわせて「面識あり」として取り扱う。

[63] 殺人について，*Johann Glatzel*, Mord und Totschlag：Tötungshandlungen als Beziehungsdelikte：Eine Auswertung psychiatrischer Gutachten, 1987；*Schwind*, a. a. O. (Anm.24), S.404f.を参照。性犯罪ないし性的虐待等について，*Schwind*, a. a. O. (Anm.24), S.26 und S.407 を参照。子どもの死亡事件，殺人，粗暴犯，強姦等について，*Eisenberg*, a. a. O. (Anm.24), S.803 も参照。

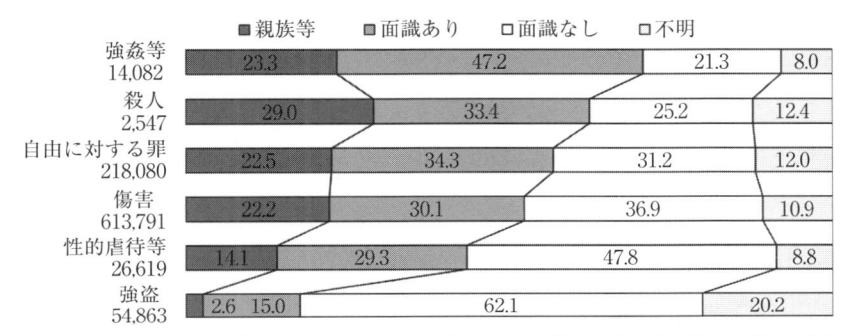

関係修復正義としての修復的司法の犯罪学・被害者学・刑事政策学的素地（黒澤）　133

	親族等	面識あり	面識なし	不明
強姦等 14,082	23.3	47.2	21.3	8.0
殺人 2,547	29.0	33.4	25.2	12.4
自由に対する罪 218,080	22.5	34.3	31.2	12.0
傷害 613,791	22.2	30.1	36.9	10.9
性的虐待等 26,619	14.1	29.3	47.8	8.8
強盗 54,863	2.6　15.0	62.1	20.2	

1) *Bundeskriminalamt*（Hrsg.），Polizeiliche Kriminalstatistik Bundesrepublik Deutschland Berichtsjahr 2012, 2013, S.47［5-T05 Opfer-Tatverdächtigen-Beziehung（Opfer insgesamt）］および同資料別添の Tabelle 92 のデータをもとに，法務省法務総合研究所編『平成 24 年版犯罪白書』（2012 年）191 頁「5-1-5-1 図　検挙件数の被害者と被疑者の関係別構成比（罪名別）」を参考にして作成した。
2) 日独比較のため，「一時的関係」を「面識あり」，「同国人」を「面識なし」として扱った。
3) 「殺人」は，Mord と Totschlag を合計したものである。
4) 前掲の犯罪白書にならい，「親族等」と「面識あり」の割合の合計が多い罪名順に並べた。

図 1　ドイツ　検挙件数の被害者と被疑者との関係別構成比（罪名別）　2012 年

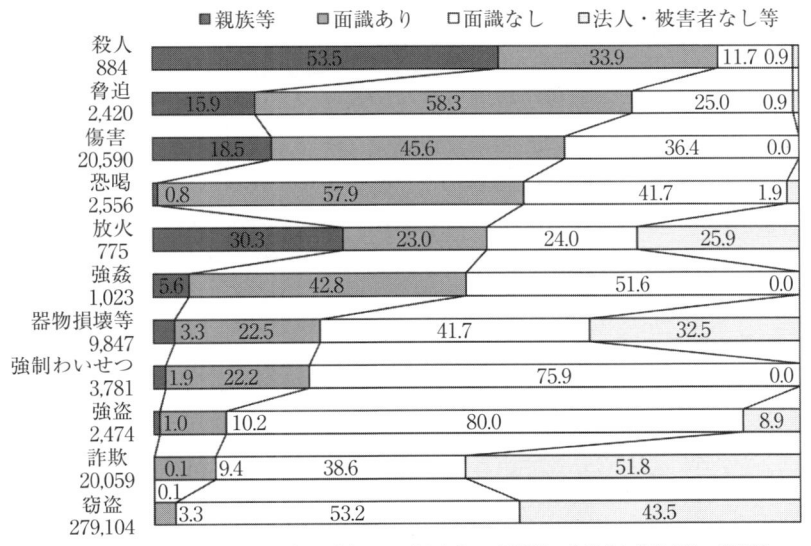

	親族等	面識あり	面識なし	法人・被害者なし等
殺人 884	53.5	33.9	11.7	0.9
脅迫 2,420	15.9	58.3	25.0	0.9
傷害 20,590	18.5	45.6	36.4	0.0
恐喝 2,556	0.8	57.9	41.7	1.9
放火 775	30.3	23.0	24.0	25.9
強姦 1,023	5.6	42.8	51.6	0.0
器物損壊等 9,847	3.3　22.5	41.7	32.5	
強制わいせつ 3,781	1.9　22.2	75.9	0.0	
強盗 2,474	1.0　10.2	80.0	8.9	
詐欺 20,059	0.1　9.4	38.6	51.8	
窃盗 279,104	0.1　3.3	53.2	43.5	

1) 警察庁編『平成 24 年の犯罪』（2013 年）336 頁以下「56　罪種別　被疑者と被害者との関係別検挙件数」のデータをもとに，法務省法務総合研究所編『平成 24 年版犯罪白書』（2012 年）191 頁「5-1-5-1 図　検挙件数の被害者と被疑者の関係別構成比（罪名別）」を参考にして作成した。
2) 解決事件を除く。
3) 前掲の犯罪白書にならい，「親族等」と「面識あり」の割合の合計が多い罪名順に並べた。

図 2　日本　検挙件数の被害者と被疑者の関係別構成比（罪名別）　2012 年

○年版犯罪白書』に「検挙件数の被害者と被疑者の関係別構成比（罪名別）」として掲載されている。

ここでは，本論文執筆時点の最新版である『平成24年の犯罪』に基づいて，被害者と加害者の関係の割合を検討することとする。親族および面識ありの合計値の大きい順に並べると，図2のようになる[64]。

この図2によれば，殺人，脅迫，傷害，恐喝，放火は，親族等と面識ありが5割以上であるし，強姦も4割を超える。これらは，比較的密接な人間関係の中で発生しており，「関係犯罪」として位置づけられる一条件を満たしているといえよう。そして，実際に，わが国の刑事法学・被害者法学においても，殺人，傷害，強姦は，「関係犯罪」と位置づけられており，さらに，詐欺も「関係犯罪」とされている[65]。

3　分析と評価――特に関係修復正義の必要性の観点から

以上の日独の統計データや学問上の評価からわかるように，殺人や強姦は，「関係犯罪」に位置づけられるとみてほぼ間違いない。

ただし，これらの統計データの解釈には注意すべき点がいくつかある。特にわが国の統計データに関していえば[66]，第一に，暗数の存在が挙げられる。犯罪・被害が通報されないなどして，捜査機関に認知されず，公式な犯罪統計の対象にそもそもなり得ないのである。特に親告罪の場合には，二次被害の回避（性犯罪，名誉毀損罪等），家庭の平穏の保護（いわゆる親族相盗例），裁判外解決の期待（器物損壊罪等）などのために，通報を行わない場合が類型的に想定される点で，暗数の問題が大きくなる（もっとも，非親告罪でも程度の差はあれ同様のことを想定しうる）。そして，親告罪において暗数となる事案は，告訴期間の起算点に関する「犯人を知つた」日（刑訴法235条1項柱書）という文言にもあらわれているように，一定の人間関係がある場合に通報・告訴を躊躇することが多いことが前提となる。そのため，統計上の数字よりも，暗数を含めた全体数の方が，親族や面識ありの者の割合が高くなると考

---

[64] 警察庁編『平成24年の犯罪』（警察庁，2013年）336頁以下。
[65] 諸澤・前掲注（57）262頁を参照。
[66] ドイツの統計データの解釈上の留意点については，*Eisenberg*, a. a. O.（Anm.24），S.803を参照。

えられるし，実際に，性犯罪に関してそのようなことが指摘されている[67]。第二に，警察段階の検挙件数を基準としている点である。統計上，被害者との関係が問題とされるのは，被疑者であって，加害者ではない。したがって，被疑者が検挙後に無実であることが判明して加害者ではなくなる可能性もある。また，そもそも検挙に至らない事案は，加害者との面識がない場合が多いと推測される。それゆえ，この意味においては，統計上の数字よりも暗数を含めた全体数の方が，面識なしの割合が高くなると考えられる。とはいえ，前掲の統計データは，実数を完全に反映したものととらえることはできないとしても，一定の犯罪（殺人，強姦等）について犯罪・被害に人間関係が関わっているという全体的な傾向があることは否定されないであろう。

ところで，本論文Ⅰ3の問題提起で見たように，殺人や強姦などの重大犯罪には適用するのが困難であるとするのが一般的な理解である。たしかに，通り魔殺人や無差別テロ事件などを想定した場合には，ゆるしたり[68]仲直りしたりという修復的司法の一般的イメージからすれば，そのような理解が受け入れられやすいのはその通りであろう[69]。

しかし，殺人や強姦が理論的にも「関係犯罪」であり，統計データをみても被害者と加害者との関係が親族または面識ありの者によることの割合が高いことを考慮した場合，また別の重要なことが見えてくる。すなわち，このような「関係犯罪」のうち現にその典型的な「関係」がある事案の場合には，他の犯罪や事案と比べて特に次のことがあてはまる。第一に，前述のとおり，〈事前の「関係」〉として，①犯罪により侵害されることになった健全な関係（犯罪・被害が起こったのであるからそれは完全なものではなく，部分的に健全な関係であるのかもしれない）があるとともに，②犯罪・被害を引き起こすこととなった犯罪・被害の原因（一要因）としての関係がある。第二に，これも前述のとおり，〈事後の「関係」〉として，①創出・回復・増強されるべき利益

---

[67] 例えば，諸澤・前掲注（57）201頁を参照。
[68] ここでは，関係修復的正義における「赦し」ではなく，一般的なイメージでにおける「ゆるし」である。
[69] これに対して，テロリストに対しても修復的司法を試みるべきとするものとして，ニルス・クリスティ著／平松毅＝寺澤比奈子訳「テロリストにも修復的司法を試みよ」法と政治54巻1号（2003年）173頁以下がある。

としての健全な関係と，②（再び）犯罪・被害の原因（一要因）となりうる改善されるべき関係（敵対関係）が存在している。第三に，被害者と加害者が親族や面識のある者であるということは，被害者の親族が同時に加害者の親族であったり，被害者の友人・知人が同時に加害者の友人・知人であったりするわけである。つまり，親族や友人・知人，さらに学校・職場・地域というコミュニティに，被害者側と加害者側の両側面を持つ複雑な環境・状況や不安を作り出してしまうのである。そして，それらは現実の人間関係が実際に存在しているため，積極的であるにせよ消極的であるにせよ，何らかの対応が必要になる。

殺人や強姦は，単に抽象的理論レベルで「関係犯罪」であるばかりでなく，その多くが実存する人間関係を前提としているのであるから，被害者・加害者本人のみならずその周囲を含めたコミュニティを形成する人間関係をあるべき形に〈新たに作り直す〉関係修復正義（それは，一般にイメージされるような，ゆるしたり仲直りしたりというレベルとは異なる）が特に必要とされる素地があるというべきである。ただし，殺人や強姦は，その被害の深刻さゆえに，実践レベルでの具体的な対応に大きな困難を伴うのはいうまでもない[70]。

IV　むすびにかえて

最後に，以上の検討で明らかになったことをまとめておく。

I．関係修復正義論における「関係」概念は，〈事前の「関係」〉と〈事後の「関係」〉の2つが含まれる。〈事前の「関係」〉は，①犯罪により侵害されることになった健全な関係（被侵害利益としての関係）と，②犯罪・被害を引き起こすこととなった関係（犯罪・被害の原因としての関係）であり，〈事後の「関係」〉は，①創出・回復・増強されるべき利益としての健全な関係と，②（再び）犯罪・被害の原因となりうる改善されるべき関係（敵対関係）である。

II．シュルツ論文とその延長線上にある「関係犯罪」をめぐる議論の多くは，犯罪が発生する環境・状況としての「関係」という〈事前〉の〈犯罪・

---

[70] 長谷川・前掲注（12）88頁以下，平山・前掲注（12）69頁以下を参照。

被害原因論〉の枠組みを大きく超えるものではない。これに対して，マイヴァルト論文は，親告罪制度の趣旨を検討する中で，犯罪・被害が発生する環境・状況としての「関係」という〈事前〉の〈犯罪・被害原因論〉ばかりでなく，そのような「関係」ゆえにどのような対応が可能かという〈事後〉の〈犯罪・被害対応論〉までも，関係犯罪論の射程に入れた。しかし，マイヴァルト論文は，関係犯罪を主として親告罪との関係に限定して論じ，国家刑罰権の一部制限・一部放棄という点に力点を置いて，関係犯罪における〈人〉という観点（事前に存在している行為者と被害者との関係）よりも〈行為〉という観点（人間関係的犯罪実行）を重視したため，〈被害対応論〉として不十分となった。

Ⅲ．関係犯罪論は，〈人〉の関係に着目し，関係修復正義論をあわせて考えることで，積極的な〈犯罪・被害対応論〉の素地となる。特に殺人や強姦は，単に抽象的理論レベルで「関係犯罪」であるばかりでなく，その多くが実存する人間関係を前提としていることから，被害者・加害者本人のみならずその周囲を含めたコミュニティを形成する人間関係をあるべき形に〈新たに作り直す〉関係修復正義が特に必要とされる素地がある。

本論文は，関係修復正義が必要とされる〈素地〉のほんの一部を明らかにしたにとどまる。関係修復正義は，理論もさることながら，実践レベルでの具体的な対応がとりわけ重要である。この点についての検討は，今後の課題としたい。

【付記】
細井洋子先生に初めてお目にかかったのは，2000年5月6日に開催された第1回RJ研究会のことでした。それ以来，社会学を背景とされる先生は，法学を背景とする私に，常に学問的な刺激を与え続けてくださっています。本論文もその刺激に触発されたものです。先生には，RJ研究会の母として，また，わが国の修復的司法・関係修復正義の母として，今後も末永くご指導賜れることを強く願っております。

【補遺】
本論文で提示した問題関心との関係で特に重要な示唆を得られる研究書と

して，*Johannes Kasper*, Wiedergutmachung und Mediation im Strafrecht：Rechtliche Grundlagen und Ergebnisse eines Modellprojekts zur anwaltlichen Schlichtung, 2004 がある。同書は，ドイツ・ミュンヘンにおける弁護士の仲介による損害回復プロジェクトである「和解〔Ausgleich e. V.〕」〈http://www.ausgleich.de/〉での実践を題材にして，刑法における損害回復と調停について，理論的・実証的側面から非常に詳細な検討を加えたものである。同書では，同プロジェクト利用者における「行為者と被害者の面識」のデータとして，事件当時の面識の有無，罪種別にみた面識の有無，面識の種別が取り上げられ，利用者には面識がある比率が高く，しかも罪種によりその比率はだいぶ異なるなどの重要な情報が提示されているほか，故殺・謀殺未遂や性犯罪などの場合の利用状況も紹介されている（同書 179 頁以下，特に 211 頁以下および 193 頁以下。なお，同プロジェクトでの実践を題材にして刑事手続的側面から非常に詳細な検討を加えた研究書として，*Bert Götting*, Schadenswiedergutmachung im Strafverfahren：Ergebnisse eines Modellprojektes zur anwaltlichen Schlichtung, 2004 も参照。）。

筆者・黒澤は，2015 年 3 月末からのドイツでの在外研究において，上記プロジェクトの現状を調査する予定である。

刑事司法と修復的司法の機能に関する一考察

小長井　賀與

Ⅰ　はじめに
Ⅱ　刑事司法の目的と刑罰の根拠
　1　刑事司法の目的と刑罰の根拠
　2　刑事司法の原則——人権保障と均衡性（Proportionality）——
Ⅲ　刑事司法の目的の実相
　1　刑事司法の下位の目的
　2　被害者への敬意
　3　刑事司法の目的としての犯罪予防
Ⅳ　刑事司法の現況
　1　被害者やコミュニティへの配慮
　2　刑事司法における被害者像の変化
Ⅴ　修復的司法の目的
　1　修復的司法の背景
　2　修復的司法のパラダイム
　3　修復的司法の方法
　4　修復的司法の目的
Ⅵ　修復的司法の機能

Ⅰ　はじめに

　2012年晩秋のRJ研究会で，修復的司法を含め「犯罪者処遇の原理」的な事について自説を話す機会を与えられ，細井洋子教授はじめRJ研究会員から貴重な助言や意見をいただいた。その成果は細井教授に主査を務めていただいた学位請求論文中の一章に納め，加害者への対応に焦点を当てて，刑事

司法と修復的司法の関係について若干の考察をした。刑事司法と修復的司法の関係は筆者の手に余る大きなテーマなので，当然ながら一遍の拙論で尽きるはずがなく，その後も継続して筆者の研究課題としてきた。2013年度はイギリスの大学で刑事司法と修復的司法の理論を学ぶ機会を得たので，イギリスと対比しつつ日本の制度を考えてきた。本稿ではその学びを付加し，改めて刑事司法と修復的司法の機能や両者の関係について考えてみたい。

両司法は全く別の仕組みであるが，近年，両者の機能や方法が歩み寄っているように思える。それは主に刑事司法側の事情による。今や多くの国で，刑事司法は被害者や社会への配慮を抜きにして成り立たない状況にある。被害者への賠償命令はもとより，刑事司法のあらゆる段階での被害者支援，裁判段階での被害者参加制度，「社会の保護」を優先的に考慮した量刑，裁判員制度や陪審員制度等審理への市民参加など，各段階で「被害者」と「社会，コミュニティ」は実務の鍵概念となっている。加えて，近年は犯罪予防が刑事司法の重要課題となっており，特に欧米では，犯罪リスクを抱えた社会的弱者を対象とした「未来志向の再統合施策」が次々と打ち出されている。

これらの動向から，部分的であるが，刑事司法は修復的司法に近づいてきたように思う。一方，修復的司法でもプロセスの透明性，加害行為の重大さと合意事項との一定範囲での均衡（Proportionality）など，客観的手続きが要請される傾向にある。だが，ともに歩み寄ってもなお，両司法は違うパラダイムをもつ異なる制度である。以下，両司法が近づいてきた点を確認しながら，それでも残る各司法の固有の意義と機能について考えてみたい。

II　刑事司法の目的と刑罰の根拠

1　刑事司法の目的と刑罰の根拠

刑事司法の目的は，法に基づいて人の行動を統制することで，社会の平和と安寧な共同生活を実現し維持することにある。その手段として刑罰が用いられる。犯罪によって他者の生命や財産などの法益が侵害され，社会の平和な共同生活が乱されると，国家は「侵害原理」に基づいて，行為者に刑罰を科すことになる。刑罰は責任論を基礎にして構成されている。すなわち，人

は自分の意志に基づいて合理的な判断ができる存在として捉えられ，犯罪を行うことについても自由意志に基づいてその行為を選択したのだから，犯罪の責任を負うべきであるとされる。そこで，責任の大きさに応じた刑罰が科される。これが「責任原理」である。

刑罰の目的は，公平で公正な法と手続きによって法の違反者に対し制裁を科すことで，法的平和を回復・維持することにある。そして，その行為者の更なる違法行為を統制する（＝特別予防）とともに，一般人に対しては行為の規範を示すことで将来起こるかもしれない違法行為を未然に防ぐこと（＝一般予防）を目指す。こうして，規範レベルで加害者と社会の関係を修復していく。

2　刑事司法の原則

刑事司法では，人は自ら判断して行動する自由を有するとともに，責任を担える自律的な存在であると想定されている。これを裏返えして考えると，刑事司法はそのような自律的な人間を尊厳ある存在として尊重する責務，換言すれば人の権利を保障する責務を負うということになる。

上述のとおり，国家は公共の福祉を実現するために刑罰を用いて人の行動を統制している。刑罰とは強制力によって人を罰することだから，元々人の権利を侵害するリスクを内在させている。そのため，人権侵害のリスクを減ずるためには，安全弁が講じられなければならない。

人権侵害の防御策として，憲法や各種の国際人権規約は人に保障されるべき権利を明示的に規定している。例えば，欧州人権規約（European Convention on Human Rights, 1950）では，刑事司法をめぐって特に次の権利が規定されている。

第2条（生命に対する権利），第3条（拷問の禁止），第5条（自由及び安全に対する権利），第6条（公正な裁判を受ける権利），第7条（罪刑法定主義），第8条（私生活及び家庭生活の尊重についての権利），第10条（表現の自由），第11条（集会及び結社の自由）

これらの人権を守るためには，恣意的で制限のない刑罰の行使を戒めなければならない。そのために，刑罰には依るべき原則が設定されている。すな

わち，行為の重大さと行為者の責任の大きさによって，刑罰の重さが決定されるべきということである。これが，前述した「侵害原理」と「責任原理」である。この二つの原理から，1）犯罪行為による害の大きさ，2）行為の悪質さと責任非難の程度に応じて，個々の犯罪の量刑が決定されるべきこと，罪刑均衡（Proportionality）の原則が導かれる[1]。

そして，このように，侵害原理と責任原理に依る比例性に基づいて刑罰が科されるとき，刑事司法は正統性をもつということができる。こうして，規範レベルで刑事司法における正義が実現されることになる。

Ⅲ　刑事司法の目的の実相

1　刑事司法の下位の目的

前述のとおり，刑事司法の大目的は法的平和の実現にあり，時代と地域を超えた普遍性をもつ。一方，下位レベルの目的は社会情勢を反映して少しずつ変化している。

Ashwarth[2]は，刑事司法の目的として，1）犯罪予防，2）容疑者や被告に対する公正な扱い，3）犯罪被害者に対する相応の敬意，4）犯罪に対する事案の重大性等に応じた適正な非難を挙げ，刑事司法の各ステージで諸目的間の優先順位が異なるとする。そして，趣旨とベクトルの異なるこれらの諸目的を「法的平和の回復と維持」という上位目的に整合的に流し込むのは容易ではなく，せいぜい諸目的を可能な範囲で首尾一貫させるように努め，国際人権規約を遵守することが現実的であるという。このような刑事司法の目的は日本も共有している。例えば，犯罪対策閣僚会議「犯罪に強い社会の実現のための行動計画」（平成15年12月策定）や更生保護法第1条（平成19年制定）には，上記の目的に沿うような国の立場が表明されている。

---

[1] ここまでの議論は，Professor Graham Virgoによる授業「Criminal Law」（Law Faculty, Cambridge University, Michaelmas Term 2013）を参考にした。
[2] Andrew Ashwarth, Sentencing and Criminal Justice 4thedition, Cambridge University Press, 2010, pp 71, 72

2　被害者への敬意

　Ashworthは、被害者がいてこそ訴訟が成り立つのであり、被害者が犯罪によって受けた害を正当に評価して判決に反映させるのが国の責務であるという。そして、法の規定する範囲で被害者への情報提供や意見陳述の権利を保障せよといっており、日本での現行の規定や運用と同じ立場である。「被害者への敬意（respect）」が刑事司法の目的の一つとして明言されている点に、被害者が刑事司法の中で一定の地位を確保したことが象徴されている。

3　刑事司法の目的としての犯罪予防

　上述のとおり、ベクトルの異なる刑事司法の諸目的を整合させるのは容易でないが、広義の犯罪予防が刑事司法全体として目指すべき方向性であることは間違いないであろう。刑罰による規範的犯罪予防は時代を超えた普遍性をもつが、刑事政策における現実レベルでの犯罪予防の方法は、近年変化してきた。大きく分けて、現在多くの国で行われている犯罪予防の方法は次の3つに分類できる。

1）発達介入アプローチ ─ 犯罪リスクのある児童や少年を早期に発見し、発達支援プログラムや家族指導・支援プログラムを早期に実施して、問題行動や犯罪のリスクを低減させる。
2）状況的犯罪予防アプローチ ─ 街やビルのデザインや配置、車の設計を犯罪回避的なものとする、防犯カメラ等監視システムを充実する、地域を巡観する警察官の数を増やすなどの方法で、犯罪の起こりにくい環境を作る。
3）社会関連、あるいはコミュニティ関連再統合支援アプローチ ─ 多くは社会経済的弱者である犯罪者に住居、社交・リクレーション、教育・訓練、就労、社会適応の支援を行い、社会への再統合を助ける。

　以上のうち、欧米では近年発達介入アプローチが重視されており、実証研究も盛んに行われている[3]。犯罪リスクの低減を目的とし、実証研究で効果が検証された施策が実施されている。刑事司法手続の早い段階で、少年非行

---

[3] 例えば、David P. Farrington, "Childhood risk Factors for young adult offending：onset and persistence", *Young Adult Offenders*, Routledge, 2012

や若年者犯罪に対するダイバージョンとして実施されることもある。

　また，再統合支援アプローチについては，例えば，イギリスでは2000年前後から社会的排除問題が犯罪要因であると公的に認識されるようになって，刑事政策が社会政策と繋がってコミュニティの関係機関・団体・個人によるパートナーシップを活用した包括的生活自立支援が行われるようになっている。そのような政府の立場は，与党労働党のマニフェストに「Tough on Crime, Tough on the Causes of Crime」[4]という句で示された。日本でも，現在，法務省が中心となって住居，雇用を中心に犯罪者の更生支援が盛んに行われ，福祉団体との連携も促進されている。

　上記三つの犯罪予防活動の多くは，全体社会ではなくコミュニティを舞台に展開される。コミュニティとは，地域住民の生活圏であり住民同士が互いの存在を特定できる範囲である。犯罪予防活動の目的はリスクを抱える者の特別予防に留まらず，地域住民の福利や地域の活性化にも寄与することが多い。地域機能の強化が犯罪予防に資するからである。また，刑事司法における犯罪予防は特定の犯罪リスクの発見が端緒になったとしても，必然的に社会政策や地域福祉へと繋がっていき，未来志向的である。また，国や自治体の一方的主導によるものでなく，家族・地域住民・市民団体の関与，恊働によるものが多く，地域における社会関係のネットワークを活用し，同時に結果的にその充実・強化に繋がっていく。

　このように見ていくと，刑事司法における最近の犯罪予防は犯罪リスクのある者を対象としながら，コミュニティの福利や恊働に繋がるものであり，その点で修復的司法の理念や方法に共鳴する。

Ⅳ　刑事司法の現況

1　被害者やコミュニティへの配慮

　被害者やコミュニティは刑事司法では訴訟の当事者ではないが，現実には犯罪の当事者である。にも関らず，近代刑罰制度が確立して以降に被害者や

---

[4] 1997年労働党のマニュフェスト，Labour Party manifestos 1997による。

コミュニティが忘れられた存在であったことの反省から，犯罪によって害を被った被害者やコミュニティへの配慮がなされるようになった。しかし，ともに犯罪から影響を被っているから中立的な立場にはない。

そうでありながら，近年は国民やマスコミが刑事司法に被害者やコミュニティへの配慮を求めるようになり，国もその期待に応えざるを得ない状況にある。これは日本に限らず多くの国でみられる現象であり，刑事司法が（世論の動向に影響を受け易い）政治の影響から独立した不偏不党な手続きや裁定を行うことの難しさが多くの識者に論じられている[5]。

性犯罪者や暴力事犯者への言渡判決における拘禁期間の定めのない「危険な犯罪者」の規定[6]や，性犯罪者等に対する民事拘禁[7]の規定などはその例示だと解釈することができる。前者は，再犯リスクの予測はいかなる精緻な統計解析の手法を用いても蓋然性に過ぎないことから，長期間の拘禁の正当性に疑いがあること，後者は犯罪行為と拘禁期間が必ずしも均衡しないことから，規定自体の合理性に根拠が薄いとされる。このような状況を踏まえ，Ashworth は，David Garland の「主権国家の衰退（the decline of the Sovereign State）」（Garland, 1998）を引用して，現在多くの国で国民の安全を守るための適正なモデルを従来どおり維持できなくなっているという[8]。

2 刑事司法における被害者像の変化

前述のとおり，刑事司法においても「犯罪被害者への敬意」が目的の一つに挙げられている時代状況にあり，その延長線上で被害者参加制度が創設されていると捉えることができる。被害者は犯罪の当事者でありながら，刑事訴訟の当事者ではない。すなわち受けた害の回復を刑事上の権利として加害者に主張できない。そして，被害者参加制度はそういった状態を少しでも補償しようとする制度だといえよう。だとすると，国家は限定的ではあるが，不利な立場に置かれた被害者を訴訟手続きの中に包摂しようとしていると見

---

[5] 例えば，Ashworth, 2010, p75, Tapio Lappi-Seppala, National Differences in the Use of Imprisonment, 犯罪社会学研究，2008
[6] 例えば，イギリスの Criminal Justice Act 2003 の Sec. 224, 225 の Dangerous offenders の規定
[7] 例えば，イギリスの Sexual Offender Act 2003 の Sec. 104 の Sexual offence prevention orders の規定
[8] Ashworth 前掲書, p 75

ることができる。

　つまり，情緒やケアで繋がった「人々の関係性」は修復的司法に限定した概念ではない。日本の被害者参加制度をどう評価するかは立場によって様々であろうが，被害者参加制度における「ケアの関係」を支える興味深い文章[9]がある検察官によって書かれているので，簡単に紹介したい。

　同検察官は，訴訟法では人間は単なる者ではなく「人」として扱われるのが原則であるとし，被告人，証人，通訳人，弁護人，付添人，告訴人等の呼称を例示する。しかし，従来の刑事訴訟法では被害者には人としての呼称は存在せず，あくまで被害「者」に過ぎなかったという。ところが，近年の刑事司法における被害者の復活の機運の中で，「被害者参加人」という呼称が法律に規定され，被害者は「訴訟の当事者」でないとしても「事件の当事者」として，「人」として扱われるようになったとする。

　ついで，同検察官は，交通事故で夫を失った女性に係る「法廷での被害者参加人」について，傍聴席から観察した裁判状況を描写している。同検察官は被害者参加人の頼りなげで極度に緊張した様子に，事件後の悲しみと苦難の日々を想像して同情する。そして，参加人は情状証人や被告人には質問をせず，用意してきた意見陳述書を読み上げただけであり，その意見陳述自体は参加人制度が導入される前から存在したものであるが，被害者が参加人として検察官の隣に座った事自体に意義があるという。つまり，検察官が質問を終える毎に参加人と小声でやり取りする様子に，訴訟手続きにおける被害者への敬意と配慮を読み取るのである。そればかりか，被告人が最終意見陳述の後に，裁判官ではなく参加人に頭を下げて謝罪したことに，「裁判手続に血が通った」と感ずる。さらに，法廷終了後に，小さな遺影のような物に手を当てて達成感を感じているような表情の被害者参加人を温かく描き，犯人性を争う完全否認事件への適用は難しいとしても，事実関係に争いのない事件への同制度導入の意義は被害者にも加害者にも確かにあったと評価する。

　検察官によるこの文章の中では，被害者はケアの関係性の中で訴訟関係者に包摂されているように思える。そこでは，関係者間で情緒が温かく交流し

---

[9] 山下輝年，「『人』となりし『者』」，受験新報，2009年8月号，pp 80, 81

ていると思える。この一裁判を普遍化することができないが，少なくとも適合する事例にうまく運用されれば，修復的司法の領域に達する被害者参加人裁判の例があることは確かである。包摂的な社会では，人は自分を価値ある存在と認識することができ，それを社会も認めていてくれているという安心感をもって生きていけるから，他者と共存し，自分を生かしつつ社会と調和しくことができる。ここまでくると，刑事司法と修復的司法の違いは紙一重である。

V　修復的司法の目的

1　修復的司法の背景

　国家主導で合理性や経済的効率を追求した時代が近代だとすると，その揺り戻しとして，人間の情緒や精神性，人々の関係性，日常生活，コミュニティの再評価と再構築が後期近代の特徴といえる。つまり，近代社会で切り捨ててきたものに改めて注目し，生活者の視点から社会の事象を見直すことが後期近代社会の一つの方向性である。

　修復的司法も，国家が刑罰権を独占し刑事司法制度を確立する過程で捨ててきた民衆による紛争解決手段の価値を見直し，再び取り込もうとする後期近代における思潮，実践である。刑事司法制度に対する不満や批判を背景に，犯罪を含め紛争への対処方法を生活者の視点から見直し自分達の福利に資するものにすることを目指して，1970年代以降オセアニア，北米，欧州を中心に多くの国々で展開されてきた。

　刑事司法制度に対する批判は，主に次の3点からなされた。1) 犯罪によって最も害を受けたのは被害者なのに，刑事訴訟の当事者でない，2) 刑事司法では犯罪行為者にその責任の大きさに応じた罰を報復的に科して，当人やその他の者による犯罪を抑止することを目指すが，犯罪は一向に減少していない，3) 国家主導による刑事司法手続きで，法律の専門家が用いる言語と論理は被害者や一般人には理解し難い。

　このような中で，ノルウェーの犯罪学者クリスティーが，1977年の論文「Conflict as Property」[10]によって，「紛争はその対応過程でコミュニティが凝集

性と問題解決能力を向上させていくことのできる民衆の財産なのに，国家がその財産を奪い，法律専門家達のものにしてしまった」と糾弾した。この論文は修復的司法の趣旨を明快に代弁し，その展開に弾みを付けた。そして，各地に残っている原住民による紛争処理の方法を再評価する機運も生まれて，修復的司法が世界の国々で発展し，警察段階，起訴前，判決前，刑の執行段階で，刑事手続きの代替措置あるいは補足として実施されている。例えば，イギリスでは様々な実践を経て，the Crime and Courts Act 2013, Schedule16, Sec. 5 の規定により，2013 年 12 月から判決前の正式の代替措置として修復的司法が実施されている。

2　修復的司法のパラダイム

現行の刑事司法への不満から出発した修復的司法は犯罪を巡るパラダイムを大胆に転換し，住民が納得できる正義とコミュニティの平和の実現を目指してきた。

刑事司法と修復的司法のパラダイムの違いは，(1) 犯罪観，(2) 犯罪による害への対応方法，(3) 犯罪者観の3点から論ずることができる。

(1) 犯罪観

刑事司法も修復的司法も犯罪を平和な社会生活を乱す行為だと見るが，刑事司法が犯罪を人や社会の法益への侵害行為，規範レベルの違反行為と捉えるのとは異なり，修復的司法は犯罪を現実の生活の中での人々同士，人々とコミュニティとの関係性への侵害と見る。更に深めて，犯罪を何らかの社会的な逆機能，共有すべき規範や価値の崩れの象徴だと捉えていく向きもある。

犯罪観の相違から，両司法が定める当事者は異なる。刑事司法では当事者は国家と刑事被告人とされ，修復的司法では被害者，加害者，コミュニティとされる。

(2) 犯罪による害への対応方法

Zehr[11]は，刑事司法も修復的司法も悪事によってバランスが崩れたという

---

[10] Nils Christie, "Conflict as Property", *British Journal of Criminology* 17(1), 1977, pp 1-14
[11] Howard Zehr, *Changing Lenses*, Herald Press, 1995（西村春夫，細井洋子，高橋則夫監訳『修復的司法とは何か　応報から関係修復へ』新泉社, 2003, pp. 4-8.）

同じ前提に立ち，加害者は何かを負うと考え，行為と対応の間には比例的な関係があるべきだとする。そして，崩れたバランスを回復することで平和を再構築することを目指す。しかし，その方法は著しく異なる。

刑事司法は犯罪による害の大きさと行為の悪質さの程度に依る責任（Responsibility）に比例する苦痛を加害者に与えることで，法を破った加害者と法的秩序を崩された国家の関係にバランスを回復させようとする。一方，修復的司法は，コミュニティでの生活がどれ位害されて，修復するのに何が必要かに着目して対応を決める。まず，加害者に被害者やコミュニティに与えた害を説明して修復する責任（Accountability）を引き受け履行することを要請する。そして，コミュニティがそれを支援して，協働してコミュニティの平和な生活を再建していくことでバランスを回復しようとする。このように将来の新たな局面での平和の再構築を目指しており，未来志向である。

(3) 犯罪者観

刑事司法と同じく，修復的司法でも犯罪者は自らの判断に基づいて合理的に行為を選択できる自律的な人間であり，行為の責任を負うべき存在であると考える。ただし，刑事司法では，犯罪者は責任に見合う非難を受入れて，科された罰に従順に服すべき受動的な存在と捉える。

一方，修復的司法では，犯罪者はコミュニティの一員として犯罪でコミュニティに与えた負債を自らの行為によって返していくべき能動的な存在であり，その可能性を有すると肯定的に捉えられている。そこでは，犯罪者もコミュニティ建設の一端を担うべき責任（Responsibility）を有するとされる。

3　修復的司法の方法

修復的司法は，犯罪の当事者である被害者，加害者，コミュニティのニーズと責任を手がかりに，次のように紛争解決の糸口を探っていく。

(1) 被害者のニーズ

被害者のニーズとして，犯罪による経済的損失，身体の傷害，恐怖，トラウマ，犯罪を巡る自分の落ち度に関する罪の意識，鬱的な心情からの回復などが挙げられる。Zehr は精神面でのニーズを強調して，「被害者は受けた害について話すのを聴いて一緒に苦しみ嘆いてくれる人を得て，自分が間違っ

ていなかったことを確認し，加害者の悪が正され再発を防ぐ処置が講じられることで，正義を実感して安心する[12]」と，指摘する。

一方，Van Ness と Strong は，被害者のニーズは多様だが，どの被害者にも共通するニーズがあるとして，1）自分の生活を自分で管理しているという感覚を取り戻すこと，2）自分の権利を主張できるようになることの2点を指摘している[13]。

このような被害者のニーズに応えるには，加害者による物質的な賠償とともに，加害者からの謝罪，それも後悔と態度の変容を伴った真摯な謝罪が必要となる。さらに，コミュニティが被害者の被害や痛みを正しく認知し，被害者の権利を擁護するための支援をすることが不可欠である。

(2) 加害者の責任とニーズ

加害者には，犯罪によって侵害された事態を修復する努力が要請される。

Zehr が言うように[14]，加害者は自ら行った害悪を認め，たとえ不十分あるいは象徴的であっても，悪事を健全化する手だてを講ずる責任を負う。できる限り，加害者は償いをすべきであるが，犯罪の結果生じた害は，多くの場合加害者の手に負えない。そこで，コミュニティが加害者の手に負えない課題に手を貸し，責任の履行を助けることとなる。

加害者にもニーズがある。多くの加害者は不遇な環境で成育し，成長と社会化に必要な保護としつけを十分に受けていない。そのため，責任感，生活や仕事や人間関係のスキル，感情統制，怒りや不満の健全な表出方法などの修得が加害者のニーズとなる。加害者は，責任を履行する過程で足りないスキルを自ら，あるいはコミュニティの支援を受けて学ぶ必要がある。さらに，責任を履行することで人間として成長，発達し，それを実感して自己効力感を増していくことが期待される。

(3) コミュニティの機能とニーズ

コミュニティは，被害者の受けた害と痛みを正しく受け止めて回復を支援

---

[12] Zehr，前掲書，p. 194.
[13] Van Ness, Daniel W. & Strong, Karen Heetderks, 2010, *Restorative Justice fourth edition*, LexisNexis, 2010, p. 44
[14] Zehr，前掲書，pp. 199-203.

し，加害者が責任を担える社会人へと成長するのを助けることに責任がある。

修復的司法では，コミュニティは紛争の当事者として，さらに，紛争処理の受け皿として重要な意味をもつ。では，コミュニティとは何か。Van Ness と Strong は，被害者あるいは加害者が居住する地域や犯罪の発生場所など地理的な概念のコミュニティのみならず，繋がりや関係性を指標とした非地理的な，住民が互いにケアし合う共同体としてのコミュニティ（Community of Care）も含める。さらに，市民社会も犯罪によって，構成員の安全と自信の感覚，秩序およびコミュニティが共有する価値が脅かされるという意味では，同じ影響を受けるとする。うち，地理的な概念としてのコミュニティとケア共同体としてのコミュニティでは構成員が利害を共有しているため（Community of Interest）に，犯罪によって直接的な被害を受ける。利害の共有とは，義務，互恵関係，所属意識を通じて，メンバーがコミュニティ全体の福利のために能動的に行動しようとすることを示す[15]。

このように，修復的司法では，ケア（Care）と利害（Interest）をキーワードとしてコミュニティを構想する。構成員が安全，自信，秩序，その他各コミュニティが信奉する価値や規範を護るという利害を共有し，そのために進んで協働するようなコミュニティを再生していくことが，コミュニティのニーズとされる。そして，害を受けたコミュニティを修復するために関係者が協働していく過程で，ケア共同体としてのコミュニティの価値や規範が再確認・再構築され，人々の紐帯が強化されていくとする。

4　修復的司法の目的

以上のような修復的司法の大要を踏まえ，刑事司法との対比において，修復的司法の特徴として，特に下記の2点を挙げることができる。
（1）犯罪による害の捉え方と対応の射程が深く，広い。
（2）被害者はもとより加害者をも排除せず，人々の生きる場として包摂的で持続可能な利害共同体を想定している。

これらの特徴が修復的司法の目的を方向付けている。若干の考察をする[16]。

---

[15] Van Ness & Strong, 前掲書, p. 44

(1) 犯罪による害の射程

　修復的司法は，犯罪を個別の被害者に対する被害，コミュニティでの共同生活に対する被害を現象面で見るに留まらず，その根底にコミュニティの逆機能を見る。すなわち，コミュニティが，犯罪の構造的要因や背景，被害者の被害の痛みやそこから立ち直れないでいる苦しみを受け止め切れなかったとし，その背後に，コミュニティにおける関係性の損壊や機能不全，人々の権利の不平等な配分などを読み取るのである。そのため，修復的司法では犯罪の重大性や行為の悪質性よりも，被害者やコミュニティが受けた害に注目する。問題解決のためには，害の実相を正しく捉えることが肝要とされる。

　さらに，対応においては害を修復する具体的な方法に関心が移り，加害者の謝罪や改心などの象徴的な償いも物質的な賠償もともに要請する。そして，更なる害を防ぐため，コミュニティの価値規範や機能そのものの修復を目指すから，コミュニティ全体の関与が必要となる。また，国家主導ではなく，コミュニティの住民自らが紛争を統制することで，紛争解決能力が向上し，人々の紐帯が強化され，価値や規範が再構築されていくことを目指すから，協働していく過程が重要となる。

(2) 関係者の共存とコミュニティの持続

　修復的司法は被害者を包摂するだけでなく，加害者をもコミュニティに再統合する。コミュニティは住民が福利に関する利害を共有し，ケアし合う共同体であるからこそ，すべての者を包み込む。ただし，加害者は害を修復する責務を担い，重荷に耐えて責任を履行することで，社会に再統合されていく。つまり，害の償いの過程で加害者は再統合されていくのであり，償いと再統合は表裏一体のものである。そのため，償いは真摯で誠実なものでなければならず，加害者の姿勢に関して，コミュニティの求める水準は高い。

　こうして，加害者の真摯な謝罪と償いから始まって，被害者の満足と安心，それに続く加害者の立ち直り，コミュニティの平和の再建が一連の協働作業として進んでいき，コミュニティは持続可能なものへと発展していく。

---

[16] この節を考察するに当たって，Lucia Zender, *Reparation and Retribution : Are They Reconcilable?*, Edited by Andrew von Hirsch, et al., Hart Publishing, 2009, pp 189-198 を参照した。

VI　修復的司法の機能

「コミュニティの再評価」に，後期近代における修復的司法の意義がある。すなわち，コミュニティを断片化した人々を結び付ける場，共有する価値と規範を自らのニーズに沿うものへと更新し続けることで新たな福利を創り出す場として再枠付けした。そして，前述のとおり，修復的司法の目的は，包摂的で持続可能な利害共同体を維持，発展させることにある。

目的達成に向けた過程は，成員の権利義務関係に裏打ちされた大変に厳しいものだと思う。結局は被害者も加害者もその他の人々も単なるケアの対象ではなく，当事者性を帯びたコミュニティの成員なのである。誰しも応分の義務を果たすことで権利を保障され，コミュニティでの共存を許される。このような緊張を伴った相互扶助関係は，個々の市民の責任を超えた，「Civil liability（市民賠償責任保険）」のような連帯責任の仕組みであるといえるかもしれない。皆で応分の責任を担って支え合い，共同体の存続を目指すものである。Zenderは，このような仕組みの目的には，「規範に基づく秩序の再明確化，市民の権利と義務の再立，教義上の規範と方針の解釈と発展，法的なイデオロギーの念入りな策定と維持」が含まれるとしている[17]。

近年，刑事司法が被害者やコミュニティへの配慮を増し，修復的司法に近づいてきたと前述した。また，被害者参加裁判の一つに「ケアの関係性」を見た。しかし，紙一重の所まで刑事司法が近づいてきても，紛争解決やコミュニティ形成において，関係者に当事者性を付与している点に，修復的司法の特徴があると思う。一方，手続きの厳格さ，可視性，安定性において，刑事司法はよくできた仕組みである。

修復的司法の対応は，見方によっては刑罰以上に厳しいものである。自らの悪行を悔い，それを能動的に償い，履行の姿勢と段階をコミュニティに監視され，被害者に満足と安心を与えたとコミュニティに評価されなければならないからである。そのような厳しい対応が正当化されるのは，被害者と加

---

[17] Zender 前掲書，p 194

害者の修復的司法への参加の任意性，修復責任を果たせば仲間として再統合するという共同体の保障，皆で価値と規範を更新し続けて共同体の存続を図るという目的があることによると思う。そのような目的に向かって正しいと利害関係者が了解できる事項を重ねていくことに，修復的手法の正義があるのではなかろうか。

　近代社会も後期近代社会も，法の下での市民の平等を前提に，国家と市民との権利・義務関係の緊張の中で成り立っている。ただし，刑事司法を創った近代社会は，原罪を背負った人間もその人間が創った社会も間違いや不正を犯すリスクをもつという性悪説に立ち，法規や人権規約によって絶えず不正をチェックして，正義の実現を保証しようとしている。一方，修復的司法を生んだ後期近代社会では，人間は誰しも，地域からの支援と参加の機会を保障されれば，善を成せる（Making Good），良き社会を創れるという性善説に立脚して，正義の実現を信じようとしているように思う。

　現実には，人間は善くもあり悪くもある。そこで，刑事司法も修復的司法もともにあるのが現実的であろう。両司法の関係について，Braithwaite は刑事司法と修復的司法が共存して補い合う関係にあることが望ましいとして，「応答的規制（Responsive Regulation）の概念」を提唱した。これは，利害関係者が支配的な力の介入なしに自由に討論することが正義の回復という上で相応しいが，適切な結果を保証するために，再犯の抑止や加害者の無害化のための法執行を行う可能性もあるという合図を送ることにより，実際に刑罰を科さざるを得ない事態を回避することをいう[18]。このように両司法の長所を伸ばしつつ共存させていくのが，現実的だと考える。

---

[18] John Braithwaite, "Principle of Restorative Justice", *Restorative Justice and Criminal Justice：Competing or Reconciliable Paradigms?*, edited by Hirsh, A. V., et al. Hart Publishing, 2003（細井洋子・染田恵・前原宏一・鴨志田康弘共訳『修復的司法の世界』成文堂, 2008, p. 77）

加害者の責任とは何か
―― 責任の人称性からのアプローチ ――

長谷川　裕寿

I　はじめに
II　「人称」というアプローチ
　1　「人称」とは何のいいか
　2　「あなた」とは誰のいいか
　3　ふたたび「人称」について
III　責任の人称性
IV　刑罰と人称責任
V　修復と人称責任
　1　メディエイション
　2　カンファレンス
　3　サークル
　4　パネル
VI　結びに代えて

I　はじめに

　修復的司法は効用とともに常に限界が指摘されている。いわゆる凶悪犯罪やドメスティック・バイオレンスなどがその例とされているが，犯罪の性質からして，被害者と加害者とを直接対面・対話させることが危険であるというのが，主たる理由のようである[1]。しかし，限界は，このような，対面の場を設けようと思えば設けられるが事実上困難だという場合に限られない。対面の場を設けようと思っても設けることができないという場合もあるのである。殺人や強盗致死，自動車運転過失致死のように，被害者その人が死亡し，

すでにこの世にいないケースを想起すれば，事態を理解することはたやすいであろう。

ところで，修復的司法の最大の眼目は，利害関係人の崩れた関係をあるべき状態に修復・変容させる機会を提供しようとするところにある。もちろんのこと，これらの崩れた関係をいかにして修復ないし変容させるべきかという方法論・技術論については，種々意見の分かれるところであろう。被害者-加害者メディエーション（VOM）やファミリー・グループ・カンファレンス（FGC）をはじめとする，諸外国の採用する制度的枠組みが極めて多岐にわたることを指摘するだけでも，修復・変容の方法に唯一絶対の解がないことはすぐさま了解できる[2]。とはいえ，どの枠組みをよしとするにせよ，あるべき状態へと変容されるべきは被害者と加害者との関係であること，このことは，修復的司法を是とする限りにおいて，おそらく否定されえないであろうし，また否定されてはならない。実害（Harm）への気づきを促すその背景には，被害者と加害者という具体的な関係性への眼差しに復権の道を与えようとする意識が伏在しているように思われるのである[3]。

そうであるなら，被害者と加害者の対面・対話の場を設けることを物理的に阻む，殺人等のケースにおいては，修復的試みは意味なきもの，遂行しうべからざるもの，そう直ちに診断を下されることになるのであろうか。もちろん，《被害者》の意味を拡張させ，修復的司法で照準を合わせられる「被害

---

[1] Hudson, *Understanding justice : An introduction to ideas, perspectives and controversies in Modern penal theory*, 2nd ed.（Open University Press, 2003），p. 83 によれば，RJ が適用され支持されている形態として，①少年による軽微な加害行為，②少年による（謀殺と故殺を除く）すべての加害行為，③少年及び大人による軽微な加害行為，④少年及び大人による重大犯罪以外の加害行為を対象とするものあるという。修復的司法の得意分野が少年司法であることがよくわかるとともに，重大犯罪に対して RJ を活用することに躊躇している現実が読み取れる。わが国においても，修復的司法に対する懐疑的な見解を述べるものは多い。たとえば，長井進『犯罪被害者の心理と支援』（ナカニシヤ出版，2004 年）第 12 章や小西聖子「修復的司法と被害者支援：犯罪被害者にかかわる精神科医の立場から」法律時報第 78 巻 12 号（2006 年）60-66 頁などを挙げることができる。

[2] *See* Van Ness and Strong（eds.），*Restorative Justice, An Introduction to Restorative Justice*, 4th ed.（LexisNexis, 2010），pp. 155ff.

[3] Zehr, *Changing Lenses : A New Focus for Crime and Justice*,（1990），p. 181 では「犯罪は，人々及び関係の侵害である。犯罪は，回復する義務を生じさせる。司法は，被害者，加害者及びコミュニティを包含し，それによって，修復，和解及び安心を促進する解決を要求するのである」と，はっきり「具体的な関係性」への言及が見られる。

者」とは直接的に被害をこうむった当事者（死亡した被害者）のみならず，その家族や親族などをも包摂する概念であると再定義し，修復的実践の余地を確保しようとする論理は可能であるし，その帰結からして私たちの常識的理解にも合致するところである。また加害行為によってコミュニティのきずなが断ち切られたのだと観念するならば，被害者の射程はもはや当の本人・家族（遺族）だけでなく，コミュニティへと広がることは必然である。実際にそのように主張する論者たちも存在する[4]。

　私が本稿で問いたいのは，いわゆるこの拡大被害者のうち，特に家族（遺族）という近親者との修復が図られなければならない，というある意味で当たり前とも思える言説の妥当性である。生命が奪われる事件や事故が，なに故に当の生命を奪われた者以外の者にとっても重大な関心事であり，それゆえ，この関心を寄せる者たちとの関係性をも修復・変容の対象としなければならないのか，これを確証することにある。本稿ではこの問いを，2人称，つまり「あなた」という言葉を分析の道具として解き明かしてみたいと思う。

　これは言うまでもなく，一方で被害者の定義問題へと回帰することであり，また粗削りながら1つの被害者の定義を呈示し更新する試みである。他方で，本稿で導入することとなる《責任の人称性》という分析道具は，現行の国家裁判制度による刑罰システムと近時台頭しつつある修復システムとが，それぞれ照準を合わせている人称責任に大きな隔たりがあることを示唆することになる。と同時に，この隔たりを十分に意識しないことが，責任を問うシステムであるはずの刑罰システムが十全に機能しているとはいえないとの批判を生む一因となっていることを解明することにつながるであろう。

---

[4] 犯罪を人々及びその関係性への侵害と想定しつつ，その関係者が参集し相互に協力しながら，各自のニーズが充足されるのが修復的司法であると規定し，被害者・加害者・コミュニティによる直接的会合を求める者たち，すなわちピュアリストには，暗黙のうちにも，コミュニティも「被害者」であるとの意識が認められるのではなかろうか。もちろんのこと，コミュニティを「被害者」と想定せずとも，当事者の対面・対話場面に参加することは可能であるから，両者は必ずしも論理的な関係にあるわけではない。

II 「人称」というアプローチ

1 「人称」とは何のいいか

　私たちは同じ言葉をその時々によって使い分ける。「人称」という言葉もまたその例外ではない。この「人称」と「責任」とを結びつけて考えようとする「責任の人称性」アプローチに与しようとするならば，まずは人称という言葉の使用そのものを省察しておかねばならないであろう。

　「人称」という言葉の用い方の1つに，「1人称とは『私』のことであり，2人称とは『あなた』のことである。そして『私』及び『あなた』以外のものを3人称という。」というものがある。これは，たいていの人が「人称」という言葉に触れるはじめての機会，すなわち中学校（最近は小学校からのようであるが）で英語を学習する際にもみられるものである。そこでは，多分に語学初心者向けだからという理由もあろうが，おおよそ次のような説明が加えられている。

　①I take responsibility for the outcome.
　②You take responsibility for the outcome.
　③He takes responsibility for the outcome.

英文①は1人称の文，英文②は2人称の文，英文③は3人称の文である。というのも，文の人称を決めるのは当該文の主語であり，私（I）であれば1人称，あなた（You）であれば2人称，彼/彼女（He/She）をはじめとする私（I）及びあなた（You）以外，例えば私たちの息子等の場合は3人称である，との理由による。英文③のtakeについている"s"を「3人称単数現在形の"s"」，すなわち「三単現の"s"」と呼ぶ慣わしがあるが，これなども英文③の主語Heを，上記基準に従って3人称と考えていることを裏付けるものといえるであろう。

　だとすれば，上記の英文法等における「人称」の使用規則を，形式的に貫いて，「私」の負うべき責任を「1人称の責任」，「あなた」の負うべき責任を「2人称の責任」，「彼/彼女」の負うべき責任を「3人称の責任」と称し，人称と責任とを結びつける構想も，形式論理的には不当と断ずることはできない

のかもしれない。しかしながら、ここで、私たちが分析の道具として手に入れたい「責任の人称性」とは、《責任をとる》という1つの法的・倫理的な事象が、「私」を起点とするとき、異なる3つの相を持つことを説明するための原理、パースペクティヴである。すなわち、「私」の有する「1人称責任」、「2人称責任」、「3人称責任」という視角なのである。たとえば、この責任の取り方は、「私」の「2人称責任」を果たすことである、そういいうるための道具立てを準備することなのである。

　ここで「人称」という言葉の使用には、もう1つの可能性があるということに気づかされる。粗雑な言い方であることを自覚してあえて表現するならば、〈表現主体たる「私」〉との関係という概念を持ち込むということにでもなろうか。このもう1つの可能性を理解するには、国語学の大家時枝誠記の議論が参考になると思われる[5]。

　時枝によれば、言語の存在条件には「一　主体（話手）、二　場面（聴手及びその他を含めて）、三　素材の三者を挙げることが出来る」とされる。この三者が存在条件であるということは、「言語は誰か（主体）が、誰か（場面）に、何物か（素材）について語ることによって成立するものであることを意味する」のだという。ここで私たちが注目すべきは、時枝のいう「主体」と「主語」とは異なり、これを混同してはならないということである。時枝自身もこの誤解を回避すべく、「主体」と「主語」（主格）の関係を、画家の自画像になぞらえて説明している。「画家が自画像を描く場合、描かれた自己の像は、描く処の主体そのものではなくして、主体の客観化され、素材化されたものであって、そのときの主体は、自画像を描く画家自身であるということになるのである」。この比喩と対比しながら、主体はしばしば「文法上の主格が言語の主体の如く考えられるが、主格は、言語に表現されている素材間の関係の論理的規定に基くものであって、言語の行為者である主体とは全く別物である。…言語の主体は、語る処の主体」であるとの結論を導出している。また「場面」と聴き手としての「2人称」をも区別しなければならないとも主張

---

[5] 時枝誠記『国語学原論（上）（下）』（岩波文庫、2007年）を参照。特に上巻の「五　言語の存在条件としての主体、場面及び素材」に示されている内容が、本稿のアイデアを提供してくれたことを明記しておきたい。

する。「主体に対して，聴手は確に一の客体である。しかしながら，それは場面的客体であるにすぎない。場面である聴手が素材化されて，『汝は…』『汝を…』という風に表現される時，場面的客体はその時素材的客体として把握されているのである」。ここでも「2人称」は素材間の関係の論理的規定に基づくことが表現されているといえよう。

　以上から，私が教えられた重要な知見は，①主体と主格とは区別しなければならないということ，②人称は関係性のなかで把握しなければならないこと，である。そして，時枝の意図するところではないかもしれないが，ここから私は，人称を定めるにあたってまさに決定的なのは，主体——発話者をはじめとする表現者と理解できる——と素材中に客観化された当事者との関係性を理解することであって，一般に信じ込まれているところの，素材中の主格だけを捉えて人称が把握されるわけではないということである。素材中に客観化された主格が「私」か「あなた」か「彼/彼女」かではなく，主体と対象の《関係性》を問うこと，すなわち私＝私関係を1人称，私＝あなた関係を2人称，私＝彼/彼女関係を3人称ということも不可能ではないのである。

　私は，この主体との関係性を問うという視座に，責任の人称性という新たな地平を開く可能性を見出しているわけであるが，ここで時枝の国語文法からは直ちに解を引き出せないもう1つの問いがある。「あなた」の意味内容である。これは一方で，関係性の《内容》を問い直すことであり，他方で「2人称」と「3人称」という概念の使用規則を構築するという課題でもある。

　私＝あなたの関係にある。これはいったいどのような関係をいうのか。「あなた」が言語の単なる受容者としての聴き手などでないことはすでに時枝の説くところでもあるが，となれば，「あなた」という言葉の持つ射程を明確化せねばならないであろう。そして，「あなた」の射程を明らかにできれば——もちろん言語学的には4人称や無人称といった可能性もあるのであろうが[6]——そこから外れるものが，私＝彼/彼女の関係（3人称）ということになる。

---

[6] 藤井貞和『物語理論講義』（東京大学出版会，2004年）を参照。

2 「あなた」とは誰のいいか

　私の見るところが正しければ,「あなた」の射程をめぐる議論に重要な解決の糸口を与えてくれるのが, フランスの哲学者ウラジミール・ジャンケレヴィッチの著書『死』における「人称」と「死」の関係をめぐる考察である。同書においては,「人称」というパースペクティヴが, 事態的には 1 つのものである「死」に対して異なる色彩を与える——1 つの死が「人称」によって相異なる 3 つの相を持ちうる——こと, このことが鮮やかに描き出されているからである。結論を先取りするならば, ジャンケレヴィッチが想定していると思われる「あなた」を, ここで主題化しているところの, 私＝あなたの関係へと転用することもくろんでいるわけであるが, こうしたもくろみの成否はひとえにジャンケレヴィッチの立論への向き合い方にかかっているといっても過言ではあるまい。そこで, 次に, 彼の立論に少しく立ち入った検討を加え, 私たちの関心にとって有用な示唆を抽出してみることを試みてみたい。
　ジャンケレヴィッチは, 1 人称に関して, 次のように述べている。「わたしのわたしに対する観点, あなたのあなたに対する観点, そして一般的には各人の自分自身に対する《再帰的》観点である第 1 人称, …この視角が, 実際のところ, 意識の対象と《死ぬ》の主語とが合致する自分自身の死の生きた経験だ」[7]と。ここに表明されている 1 人称の見方は, 時枝から獲得した私たちの基本的視座からすれば, 極めて理解しやすいものである。ジャンケレヴィッチによっても 1 人称は, 意識の主体, すなわち主体としての私と, 対象, すなわち《死ぬ》の主語（主格）としての私の関係, つまり私＝私の関係として捉えられているのである。
　そうだとすれば, この私＝私の関係は「遠近法及び視覚距離を放擲するしかない」わけであるから, その死は次のような特徴を持つことが明らかになる。「『わたしが』という第 1 人称主格の特徴である対自存在は, 置換および比較不可能なものの秩序に属する。この一回限りの実存在が危険に陥っているとき, 平静さを装ってももはやごまかせない。…私自身の死は, つまり,《だれかの》死ではなく, 世界をくつがえす死, その種のものでは唯一で, い

---

[7] ウラジミール・ジャンケレヴィッチ〔中澤紀雄訳〕『死』（みすず書房, 1978 年）24-25 頁。

かなる他の死にも似ていない模倣不可能な死」なのである[8]。これに対し,「第3人称態の死は,死一般,抽象的で無名の死…第3人称態の死は,問題提起はするが,神秘学の領野には属さない。それは他の対象と同様な一対象,人が医学,生物学,社会,人口統計の観点に立って記述し,ないしは分析する一対象であり,その場合には,悲劇性を持たぬ客観性の極致を代表するものだ。」[9]と,ジャンケレヴィッチはいう。

　この分析を遂行するにあたって彼のあげる,死の病に侵された医師の例は興味深い。「病気になっても医師であり続け,医師を包みこむものを包みこみ,自分自身の悲劇に平静な超意識を維持することもできる」ような——病人が医師に譲歩している——病人＝医師にとっては,悲劇は現象のままにとどまっているのに対し,「多少医師であり続けるが,医師であるよりずっと病人である」——医師が病人に譲歩している——病人＝医師の場合,「他のものと同じ運命,同じ神秘に包みこまれたあわれな生きものにすぎない」。ここから「3人称が平静の原理なら,第1人称は疑いなく苦悶の源泉」だという帰結を導くにしても,患者＝医師という同一人物中に相異なる人称が混在しているという事実に着目すべきであろう。しかもその境界線は平静/苦悶という「私」を視点とした《心理的》な距離,親疎にあるのである。そして,こうした視点は,他者——ここでは「あなた」——に対する私の観点であり,また相互性の原理からして,私自身——他者から「あなた」とみなされるところの私——に対する他者の観点でもある2人称の画定にも貫徹されている。

　これは,「『あなた』とは誰のいいか」という本節の主題にとって中核となりうる部分であるから,ジャンケレヴィッチの論旨を丁寧に拾い上げてみたい。

「3人称の無名性と第1人称の悲劇の主体性との間に,第2人称という,中間的でいわば特権的な場合がある。遠くて関心をそそらぬ他者の死と,そのままわれわれの存在である自分自身の死との間に,近親の死という親近さが存在する。たしかに「あなた」は第一の他のもの,直接的に他である

---

[8] ジャンケレヴィッチ・前掲注（7）24頁。
[9] ジャンケレヴィッチ・前掲注（7）25頁。

他,「わたし」との接点にあるわたしならざるもの, 他者性の親近の限界を表象する。」[10]（傍点は長谷川による）

ここでジャンケレヴィッチが指摘しているのは, 2人称が1人称と3人称の断絶を埋める役割を担いうること, 2人称という場において1人称と3人称の視点が重畳・交差することであると思われる。存在論的には独自存在, でありながら「私」の情念が渦巻き, 交錯する場, それが「あなた」であるように思われる。

「わたしが愛する独自存在は私自身のようなものだ。たしかにそうなのだが, しかし,《ある》という動詞の存在論流の意味においてわたし自身「である」のではない。わたしの子供はわたし自身の生の一部だ。だが, それは一つの表現の仕方というもので,「わたし」と「あなた」の同体視というものは, その隠喩としての性格を失うことはけっしてない。」[11]

ジャンケレヴィッチの言葉を借りるまでもなく, 親しき存在の死は, ほとんど私たちの死のようなもの, 私たちの死とほとんど同じだけ胸を引き裂くものである。父あるいは母, 子どもの死はほとんど私たちの死であり, ある意味では実際に私たち自身の死でもある。このことを想起するならば, 第3人称の互換可能性などという視点がここに入り込む余地などないことは容易に理解できるところである。「あなた」はまさしく比較を許さない存在として,「私」に認識されている証左である。次の指摘は, 私たちの獲得しようと試みる「あなた」にあらためて「常識的」な地平を拓いてくれる。

「愛する存在の喪失によって覚える哀惜と心を裂くような悲しみとにおいて, われわれは親しい者の死を自分自身の死のごとくに生きる。しかし, 逆に, この合致することのない近接性, 同一化のない親密な近隣性は, 他者の死を一つのよその死として考えることを許す。「わたしが」から「あな

---

[10] ジャンケレヴィッチ・前掲注（7）29頁。
[11] ジャンケレヴィッチ・前掲注（7）30頁。

たが」への距離は，それを越えては主体が客体を吸収してしまい，その隔たりを保ってはじめてわれわれが認識の対象を登記することができるようになる最小限の距離を表している。だが，この距離は最小のものであるため，「あなた」との交感による認識は端的純粋な統一的融合にもっとも近くまで近づく。」[12]

　「あなた」とは，合致することのない近接性，純粋な統一的融合にまで最も近づくことのできる他者のいいなのである。
　もっとも，この「あなた」の概念だけでは，一時的に成り立つ「私とあなた」の関係を必ずしも適切に捉えることができないという難点を持つように思われる。とりわけ本稿の論究している被害者／加害者の関係において，被害者にとっての加害者，加害者にとっての被害者は，ジャンケレヴィッチのいう「純粋な統一的融合にまで最も近づくことのできる」他者からは最も遠い存在ではないだろうか。それどころか，このような被害者／加害者という極端な関係を持ち出さずとも，言語的表現行為者の眼前に立つ他者すら「あなた」ということは難しくなる。
　そうであれば，ジャンケレヴィッチの定式を，私たちは不適切だとして排斥すべきであろうか。私にはそうとは思われない。一時的に成り立つ「私とあなた」の関係は，ジャンケレヴィッチの主題『死』を探究するという目的にとって，特に強調する必要もない「あなた」であったのであろうし，《純粋な統一的融合まで最も近づくことのできる》「あなた」は，死を《眼前》にして苦悶する「あなた」であったのかもしれない。むしろ，私が見るところが正しければ，ジャンケレヴィッチの「あなた」は，「自分たちだけの排他的世界」，すなわち「お互いが他を具体的存在として要請する世界」を，一時的にせよ永続的にせよ，「私」とともに構築する「あなた」の忘れられがちな一断面，しかも極めて重要な一断面を切り取り，それを私たちの意識にのぼらせようとした点にあると思われる。
　ここに至って私たちは，次の結論を得る。「あなた」とは「私」が《具体

---

[12] ジャンケレヴィッチ・前掲注（7）30-31 頁。

存在として要請する》他者のいいである。

3　ふたたび「人称」について

　これまで私が遂行してきた作業は，「1人称」「2人称」「3人称」という言葉の使用規則をあらめたて考察しようとする試みであった。敷衍すれば，「人称」という鋳型を，時枝から得た知見によって換骨奪胎し，その鋳型にジャンケレヴィッチから学びえた知見を流し込むというものであったといえるであろう。「人称」というものは，ある表現の中に現れる——素材中に客観化された——主語（主格）によって決定されるものではなく，それは言語的表現の主体の関係で決まるものである。そしてその関係は，視覚距離を放擲するものか（1人称），放擲するものでないならば，心理的な親疎を1つの指標として，「私」が具体的存在として要請する他者かどうかによって決まる。そうまとめることもできよう。

　こうした理解は決して目新しいものではない。私たちが感覚的に用いてきた「人称」という言葉の使用規則と齟齬をきたすものでもないし，むしろこうした使用規則は巷間使用されてもいる。たとえば，昨今，医療者は「2.5人称」の立場に立つべきだとの主張がある[13]。これは自分自身のこととして捉える（1人称），自分の身内のごとく考える（2人称）だけでは感情に走って冷静な判断が下せなくなる。かといって他人事としての3人称の視点だけに固執するのであれば，勢い冷たく突き放す見方となってしまう。医療者として必要となる判断は，自分自身（1人称）や身内（2人称）であるかのごとく親身になりながらも，一歩引いた地点（3人称）から冷静な判断を下せる視点，これが医療者の2.5人称の視点なのであろう。あくまで私たちのイメージに訴えかける比喩の域を出るものではないが，医療者の患者への向き合い方・姿勢を言い得て妙である。

　この2.5人称も，英文法の使用規則（主語による人称の決定）から引き出すことはおよそ不可能である。むしろ，「私」を視点として，具体的存在として要請される他者であるのかという人間関係の親疎を基軸として，その親疎に

---

[13] 柳田邦男『言葉の力，生きる力』（新潮文庫，2005年）を参照。2.5人称の視点は医療関係者の間ではかなりの反響を呼んだようである。

まとわりついた主観的（感情的）/客観的（間主観的）な判断という前提をとってこそ，その十全な理解が可能となるような言い回しであろう。

III　責任の人称性

これまで確認してきた「人称」の捉え方は，本稿で私たちの探究している《責任》の捉え方にも新たな地平を拓いてくれるように思われる。つまりは，責任と人称とを連結して思考する可能性，すなわち責任の人称性ともいうべき事態が立ち現われてくるように思われるのである。

人称という視角から責任へとアプローチしてみるとどうなるか。すると，そこには1人称責任，2人称責任，3人称責任という形式が浮かび上がってくるのではなかろうか。

では，それぞれの責任とはいったいいかなるものか。次に，この点を明らかにしなければならない。

まず1人称責任である。先述のとおり，1人称とは私＝私という視覚距離を放擲する関係であった。換言すれば，私が私の外に立って，そこから観察することのできないような関係である。そうであれば，この関係は純粋に主観的に完結する独特な性格を持つことになる。したがって，1人称責任とは私の私に対して負うところの，内側から湧き上がる責任感情，いわゆる反省ということになるものと思われる。

これを，私たちの関心事である犯罪や非行の文脈に引き直して表現するならば，加害者の加害者自身に対して負うところの，内側から湧き上がる責任感情，すなわち自らの加害行為に対する反省ということになる。ここでいう反省とは，自己の問題行動を振り返り，他者——「あなた」と「彼/彼女」——に受け入れられる自分を主体的に作り出す責任をいう。私はこうした責任を1人称責任と呼びたいと思う。

では，2人称責任とは何か。2人称とは「あなた」のことであった。このあなたとは，「私」が具体的存在として要請する他者のことであり，ここに包摂されうるのは，場面の中に溶け込んだ表現行為の受け手（聴き手）その人のみならず，合致することのない近接性，純粋な統一的融合にまで最も近づくこ

とのできる他者である。このように「あなた」を理解するとき，注意しなければならないのは，この2人称責任は単に眼前にいる相手に対する責任という意味を超越する意味を持つことである。しかもそれは二重三重に機能する可能性を持っているといえる。「あなた」への責任は，「私」が今まさに具体的存在者として要請している相手への責任であり，「『私』の『あなた』」への責任であり，また「『あなた』の『あなた』」への責任でもあるのである。

　これを犯罪・非行へと翻訳してみよう。加害者が犯罪等を惹起することによって引き起こされ，実害がもたらされるとき，純粋な統一的融合にまで最も接近しうる他者の関係は1つにとどまらない。犯罪事象には加害者にとっての「あなた」だけでなく，被害者にとっての「あなた」もが包摂されている。そうであれば，加害者が今まさに具体的存在者として要請している「対峙者」への責任，すなわち被害者への責任（①）を，加害者は負わなければならないということである。そしてまた，加害者という「私」にとっての「あなた」への責任，純粋な統一的融合にまで最も近づくことのできる他者への責任，たとえば自分の家族に対する責任（②）を負わなければならないということであり，さらには被害者という「あなた」の「あなた」への責任，すなわち被害者の純粋な統一的融合にまで最も近づくことのできる他者，たとえば被害者家族がこれに当たろうが，これに対する責任（③）を負わなければならないということである。まとめると，加害者は2人称責任として，①被害者への責任，②加害者家族への責任，③被害者家族への責任を負うことが想定される。

　もっとも，「あなた」の「あなた」への責任をも，加害者の2人称責任の射程に収めることについては，異論が提出されるかもしれない。確かに加害者という「私」にとって，被害者家族は「具体的存在者として要請される他者」と想定しづらい面があるのは事実である。しかし，関係性というものは相互的なものであるということを看過してはならない。被害者家族という「私」から，加害者は「具体的存在者として要請される他者」であるとはいえないだろうか。被害者家族，とりわけ遺族にとって加害者は，他でもない「純粋な統一まで最も近づくことのできる他者」を死に至らしめた者であり，その関心の度合いは極めて高いといえるだろう。「私」にとって「あなた」という

存在は比較を許さない特別な存在である。自分たちを他とは異なる特別な関係，相互に排他的な，自分たち2人だけの世界を作り，外的世界に対しては「私たち」という共同性に凝縮して，一体的に現れる。それゆえ，絶対的な喪失体験，「私」と2人称関係にある「あなた」の死は，一体的なきずなを引き裂くものとなり，喪失としてあらわれるのではなかろうか。「あなた」の死は同時に，人称関係そのものの死なのである。加害者には，被害者遺族の，この具体的喪失を修復・変容する責任が説かれるゆえんは，ここにあるのではなかろうか。この限りにおいて，やはり，被害者家族に対する責任は，2人称責任のうちに位置付けられるのである。

3人称責任に目を移そう。2人称との関係構造の違いに着目するならば，ジャンケレヴィッチもいう通り，「私」と3人称関係にしかない「彼/彼女」は，たとえ死亡したとしても「私」にとって自分の外部で惹起したところの，感情を揺さぶられることのない，具体的でも直接的でもない対象化・概念化された死でしかない。この位相において取り組まれるべき責任とはどのようなものであるのか。

対象化・概念化されるとは，死亡事件を例にとれば，「太郎が死んだ」「次郎が死んだ」との事態が「人が死んだ」と把握されることを意味する。ここには固有名詞性が失われている一方で，冷徹な第三者の目線による事態把握を見て取ることができる。この行きつく先は，第三者の目線により構築された価値——「人の生命」「人の身体」「他人の財物」——に対する侵犯であり，これ対する責任を問おうとする姿勢である。これが3人称責任であろう。

Ⅳ 刑罰と人称責任

本節では，国家刑罰と人称責任の連関について考察を進めてみることにしよう。

社会の紛争が法の紛争へと昇華されるとき，被害の実体は「法の妥当」の否定であり，それゆえに被害者は法妥当を主張する国家だということになる。ここから，加害行為によって実害を被った「生身の人間」は，現行刑事訴訟法上の被害者参加がシステムとして肯認されるまでは，加害者が法妥当を否

定したことを徴憑する重要な「証拠」としての意味しか持たず，法の紛争を「解決」する当事者としての適格性が否定されてきたのである。

　もっとも，このような「紛争」の捉え方は，確固とした歴史的な意義を有していることもまた事実であり，決して「時代遅れ」と一蹴されてよいものではない。国家としての中心機能が存在せず，「自分や自分の一族の権利は，自分たちで守るしかない」古代部族社会にあって，彼ら固有の「フェーデ」（私闘・血讐）という秩序維持のシステムは，ときとして死闘へと至る。もっとも，笹倉が指摘するように，私闘は，単なる憎悪に駆られ復讐心からおこなわれるものではない点には留意しなければならない。それは，〈傷つけられた者の不名誉は，傷つけた者の血によって雪がれなければならない〉という，未開社会によくある，形式尊重ないし互酬性の尊重から来るものであり，それゆえ，私闘が常態だったといっても，必ずしも報復がくりかえされ無秩序化したわけではない[14]。とはいえ，不安定な紛争解決システムであったことは否定できないであろう。こうした「社会の紛争」を，国家というニュートラルな存在による裁定に委ねることで平和のうちに「解決」しようとするならば，「フェーデ」という秩序維持のシステムを，国家刑罰権の発動による秩序維持のシステムへと組み替えることが必要なのであって，そのためにも国家が当の部族から「紛争」を取り上げるための便宜上の手段，すなわち「法の紛争」という便法を用いることは——同時代的に評すれば——合理的なのである。

　とはいえ，「法の妥当」をめぐる紛争を「解決」することは，ヘーゲル流にいえば，「妥当を否定された法がいまだ妥当していること」を再度示すことであるから，ここでの紛争「解決」は国家が加害者に何らかの制裁を加えることで，再び「法が妥当していること」をシンボリックに示すこと，この点に主眼がおかれることになるのである。「解決」プロセスに，当の利害関係人が姿を現すことは，論理的にも実践的にもあり得ない。加害者が果たすべき責

---

[14] 笹倉秀夫『法思想史講義』（東京大学出版会，2007年）115頁以下。同書には，フェーデに出るのは，家長の，身内に対する義務であり，加害者ないしその身内と敵対関係に入るにしても，ルールを遵守しつつ正式に宣言することから始まることが指摘されている。なおフェーデの決着のつけ方としては，血讐以外にも，犯人の引き渡し，贖罪金の支払い，当事者間で合意してする決闘という方法もあったという。

任は国家に対する責任に尽きるということになろう。
　では，ここまで述べてきた事態を，人称という視座から捉えなおしてみると，どうであろうか。
　結論を先取りするならば，刑罰は3人称責任を追及するシステムだといえそうである。犯罪が《国家の》法紛争へと編成し直されるということは，被害者やその家族への責任を果たすのではなく，国家への責任を果たすということを意味する。であれば，国家という「第三者」の冷徹な目線で構築された価値への侵犯に対する責任を求めることであり，この事情は，「刑法典」で用いられている文言それ自体からも推測できる。というのも，たとえば刑法199条には「人を殺した者は」とあり，あくまでここで問題となっているのは「人」という顔を持たない，すなわち抽象的な人物として表現されているからである。被害者である太郎でも次郎でもない，固有名詞性を捨象・抽象化した「人」なのである。遠くて関心をそそらない死，秩序を維持する限りで関心を寄せる乾いた関係，まさに3人称責任を推測させるのに十分であろう。裁判官という「私」の視点に照準を合わせても，彼らには偏頗なき心で事件を見ること，客観性・中立性のみがひたすら追求され，また要請されていることは，周知の通りである。つまり，被害者に寄り添うことも，加害者に同情を寄せることも許されない。純粋な統一的融合にまで最も近づくことのできる他者という関わり方は，裁判官において原理的に否定されているといわねばなるまい。
　まさにこの，3人称責任を追及する制度として設計されている点に，国家刑罰が責任追及のあり方として十全たる機能を果たしえない限界が露見すると批判される一因があるのではあるまいか。私自身は，国家刑罰制度は3人称責任を追及するシステムとして純化（し，2人称責任を追及する制度として修復的司法の可能性を模索）すべきとの立場にあるが，次の点は反省しなければならないと考えている。それは，2人称責任を代替ないしバックアップするシステムは，2人称責任を追及しえないもしくは追及することが不都合な場合のみ前景化すべきものであるはずであるのに，この先行すべき2人称責任をおざなりにしてきたのではないかという点である。このつけが再犯率という課題として問われ続けているのかもしれない。

V 修復と人称責任

　論者によっては，ここから「回帰」が始まる。「社会の紛争」が〈秩序ある社会の中で〉解決されるならば，「法の紛争」という虚構を用いてまで，国家に「紛争」を譲り渡し「解決」を委ねる必要性は乏しいであろう。ましてやその「解決」がシンボリックなものであるがゆえに，必然的に抱え込まざるを得ない新たな問題——例えば，法妥当の宣明と関わりを持たない被害者・加害者・コミュニティの関係などは一切捨象され，これを改善・強化する契機が失われてしまうといった危惧——があるとすれば，別の道へ解決の糸口を求めるのは，むしろ自然な流れである。修復的司法の運動は，血讐の世界への先祖返りを回避しながら，「法の紛争」から「社会の紛争」へと回帰することで，「関係の修復」が紛争解決の中核であることを再認識させようとする運動であるといえよう。

　とはいえ，種々の修復的司法の活動が，これまで述べてきた人称責任を果たしえているかという問題は別の話である。そこで，最後に，人称責任という角度から代表的な修復活動に光を当て，少しく立ち入った検討を加えてみたい。

1 メディエイション

　被害者・加害者メディエイション・プログラム（VOMs）は1970年代にまず現れ，修復的司法運動に直接的な貢献をした。VOMsは，トレーニングを受けたメディエイタの助けを借りながら，被害者と加害者が犯罪について話し合い正義へのステップに合意するため，お互い顔を合わせる機会を提供する。裁判手続とは異なり，これらのプログラムは，助長的な環境の中で，自分たちの紛争を自分たちで解決すべく参加者を力づけることを模索する。第三者が両当事者の意見を聞き裁定を下す仲裁とも異なり，VOMsプロセスは被害者と加害者に紛争解決を委ねる。メディエイタが特定の結論を押し付けることはない。なぜなら，目標は参加者への力づけであり，対話の促進であり，共通する問題の解決を促す点にあるからである[15]。

対面はまず不当な事態を確認することから始まる。両当事者が自分自身の立場から犯罪とその影響について語り，またその出来事に関する相手方当事者の説明に耳を傾ける。双方とも相手に質問する機会が与えられ，被害者は被害や損失の個人的な側面を話すことができ，加害者は後悔の念を表明する機会を得る。どのように事態を正すべきかについての話し合いは，犯罪行為によって生じた害を加害者がどのように修復しはじめるのがよいのかを模索することから生まれる。通常，この合意は文書化され，そこには当事者が合意した金銭的な損害回復額その他の弁償が明記される。その後，当事者は，フォローアップ・ミーティングを行うなどして将来のことを考える。

メディエイションにおいては，反省としての1人称責任及び被害者への責任としての2人称責任を果たす結果を生み出すことに功を奏しているようである。とはいえ，加害者自身の家族への責任，そして被害者家族への責任という意味での2人称責任は，制度設計上の限界もあり，十全に果たしえていないきらいがある。

2　カンファレンス

ファミリー・グループ・カンファレンス（FGC）は，ニュージーランドのマオリ族によって実践されていた「ワナウ・カンファレンス」whanau conference を範にとり，1989年にニュージーランドで開始されたものである。その後，オーストラリアでも採用され，いまでは世界中で利用されている[16]。

いくつかの点においてカンファレンスは VOMs とは異なっている。まず第1に，手続は促進的（facilitate）であって調整的（mediate）ではない。第2に，被害者と加害者のみならず，その家族や支援者もカンファレンスの参加者に含まれる。彼らはときとしてケア・コミュニティと呼ばれ，警察署の職

---

[15] Van Ness et al, at 66-68；Beck and Wood, *Restorative Justice Practice, in：Beck, Kropf and Leonard (eds.), Social Work and Restorative Justice：Skills for Dialogue, Peacemaking, and Reconciliation*, p64-85（小長井賀與訳「修復的正義実践」林浩康監訳『ソーシャルワークと修復的正義』（明石書店，2012年）112頁以下）.

[16] *See* Van Ness et al, at 68-69；Beck et al, at 69-73.（「修復的正義実践」p. 120-127.）；Macrae and Zehr, *The Little Book of Family Group Conferences, New Zealand Style, A hopeful approach when youth cause harm*（Little Books of Justice & Peacebuilding, 2004）.

員やその他の刑事司法の代表者も参加することもある。第3に，VOMのプログラムは個別ミーティングにおける当事者の対面前準備の重要性を強調するが，カンファレンスは，通常，当事者が準備するにしても最小限で行われる。

　カンファレンスはファシリテータが手続を説明することで始まる。その後，ファシリテータから向けられるフリーアンサーの質問に呼応して，加害者が起こった出来事を語り始める。同じやり方で被害者が続き，自分の体験を述べ，そのことがどのような影響を及ぼしたのかを話し，そうしてからもしあれば加害者へ直接質問をする。被害者の家族と友人，そしてその後，加害者の家族と友人が自分たちの考えたこと，感じたことを付け加える。この段階が終わると，犯罪により生じた傷を修復するために何をなすべきかについてグループで話し合う。被害者とその家族及び友人には自分たちの要望を述べる機会が与えられ，加害者及びその支援者が受け答えする。話し合いは，カンファレンスの参加者が1つのプラン，それは後で文書にまとめられるのであるが，に合意するまで続けられる。

　FGCはVOMsよりも徹底した1人称責任，2人称責任を追及するものといえる。というのも，被害者及び加害者の家族や友人といった純粋な統一的融合にまで最も接近しうる他者が参加することにより，被害者への責任のみならず，被害者家族，加害者家族への責任をもその射程においているものと考えられるからである。実践するにあたっての不備・不都合はあっても，1人称，2人称責任を中軸とする修復責任を全うさせるコンセプトといえるのではあるまいか。

3　サークル

　サークルはコミュニティに基礎におく決定アプローチであり，基本モデルは，北アメリカの先住民による平和創出実践に由来する。サークルはファシリテータの付くコミュニティ・ミーティングであり，そこには加害者，被害者，その友人と家族，関心を持つコミュニティ・メンバー，そして普通は司法制度を代表する者たちが出席する。ファシリテータはコミュニティのメンバーであって，彼の役割は何よりプロセスを正常に保つことであり，グルー

プの便宜を考えてその都度小括することにある。参加者は犯罪にまつわる広範な問題を議論し取り組むことが許される。そこには何が起こったのか，何がなされるべきなのかを理解するために重要となるコミュニティの状態やその他の関心事が含まれる。建設的な結果へとつながるアプローチを見出すことに焦点が合わせられ，被害者やコミュニティのニーズが，加害者のニーズや義務と合わせて理解され取り組まれる。プロセスは遵守されるべきプラン，そしてそのプランをどのようにチェックするのかに関する合意へと移行する。サークルはもっぱら犯罪に対する宣告に焦点を合わせるというわけではなく，家族やコミュニティ・メンバーのような第三者の約束が含まれても構わない。サークルのプランに違反すると，サークルや正式な裁判手続へ戻される[17]。こうしたプロセスを通じて，コミュニティのアイデンティティを更新させ，参加を通じてメンバーのコミュニティ・ライフを強化するのである。

　このサークルはVOMsやFGCよりも広範な人称責任を目指しているといえる。というのも，サークルは犯罪，被害者，加害者だけに焦点を合わせる必要はないから，サークルへの参加は犯罪と直接関係する当事者や彼らと近しい人たち（2人称）に制約されず，サークルへの参加という道を選択したコミュニティ・メンバー（3人称）——この中には司法制度の代表者もいる——も含まれうるからである。犯罪やその他の問題に関する考え方や感じ方を表明してもらうに際しても，解決策を提案し責任を持ってもらうに際しても，参加者全員から意見を聞き，そこで表明された期待を斟酌することが許されることに鑑みるとき，サークルは1人称責任，2人称責任を越えて，3人称責任をも含みこむ広範な人称責任を指向するものと理解できる。先に言及した医療者の立場と類比的に表現すれば，いわば2.5人称責任を追及する修復活動というべきかもしれない。サークルへの評価は2人称に付加された0.5人称分をどのように考えるのかによるであろう。

---

[17] *See* Van Ness et al, at 69-71；Beck et al, at 73-77（「修復的正義実践」p. 127-133.）.

4　パネル

　被害者・加害者パネル（VOP）なるものは，同じような犯罪によって結びつきを持った被害者のグループと加害者のグループから構成されている。もっとも，彼らは「各自の」被害者ないしは加害者ではない。VOMやカンファレンスには犯罪被害者とその加害者が含まれるが，VOPsは無関係な被害者と加害者のグループを引き合わせる。被害者・加害者パネルは希望する当事者に対し，一種の代理的な対面の機会を与えることができるかもしれない。このミーティングの目的は被害者が解決策を見出す手助けをすること，そして犯罪によって他人に生じさせた損害へと加害者の目を向けさせることであり，これにより加害者の態度や振る舞いに変化を生じさせる[18]。

　パネルは加害者の1人称責任への自覚を促そうとする活動であることは間違いなかろうが，「自分の」被害者にせよ，被害者家族や加害者家族にせよ，2人称への責任を全うさせることは難しいように思われる。かといって3人称責任を果たすものかというとそうともいいきれない。なぜなら，引き合わされる両グループはお互いにとって第三者であることに違いないが，そうした第三者に対する責任を果たそうとするものでは決してないからである。その限りにおいて，無人称であり，すべては加害者の1人称責任へと還元・回収される活動といえるのかもしれない。

VI　結びに代えて

以上，本稿で得られた結論をテーゼという形でまとめておきたい。
1　人称は主語（主格）ではなく，主体との関係で決まる。
2　視覚距離を放擲する関係か，主体が具体的存在として要請する他者かという主体との関係をもとに人称が診断される。
3　人称性の視角は責任を分析するに有用である。
4　国家刑罰は3人称責任を中心に構築され，1人称，2人称責任がおざなりにされてきたといえる。ここにほころびの原因があると批判される

---

[18] *See* Van Ness et al, at 71-72.

一因がある。
5　修復活動は国家刑罰においておざなりにされてきた1人称，2人称責任を果たす機会を提供しようとする運動である。
6　修復活動にコミュニティや国家司法権の代理人を含みこむことは，3人称責任をも視野に入れることを意味し，その評価は両義的とならざるを得ない。

本稿を締めくくるにあたって，摘み残した問題について整理しておきたい。
1　3人称責任を基軸とする国家刑罰と2人称責任を基軸とする修復活動との関係はいったいいかなるものであるのか。排斥的関係というべきか。相補的関係と見るべきか。
2　修復活動におけるコミュニティとは何のいいか。コミュニティにはケア・コミュニティのような当該事象に関する利害関係人を意味する場合もあれば，国家の代理人を含みこんでいる場合もある。この内容いかんで，修復活動の基軸が2人称責任から3人称責任へ接近する。すなわち刑罰と同じ課題を孕む危険性がある。コミュニティ概念の分析が必要となるゆえんである。

修復責任・再考

高 橋 則 夫

I　はじめに
II　応答責任論と修復責任
III　応答責任論と刑罰
IV　応答責任論と修復的司法
V　受動責任と能動責任の対置
VI　責任と非難
VII　おわりに

I　はじめに

　以前，修復責任について若干の検討を行ったが（以下，前稿と称する）[1]，本稿は，その続編ともいうべきものである。前稿では，修復責任を応報責任と対置するというスタンスを基礎に置いたが，本稿では，「責任」全体を射程に入れて，再度，修復責任について若干の検討を行いたいと思う。もちろん，責任概念の全体的な解明を行うことは，ここでは不可能であることから，責任全体を射程に入れるとしても，その範囲は限定されたものにならざるを得ない。そこで，本稿では，とくに，近時有力に主張されている「応答責任論」との関係を中心に，修復責任の内実を探りたいと思う。

II　応答責任論と修復責任

　わが国で応答責任論を精力的に主張したのは，瀧川裕英教授である[2]。そ

---

[1] 拙著『対話による犯罪解決』（2007 年）46 頁以下参照。
[2] 瀧川裕英『責任の意味と制度―負担から応答へ―』（2003 年）参照。

れによれば，応報刑論も目的刑論も，責任を何らかの負担と捉える点では共通しており，両者とも「負担責任論」という同一のカテゴリーに包括できるとされ，負担責任論の特徴として，以下の3点が挙げられる。すなわち，第一に，責任観に関して，負担責任論は，「関係的責任観」ではなく「実体的責任観」を採用し，責任とは，他者との間に取り結ばれる関係ではなく，引き受けられ負わされるような実体であり，第二に，責任実践の意義に関して，負担責任論は，責任の分配・帰属を決定することを責任実践の中心的な理念として解釈され，第三に，責任実践の担い手に関して，負担責任論は，責任の分配・帰属を認定する裁定者に対して一次的な関心をもち，答責者・問責者といった責任実践の当事者に対しては，二次的な関心が向けられるにすぎないとされる[3]。

このような負担責任論に対しては，負担責任を課すことのない責任実践を説明することができない，制裁と責任の差異を説明できないなどの批判があり，これに対置されるのが，「応答責任論」である。応答責任論とは，負担の帰属・分配ではなく，責任を問い責任に答える過程を責任の中心的理念として，その観点から責任実践を捉える解釈であり，この解釈によれば，責任とは負担のような何らかの実体的なものではなく，問責とそれに対する応答という関係である[4]。

それでは，応答責任論によると，刑罰はどのように把握されるであろうか。瀧川教授によれば，応答責任論では，刑罰は，責任過程に位置づけられ，それ自体責任過程の中の一つのコミュニケーションとして，つまり，犯罪者に対する国家・社会による非難の表明として捉えられ，さらに，この非難の表明は，法秩序に対して支持を表明することで失われた法的規範秩序を回復するとともに，被害者に対する擁護を表明するという機能も担うとされる[5]。

このような，応答責任論の考え方は，修復的司法・正義（Restorative Justice）の考え方および修復責任の内実にきわめて近いものと評価できる。瀧川教授も，修復的司法は，「当事者が対面した状況の中で，問責―答責の過程に中心

---

[3] 瀧川・前掲書 119 頁参照。
[4] 瀧川・前掲書 127 頁以下参照。
[5] 瀧川・前掲書 155 頁以下参照。

的意義を見いだす点で，応答責任論の制度的具体例」であると位置づけ，応報論が負担責任論であり，修復的司法は応答責任論であると特徴づけた[6]。

このような理解は，基本的に妥当であるように思われる。かつて，ゼアは，応報的司法と修復的司法を，2つのレンズ（応報レンズと修復レンズ）という形で対立的に捉えていたが，その後，応報的司法と修復的司法は，相互に対立するものではなく，一つの連続体の両端に位置する理念型として考えるべきであるというように改説した。しかし，責任の理解については，やはり2つのレンズの差異は変化するものではないだろう。すなわち，応報レンズによれば，①悪事は罪を生み出す，②罪は絶対的である（二者択一），③罪は除去されない，④罪の負債は抽象的である，⑤罪の負債は刑罰によって返す，⑥罪の負債は抽象的に社会に向けられる，⑦自業自得としての責任，⑧行動は自由に選択されると仮定する，⑨自由意思あるいは社会的決定論，ということになるのに対して，修復レンズによれば，①悪事は責任と義務を生み出す，②応答責任には段階がある，③罪は改悛と償いで除去される，④負債は具体的である，⑤負債は修復によって返す，⑥負債はまず被害者に向けられる，⑦応答としての責任，⑧人間の自由の実現について幻想的なものと現実的なものとの違いを認識する，⑨個人的責任を否定せず，社会的状況の役割も認めるということになる[7]。この主張内容は，必ずしも明確なものではないが，刑罰と修復を二項対立として位置づけており，責任についても，刑罰を発動させる責任と修復を義務づける責任とは異なるものであるという考え方が採用されていると思われる。そして，後者の修復的司法における責任こそ応答責任であるといえよう。問題は，刑罰には，そのような応答責任が入り込む余地はないのか，あるいは，刑罰を応答責任的に再構成し得るのかという点にある。

---

[6] 瀧川・前掲書185頁以下参照。
[7] ハワード・ゼア（西村春夫・細井洋子・高橋則夫監訳）『修復的司法とは何か―応報から関係修復へ―』（2003年）204頁参照。

III　応答責任論と刑罰

　応答責任論から刑罰を再構成しようとする考え方として，象徴表現的刑罰論がある（瀧川教授の用語によれば，応答刑論がこれである）。

　ギュンターは，「刑罰の表明的機能」というファインバーグのテーゼ，および，犯罪を行為者の象徴表明的主張と理解するヤコブスの見解に依拠して，公共に向けられる象徴的機能を具体的な被害者の特殊な経験に移行させた[8]。加害者と被害者との関係において重要なのは，規範違反の言明と規範違反の否定ということだけではなく，被害者の軽視，屈辱侮辱などであり，これらが刑罰によって満足を得る必要がある。このような，被害者の満足要求は，公刑罰の史的展開の過程で刑罰の内容から排除され，法益侵害を超える被害者侵害という点は，何らの役割を果たさなくなったのである。刑罰の展開は近代化の過程であり，それまでは私的な紛争とされてきた犯罪というものが国家レベルに次元を高められたのであるから，被害者の利益は捨象され，国家の利益が前面に登場するに至ったことは必然の結果である。刑罰は，公的な権力装置となり，公共の名の下に実現されるようになったのである。したがって，被害者の満足などの諸利益は，公共の利益の枠内で，それと調和する限度で考慮されるにすぎないというわけである。しかし，ギュンターによれば，被害者の満足要求は，国家およびその自己保存利益とは矛盾するが，「公共」とは矛盾しない，なぜなら，被害者の自己尊重などの喪失，法的人格としての自己認知の喪失によって，被害者自身だけが被害を受けるのではなく，被害者がコミュニケートしようとする市民社会，すべての市民とのコミュニケーションに向けられた市民社会もまた被害を受けるからである。このようなギュンターの見解によれば，被害者は法的人格として自己尊重を回復される必要があり，この要請は公共の利益でもあることになる。すなわち，被害者の問題を公共のレベルで問題とすることが重要なのであって，加害者を処罰することが重要なのではないという帰結に至るのである。ギュンターに

---

[8] Günther, Die symbolisch expressive Bedeutung der Strafe-Eine neue Straftheorie jenseits von Vergeltung und Prävention?, in：Festschrift für Lüderssen, 2002, S. 205ff. 参照。

よれば，法的人格として自己尊重を回復するためには，2つのことで十分とされる。すなわち，1つは，責任ある加害者に対して犯罪を公的に個人的帰責させることであり，もう1つは，被害者が公共および加害者に対して，自己の体験を話すことを可能にする手続を設けることである。

　要するに，象徴表明的刑罰論によれば，刑罰は，侵害が個人に応答されるべき不法であり，この不法は公共によって許容されないということを公的に表明するものとされるのである。しかし，問題は，このような象徴表明的刑罰論（応答刑論）によれば，非難を表明すれば足りるということになるから，なぜ刑罰の賦課が必要となるかという疑問が生じることになる。ファインバークによれば，非難としての反作用と害悪賦課という意味での刑罰との関係は，歴史的に与えられ，変更可能な慣習に過ぎず，刑罰が非難の手段として必要かどうかは，未解決の問題ということである[9]。

　このような象徴表明的刑罰論（応答刑論）が，刑罰廃止論に至り得ることになるのか，具体的な刑を創設するのか（たとえば，刑事和解，社会奉仕命令など）については，依然として不明である。さらに，修復的司法の考え方，その制度などについて，どのような立ち位置にいるかという問題，また，責任の理解として，非難可能性という責任概念を維持していることから，修復責任に対してポジティブなのか，ネガティブなのかという問題などについても，必ずしも明らかではない。

Ⅳ　応答責任論と修復的司法

　応答責任論者である瀧川教授は，応答責任論の契機として，証し立て・対面性・理由・人格・根源的責任・責任過程・第三者の7点を指摘し，そのうち修復的司法の特徴的な契機として4点，すなわち，対面性・理由・人格承認・第三者を取りあげている[10]。この4点について検討したいと思う。

　第1に，対面性についてであるが，直接的対面性を要請するのは，修復的

---

[9] Feinberg, The Expressive Funktion of Punishment, in：Feinberg, Doing and Deserving, 1970（本文で引用したのは，in：Duff/Garland（ed.），A Reader on Punishment, 1994, p. 87 である）。
[10] 瀧川・前掲書190頁以下参照。

司法の純粋モデルだけであり，多くの論者は，修復的司法をより広く捉えている。すなわち，第三者を通した間接的対面のみならず，被害者支援や加害者支援なども広義の修復的司法に包含されている（最大化モデル）。

第2に，理由についてであるが，「なぜそのようなことをしたのか」という問いと「なぜ私にしたのか」という問いという2つの問いが挙げられているが，後者の問いは，修復的司法の問いと一致するが，後述するように，前者の問いは「受動責任」であり，修復的司法の問いである「何をなすべきか」という能動責任とは異なるものである。

第3に，人格承認についてであるが，この点は，修復的司法の基本的内容をなしている。修復的司法の理想的な帰結は，加害者と被害者が相互にそれぞれの人格を尊重し，加害者・被害者というそれぞれの範疇から脱却することである。このような帰結に至るには困難なプロセスを経ることになるが，修復的司法の基本には，あらゆるものに対するリスペクトがあり，それに基づく修復的司法的人間観がある。

第4に，第三者についてであるが，修復的司法の純粋モデルにおいては，法律以外の諸教育を受けたボランティアとしての仲介者が，当事者および関係者の対話の進行役を務めることから，第三者の点も修復的司法の中核をなしている。もっとも，この第三者は，当事者の家族のほか，警察官や地域の関係者も含む場合もあり，コミュニティとして位置づけられる。

以上，応答責任論と修復的司法とは重なり合う面が多く，瀧川教授の指摘のように，修復的司法の実践は応答責任論の一つの具体化といえよう。もっとも，瀧川教授は，修復的司法が適切な解決となる場合をかなり限定的に捉えており，そこに「修復的司法の限界」があると説くが，この点については，疑問がある。

第1に，修復的司法が用いられるのは，通常加害者が少年である場合であるという点である。たしかに，修復的司法は，可塑性に富んでいる少年事件についてはその適用が比較的容易であり，実際，プロジェクトの多くは少年事件を対象としている。しかし，それは程度問題であり，修復的司法が加害者が成人の場合には適さないということではなく，事実，成人事件を対象とするプロジェクトも諸外国には存在する。

第2に，修復的司法が用いられるのは，通常被害の程度が小さい場合であり，重大な被害を伴う場合には適さないという点である。この点も，第1の点と同様，程度問題であり，重大事件においても，修復的司法の適用は可能であり，事実，死刑事件においても，修復的司法の取り組みが実施されている。

　第3に，修復的司法が用いられるのは，加害者が犯罪事実を自認している場合であり，否認事件には適用できないという点である。この点は，そのとおりであり，加害者が，被疑事実を争う場合には，通常の刑事手続を遂行するというのが，修復的司法の基本的な制度設計である。

　このように，修復的司法には，たしかに限界はあるが，その適用範囲が必ずしも限定的であるわけではない。修復的司法は，刑事司法の補完的機能を果たすという点だけを確認しておけば足りるであろう。

　いずれにせよ，修復的司法が，応答責任論の具体化であることは異論のないところであるが，問題は，刑事司法と応答責任論の関係である。修復的司法が刑事司法の補完的機能を果たすと解するならば，応答責任論の具体化である修復的司法は，刑事司法内で遂行される刑罰の実現といかなる関係にあるかが問題とならざるを得ない。すなわち，刑罰それ自体を応答責任論で再構成するのか，あるいは，刑罰それ自体は，たとえば，応報責任論から根拠づけ，その中で，修復的司法などの応答責任論を展開するのかという問題がこれである。

　次には，この問題を検討する前提として，受動責任と能動責任との区別を検討する必要がある。

V　受動責任と能動責任の対置

　受動責任とは，過去になした悪に対する責任のことであり，能動責任とは，将来に対して責任をとることである。受動責任の中心的問いは，「なぜそれをしたのか」であり，要求される内容は，規範の違反，行為と損害の因果連関，非難，そして時には，害を受けた人に対する義務関係である。これに対して，能動責任の中心的問いは，「何をなすべきか」であり，要求される内容

は，規範違反の適切な認識，帰結の考慮，自律性，義務の真摯な受容である。

　ブレイスウェイトは，このような対置を修復的司法の枠組みに導入し，修復的司法における修復責任は能動責任であると結論づけたのである[11]。もっとも，修復的司法は受動責任を排斥するわけではなく，むしろ，受動責任なしには，修復的司法は実現し得ないのである。加害に対する因果責任と解される受動責任の存在は，加害者処罰の出発点であることはいうまでもない。修復的司法は，加害者が能動責任をとることができるような場をつくるために，受動責任を前提とするのである。刑事司法は，罪刑均衡の枠内で責任をとる場だけをつくっているわけである。いわば，修復的司法は，受動責任から能動責任へとバランスをシフトしようとするものといえよう。応報的司法は，加害者の過去になした行為に対して反動として害悪を課すことから，受動責任を基礎とするのに対して，修復的司法は，生じた害を修復することから，能動責任を志向するのである。

　この点については，原因責任（causal fault）と反応責任（reactive fault）の対置も提示されている[12]。この2つは，すべての刑事司法システムにおいて含まれている概念とされ，原因責任とは，因果的に責任があることに関わるものであり，反応責任とは，害がなされた後どのように有責的に反応するかに関わるものである。たとえば，まったく同じ犯罪を遂行した2人の加害者がいて，1人は謝罪をし，被害者に癒しをもたらし，もう1人は，それをしなかったという場合，2人の加害者は，原因責任の点では同じだが，反応責任の点では異なる。つまり，受動責任は同じであるが，能動責任は異なることになる。また，加害者が，謝罪や害の修復などの能動責任を果たした場合，それは，反応責任を果たすことになる。刑事司法においては，受動責任は，刑罰によって果たされることになるが，修復的司法においては，受動責任は能動責任によっても果たされ得る。修復的司法においては，犯罪に対して誰が因果的に責任があるかを確定することだけに受動責任を必要とするわけである。とな

---

[11] Braithwaite/Roche, Responsibility and Restorative Justice, in：Bazemore/Schiff（ed.）, Restorative Community Justice：Repairing Harm and Transforming Communities, 2001, pp. 63-84 参照。同論文の翻訳として，前原宏一「責任と修復的司法」ジョン・ブレイスウェイト（細井ほか訳）『修復的司法の世界』（2008年）49頁以下参照。

[12] Braithwaite/Roche, supra note17, pp. 72-74 参照。

ると，修復責任は，能動責任を要求するがゆえに，刑事司法における責任よりも多くを要求されることとなる。ブレイスウェイトによれば，このような能動責任は，一種の「徳」として位置づけられるのであって，道義的責任でも法的責任でもなく，それらの責任を超えるものである。修復的司法における人間像が，能動責任を義務としてではなく，自発的に履行する，いわば「修復的人間」を予定していることが明らかとなる。

　さらに，修復責任が能動責任であることから，この能動責任を実現するためには，説明責任（accountability）の範囲が拡大されなければならないだろう。責任（responsibility）は，何らかの正しいことをする義務として捉えられ，説明責任は，何らかのことを公的に説明する責任があるものとして捉えられる。責任と説明責任とは，関連した概念であり，何かに対して責任がある場合，その責任をとるための行動にでることが要請される。しかし，責任があっても説明責任がない場合があり，それは，私的なレベルで留めておいて構わない場合がこれである。犯罪の加害者は，私的なレベルに留めておくことはできないから，説明責任を負うわけである。加害者は，被害者・コミュニティに説明する責任を負うのであり，その場を提供するのが修復的司法である。

　以上のように，受動責任と能動責任の区別は，前者が刑罰を発動する責任に，後者が修復を発動する責任に対応する。この点は，修復的司法の純粋モデルによれば，前者が「強制的」，後者が「自発的」なシステムということになる。これに対して，修復的司法の最大化モデルによれば，強制的な修復も包含することから，前者の「刑罰を発動する受動責任」の中にも修復的司法的システムが受容される結果となる。修復的司法の純粋モデルによれば，受動責任＝負担責任＝刑罰，能動責任＝応答責任＝修復的司法という図式に固執することになろう。

VI　責任と非難

　刑法における「責任」とは，一般に，「非難可能性」と理解され，非難が可能であるためには，違法行為を避けることが可能であったという「他行為可能性」，そしてその基盤である「自由意思」の存在が前提条件とされている。

もっとも，現在，この「他行為可能性」は，その存在の危機を迎えている。すなわち，一つは，神経科学からの異議申立てであり，もう一つは，前述した「応答責任論」などの行為哲学からの異議申立てがこれである。

　前者の神経科学の見解によれば，ある特定の態度をとるという意思は，行為者自身が自ら決意したと考えた時点で，脳組織内のプロセスで既に形成され，存在していたのであり，人間には意思自由があるというテーゼは科学的に維持できないというのである[13]。後者の行為哲学によれば，決定論と自由意思論は両立可能であり，他行為可能性が存在しなくとも，責任を問うことはできるというのである[14]。

　かつての「学派の争い」が，自由意思の存否を中心に，道義的責任論か社会的責任論かという責任の「本質」をめぐる議論であったのに対して，これらの批判的見解は，責任の「存在」それ自体，あるいは，責任の「内実」を問うものであり，その点で，新たな次元の問題提起といわざるを得ないだろう。

　他行為可能性＝非難可能性という意味での責任が排除された場合，「責任なければ刑罰なし」というテーゼは，どのように変化していくだろうか。一つは，「責任非難なき」刑罰という構想であり，もう一つは，「非難なき責任」に基づく刑罰という構想であろう。前者の構想を徹底するならば，刑法をもっぱら犯罪予防システムに転化させることになり，予防刑法というものが構築され，「刑法は刑事政策の越えられない柵である」（リスト）ことを完全に崩壊させることになる。これに対して，後者の構想は，たとえば，前述した，応答責任，能動責任を基礎とする，非難，負担，強制のない自律的・自発的な責任というものを構築する試みである。

　予防刑法に堕することを阻止するためには，刑法（刑罰）の基礎に，「責任」あるいは「非難」という要素を排除することはできないように思われる。前者の構想においても，近時では，規範の応答可能性という意味での「不法」非難を維持する見解も主張されており[15]，非難の要素はなお維持されている

---

[13] Hillenkamp (Hrsg.), Neue Hirnforschung-Neues Strafrecht?, 2006 参照。
[14] 瀧川裕英「他行為可能性は責任の必要条件ではない」法学雑誌（大阪市立大）55巻1号（2008年）31頁以下参照。

のである。後者の構想においても，応答責任や能動責任などは，それ自体が独立して存在するものではなく，負担責任や受動責任を前提としなければならない。すなわち，後者の責任には，非難の要素が包含され，責任と非難は結合し，その前提として，他行為可能性というものが必要なのである。負担責任や受動責任にプラスして応答責任や能動責任が存立すると考えるべきであろう。そもそも，刑法のみならず，法というシステムが，自由意思（他行為可能性）を規範的に要請しているのであり，それは一種の社会的虚構かもしれないが，それなくして，法は存立し得ないのではないだろうか。

以上のように，刑罰には，非難（可能性）という意味での責任の存在が不可欠である。ここでいう非難は，行為者の「行為」に対する責任であり（行為責任），かつ，行為者の「意思」に対する責任である（意思責任）。前者の行為責任は，責任の対象の問題であり，人格責任と対置されている。現在，刑法学上，人格責任論に対しては，人格の深みにまで責任の対象にすることは妥当でないなどの理由から，一般に否定的であり，行為責任が支持されている。後者の意思責任は，自由意思・他行為可能性を前提として，犯罪を選択した悪い意思を非難するものであり，かつての道義的責任論の立場であるが，これも現在では，法的な非難という意味に緩和され，「法的責任論」が支配的となっている。刑罰の基礎には，このような責任の本質および対象を設定する必要があり，これを放棄することは，刑罰制度を崩壊させることにつながるであろう。したがって，責任について，第一次的には，負担責任・受動責任が前提とされ，第二次的に，応答責任・能動責任が問題とされなければならないであろう。

Ⅶ　おわりに――責任無能力者の責任？――

刑法上の責任は，国家によって賦課されることから，前述の，負担責任・受動責任は対国家という形で問題となるものであるが，応答責任・能動責任は，対被害者，対コミュニティという形で問題となる。一般的には，前者の

---

[15] Hörnle, Kriminalstrafe ohne Schuldvorwurf, 2013 参照。

責任を前提として後者の責任が存在することになるが，前者の責任は不存在であるが，後者の責任は存在するという場合もある。たとえば，責任無能力者（原則として，限定責任能力者にも妥当するが）の責任がこれにあたるであろう。刑法上，責任無能力は責任阻却事由とされ，責任無能力者には刑罰を科すことはできないが，一定の要件があれば，医療観察法が適用され，指定入院医療機関で処遇されることになる。このような処遇を受けることについて，対象者は，被害者およびコミュニティに対する応答責任・能動責任を負うものと解することができるように思われる。すなわち，責任無能力者は，被害者・社会に対する責任というものを構想し，自己の改善・教育によって，被害者・社会に対して応答していくという責任を負うのである。しかし，責任無能力者は，この責任を自ら果たすことはできないことから，そのための社会的援助が必要となる[16]。このような応答責任・能動責任は，責任能力者も，当然負うものであり，人間の責任というレベルの問題であるといわなければならない。

　いずれにせよ，修復責任の内実は応答責任・能動責任であり，これを，具体的にどのように実現するかが，依然として，課題として残っているのである。

---

[16] この点につき，示唆的なのは，森久智江「障害を有する人の『責任』と修復的司法」九大法学 95 号（2007 年）135 頁以下である。

我が国の近代刑罰思想と修復的正義・修復的刑罰論との接合点に関する覚書

宿 谷 晃 弘

I　はじめに
II　我が国の近代刑罰思想の基本構造について
　　1　我が国の近代刑罰思想の変遷過程について
　　2　近代刑罰思想のフレームワークの形成——留岡幸助を素材に——
　　3　若干の考察——我が国の近代刑罰思想の基本構造——
III　我が国の近代刑罰思想と修復的正義・修復的刑罰論との接合点について
　　1　修復的正義・修復的刑罰論の精神と近代刑罰思想
　　2　平和の理念と世俗思想
　　3　近代刑罰思想におけるコミュニティの位置づけ
　　4　小　括
IV　おわりに

I　はじめに

「本稿はレストラティブ・ジャスティスという外国製品を日本に原型のまま輸入しようという意図で書かれたものではない。技術論に終わらせないために最後に2点ほど付け加えたい。1は，正義の対応について社会的レベルでの議論が行われたわけであるが，これには一抹のもの足りなさを感じざるを得ない。（中略）2は，rjを21世紀の思想問題としてとらえ，近代化の危機と近代人間の見直しのなかにrjを位置づけることである。[1]」

上の文章は，いうまでもなく，細井洋子・西村春夫両先生による共著論文「図説・関係修復正義：被害者司法から関係修復正義への道のりは近きにあり

---

[1] 西村春夫・細井洋子「図説・関係修復正義：被害者司法から関係修復正義への道のりは近きにありや」犯罪と非行125号（2000年）33頁。

や」の一節である。ここでは、一般的・抽象的な正義のもの足りなさ、および近代への疑念に対する応答としての修復的正義という視点が打ち出されている。我が国における修復的正義ないし修復的司法に関する研究は、両先生によって、その理論・実践が紹介されて以来、それなりの蓄積が見られるに至っている。しかしながら、それにもかかわらず、管見においては、いまだ、これらの点について、問いが深められ、より明確な回答が打ち出されたとはいえないように思われる。

本稿においては、細井・西村両先生の指摘される、具体的な正義の探求という点については、問いを刑罰の領域に集中させる形において限定的に、また近代云々といった点については、我が国の近代刑罰思想の基本構造と修復的正義・修復的刑罰論の関係性を問うという形で、両先生の問題提起に応答させていただく。この応答は、本稿においては、次のような問いに対する応答として表されることになるであろう。つまり、我が国の刑罰思想史において、修復的正義ないし修復的司法、とりわけ修復的刑罰[2]に関する思考がどのような位置にあるのか、という問いである。

ところで、そもそも、我が国において自国の刑罰思想ということがどの程度詳細に取り扱われてきたといえるであろうか。もちろん、これまでも、例えば、刑法思想史、あるいは行刑思想史などにおいては、優れた業績が世に問われている[3]。しかしながら、それらの業績は、専門領域の細分化のもとで個々の領域に特化した形で構成されたものであり、およそ「刑罰」をめぐる思想・実践の展開を網羅したものとはいえない様相を呈しているように思われる。もちろん、各専門領域においてそれに関係する思想・実践のみを取り上げていくのは当然のことといえるであろう。もともと、歴史上表れた、刑罰に関する思想・実践は、そのすべてにおいて重なり合うわけでもない。それゆえ、領域のテーマに関して、こちらの思想・実践は取扱い、あちらの思想・実践は除外するという取捨選択をせざるを得ないことも確かである。し

---

[2] 修復的刑罰ということについては、安成訓・宿谷晃弘『修復的正義序論』（2010年、成文堂）84-101頁；拙稿「刑罰目的としての修復：修復的刑罰論序説」NCCD Japan 第38巻 1-14頁参照。

[3] ここですべてを挙げることはできないが、例えば、中山研一『刑法の基本思想〔増補版〕』（成文堂、2003年）；同ほか『刑法理論史の総合的研究』（日本評論社、1994年）；小川太郎『行刑改革者たちの履歴書』（矯正協会、1983年）などを参照。

かしながら，そのような取扱いによって，我々の視野・議論の射程範囲外に置かれてしまうものがあることも否定できないように思われる。それは，つまり，ある思想・実践が当初包含していたところのダイナミズムである。

このことは，例えば，後述するところの留岡幸助などの取扱いなどに端的に表れているといってよいであろう。留岡の実践および議論は，少年司法や福祉の領域だけでなく，刑法の領域にも，控えめにいって，それなりのインパクトを与えたといってよいように思われる。しかしながら，管見では，今日，刑法に関する主要な著書には留岡の名はほとんど登場しない。このことは，理論と実践の区別というだけでは説明がつかないことのようにも思われるのである。

本稿は，ただ単に海外の業績を追うというだけでなく，我が国の刑罰に関する思想と実践の文脈をたどり，それに内在する形で新たな理論や実践を展開していくためには，細かな専門領域の垣根を超えて，諸々の思想・実践が展開された当時のダイナミズムの中で中核的な思想・実践をも捉えなおす必要があるという問題意識のもと，ただ単に修復的刑罰を我が国の刑罰思想史に位置づけるというだけでなく，いわば刑罰思想史序説として刑罰思想史の枠組みそれ自体を模索する試みをなしてみたいという意図を有するものである。もちろん，この小稿において，上記の問題意識を全面的に展開できるわけでは，まったくない。この小稿においては，あくまで今後の作業のための突破口が探し求められるのみである。そして，この小稿においては，修復的正義ないし修復的刑罰論の，我が国における鉱脈を（そして，内在する危険性をも）探るという目的から，極度に選択的な記述がなされる。そのことを，あらかじめご承知置きいただければ幸いである。

以下においては，まず，第2章において，我が国の近代刑罰思想の流れを図式化し，その上で，我が国の近代刑罰思想のフレームワークを形成した重要人物のひとりとして，とくに，留岡幸助について粗描する。ここで，近代より前でも後でもなく，わざわざ近代を取り上げるのは（もとより筆者の能力不足もあるが），次の想定，つまり，我が国の現在の刑罰思想の祖形・その基本的枠組みが形成されたのは近代であるという想定に基づく。確かに，刑罰思想にもついて回るところの，四海と隔絶した島国における外来思想と在来

文化・感情との相克というテーマは，近代どころか，古代に遡るものといえよう。その点で，本稿も，古代より筆をおこすのが妥当なのかもしれない。しかしながら，試論中の試論という，この小稿の性質に加えて，現代の刑罰思想の枠組みの中核的要素が出そろったのは近代である，といってよいように思われる。それゆえ，ここでは，暫定的な作業ということで近代の記述にとどめて，他の作業は今後の課題とさせていただきたい。

次に，第3章において，我が国の近代刑罰思想の流れ，その利点・問題点すべてを含めて，修復的正義ないし修復的刑罰の議論が，我が国の近代と，一体何を共有・継承し，一体何を捨て去ろうとしているのかについて探っていく。確かに，修復的正義は，海外から入ってきたものである。しかし，だからといって，それでは，我が国の文脈に何らの関係のないものなのか。関係がないゆえに，早晩消え去ってしまうものなのか。あるいは，関係があるとしても，むしろ悪しき点に接合されてしまうものなのか。そうであるならば，修復的正義など，我が国に導入する意味など，そもそもないということになろう。しかし，本稿は，そのような立場に立たない。本稿は，我が国の刑罰思想史の流れとの関連において，我が国の刑罰思想の流れがいま何を求め，その求めに応じて，修復的正義が我が国に何をもたらし，しかもどういう点に気を付けるべきなのか，などといった事柄について，若干思考をめぐらしてみたいと思う。

ところで，本来，修復的正義は，刑罰だけの問題ではない。それは，教育，社会福祉，民事，環境問題，国際紛争など，多様な領域に関係していく実践であり，理論である[4]。それゆえ，なぜ，他の領域を問題にせず，刑罰思想だけを問題にするのか，という問いもあるかもしれない。しかし，その問いに対しては，字数的にも能力的にも，この小稿の範囲を超えるとしか，回答できない。これも，やはり他稿の課題とせざるを得ない。

以下，順次，論じていくことにしたい。

---

[4] 安・宿谷，前掲書（注2）参照。

II　我が国の近代刑罰思想の基本構造について

1　我が国の近代刑罰思想の変遷過程について

まず，我が国の近代刑罰思想の変遷過程に，一定の図式化可能な流れがあるとすれば，それは次のようなものであるといえよう[5]。つまり，①西洋の刑罰思想との結合ないし融和をひたすら目指した時期，②条約改正の達成，文明国仲間入りの意識の台頭などに伴い，文明化（西洋化）の意欲が減退し，自文化至上主義的な要素が台頭しはじめる時期，③戦局の進展，国内の軍国主義化の深化等に伴い，超国家主義が刑罰思想をも飲み込んだ時期，④超国家主義の破綻以後，である。

そして，各時期の特徴を，まず簡単にまとめるとすれば，次のようになろう。

まず，①の時期の特徴は，政府の動きよりも，民間のクリスチャンなどの動きが先んじる部分もあり，そして政府内部の，いわゆる開明的な人間たちも，そのような民間の動きと歩調をあわせ，ときにそれを後押ししようとし，その成果を取り込んでいこうとしていたところにあるといえよう。この時期の特徴は，基本的に大正デモクラシー期まで存続していたといえるように思われる。

次に，②の時期の特徴は，制度や学問等の吸収が一段落したと考える風潮が濃度を増し，あるいは日本社会および海外情勢の複雑化に伴い，超国家主義的な風潮が，とくに実務家を中心に台頭しはじめたところにあるといえよう。これは,山県閥や平沼閥などの動きとも関係するもののように思われる。

次に，③の時期の特徴は，超国家主義が刑罰思想における自文化中心主義的傾向ないし実存主義的傾向を強化し，科学主義的思考にさえ，一定の圧迫を及ぼしたところにあるといえるように思われる。

そして，最後に，④の時期の特徴は，超国家主義の崩壊だけでなく，戦前と戦後の連続性にあるといえよう。他の領域においてはともかく，刑罰思想

---

[5] 同様の作業を試みたものとして，拙稿「大日本帝国の刑罰思想における『内部』と『外部』：刑罰思想史ノート」東京学芸大学紀要，人文社会科学系．II Vol. 64（2013 年）141-165 頁参照。

の領域においては，断絶性もさることながら，継続性に注目しておくことも，あながち無駄ではないように思われるのである。

　以上の整理は，あくまで図式的なものでしかない。上に示した時代区分をはみ出るような刑罰の思想を示し，実践を行った人々もあろう。あるいは，図式的に示された特徴も，より詳細にみていくならば，別の風貌を垣間見させてくれるかもしれない。しかし，ここではあくまで，時代精神とでもいうべきものに沿う形で示された諸特徴を拾い，その中核部分を示そうとしたに過ぎない。この変遷過程の特徴を一言で述べるならば，欧米の圧倒的な影響のもとに形成された近代刑罰思想の枠組みが，社会の硬直化の進展，そして国内および国際社会の危機の深刻化などによって，その善良なる部分を切り捨てていった過程であるということができるようにも思われる。このような印象を前提としつつ，ここでは，ひとまず，日本近代刑罰思想の基本構造を描き出すためにも，上記のような変遷過程のうち，①から②の時期に活躍し，我が国の近代刑罰思想のフレームワークの形成に貢献した留岡幸助の刑罰思想について，若干見ていくことにしたい。

2　近代刑罰思想のフレームワークの形成──留岡幸助を素材に──

　「最近の半世紀におけるわが国の思潮を論ぜむとする者にとつては，留岡翁に依つて代表される貴重な一面を，いかなる意味においても，遺却することが許されない，といはねばならぬ。(中略) われわれは，刑法理論の先覚者たる留岡翁の健康の速に回復せむことを祈り，この機会において特に欽仰敬慕の意を表したいとおもふ。[6]」(傍点筆者)

　上の牧野英一の発言は，我が国の近代刑法・刑罰思想における留岡の位置を端的に示したものとして，誠に興味深いものといえよう。もっとも，我々はここで，留岡の実践・理論が刑罰思想にもたらしたものについて，牧野の「刑法理論の先覚者」云々という評価よりも，もう少し踏み込んだものを提示することにしたい。それは，つまり，社会政策・社会福祉政策等との明確な関連性をもつ刑罰思想を体現した人物の登場と，それによる我が国の近代刑

---

[6] 牧野英一『理屈物語』(日本評論社，1940年) 224-230頁。

罰思想の厚みの増加・そのフレームワークの形成というものである。留岡の歴史的意義は，ただ単に「刑法理論の先覚者」というに止まらないというべきであろう。それは，単に留岡が社会福祉や社会政策の領域において大きな足跡を残したということに止まらない。留岡という存在において，思想の各領域だけでなく，思想と実践の両立が体現されたことにこそ，注目すべき点が存するのである。以下，このことを念頭に置きつつ，留岡の議論を概観していく[7]。

　留岡の刑罰思想の特徴を端的にまとめるのであれば，それは次のものとなろう。つまり，①キリスト教精神に基くものであること，②理論と実践を両立させたものであること，③科学主義に立脚するものであること，④刑罰のみならず，様々な領域との関連性において刑罰を捉えていること，などである。

　まず，①のキリスト教精神ということであるが，留岡の刑罰思想および実践がキリスト教精神に基くことは一目瞭然である。留岡によれば，愛の発動は，2つの原則に基づくとされる。つまり，第一には，「愛は完全なる物に対して発動」するのであり，第二には，「不完全なるものに対して発動」するのである[8]。ここで，完全なるものとは，とりわけ神を意味するもののようであるが，留岡は，それへの愛と同時に，後者について，「神の吾人を愛し給ふや吾人が頗る不完全なる罪人たるを以てなり，基督教の他教に優りて大なる所以は即ち茲にあり」とし，「貧民，堕落婦人，孤児，罪人の友たる耶蘇基督は健かなるものは医者の助を求めず，只病苦ある者のみ之を求むと，基督教が専ら上等社会に而已眼を注ぎて下層の民を忘却したる時は基督教会の腐敗したる時にして基督教に活溌たる生命の存せし時は即ち基督教が下層社会の救済に黽勉努力せし時なりしなり，詩編の著者は『神は悔ひし砕けたる霊魂を軽蔑（かろし）め給ふまじ』と，実に然り不完全にして堕落せる人類も又能く神の恩寵に沐浴する時は大放蕩息子の裡より聖オーゴスチンを得，大迫害者の裡より使徒パウロを得ればなり」と説明している[9]。この不完全なものに対して発

---

[7] 留岡の刑罰思想のより詳細な検討については，宿谷・前掲論文（注5）参照。
[8] 同志社大学人文科学研究所編『留岡幸助著作集　第1巻』（1978年）333頁。
[9] 同上，334頁。

動する愛こそが，留岡の刑罰思想・実践を支えていたのである。そして，それは，まさに新時代の思想としての教育刑論であったのである。

ところで，このキリスト教精神に支えられた教育刑論に関して，留岡の師のひとりである新島襄の思想は大いに注目すべきものをもっているといえよう。新島は，同志社大学設立の基本構想を説明した文書の中で「米国刊行の一八八一年の教育報告中に，仏国において罪囚人中，有文無文のものを区別して，その数を載せたるものを得たれば，ここに登録し，教育の必要なることを証す。罪人の総数　三千三百五十四人　読み書きの出来ざるもの　一千四百八十人　少し読み書き出来るもの　一千三百六十二人　読み書きの出来るもの　五百十二人　且つ該国人の教育に熱心なるの要領は，その国人の智識道徳をして最高点に至らしめざれば，自由制度の国体を永続せしむる能わざるを了知するにあるなり。嗚呼米国人にしてかくのごとき高尚なる目的あり，かくのごとき同胞相憐れむの熱情あり，巨万の金額を投じ大学を設立するに至るは，豈我輩東洋人の羨慕して止まざる所ならずや[10]」と述べている。ここで，新島は，「罪人を減じ良民を増し，国基を固うし，国力を張る[11]」上で，教育が果たす役割を高らかに主張しているのである。そして，新島がその教育の根底にキリスト教を据えようとしたことは，同じく同志社大学の設立主旨を説明した他の文書において，彼が「我が同志社は特に徳育を重んずるが故に，学生の品行を方正にし，その精神を陶冶するに最も勢力ある基督教を以てこれが基本となすなり[12]」と述べていることからも明らかであるといえよう。

これらの文書において，新島は，犯罪者に対する教育が，キリスト教の精神に基くものであり，同時に国家に貢献するものであることを指し示したのである。もとより，留岡に犯罪者への教育の必要性を教えたのは，新島だけではない。とくに，彼が若き日に治療を受け，その教えを学んだベリーは，日本における監獄改良運動の先駆者である。また，留岡は，同志社時代に読書を通じてハワードのことを知り，深い感銘を受けている。しかしながら，

---

[10] 同志社編『新島襄　教育宗教論集』（2010年，岩波文庫）38-39頁。
[11] 同上，38頁。
[12] 同上，66頁。

新島の思想は，士大夫の発想を濃厚に示していることにより，漢学を学んだ留岡の琴線に大いに触れるものがあったに違いない。留岡もまた，明治32年の「国家万歳と基督教」という文章の中で，「然らば即ち国家を永遠に繁盛ならしめ，国権を海外に伸張せしむるに於てこの宗教的思想百般の行為の根帯とならずんば，到底強健偉大の国家及国民を形造し能はざるや明かなり，この深大雄健なる思想を養成せんには，ナザレの工匠耶蘇基督の膝下に跪きて大に学ぶ所なくんばあらず，嗚呼刻下の急務は基督教を我儕同胞の心裡に扶植することにあるなり，国家も民人も此点につきては慎重の考察を要すべきや論を俟たず[13]」と述べている。

　もとより，新島や留岡が国家への貢献を強調した背景には，当時の社会においてキリスト教が置かれていた位置と大いに関係があろう。しかしながら，それでは，国家貢献が単なるリップサービスないし隠れ蓑にすぎなかったかというと，それは違うであろう。新島も留岡も，漢学の素養・士大夫の意識のもとにキリスト教を受容したのである。これは，明治のキリスト者に共通の事柄といってよいであろう。そして，このようなキリスト教精神のもと，留岡は，教育刑論を実践し，その実践体験をもとに我が国の新派刑罰論・刑法学にとって先駆的な学問業績を残したのである。

　次に，②の理論と実践の両立ということであるが，留岡の信仰は，若き日より，実践と結びついたものであった。例えば，留岡は，同志社時代の日記に，「キリストハ東奔西走日モ又足ラズニ，天国ノ福音，無形ノ真理，罪人ノ生糧ヲ宣伝シ，只理論口上ノミヲ以テ止ミ玉フコトナク，進ンデ理論ヲ実地ニ施行シ玉ヘリ。若シキリスト言論ノミヲ以テ天国ノ福音ヲ宣伝シ玉ハヾ，人人ハ思フ程信ゼザリシ乎モ知ル可ラズ。然レドモ理論ニ実事ヲ加ヘ玉ヒシヲ以テ，人々神ヲ賛シテ，自モ福音ニ従フニ至レリ。以是キリストノ言論ノ強キヲ見ル可シ，公衆ノ前ニテ天国ヲ宣伝セントスルモノ宜シクキリストノ模範ヘ従フ可シ[14]」と書き記している。ここに，留岡の信仰・思想の実践性が集約されているといってよい。そして，この理論と実践の両立において，二宮尊徳の報徳教への傾斜が生じてくる。留岡は，ただ単に海外のものを輸入す

---

[13] 留岡著作集1巻，486頁。
[14] 留岡幸助日記編集委員会編『留岡幸助日記　第一巻』（矯正協会，昭和54年）12頁。

るだけでなく，それをいかにして我が国の「土着」のもので置き換えようとした。そこには，留岡の長所も，そして同時に限界も見出されるかもしれない。

次に，このような実践性から，③の科学主義的性格というものが出てくる。留岡は，思想・実践において，ただ単に書物を読むだけでなく，詳細な調査をし，データを集め，それらを検討した上で，理論を組み立て，実践している。このことについて，誠に興味深い記述が，上と同じく同志社時代の日記の中に見出される。留岡によれば，人が信仰に入る，そのやり方には様々なものがあるが，「昔モキリストハ証拠ナシニ信スルコトハ欲シ玉ハサリキ[15]」とされる。これは，キリスト教証拠論に関する短文の中に出てくる言葉であるが，同じ文章の中で，留岡は，聖トマスのように「キリストノ脇腹ニ手ヲ指シ，其釘跡ヲ探リテ初メ見テ，聞キ，探リテ信スルモノモアリ[16]」とする。ここで，留岡は，様々な検討をした結果，信じた聖トマスの信仰のあり方を良しとしているようであるが，聖書の記述は，むしろ聖トマスに分が悪いように書かれているように思われるのである。その聖トマスに，あえて寄り添う形の主張をなしているところに，留岡の分析的・科学的傾向がより強く浮き彫りにされているといえなくもない。

そして，最後に，④の様々な領域との関連性ということであるが，留岡の実践・思想は，教誨師としての監獄改良運動への従事に始まり，出所者の保護，非行少年の教育，その他慈善事業と，あらゆる領域におよんでいただけでなく，それらは有機的に結び付けられていた。もとより，留岡が非行少年の立ち直りのための実践に従事するようになったのは，周知の通り，空知集治監教誨師時代に犯罪者の生い立ちに着目したことによる。留岡の刑罰思想・実践を考える際には，この有機的つながりを考えないわけにはいかない。

以上，留岡幸助の刑罰思想・実践の基本的性質を概観してきた。そこに見られるのは，外来思想・宗教・科学への開かれた態度であり，それと調和した士大夫意識・国家意識であり，実践を通じて法制度などを切り開いていく開拓者的精神である。極言すれば，ここにおいて，留岡によって我が国の近

---

[15] 同上，28頁。
[16] 同上。

代刑罰思想のひとつの極が示されたのである。そして，そのことによって，我が国の近代刑罰思想が動く磁場の範囲が少しずつ固まっていったのである。もちろん，この後の，我が国の近代刑罰思想の変遷過程は，硬直化と排他性の高まりの過程であった。そのような過程の中で我が国の近代刑罰思想が，何を選び，何を捨て去っていったか——これらについては，今後，より詳細な検討がなされる必要があろう。

3　若干の考察——我が国の近代刑罰思想の基本構造——

　誠に不十分ではあるが，以上の記述をもとに，我が国の近代刑罰思想の基本構造を粗描すると次のようになろう。つまり，①国家社会のことを第一に考え，国の行く末を憂え，いったん事が起きればすべてを擲って駆け付ける士大夫的精神を根底に据え，②近代天皇制の枠組みを大前提とし，③外来の宗教・思想に対して，アンビバレントな感情を抱きつつ，④開拓者的な情熱をもって思想形成や実践に従事した，というものである。

　まず，①の士大夫的精神であるが，我が国の近代的精神，とくに明治の精神には，この色彩が濃厚であるといえよう。明治人の意識の中には，近代国家が大きな位置を占めていたのである。それは，国家に反対する人間においても同様であった。

　次に，これらの士大夫的精神は，②の近代天皇制の枠組みと重なりあっていた。もとより，近代天皇制に対する距離の取り方は人それぞれであった。しかし，丸山眞男の分析にもあるように，近代天皇制は，超国家主義の枠組みとして，我が国の，あらゆる近代刑罰思想を規定していたといってよいであろう。

　次に，③の外来宗教・思想へのアンビバレントな感情であるが，これは，真善美を一身に体現する近代天皇制との関係において，また，力関係に基いて推移する国際政治・経済・文化の現実を背景として，ある意味で不可避的に生じたものといってもよいであろう。例えば，留岡さえも，若き日の比叡山での合宿における外国人宣教師の侮蔑的な態度に対して，激しい怒りを日記に記している。しかしながら，それでも，留岡のように，ある者はキリスト教信仰をもとにした実践を行った。ただし，その留岡における報徳教への

傾斜は，それを現実的な路線とみるか，天皇制国家への迎合とみるか，なかなか評価の難しい問題を有しているように思われる。またある者は，本来，外来宗教としての性質をもつ仏教を，なんとかして中心的な位置に定着させようとした。この点において，例えば，浄土真宗の動きは，注目に値するものといえよう。また，仏教思想家の多くは，西洋伝来の科学主義に対抗し，実存主義的な議論を展開していくことになる。例えば，すべてではないにしても，親鸞思想の流行は，個人主義的傾向の表れであると同時に，己が実存に悩み苦しむ親鸞への共感という形で，実存主義と結びついたものであったといえるようにも思われる。それは，小野清一郎の歎異抄の解説などからも読み取れることであるといえよう[17]。そして，他の者は神道的な方向に特化して外来のものを否定する方向に走った。この否定ないし排斥には，例えば，右翼思想家の三井甲乙などに見受けられるように，科学主義さえも含まれることとなるのである。このほかにも，明確にこの宗派というように位置づけるのは困難であるが，なんらかの神秘的発想に惹かれていった人々もいる。例えば，実務家であり，理論家でもある山岡万之助が戦前より宗教に深い関心を寄せ，自らも宗教的な著作[18]を発表していることは，単なる個人的な嗜癖ということを超えて，注目するに値することといえよう。そこには，活動した領域は異なるとはいえ，田澤義鋪の著作に表れている「大いなるもの[19]」への感情と共通の傾向が表れているようにも思われるのである。キリスト教的なものに惹きつけられつつ，キリスト教には赴くことのできない魂が疑似科学的な装いなどのもとに神秘的思想を紡ぎだしているようにも見受けられるのである。

　そして，最後に，④開拓者的情熱ということであるが，刑罰思想だけでなく，近代の日本人の精神には，この情熱があったということもできるであろう。ただし，問題は，それが，もっぱら西洋文明の受け入れという形で展開したということである。

---

[17] 小野の親鸞思想については，小野清一郎『歎異抄講話〔増補新版〕』（1973年，大法輪閣）などを参照。また，小野の刑罰思想と仏教の関係について，宿谷・前掲論文（注5）参照。
[18] 山岡万之助『新教』（新教研究所，1956年）参照。
[19] 田澤義鋪『想片』（田澤義鋪記念会，1954年）7頁。

以上のように，一口に近代刑罰思想といっても，その構造は複雑であり，矛盾し，相反する要素を多く抱えていた。それは，明治国家が西洋列強に抗して，自らを維持・発展させようとして突き進んでいた間は，なんとかバランスを保っていたといえなくもない。しかし，その夢は，やがて潰える運命にあった。後世に生きる我々は，戦後の刑罰思想が，この夢の跡から，なんとかして立ち上がろうとしていたのを目撃することになるであろう。しかし，残念ながら，それについては別稿の課題とせざるを得ない。

III 我が国の近代刑罰思想と修復的正義・修復的刑罰論との接合点について

　修復的正義・修復的刑罰論は，我が国の刑罰思想の中に，その鉱脈を見出し得るものなのだろうか。本章においては，ひとまず，我が国の近代刑罰思想と修復的正義・修復的刑罰論の接合点を探ってみることにしたい。その際，以下では，①精神，②平和，③コミュニティ，といった事柄について，両者の接合点を概括的にみていくことにしたい。

1　修復的正義・修復的刑罰論の精神と近代刑罰思想

　まず，キリスト教，とくに，その，ひとりひとりを（とくに，不完全な者，あるいは砕けた魂こそ）大切にするという理念は，修復的正義・修復的刑罰論だけでなく，他の現代刑罰思想にとって重要な鉱脈のひとつとなるであろう。殊に修復的正義は，もともと，メノナイトの信仰の発露であるから，本来的には，キリスト教の文脈を，その糧とできるはずである。しかしながら，すでに見てきたように，我が国の近代におけるキリスト教の位置は，それに惹かれると同時に，拒絶感や，ときには激しい憎悪の対象となるという，誠に危うい位置におかれている。そして，我が国の近代キリスト教思想自体が，少なくとも留岡などから窺われるように，儒教精神などの混入，西洋に対するアンビバレントな感情，および真善美を体現する近代天皇制との緊張関係のもとで形作られたものであった。したがって，そのままでは，これを鉱脈としてとらえることは難しいように思われるかもしれない。しかしながら，世界のキリスト教思想の変遷やその影響下における我が国のキリスト教思想

の変遷，および，何よりも核となる信仰の継続ということを考えるのであれば，近代日本における特殊事情を超えて，核となる信仰ということを軸に，信仰をもつ人々が現代日本において，修復的正義・修復的刑罰の思想を担うことができるという可能性を否定することはできないであろう。「荒野からの呼び声」は，時代や場所に応じて，様々な形をとるのであり，信仰の核さえ，受け継がれているのであれば，その鉱脈は，新たな装いのもとに修復的正義・修復的刑罰論の受け皿となり得るかもしれない。それは，我が国のキリスト教信仰にとっても，新たな一歩となるべき要素をもっているものとも推察される。

　もっとも，以上のことは，あくまでキリスト教信仰を持つ人（あるいは，例えば，田澤のように，おそらくはキリスト教などからヒントを得つつ，「大いなるもの」への意思を形成した人）に限っての話であり，そうでない人々については，どのように考えればよいのかという問題は，依然として残されている。このことについて，次に，平和の観念との関係で検討していくことにしたい。

2　平和の理念と世俗思想

　修復的正義の源がメノナイトの信仰であるとすれば，その絶対平和主義との関係が問題になるであろう。しかしながら，メノナイトの絶対平和主義と，その信仰をもたない者の考える平和とは，果たして折り合いのつくものなのだろうか。例えば，新島や留岡なども指摘するように，信仰を核として出てきたものは，その信仰によってしか，維持・展開され得ないものなのだろうか。

　確かに，論理的にいえば，信仰に支えられた絶対的な平和の理念をもつ者こそ，犯罪・非行の領域においても他の領域においても，より徹底的に実践を展開し，思想を紡ぎだすことができるであろう。それは，まさに「神の子と呼ばれる」者であろう。しかし，現実の問題として，少なくとも我が国において，ただ単にこれまでのやり方を継承するだけでなく，新たな技法・プログラムを開発し，それらを精力的に展開し，旧来のやり方ではもたらされなかった効果をもたらし，そして，刑事政策・実践の選択肢を広げるという点で，「神の子」と呼ばれるにふさわしい人物が，信仰の「共同体」からどれ

ほど輩出されてきたであろうか。

　もちろん，これは，思想の問題というよりも，我が国におけるキリスト教の，少数者としての位置の問題といってよいかもしれない。後者の問題が緩和されれば，あるいはそうでなくとも事実として，信仰に基づく絶対平和の理念をもつ人間なり，組織の方が，平和の理念に支えられた刑罰思想・実践を更新し，徹底的に展開しやすいという面があることは確かといえるかもしれない。この点で，彼らは，留岡がそうであったように，「先導役」としての役目を果たすこともあるかもしれない。しかしながら，それでは，我が国の近代刑罰思想に，絶対平和の思想と切り結びつつ，新たな思想・実践を生み出す原動力となり得るものはなかったであろうか。これについては，否といえるであろう。前章でみたように，我が国の近代刑罰思想の基本構造の中には，士大夫的・開拓者的精神があった。もともと，我が国のキリスト教信仰を支えたのも，新島や留岡に見られるように，この精神であった。この精神は，後に漱石が『こころ』において，「明治の精神」という形で描き出したように，時代閉塞の状況の中で自滅していくものもあったかもしれない。しかし，この精神こそ，修復的正義・修復的刑罰の思想と切り結び，現代刑罰思想・実践に，新たな展開をもたらす可能性をもつものであるといえよう。それは，それ自身のみでは，閉塞状況の中で死滅していく危険性をもつかもしれない。しかし，それは，「明治の精神」についてのみにいえることではなく，キリスト教精神についてもいえることであり，他の精神についてもいえることであろう。もっとも，この「明治の精神」も，例えば小野清一郎のそれのような親鸞思想への傾斜にも表されているように，いたずらに実存主義的な色彩を強めていたことも否定できないように思われる[20]。そして，それは，現実主義といいながら，その実，単なる迎合主義に陥っていたことも否定できないように思われるのである。この点で，ただ単に，士大夫的精神というのでも足りないかもしれない。

---

[20] 小野は，マルクス主義などに対抗して，その理性主義を否定し，現実を見据える視点を打ち出した。しかし，大正デモクラシー期はともかくとして，戦中・戦後の小野の姿勢は，管見においては，単なる歴史的現実への迎合主義と言われても仕方のない部分を有していたようにも思われるのである。

重要なのは，留岡も指摘したように，党派的なナルシシズムに陥らないことであろう。刑罰思想においても，平和の理念は，ただ単に，特定の派閥や宗教がもたらし，発展させるものというよりも，様々なネットワーク同士の切磋琢磨の中で磨き上げられ，展開されていくべきものと考えるべきではないだろうか。それが，多様な社会の理念に沿う道であり，かつ様々な集団がナルシシズムに浸食されないための「妙薬」となるものである。

3 近代刑罰思想におけるコミュニティの位置づけ

修復的正義・修復的刑罰の思想におけるコミュニティの概念は，メノナイトのそれを前提とするのであれば，信仰の共同体の要素が強くなり，カナダなどの先住民の実践を前提とするのであれば，拡大家族を母体とした共同体という要素が強くなるであろう。これらのコミュニティ概念の共通点は，その共同性の強さである。確かに現代社会における様々な問題を解決していくためにコミュニティの共同性の強さは重要である。ただ，問題は，この強い共同性の観念と我が国のコミュニティ概念が接合された場合，具体的にどのような方向の共同性が目指されることになるのか，ということである。

我が国の刑罰思想において，コミュニティということで特筆されるべきは，やはり留岡であろう。彼は，信仰を核とした共同体において，少年を育成し，ひいては刑罰機能を補填する実践を行った。このコミュニティのイメージは，修復的正義・修復的刑罰を考える上で，一定の示唆を与えてくれるかもしれない。しかし，同時に，留岡が地方改良運動に携わる中で示した報徳思想などに基づく共同体のイメージについては，一定の留保が必要とされるようにも思われる。それは，土着性を装いつつも，国家の統制の網の目の中に地域コミュニティを隈なく組み込んでいこうとするものであったといえよう。この２つの共同体が，留岡の内部においてどのように共存できていたのかについて，今後，さらなる検討が必要とされるであろう。ただ，ここでひとつ言えることは，信仰の共同体のそれのように，構成員一人一人がその十全性を実感でき，終わりなき変革を目指すことのできる修復的正義・修復的刑罰思想におけるコミュニティ概念は，留岡の示した信仰の共同体と共鳴しつつも，現代社会の情勢に応答しつつ，新たな地平として受け止められる必

要が多々ありそうであるということである。ただ単に，従来のものを引き継ぐというのではなく，従来のものと新たな刺激とがぶつかり合い，融合したときに，いかなるものが生じてくるかを慎重に見極めていく必要があるであろう。

4 小 括

以上，3つの事柄について，修復的正義・修復的刑罰の思想と我が国の近代刑罰思想との接合点を探ってきた。雑駁な作業を通じて垣間見えてきたことは，単純に思想の「源泉」を探るというよりは，相通じる要素を含む素材の眠る鉱脈を掘り起し，社会状況や制度の枠組み・実態と照らし合わせつつ，素材と新たな刺激との緊張関係のもとで，多様なネットワークによって実践が展開され，思想が形成されていくべきだということであるように思われる。新たなパラダイムと意気込むところまでいかなくとも，新たな選択肢を増やすことは，日本の刑罰思想の土壌をより豊かなものとすることになろう。修復的正義・修復的刑罰の思想は，まさにそのような可能性をもつものといえるように思われるのである。

IV おわりに

細井先生の御業績および御指導を通じて，我が国に修復的正義の種が撒かれてからしばらくが経つ。しかし，自らの作業も含め，我が国の実践・理論がどの程度進展したか，定かではない。この小稿が，細井先生の掛け声にどの程度応答できているのか，誠に心もとない次第であるが，修復的正義を，我が国の文脈により強く接合させるためにも，今後，理論において，我が国の理論史・思想史と修復的正義の思想とのすり合わせを，より深く行っていく必要があるであろう。細井先生の，ますますのご発展を祈りつつ，自戒の念を新たにし，筆を置くことにしたい。

修復的司法（正義）に基づく実践の有効性に関する行動科学的見地からの検討及び法制化を巡る留意点等について

染　田　　　惠

Ⅰ　はじめに
Ⅱ　修復的司法に基づく実践の効果
　1　修復的司法に基づく実践の特徴
　2　修復的司法に基づく実践の効果
Ⅲ　修復的司法に基づく実践が効果的である根拠
　1　行動科学的（社会心理学的）観点
　2　家族集団カンファレンスの過程の行動科学的見地からの検討
Ⅳ　修復的対話の実施とトラウマ・ケアの問題及び修復的過程の法制化に係る留意点
　1　被害者が受けた精神的な害の修復への対応
　2　修復的司法に基づく実践の法制化に関する課題
Ⅴ　おわりに

Ⅰ　はじめに

　その原型を紀元前に求めうるとされる修復的司法（正義）は，1974年，カナダのキッチナーにおいて，保護観察官による試験的な修復的司法に基づく実践（被害者・加害者和解プログラム，VORP）が若年成人犯罪者に対して行われたことを契機として，「再燃（rekindle）」したとされる（Braithwaite, 1999）。その後，北米やオセアニアでの実践を経て，修復的司法は，1990年代以降，世界的な広がりを見せるようになった。その間，修復的司法に基づく実践（restorative practice）を法制化する例も現れ，少年犯罪の処分手続について家族集団カンファレンス（family group conference）前置主義を採用した，ニュー・ジーランドの1989年児童・青年及びそれらの者の家族法（Children, Young Persons and Their Families Act 1989）がその嚆矢となった。イギリスでは，少年犯罪者

(10-17歳)に対して家族集団カンファレンスを活用した処分を少年裁判所が命ずることができる委託命令（Referral Order）が，1999年少年司法及び刑事証拠法（Youth Justice and Criminal Evidence Act 1999）で導入され，2013年4月には，成人に対する修復的実践を具体化する法律が成立した（詳細は後述）。オーストラリアの首都特別区では，2004年に，修復的司法の実践に関する体系的な単行法[1]が制定され，アジア諸国でも，タイ，台湾，韓国などで，修復的司法の実践の試行や制度化の試みが2000年代以降進められている。

このように，修復的司法ないしその考え方に基づく実践が広がりを続けている背景には，修復的司法に基づく実践が，現行の刑事司法に基づく実践よりも効果的な点が認められること，さらに修復的司法は，刑事司法の枠組みを超えて，より広く紛争解決等を含む広範な分野に応用できる可能性を秘めていること等があると考えられる（染田，2006）。

他方，修復的司法に基づく実践の効果は，被害者，加害者，その他関係者（被害者・加害者にとっての重要な他者，コミュニティ構成員等）にとってそれぞれ意味が異なっており，また，なぜ，それが効果的たり得るのかについても必ずしも解明されているわけではない。そして，法制化を目指す場合も，その目的とするところは多様である。

そこで，本稿では，①実証研究をもとに犯罪の被害者及び加害者を中心とした修復的司法実践の主要な効果を整理した上，②幾つかの重要な効果の発生根拠につき，行動科学ないし社会心理学的観点に基づく仮説による説明を試み，最後に③修復的対話の実施とトラウマ・ケアの問題及び修復的過程の法制化に係る留意点に関して考えることとしたい。

---

[1] この2004年犯罪（修復的司法）法（Crimes（Restorative Justice）Act 2004）では，成人又は少年犯罪者で，深刻でない犯罪を行った者及びDVを行った者を，警察，検察，裁判所，量刑委員会（sentence administration board）が，本人の同意を得て，修復的司法カンファレンス（restorative justice conferences）実施手続に付託することができるとされている。同法は，修復的実践について，体系的かつ詳細に規定した10編84条から構成されており，制定後の改正も行われている。

II 修復的司法に基づく実践の効果

1 修復的司法に基づく実践の特徴

修復的司法に基づく実践は，犯罪等の害（harm）を生じさせる行為によって影響を受けた者（利害関係者）が集まり，共同して，害の解決策を模索することを基本的な枠組みとする。その特徴は，①犯罪等の害によって影響を受けた者の主体性を重視して，その自主的な解決策を探求する機会を提供すること，②利害関係者による，課題の集団的な解決であること，③将来に向かって害の修復の在り方を検討する点で未来志向であることに集約される。この点，従来の刑事司法手続の枠組みでは，加害者（犯罪者）を支援や処罰・処遇の対象（客体）と考え，裁判過程を通じて，過去の犯罪行為に対する責任の重さを追及することに重点があった（加害者に対する（to, for）司法（刑事司法）から，加害者とともに（with）考える司法（修復的司法）へと変化すべきことを強調する例として Mccold & Wachtel, 2003）。

2 修復的司法に基づく実践の効果

修復的司法に基づく実践の効果や影響については，その世界的な拡大傾向を受けて，これまで多数の実証研究が集積され，また，一定の厳格な基準で選定された複数の研究に対する系統的レビュー及びメタ分析も見られるようになってきている。これらに関する詳細は，紙幅の関係で拙著に譲るが（染田，2010），本稿での検討テーマとの関係では，①刑事司法手続を経た者よりも修復的過程（restorative process）[2]を経た被害者及び加害者の方が，手続全般に対する満足度や手続の公正性に関する評価が高いこと，②被害者の主要なニーズの一つである損害の回復（修復的司法の観点からは害（harm）の修復）は，

---

[2] ここで，修復的過程とは，一般的に進行役（facilitator）の助けを借りながら，被害者及び加害者，そして適切な場合には，犯罪による影響を受けたその他の人々又はコミュニティの構成員が，犯罪によって生じた問題の解決において，ともに能動的に参加する，あらゆる過程を意味する（刑事事件における修復的司法プログラムの使用に関する基本原則（Basic principles on the use of restorative justice programmes in criminal matters, ECOSOC Resolution 2002/12。国連原則では，修復的過程には，調停，和解，カンファレンス及び量刑サークルを含めることができるとされている。）。

修復的過程を経た加害者の方が履行率が高いこと，そして，③加害者の再犯率は，刑事司法手続を経た場合と比べて，修復的過程を経た場合の方が低いこと等の結果が得られている。

①と②については，複数の大規模研究において肯定的評価が得られている (Sharman & Strang et al, 1997, 1998, 2000；Rugge, Bonta and Wallace-Capretta, 2005)[3]。例えば，オーストラリアの「キャンベラ再統合的恥付け実験 (Reintegrative Shaming Experiments, RISE)」(Sherman & Strang, et al., ibid. 調査方法に信頼性の高いランダム化比較試験 (RCT) を用いた大規模で著名な研究) では，4つの犯罪類型に該当する総数約1,300件のケースについて，修復的過程（家族集団カンファレンス）終了後の再犯率の検証，被害者・加害者の修復的過程に対する満足度等を，刑事司法手続に付された者との比較において調査分析した。この研究は，Braithwaiteの再統合的恥付け理論 (reintegrative shaming theory. Braithwaite, 1989)，手続の公正性及びそれが犯罪者に及ぼす影響を社会心理学的観点から分析したTylerらの仮説 (Tyler, 1990) を実証することを主たる目的として，1997年に，オーストラリアのキャンベラで開始された。Tylerらの仮説は，(a) 正式の裁判を受けた経験を有する者は，伝統的な社会に対してより反抗的となる，及び (b) 司法制度によって公正に扱われたと感じた者の方が，将来，より法律を遵守する傾向にあるとするもので，(b) については，後記の治療的司法においても重視されている点である。

4つの犯罪類型のうち暴力犯罪青少年については，修復的過程によった者の再犯率が大幅に低下し，統計上も有意差が認められた ($p \leq .014$)。この暴力犯罪の被害者ニーズの充足状況を刑事司法手続によった場合と比較すると，(a) 何らかの被害弁償を受けた85.0%（刑事司法手続によった場合13.3%），(b) 真摯な謝罪を受けた81.8% (26.7%)，(c) 安全感を回復した78.6%，(d)

---

[3] 被害者・加害者ニーズの修復的司法の実践による充足度及び刑事司法手続によった者との比較については，これまで多くのアンケート形式の調査が行われてきた。しかし，満足度等は，本稿で別に検討した再犯防止効果のように，明確な統計的数値化が困難な部分が含まれており，実験対象者の抽出がランダム化比較試験 (RCT) の方法に拠らない研究の場合，もともと，修復的司法に好意的な者が修復的過程による処分を選択することによるバイアスの発生の問題など（好意的・肯定的回答が多めに現れる可能性）がある点に注意を要する。本文で採り上げた研究は，サンプリングにRCTを採用するか，準実験的手法を用いているので，この問題の影響は比較的少ないと考えられる。

自信(自尊心)を回復した38.9%,(e)ある種の「癒し」を得た50.0%[4]となっている。また,被害者の満足度等全般に関しては,修復的過程で充実した時を過ごしたと回答した者は,財産犯罪被害者の77%(15%),暴力犯罪被害者75%(36%)となっており,それを反映して,手続への被害者出席率は,修復的過程の場合,財産犯罪被害者が81%(5%),暴力犯罪被害者が91%(13%)となっている。そして,ほとんどの被害者が,修復的司法及びその手続の方が,刑事司法及びその手続よりも公正(fair)であると感じている。また,修復的過程を経た暴力犯罪青少年の61.9%(18.2%)が,犯罪によって生じた損害の回復ができたとしている(Sherman & Strang, et al., 1998)。

カナダのオタワ地域で実施された,「共同司法プロジェクト(the Collaborative Justice Project)」では,これまで,修復的過程の適用が難しいとされてきた重大犯罪を行った者(強盗26.2%,武器使用又は加重脅迫20.0%,性的脅迫3.1%等)に対し量刑前の家族集団カンファレンスを実施し,量刑後又は処遇プログラム終了後3年間の追跡調査を行った(Rugge, et al, ibid.)。サンプルサイズの総計は288名で,4年間にわたって,実験群として家族集団カンファレンスに付託された177名(加害者65名と被害者112名)を,統制群111名(加害者40名,被害者71名をマッチド・サンプリング)と比較した。修復的過程に付された犯罪被害者は,(a)被害弁償に満足している86.3%,(b)加害者から情報を得られた43.2%,(c)真摯な謝罪を受けた84.9%,(d)安全感を回復しなかった4.0%(刑事司法手続の場合18.3%),(f)正義が実現されたと感じた(加害者は,責任をとった)85.3%となっている[5]。また,被害者の修復的過程全般への満足度では,自己の意見が手続に適切に反映された88%(51.5%),手続は公正(fair)である85.1%(54.7%)など,刑事司法手続を経た場合(かっこ内)と比べ,修復的過程によった者の方が高い満足度を示した。また,修復的過程に参加した加害者の88.2%は,被害者に対して①謝罪したい,②真実を語りたい,③犯罪によって生じた害の修復をしたい,④自ら更生したい

---

[4] 最後の項目は,原文では,「家族集団カンファレンスに,自分の中にあるすべてのものを投入すること(によってある種の癒しを得ることが)ができた」となっている(かっこ内は,筆者の補足)。
[5] 最後の項目に関しては,23.3%の被害者が,加害者に対して,より寛大な処分を望む旨を表明した。

とのニーズが充足されたと回答した。そして，修復的過程終了後の加害者に対する質問で，刑事司法手続の方が良いと答えた者は，7.5％に留まり，95％の加害者が修復的過程は公正であるとした（Rugge, et al, ibid, p. 33, Table 12）。

③の再犯率については，再犯減少効果が刑事司法手続によった場合よりも大きく，かつ，一定の条件を満たす場合，刑事司法手続によって事件を処理するよりも制度運営に要する費用削減効果が大きい（費用対効果分析，Aos et al., 2006）ことに関し，持続的なエビデンスが得られている。Bontaらは，39本の研究の系統的レビューとメタ分析の結果，修復的司法に基づく実践（プログラム）には，全体を平均して，統計的に有意な再犯削減効果（7％）が認められたとする（Bonta, et al., 2006）。これ以外にも，メタ分析の結果，修復的司法に基づく実践の一般的な有効性を指摘する研究は複数存在するので（Aos et al., ibid；Farrington & Welsh, 2005），現在の研究の中心は，修復的司法に基づく実践は「誰に対して，どのような場合に効果的か」の検討段階に移っていると言える（Sharman & Strang, 2007）[6]。現時点までのエビデンスに基づくと，修復的過程は，重大でない犯罪をした，比較的再犯リスクの低い者（初犯者又はそれに準ずる者）及び少年に効果的であり，罪種としては，身体犯での効果が示唆されている。他方，カナダの研究例のように，ある程度重大な事犯を修復的過程に付託して成果を挙げた例もある（同様の実践例はイギリスでも見られる。Miers, D., et al., 2001）。今後の方向性としては，次述のような，行動科学的ないし社会心理学的アプローチによって，被害者ニーズ充足度の向上と加害者の再犯率減少を同時に達成できる条件について，科学的な分析を進めていくことが重要であろう。

Ⅲ 修復的司法に基づく実践が効果的である根拠

ここでは，修復的過程によった場合，刑事司法手続と比べて，①加害者の損害回復行為（害の修復行為）の履行率が向上し，②再犯率が低下する根拠について，行動科学的（社会心理学的）観点を手かがりとした筆者なりの仮説を

---

[6] 修復的司法の実践の効果に関する実証研究並びに系統的レビュー及びメタ分析の詳細については，染田，2010, p. 251以下で詳述した。

立てて検討してみたい。

　この関係で参考になると筆者が考えるのは，治療的司法（therapeutic jurisprudence）である（Wexler, 1999）。治療的司法自体は，修復的司法と直接的な関連性をもって提唱されたものではないが，その目指すところには共通点が認められる。それは，問題点を巡って，当事者と関係者がともに協働しながらその解決策を模索する問題解決型法廷（problem solving court）の理論的支柱として機能し，ドラッグ・コート（Hora, et al., 1999），DV コートなどを中心に，1990 年代以降，世界各地で成果を挙げてきた（ドラッグ・コートの有効性を示す最新の系統的レビュー・メタ分析として Mitchell, et al, 2012）。そして治療的司法（運動）の画期的な点は，「人はなぜ裁判ないし規範に従うのか」について，行動科学ないし社会心理学的アプローチの観点から分析した結果（Tyler, 1990 など）を，その実践に活用していることにある。Tyler の仮説は，修復的司法の実践に関する大規模な実証研究である前記のオーストラリアの RISE においても検証の対象とされ，肯定的な結果が得られている。

1　行動科学的（社会心理学的）観点

　行動科学における実証研究の結果，人間の行動原理には，大別して2つの枠組みがあることが証明されている。①オペラント条件付け（道具的条件付け）理論（operant conditioning theory. Skinner, 1953）――人間の自発的な行動は，報酬（快の効果）を獲得するための道具（手段）としての機能を果たしている。行動の発生の頻度や回数を変容させる効果を持つ外部の刺激・条件を「強化子」と呼び，行動を強化する報酬に結びつく機能を有する刺激・条件を「正の強化子」（生理的欲求を主体とした1次強化子と賞賛等のより抽象的な内容の2次強化子），行動を弱化する罰に結びつく機能を有する刺激・条件を「負の強化子」（刑罰や不利益処分もこの一種）という。②社会的学習理論（social learning theory. Bandura, 1977）――①のような直接的な経験（行動）及び外発的な動機づけの強化（報酬と罰）が存在しなくとも，獲得したい行動をしている他者を観察するだけで（モデリング），社会的学習が成立する。社会的学習には，ある社会的環境の下での学習と社会的行動の学習という2つの意義が含まれている。両者の重要な相違点は，①では，人間の行動の生起と結果を随伴性とい

う条件付け学習で説明しているが，②では，条件が整っていたとしても，その行動を実際に行うかどうかについての認知が，最終的に行動の生起を左右すると考えている点にある。その認知の中核となるのが，自己効力感（self-efficacy）であり，人は自己効力感を通じて，自分の考えや，感情，行為をコントロールしている（自己統制的自己効力感）。自己効力感とは，ある具体的な状況において自分がある目標に到達するための能力があるという感覚であり，結果予期と効力予期から構成される。個別的な問題状況における自己効力感は，その状況に実際に遭遇した際の成功体験や失敗体験の有無と内容によって変化する可変的なものである。結果予期は，自分の行動によってある結果を生み出せるという認知であり，効力予期は，結果予期を前提に，個別的な問題状況において，結果を出せる行動を，実際に自分が採ることができるかに関する認知である。結果予期があっても，効力予期が否定されると，人は，結果予期において想定した行動を実際に採ることを回避すると考えられる。

修復的過程における加害者の行動変容を説明する根拠としては，加害者と被害者の対面がもたらすインパクト及び加害者とその重要な他者との心理的相互作用を念頭に置くと，自己効力感を中核とする②の方が適切な部分が多いと筆者は考える[7]。そこで，ここでは，このような対面と心理的相互作用が見られる典型的な修復的過程の例として，家族集団カンファレンスとその実施を念頭に置きながら，その前後に生じる加害者の社会心理的状況の変化のプロセスを②の観点から検討してみたい。

2　家族集団カンファレンスの過程の行動科学的見地からの検討
(1)　害（harm）の修復（損害の回復）行動の履行率向上の根拠

以下では，害の修復のための家族集団カンファレンスを巡る一連の流れを時系列的に分析した上で，害の修復行動の履行率向上に関する理論的枠組み

---

[7] 他方，加害者が犯罪行為実行を決断するか否かの説明としては，①の枠組みが当てはまる例が多いと考える。AndrewsとBontaが主唱している一般人格及び認知社会的学習理論（GPCSL理論，General Personality and Cognitive Social Learning）は，①をベースに，②の観点を犯罪行動の学習に応用した説明枠組みと言える（Andrews & Bonta, 2007）。

（仮説）を検討する。
　（ア）　害（harm）の発生後〜家族集団カンファレンス開始前
　加害者の社会心理的状況は，通常，次のような時系列的変化をたどると考えられる。なお，ここで念頭に置いているのは，害（harm）を発生させた自己の犯罪行為について，自責の念を持つことが多いと推測される初犯者ないしそれに準じる者である。常習的犯罪者や反社会的人格傾向を有する者の一例であるサイコパス（psychopath）など，通常のモデルの適用が困難と考えられる者は除外して考えることにする。
　①犯罪行為の遂行—害（harm）の発生→②害を発生させたことへの自責の念の発生（時計の針を逆転させたいような気持ち）→③害の修復（損害の回復）行動の必要性を認識→④自己効力感の観点から見た加害者心理の揺れの発生
　（ⅰ）　効力予期の観点　害の修復行動をどの程度上手く行うことができるかに関する不安の存在。加害者は，自分の害の修復行動が被害者側から拒絶されるのではないか，また，自分が想定していなかったような回復行動を被害者側から求められるのではないかとの不安を感じている。
　（ⅱ）　結果予期の観点　害の修復行動が被害者とその関係者にどのような影響を及ぼすかに関する不確実感の存在。加害者は，自分の生じさせた害が，被害者とその関係者にどの程度の影響（精神的，身体的，経済的，社会的）を与えたのか判然としない部分があるため，自分の害の修復行動の範囲と効果についても見極められない状態にある。
　自己効力感の観点から見たこれらの課題が，加害者による自発的な害の修復行動を逡巡させる一つの要因になっていると考えられる。
　（イ）　家族集団カンファレンスの準備開始
　この段階では，進行役（facilitator）が，被害者（側）・加害者（側）双方から，個別に状況を聴取し，それぞれが抱える課題等について助言をしつつ，直接対話の可能性を模索する。この過程を通じて，双方が家族集団カンファレンスの席につくことを了承し，被害及び被害者側の状況について，基本的な情報が加害者側にもたらされると，加害者（側）は，どのような害の修復行動

を，いかなる時期に採るべきかについて，ある程度具体的なイメージを持ってカンファレンスに出席することができる。

　（ウ）　家族集団カンファレンスの実施

　①被害者（側）と加害者（側）が直接対面→②被害者（側）からの心情吐露→③加害者は，自分の生じさせた害の影響に直面→④加害者の犯行に至った経緯の説明→⑤加害者の真摯な謝罪→⑥被害者・加害者間での害の修復内容についての合意形成（被害者（側）の害の修復行動受入れ）→⑦加害者にとって達成可能な目標（効力予期）としての具体的な害の修復行動の設定（結果予期）→⑧⑦によって自己効力感が向上し，具体的な害の修復という目標達成に向けた動機付け（モティベーション）が高まる

　（エ）　家族集団カンファレンスの実施後—害の修復行動の実行

　カンファレンスでの合意形成によって動機付けが高まった状態で，①加害者による自発的な害の修復行動実行（1回目）→②①が成功したことよる達成感によって自己効力感が向上→③②の成功について，加害者にとっての重要な他者から害の修復行動実行について積極的評価（positive feedback）を受け，併せて，場合によっては，被害者から害の修復行動に関して肯定的反応（打ち返し）がなされることによって，さらなる自己効力感の向上が得られる→④加害者による自発的な害の修復行動実行（2回目）→以後①〜④のサイクルの反復→刑事司法手続を経た者よりも高い害の修復行動の実行率達成

　（オ）　害の修復行動の履行率向上に関する理論的枠組み

　履行率向上を説明する理論的枠組みにおいて，鍵となるのが，修復的過程，特に，家族集団カンファレンスにおける加害者とその重要な他者（significant others）[8]との心理的交流であると筆者は考える。すなわち，前記（ウ）①〜⑦は，被害者・加害者及びそれぞれにとっての重要な他者の前で行われる。ここで重要な他者とは，特定の個人の自己概念（self concept）に強い影響力を有する者であって，その者にとって行動のモデルとなるか，その者に受け入れ

---

[8] 本文でいう重要な他者は，犯罪者や非行少年との間で，犯罪や非行を思いとどまらせる社会的紐帯（social bond）を有する者とほぼ重なり合う概念である（social bond theory. Hirschi, 1969）。Mccoldらは，修復的司法の実践において，このような役割を果たす者を，被害者・加害者と重要な情緒（精神）的なつながり（significant emotional connection）を有する者と表現している（Mccold & Wachtel, ibid）。

られたいとの欲求を生じさせる者をいう。自己概念は，人が自分自身について持っている知識やイメージであり，それは，他者との相互作用を通じて形成される。他方，人は，自己の周囲に様々な働きかけを行なうことで，形成された自己概念を維持している。

ところで，加害者は，害の発生行為をしたことによって，否定的な自己概念の形成ないし肯定的な自己概念の低下を招いていると考えられる（自分は犯罪をするような駄目な人間である。一時の楽しみのために誘惑に負けてしまうような心の弱い人間である等。）。そして，加害者とその重要な他者（親・兄弟姉妹等の近親者，男女の親友，学校の先生や職場の同僚，その他加害者と重要な情緒（精神）的なつながりを有する者）との関係は，通常，害を発生させたことによって，不安定化するか悪化している。他方，被害者との関係では，前記（ア）で述べた自己効力感の観点から見た加害者心理の揺れが発生しており，害の修復のために，いつ，誰に対して，何をして良いか不確定な状況にある。さらに，否定的な自己概念の形成ともあいまって，何かを成し遂げる際の自分の能力に自信が持てないという自己効力感の低下も招いていると推測される。

このような状況下において，修復的過程，特に，家族集団カンファレンスにおいては，加害者は，被害者やそれぞれの重要な他者の面前で，自らの行為について説明し，それらの者から自己の行為に対する評価を受け，真摯な反省を経て，被害者への謝罪や害の修復内容についての合意形成を行う。Braithwaite は，この過程を再統合的恥付け（re-integrative shaming）と呼んだ（Braithwaite, 1989）。この再統合的恥付けの過程において，加害者は，自己の行為の影響を再確認するとともに，加害者にとっての重要な他者との関係修復を図ることにより，否定的方向に傾いた自己概念を，肯定的で向社会的な自己概念へと再修正し，同時に，自己の属するコミュニティである自然な小社会（natural micro-communities）[9]（Mccold, 2000）に再統合されていくための出

---

[9] 自然な小社会は，犯罪の結果として最低限修復を要する範囲を明確化するため Mccold が地域社会（local community）及び国家/社会（state/society）と区別するものとして提唱した，被害者・加害者以外の第 1 次利害関係者に含まれうる者から構成される小規模のコミュニティである。具体的には，①第 2 次的被害者（被害者・加害者と個人的な繋がりを有していたがゆえに，犯罪の結果の影響を受けた者）及び②被害者又は加害者を支援する者（被害者・加害者の利害に関して継続

発点に立つことができる。そして，肯定的で向社会的な自己概念への再修正を経ることにより，被害者との間で合意した害の修復行動（結果予期）を採ることができる（効力予期）という自己効力感を得ることができ，それによって，自発的な害の修復行動達成に向けた動機付けが高められる。

　この高められた動機付けの状態で，前記（エ）で述べたように，実際の害の修復行動を行うことにより，加害者は達成感を得ることができると同時に，重要な他者からその行動について肯定的なフィードバックを受けることによって，更に，自己効力感は高められ，自己概念も一層好転するという良循環が形成される。この一連の経過によって，害の修復行動の履行率が一層高まると考えられる。

　他方，刑事司法手続における処分は，このようなプロセスを経ておらず，加害者の損害の回復行動に対する強い動機付けもないので，修復的過程によった者の方が，害の修復行動の履行率が高まると考えられる。この点，公判においては，加害者の重要な他者が情状証人として出廷し，加害者に有利な証言をすることもあり，その過程を通じて，関係修復の糸口を見いだすこともあり得るので，その点では，修復的過程と大差はないとの見解もあり得る。しかし，決定的に異なるのは，修復的過程の場合，加害者は，被害者，重要な他者と並んで，対等の立場で，主体的に，自分が引き起こした害の修復という課題に取り組んでいる点である。刑事裁判のように，処罰の客体としての被告人という受け身の立場ではない。自らが主体的に修復的過程に参加し，再統合的恥付けの過程を経て，重要な他者との関係修復及び害の修復の具体的内容を被害者とともに考えて結論に至った（修復的合意の成立に尽力した）という点にこそ，加害者が，自ら進んで害の修復行動を遂行するという強い内発的動機付けと責任感が生まれる根拠があると考えられる。

　ところで，実証的根拠に基づく実践（evidence-based practice, EBP）の観点からは，本稿で述べたオペラント条件付け理論や社会的学習理論自体は，いずれもエビデンスがあって，それを前提とした，多様な教育法，学習法，訓練

的な関係を持っており，かつ，特定の犯罪に間接的な感情的繋がりを有する者）を含む。②の構成員は，本文の重要な他者とほぼ重なり合い，血縁又は地縁を前提としない機能的コミュニティ（functional community）に属する者も含まれると考えられる。

法等が開発され実績を挙げている。他方，自己効力感の変化測定については，多数の研究において複数の測定基準が存在する。それは，自己効力感が特定の状況における個人の対応結果の見立てとその達成可能性の予測という認知に関する概念として提唱されたことに由来する（課題固有的自己効力感，task-specific self-efficacy）。その後，ある程度一般化した自己効力感（一般的自己効力感，generalized self-efficacy）を想定する立場も登場し，有力である（大内，2004）。いずれにせよ，本稿で述べた仮説を EBP の観点から検証するためには，修復的過程に適合的で，かつ，犯罪者・非行少年に焦点を当てた自己効力感の評価基準を作成し，この関係における自己効力感の変化及びそれに影響を及ぼす要素の探求を進めることが重要と考える。

(2) 再犯率減少の根拠

害の修復行動を継続するためには，通常，金銭的な賠償やその他一定の負担を伴う具体的な行動を安定的に行う必要があり，そのための前提として，加害者自身の生活全般の立て直しが不可欠となる。具体的には，学業又は就労を核とした規則正しい生活の維持，不良交友の断絶，薬物乱用からの離脱，健全な余暇活動習慣の習得等が必要である。他方，これらの因子が不安定化することは，いずれも動的再犯危険因子（dynamic risk factor）の内容を構成する（Andrews & Bonta, 2007）。この生活の立て直しの過程は，学習理論から見ると，生活全般に関する適応的な行動パターンの習得であると同時に不適応的な行動パターンの消去（修正・改善）のプロセスであると言える[10]。それゆえ，生活全般の立て直しを達成した場合，その過程において動的再犯危険因子が減少することを通じて，再犯危険性が低下すると考えられる。特に，修復的過程の一種である家族集団カンファレンスにおいて，加害者は，その重要な他者の前で，自己の非を悔いて，それらの者との人間関係を修復するという再統合的恥付けの儀式（ritual）を経ている。そのため，このような生活の立

---

[10] 攻撃的な児童は，攻撃的な行動ができるという自己効力感を持ち，攻撃行動は自己にとって報酬をもたらす（正の強化子）という結果予期を持っている（Perry, et al, 1986）。このような不適切な行動パターン（攻撃行動）は，対人関係において問題を生ずるので，その修正が必要とされている。本文で述べた犯罪や非行をする者についても，自己の犯罪行為が報酬をもたらし，不適切な生活態度がそれを支えているので，これらの修正が必要となる（前掲の GPCSL 理論，Andrews & Bonta, 2007）。

て直しについて，加害者はその重要な他者から精神的・経済的支援を受けることも場合によっては可能な状況にある。そのため，このような儀式を経ない刑事司法手続によって処分された者に比べて，生活の立て直しに向けた動機付けがより大きく，かつ，それを支援する条件も整っていることから，それらも再犯率減少に貢献していると考えられる。

Ⅳ 修復的対話の実施とトラウマ・ケアの問題及び修復的過程の法制化に係る留意点

1 被害者が受けた精神的な害の修復への対応

　修復的過程は，被害者・加害者の直接対面とそこで行われる害の修復に向けた相互のやりとりを重視する。他方，この対面による被害者のトラウマ悪化の危険が以前から指摘されていた。この点に関して，最近の研究例では，修復的司法プログラムには，犯罪被害者のPTSD（心的外傷後ストレス障害）及びそれに関連する費用を減少させる効果が認められることを示唆するものもある（Sharman & Strang, ibid）。これは，進行役（facilitator）による修復的過程の準備が，エビデンスのあるトラウマ治療法でTF-CBT（trauma focused cognitive behavior therapy）の一種である長時間暴露療法（Prolonged Exposure Therapy, PE療法）に類似した効果を有する場合があるからではないかと推測される。そして対面した結果，モンスターだと思っていた加害者が自分と同じ普通の人間であることが分かったとする被害者も少なくないとされ，更に，加害者から，自分が被害者として選択された理由の詳細を直接聞くとともに，再加害防止の約束を加害者が行うことによって，被害者の再被害の不安は大幅に低下するとされている（被害者の安全感回復のニーズを充足）。

　他方，人は，犯罪被害者となることによって，その犯罪被害体験（外傷体験）から生じた心の傷（トラウマ，想起することが耐え難い苦痛を伴う過去の記憶）が残ることがある。特に加害者と会うことは，被害者にとってトラウマの再燃を促すきっかけとなり得る。前記のPE療法では，トラウマ記憶に徐々に反復的に暴露することを通じて，過去の記憶であるトラウマと現在の自分の状態を区別するという認知の修正を図り，トラウマ想起による激しいレスポンデント条件付け反応（解離性健忘，パニック障害等）を緩和しようと

する。

　このように，修復的過程における被害者・加害者対話の準備においては，進行役から被害者への最初の連絡自体がトラウマ再燃の引き金となり得るので，細心の注意が必要と考える。したがって，進行役は，最低限，サイコロジカル・ファースト・エイド（National Center for PTSD, 2006）等，被害者への精神医学的・心理学的対応についての実践的知識を有し，訓練を受けていることが必要であろう。そして，被害者の心理・精神状況を踏まえて，PTSD や ASD（急性ストレス障害，Acute Stress Disorder）に詳しい臨床心理の専門家と連携しながら，慎重に対話の準備を進めていくことが望ましい。修復的司法プログラムに，必要に応じて，臨床心理専門家による PE 療法を受けながら，あるいは臨床心理専門家の助言を受けながら，進行役が対話の準備を進める体制を構造的に組み込むことができれば，そこに修復的過程における PTSD の軽減機能を持たせることも不可能ではないと思われる。ただし，PTSD や ASD の扱いは，かなり専門的な知識と実務経験を必要とする。特に，修復的過程の適用を，重大事犯まで拡大して，修復的対話を目指す場合，その点についての一定の基準作りが今後重要になると思われる。

(2)　修復的司法に基づく実践の法制化に関する課題

　本稿冒頭で紹介した，イギリス（イングランド及びウェールズ，以下同じ。）における成人に対する修復的実践を制度化する法律は，2013 年犯罪及び裁判所法（Crime and Courts Act 2013, CCA2013）である。この法律により，同国では，少年と成人双方について，修復的実践を全国規模で実施する法的な枠組みが整ったことになる。修復的実践の必要性と実務的な課題については，法務省が，2012 年 3 月に，国民や関係機関・団体等に対して，「刑罰と改善更生：効果的な社会内刑罰（Punishment and Reform：Effective Community Sentences）」と題する長文の諮問ペーパーを発出した際（MOJ, 2012a），その中で触れられていた。3 か月間の提案等の受理期間を経て，それらに対する政府としての対応については，同じ題名の文書に「政府回答」という副題を付し，2012 年 10 月に発表された（MOJ, 2012b）。紙幅の関係で，詳細は筆者の別稿に譲るが，その回答の中で，修復的実践は，実証的根拠に基づき，被害者の満足度を向上させ，併せて，加害者の再犯率を低減させるという二つの目標

を同時に達成できる選択肢であるとの基本認識の下，その具体化の方策等について検討されている。翌 11 月には，法務省は，後記の「刑事司法制度における修復的司法の具体化に関する行動計画」（MOJ, 2012c）を発表し，法律制定後の制度整備について詳細な提言を行った。

　CCA2013 は，2000 年刑事裁判所権限（量刑）法（Powers of Criminal Courts (Sentencing) Act 2000, PCCA2000）を改正して，裁判所が行う刑の宣告猶予（deferment of sentence）の遵守事項の一つとして，修復的実践を命ずる遵守事項（restorative justice requirements）を裁判所が命じることができる制度を新設した（同法 1 条と 1A 条の間に，7 項から構成される修復的実践に関する 1ZA 条を挿入し，併せて，関連規定の整備を行った。CCA2013 附則 16 第 2 部「修復的司法を許可するための刑の宣告猶予」）。注目すべきは，次の 4 点である。①修復的司法活動（restorative justice activities）の内容について，基礎的な構成要素を示した（(a) その活動には，加害者と一人又はそれ以上の被害者が参加又は関与する。(b) 活動の目的は，加害者の被害者に対する自らの犯行の影響についての自覚（awareness）を最も高めることにある。(c) 被害者に犯行とその影響について，話したり，その他の方法で自らの経験について表明する機会を提供する。PCCA2000, 1ZA 条 2 項）。②法律上，適用される罪名に制限を設けなかった（後述の法務省の行動計画でも，重大事犯への適用が想定されている。MOJ, 2012c）。周知のように，修復的実践の対象に重大犯罪を含めるべきかについては，かねてから論争が続いてきたが，その点について一つの明確な回答を示したことになる。③修復的実践に係る「被害者」とは，犯罪行為の被害者及び犯罪行為によって影響を受けた者（other person affected by offending）を意味するとして（PCCA2000, 1ZA 条 7 項），通常の場合よりも被害者の範囲を拡大した。これは，修復的司法本来の取組である，犯罪という害によって影響を受けた者が一堂に会して解決策を模索するという形態を可能とする枠組みを，法的に整備したことを意味している。④修復的司法活動を運営する者は，国務大臣が，この活動の良い実践を促進するために発するガイダンスに従うべきことを示した（PCCA2000, 1ZA 条 6 項）。前記の法務省の諮問ペーパーでは，具体的な修復的実践は，各地域の実情に応じた取組こそが，最善の実務となりうるとして，各地域の

裁量を最大限尊重する姿勢を示している。他方，後記の法務省の行動計画では，全国統一の質の高い修復的実践サービスの提供を確保するための最低限のガイドライン設定の必要性を強く訴えており，その点を反映した条文となっている。

また，遵守事項として命じる前提として，被害者・加害者及び次述のような多様な形態での修復的実践に参加する者全員の同意が必要とされている（PCCA2000, 1ZA 条 3 項）。これは，理念的な点は別として，イギリスでは，修復的実践が，被害者に焦点を当てた（victim-focussed）施策であること及び刑罰とは別の処遇オプションである[11]と位置づけられていることによる（MOJ, 2012c）。

少年の場合と異なり，具体的な修復的実践の方式等についての規定は本条には置かれていない。しかし，2012 年 11 月に公刊された法務省の「刑事司法制度における修復的司法の具体化に関する行動計画」（MOJ, 2012c）によると，修復的実践の形態として次の 4 つのタイプを掲げている。①修復的集団会議（restorative group conference, 被害者・加害者・双方の支援者と専門の進行役（PCCA2000, 1ZA 条 4 項，1A 条 2 項（保護観察委員会職員やプロベーション・サービス提供者職員の他，裁判所が適切と認めた者））による修復的対話），②地域社会会議（community conference, ①の参加者の被害者の部分に，犯罪によって影響を受けた多数の地域住民が参加），③進行役の仲介による被害者・加害者の接触，④間接的な被害者・加害者の接触又は進行役を経る往復便タイプの接触の対話（shuttle mediation）。これらは，修復的司法プログラムの実践に関する体系的な国連の手引書（United Nations, 2006）で紹介されている修復的実践の類型の大半をカバーしていることから，かなり幅広い形態での修復的司法の実践が想定されていることが分かる。

イギリスにおける成人に対する修復的実践導入の目的は，①刑事司法制度では実現が難しい加害者と被害者の対話を通じ，加害者を被害の実情と直面させることによって被害者の支援を図ること，②修復的対話により，自己の

---

[11] 法務省の解説では，修復的司法は，刑事司法制度に基づく処罰や量刑に加えて活用される（in addition to a CJS penalty or sentence）としており，修復的司法は，刑罰の代替処分ではなく（not an alternative to sentencing），寛刑化のための選択肢でもないとしている（MOJ, 2012）。

有害な行動パターンについての「気づき」機会を得た加害者が，その行動変容への動機付けを高めることによって，その再犯を防止することである（制度化の一つの根拠として，同国の修復的実践のパイロット・プログラムでは，修復的実践手続に参加した被害者の85％が満足したと回答し，同手続に参加した加害者の再犯率が刑事司法手続のみによった場合に比べて14％低かったことが示されている。MOJ, 2012c）。②の効果が発生するメカニズムについては，本稿Ⅲにおいて，行動科学的観点から筆者が詳細に検討したとおりである。

さて，成人に対する修復的実践の導入は，イギリスにおける社会内刑罰制度改革の一環として，犯罪者に対するより厳しい対応であると同時に被害者支援策の一つに位置づけられている。

しかし，修復的司法ないしその実践の目的は，もともと，現行刑事司法制度の抱える限界に対応し，犯罪によって生じた結果（害，harm）について，被害者・加害者・利害関係者が対等の立場で，その結果に対する対策を検討することにあったはずである。それは，重罰化を意図するものではなく，また，被害者支援の一手段に留まるものでもない。それゆえ，今回のイギリスでの成人に対する制度化において，修復的実践は，刑罰とは別の制度であると位置づけてはいるものの，加害者に対するタフな対応の一つとして修復的実践を導入しようすることは，本来の修復的司法の理論的枠組み及び趣旨から見て疑問が残る。法制化によって，修復的司法に基づく実践が定着すること自体は歓迎すべきであるものの，現行の刑事司法の枠組みの下で，修復的司法の実践を「広い意味での」厳罰化の手段として用いるべきではないと考える（アメリカの複数の州で，少年に対する処分の厳格化の趣旨も視野に入れて導入されている「均衡・修復的司法（Balanced and Restorative Justice, BARJ）」に対しても同様の批判がなされている。例えば，ウィスコンシン州の少年法に関する批判として，服部，1999）。

イギリスでは，前記の行動計画において，現在の同国における修復的実践の不十分な点とそれに対する改善方策としての行動計画の骨子が展開されており，法律が成立した現在，その具体化に向けて，相当額の予算措置を伴う，詳細な実施プロトコルが策定される予定となっている。そこで注目すべき点

は，全国統一の質の高い修復的司法過程（high quality restorative justice process）の提供を目指すために，具体的な適用場面においては，関係者とケースの内容が修復的実践にとって適切（appropriate）であり，実践を行う上で相応しいもの（suitable）であることについて，全国基準を設けて，修復的司法過程の手続への導入前に評価（assessment）することになっていることである。また，刑の宣告猶予制度の枠組みを用いる今回の方式では，猶予期間は，裁判所が刑の宣告を猶予した時点から6か月を超えることができないとの制限も適用されると考えられる（PCCA2000, 1条4項）。そこで，限られた時間を使って，効果的なケースの選択と迅速で質の高い手続の進行をいかに確保するかも，今後の課題の一つとなろう。

いずれによ，成人・少年双方に対する修復的実践を法制化した西欧諸国は，ニュー・ジーランド，オーストラリアそしてイギリスと3か国になった。修復的司法の本来の趣旨に適った運用をいかにして確保し，同時に，実証的根拠に基づく修復的実践（evidence-based restorative justice practice）を定着させていくための取組の進展について，引き続き注視していくことが重要であると考える。

おわりに

本稿では，修復的司法過程が効果的である理由について，典型的な修復的司法過程を中心に，これまで試みられることが少なかった行動科学的ないし社会心理学的な観点から検討し，併せて，被害者・加害者の直接面談による修復的対話の持つ可能性と危険性，修復的司法に基づく実践の法制化に際して留意すべき点等について述べた。今後は，エビデンスに基づく修復的司法の実践が，より多くの分野に拡大すること，その際，本稿で指摘したような法制化に伴う課題とその克服が念頭に置かれるべきことを期待したい。

参考文献

Aos, S., Miller, M. and Drake, E., "Evidence-Based Public Policy Options to Reduce Future Prison Construction, Criminal Justice Costs, and Crime Rates", Washington State Institute for

Public Policy.
Bandura, A., 1977, "Social learning theory", Englewood Cliffs, NJ : Prentice Hall.
Bonta, J. and Andrews, D. A., 2007, "Risk-Need-Responsivity Model for Offender Assessment and Rehabilitation", ISBN 978-0-662-05049-0 (Public Safety Canada).
Braithwaite, J.,
    1989, "Crime, Shame and Reintegration", Cambridge University Press.
    1999, "Restorative Justice : Assessing Optimistic and Pessimistic Accounts", in Tonry, M., ed., "Crime and Justice, A Review of Research", the University of Chicago Press, pp. 1-127.
Farrington, D. P. and Welsh, B. D., 2005, "Randomized experiments in criminology : What have we learned in the last two decades?", Journal of Experimental Criminology Vol. 1, Springer, pp. 9-38.
Hirschi, T., 1969, "Causes of Delinquency", Berkeley : University of California Press.
服部朗, 1999, 「アメリカの修復的司法— 'Restorative Justice' のゆくえ—」, 刑法雑誌 39 巻 1 号, pp. 145-157.
Hora, P. F., Schma, W. G. and J. T. A. Rosenthal, 1999, "Therapeutic Jurisprudence and the Drug Treatment Court Movement : Revolutionizing the Criminal Justice System's Response to Drug Abuse and Crime in America", Notre Dame Law Review 74, pp. 439-537.
McCold, P., 2000, "Toward a Holistic Vision of Restorative Juvenile Justice : A Reply to the Maximalist Model", in "Contemporary Justice Review", Vol. 3, Number 4, pp. 357- 414.
Mccold, P. & Wachtel, T., 2003, "In Pursuit of Paradigm : A Theory of Restorative Justice", International Institute for Restorative Practices (IIRP), www.restorativepractices.org.
Miers, D., et al., 2001, "An Exploratory Evaluation of Restorative Justice Schemes", Home Office Crime Reduction Research Series Paper 9 (U. K.).
Mitchell, O., Wilson, D., Eggers, A. and MacKenzie, D., 2012, "Drug courts' effects on criminal offending for juveniles and adults", Campbell Systematic Reviews, 2012 : 4.
Ministry of Justice,
    2012a (March), "Punishment and Reform : Effective Community Sentences", Consultation Paper CP8/2012.
    2012b (October), "Punishment and Reform : Effective Community Sentences, Government Response", Response to Consultation CP (R) 20/2012.
    2012c (November), "Restorative Justice Action Plan for the Criminal Justice System", www.justice.gov.uk.
National Child Traumatic Stress Network and National Center for PTSD, 2006, "Psychological First Aid : Field Operations Guide, 2nd Edition". (www.nctsn.org and www.ncptsd.va.gov.)
大内善広, 2004, 「認知変数の相関から見た自己効力感の一般性——般的自己効力感と課題固有的自己効力感の比較—」, 早稲田大学大学院教育学研究科紀要別冊 12 号—1, pp. 185-192.
Perry, D. G., Perry, L. C. and Rasmunssen, P., 1986, "Cognitive social learning mediators of

aggression", Child Development, 57, pp. 700-711.
Skinner, B. F., 1953, "Science and Human Behavior", 河合伊六ほか訳, 2003, 「科学と人間行動」, 二瓶社.

染田　惠,

  2006,「犯罪者の社会内処遇の探求―処遇の多様化と修復的司法―」, 成文堂.

  2010,「諸外国における修復的司法実践の動向及び実証的根拠に基づいた実践等」, 細井洋子・西村春夫・髙橋則夫編, 『修復的正義の今日・明日』, 成文堂, pp. 244-297.

Tyler, T. R., 1990, "Why people obey the law : Procedural justice, legitimacy, and compliance", New Haven, Yale University Press.

Wexler, D. B., 1999, "Therapeutic Jurisprudence : An Overview".

  (http://www.law.arizona.edu/depts/upr-intj/intj-o.html)

United Nations, 2006, "Handbook on Restorative justice programmes", United Nations Office on Drugs and Crime, Criminal Justice Handbook Series, E.06.V.15.

感情を持ち込んだ正義の正当性について
―― 修復的正義に潜む強制性批判と修復的実践の可能性 ――

山　辺　恵理子

Ⅰ　問題の所在と本章の目的
Ⅱ　多くの利点をみるか,潜在的な落とし穴をみるか
　1　エイコーンの修復的正義批判
　2　ブレイスウェイトの反論にみる,修復的正義の課題
Ⅲ　修復的実践は落とし穴を埋めるものか,深めるものか
　1　エイコーンの修復的正義批判と修復的実践
　2　初期の大学における修復的実践にみる問題点
　3　大学における規範の修復と修復的実践
Ⅳ　結　び

Ⅰ　問題の所在と本章の目的

　1970年代から北米,オセアニア,欧州,そしてラテンアメリカ,アフリカ,アジアへと展開した修復的正義の実践は,犯罪加害者の更正と再犯率の低下の効果,犯罪被害者のニーズと権利を尊重できる仕組み,あるいは刑務所の過剰収容問題対策などの視点から世界的に評価されてきている。一方で,従来の司法制度において第三者に委ねられてきた意思決定のプロセスを当事者自身の手に取り戻すという意味で当事者参加,市民参加を促すとともに,実践を通してコミュニティを育み,コミュニティとしての問題解決能力を養う実践であるという点からも,注目される。修復的正義は「取扱いがとても困難に思われるような重大な不祥事に対しても,参加型熟議民主主義に則った問題解決方法を実践する道を開く」ものであるとして,民主主義における「参加 (participation)」や「熟議 (deliberation)」の徳目と関連してその重要性を捉える論者もいる (Cameron & Thorsborne 2001)。

加害者の再犯率や被害者の満足度などといった，修復的正義の実践の効果に関しては，世界各国の実践をもとに分析・評価することが可能であり，こうした研究によってより効果的な実践のあり方が議論・試行されている[1]。こうした修復的正義の意義や議論・研究の蓄積を尊重する一方で，修復的正義を自身の価値観と相容れないものとして退けたり，その根本的な原理を疑問視するような修復的正義の価値に対する問いや批判に対しては，十分に議論が積み上げられていない印象を受けることも，また事実である。本章では，第二節において，こうした印象の根拠となる論争を一つ取り上げ，検討を行う。

　なお，仮に修復的正義が価値批判に対応しきれていないとすれば，この状況は，修復的正義が教育の分野に適用され，広く展開されていることを考えると，重大である。修復的正義は，いじめなどの学校内の深刻な人間関係上の問題を乗り越える手段として，また，シティズンシップ教育のアプローチとして評価されて教育の場に導入された（Cameron & Thorsborne 2001, Morrison 2001）。その後，問題への事後対応から事前予防へと焦点が移り，学校コミュニティの構築のためのアプローチが確立されるに従って，教育分野における修復的正義の実践は「修復的実践（restorative practices）」という別の名称で呼ばれることが一般的になったと同時に[2]，修復的実践を展開する学校においては，修復的正義の基本的な考え方が一部の生徒指導だけでなく，より広範な教育活動まで入り込むことになった。だからこそ，修復的正義の実践がどれほど効果的であったとしても，その基礎にある価値（観）がもし問題を抱えているとしたら，それは修復的実践の正当性を揺るがしかねない。

　そこで，本章では，修復的正義の価値に対して特に痛烈に批判したアナリーズ・エイコーン（Annalise Acorn）を取り上げ，その批判の修復的実践における

---

[1] 例えば，"Restorative Justice：An Evaluation of the Restorative Resolutions Project" Solicitor General Canada, 1998, "An Exploratory Evaluation of Restorative Justice Schemes", 2001, "Restorative Justice Action Plan for the Criminal Justice System", 2012 など。

[2] 特に，アメリカのペンシルベニア州ベツレヘム市を拠点とする Buxmont Academy およびに Community Service Foundation（創立者はテド・ワクテル（Ted Wachtel）およびにスーザン・ワクテル（Susan Wachtel））が 2000 年の NPO 法人化に伴いその名称を「International Institute for Restorative Practices（以下，IIRP）」に改め，2006 年に IIRP が大学院（修士課程）として認定されて以降，この名称が定着した。

有効性を検討しながら，その批判を解消するために修復的実践および正義の目的を捉えなおす必要があるかを考察する。なお，エイコーンの批判は司法の分野における修復的正義の実践（以下，修復的司法）に焦点を当てたものであるが，上述の理由から考えても，教育の分野における修復的実践により大きなインパクトを与え得る。従って，第三節ではエイコーンの修復的正義批判と修復的実践のアプローチ・理念を突き合わせることに焦点を当てる。

II 多くの利点をみるか，潜在的な落とし穴をみるか

1 エイコーンの修復的正義批判

エイコーン（Acorn 2004）の文章は，説得的で読みやすいと評価される一方で，修復的正義の原理や，修復的正義批判に用いるマーサ・ヌスバウム（Martha Nussbaum）などの理論の解釈に誤りと捉え得る部分が多いことが指摘されている（例えば，Archibald 2005）。そのため，批判自体を検討するよりも先にその前提部分からエイコーンの修復的正義批判を退けることは難しくない。しかし，一時的であれ，修復的正義に惹かれ，その実践に関わってきたエイコーンでさえもその原理を誤解してしまうこと自体，修復的正義の理論が未だ洗練された形で実践の中に浸透していないことを示しているだけでなく，エイコーンの修復的正義批判の中には修復的正義の弱みを的確に指摘している部分もあるように思われる。

まず，エイコーンは修復的正義を以下のように説明する。

〔修復的正義において〕相手を滅ぼそうとする意志を示すあらゆるものが消えてはじめて，正義は達成される。（中略）修復的正義・司法とは単純に，そうした状況を実現するために必要なあらゆる手立てを指す（Acorn 2004：28）。

そして，修復的正義は，正義を実現するに当たって「愛（love）」や「慈悲の心（compassion）」を必要とすることを確認する。

修復的正義は，加害者に対して苦痛を伴う形での当然の報いを乞うのが正義であるという，私たちの道徳的な直感を消し去ってしまえるほど強い，何かしらの爆発的な力を必要とする。加害者を，人やものを傷つける傾向から抜け出さ

せるだけのインパクト，被害者の復讐願望を鎮めて真の赦しに向けて動機づけするだけの力，そしてコミュニティの道徳的な絆を修復するだけの深みのある何か，である。(中略) 修復的正義は，こうした偉業のすべてを達成するために何よりも重要なものは，普遍的な愛であると捉える（Acorn 2004：27）。

こうしたエイコーンの修復的正義理解に対して，ジョン・ブレイスウェイト（John Braithwaite）は，エイコーンは修復的正義における愛の役割を過大に解釈していると反論する。そもそも，修復的正義の擁護者の中で，愛の役割を認めたり語ったりしているのはごく僅かであることを指摘したうえで，ブレイスウェイト自身を含むこうした論者は，愛が生じた場合に修復的正義はうまくいきやすいことを経験的に知り，その理由を探求しながら愛が生じやすい環境を考案・試行しているのだと説明する（Braithwaite 2006）。「それ〔修復的正義〕は，被害者，加害者，あるいはその他の参加者に対しても，慈悲の心を見せることを強制」することはせず，「裁判所や，刑務所，検察官のオフィスといった伝統的な刑事司法の機関よりも慈悲の心を育みやすい場をつくるものである」に過ぎない（Braithwaite 2006：437）。しかし，こうした性質ゆえに，たとえ修復的正義の実践において被害者が誰からも赦しを要求されたり強制されたりすることがないとしても，「赦さない限り，無慈悲であると思われてしまうと被害者に感じさせる可能性がある」ことを認め（Braithwaite 2006：440），だからこそ，修復的正義の実践を評価する際には，被害者に対して，自分の意思とは異なる内容に合意するように，あるいは反論しないようにする圧力を感じたかどうかを聞くことが重要であり，既にこうしたアンケートをカンファレンスなどの後にとることは一般的になっていると説明する。

しかし，エイコーンは，愛や慈悲の心を問題解決に利用すること自体，危険であると述べる。第一に，ドメスティック・バイオレンス，性犯罪，その他の被害にあった女性たちは，加害者に対してある種の愛を示すことが求められることがあるが，修復的正義の実践はこうした傾向を助長し得るという（Acorn 2004：44）。第二に，エイコーンは自分や身近な人を傷つける行為をとった人間に対して愛や慈悲の心を持つことは，偽善的ですらあると語る

(Acorn 2004：6-7)。「修復的正義は，他人事，自分自身が苦まされていない事柄に関してであれば，問題ないように思えたが，＜私＞のこととなると，私は修復的正義を望んでいなかった」(Acorn 2004：7) と，自分の正直な望みや感情を変容しようとする修復的正義に違和感を抱き始めた経緯について語る。エイコーンの修復的正義に対する疑念を，ブレイスウェイトは真正さ (authenticity) の問題と言い換える。そして，人間はたとえ適正な富の分配を求めていても，ふと景色のきれいな，大きい素敵な家に住みたいという欲望を抱くかもしれないし，ダイエット中でもパイを食べたいと願うことがあるが，だからといって偽善的で，真正さに欠けると非難されるべきではない，と論じる。「徳が，私たちの生まれ持った弱みが暴食へと繋がることを抑制するように，修復的正義の哲学において，徳とは，他者に当然の報いを与えようとする，生まれながらにして抱きがちな願望を抑制することに」あり，「私たちが生まれながらにして弱い人間であることを理解し，その弱さを笑い飛ばすことを学びながら，できるだけそれを変容させようと努めること」を目指しているという (Braithwaite 2006：433)。しかし，エイコーンは，ブレイスウェイトのように復讐心とは抑制すべき悪しき欲望であると捉え，それを抑制あるいは変容することを徳と捉えることの根拠は宗教をもって説明されることが多いことを指摘したうえで (Acorn 2004：28)，まさにこうした考え方自体が不自然で暴力的である場合があるにも関わらず，修復的正義にはそれを押し付ける要素があることに，警鐘を鳴らそうとしていると考えられる。だとすれば，こうしたエイコーンの批判に対する上述のブレイスウェイトの応答は，修復的正義を受け入れないエイコーンの姿勢が，人の弱さを変容させようとしない，(宗教的) 徳に反した行為であると反論していると解釈することが可能であり，エイコーンの指摘する修復的正義における愛や慈悲の心の強制性がより鮮明に浮かび上がって見える。

　愛や慈悲の心を利用することの危険性を論じるエイコーンの第三の根拠として，双方向の愛の成り立ちにくさがあり，エイコーンはこの点を最も多く語っている。何よりも，エイコーンは修復的正義では加害者のもつ「今後も悪くあり続ける傾向」を捉えきれていないと語る (Acorn 2004：66)。これに対し，ブレイスウェイトは人間にはいくつもの側面があり，人間中で最も欲深

い人間でも寛大な側面を持っているし，最も暴力的な人間にも優しい側面があると語る。「修復的正義は，私たちが持つ最もよい自己の表出を促すような熟議の場をつくるものである」と語り（Braithwaite 2004：433），その方法については今後も経験に習って検討・改善していく必要があるものの，少なくとも現在まではこうした修復的正義の試みがよい結果を生んでいることは多くの実証研究が明らかにしていると論じる。しかし，ブレイスウェイトが実証研究や今までの修復的正義の実践の功績にその正当性の根拠を求めるのに反して，エイコーンは修復的正義の擁護者が成功例ばかりを提示することに根本的な不信感を示す（Acorn, 2004：19）。そして，修復的正義は「暴力的な抑圧によってしか制約することができない人間の脅威」に対応できないばかりか，「摩擦のない調和という，永遠に実現されることのない期待や望みを育む」という点で危険であり，変容しない悪人の存在を想定しない点において，修復的正義は「傲慢」であると語る（Acorn 2004：34）。つまり，ブレイスウェイトが修復的正義の効果の大きさや，成功する確率の高さに注目するのに対し，エイコーンはその失敗例が持ち得る危険性の大きさと，それを軽視する修復的正義の性質の非現実性に注目しているのである。

　この疑念は，以下の分析にも繋がっている。

> 私たちが愛の宗教的な倫理に対して情動的に惹きつけられていればいるほど，私たちは必死で修復的正義を成功させようと駆り立てられる（Acorn 2004：19）。

つまり，愛や慈悲の心が持つ力への信頼は宗教的な背景に依拠することが多く，それを信じることは修復的正義の効果を信じることへと繋がる。しかし，愛などの力を宗教的，倫理的に信じる事が真に善いことなのか。この問いへの答えは，結局のところ，考える人自身の信仰のあり方や価値観によって異なる。修復的正義は，こうした信仰や価値観のあり方を異にする人たちと相容れ得るのか，とエイコーンは問うているのだ。

2　ブレイスウェイトの反論にみる，修復的正義の課題

　以上のように，エイコーンの修復的正義批判とそれに対するブレイスウェイトの反論は，噛み合わない点が多く，ブレイスウェイトの反論によってさ

らに修復的正義の論理の脆弱性が浮き彫りになっている箇所まで存在する。ブレイスウェイトの反論の弱さの背景には，修復的正義に反する考え方に対する不寛容が見て取れる。

　修復的正義に反する考え方は，多く存在する。その中でも主にエイコーンは，復讐心を抑制・変容すべき欲望と捉えること，および愛や慈悲心をもって接すれば加害者が変容するという考え方に注目して，批判を呈した。この二つの批判に対し，ブレイスウェイトはある共通の論法で反論している。それは，エイコーンが修復的正義の実践に関して既に集められている実証的なエビデンスを見落とすとともに，自身の論理を支えるような新たなエビデンスも提示していない，という論法の反論である。Xに価値をおいたプログラムでは実証的な効果が薄いため，Xを修復的正義の価値として掲げることをやめた方がよいのではないか，といった，実証的エビデンスに基づく具体的な批判であれば修復的正義の擁護者は受け入れやすいと述べたうえで，ブレイスウェイトは以下のように語る。

> 修復的正義の理論構築は，正義とは何か，修復とは何かということを再構成して考えていく反復的なプロセスである。（中略）司法の分野の理論をラディカルに再編することや，不正義への取り組み方や，犯罪，戦争，不法行為，脱税，あるいはいじめといった具体的な問題への取り組み方に関して，新しく新鮮な実験的試行を展開することにこそ，〔修復的正義の〕重点と面白みがある。(Braithwaite 2006：426-427)。

> 従って，哲学的には，修復的正義はプラグマティズムの伝統――実験的で，経験によって価値が調整される――の中にあるといえる (Braithwaite 2006：427)。

　そして，修復的正義がポジティブな効果をもたらしている事例が多いことを確認し，「なぜそうであるのかを理解するためには長い道のりを辿らなければならない」が，「エイコーンはこの長い実証的な旅に興味を持っていないようである」として，エイコーンへの反論を締めくくる (Braithwaite 2006：444)。しかし，先に述べたとおり，エイコーンは多くの成功例の背景にある愛や復讐心などに関する一種の価値観の強制性と，その成功例の陰で見落とされる

かもしれない危険な失敗例を危惧しているのであり，成功例が多い理由の探求に付き合うつもりがないことは明白である。

確かに，エイコーンの修復的正義批判は実証的エビデンスだけでなく，理論的にも精密な論拠を持っているとは言い難い。とはいえ，ブレイスウェイトの反論を読む限り，修復的正義はブレイスウェイトの言うところのプラグマティックな議論の手法を共有する批判しか受け入れないと理解でき，修復的正義の代表的論者の一人であるブレイスウェイトがこうした姿勢を示すことは問題を孕んでいる。数多くの成功例や成功例における効果の大きさを考慮してもなお，修復的正義の実践の実験的な試みを停止しなくてはならないほど重大な原理的な問題は存在し得るし，エイコーンはまさにそのような問題として，愛や慈悲の心の強制性について論じようとしたのである。

Ⅲ　修復的実践は落とし穴を埋めるものか，深めるものか

1　エイコーンの修復的正義批判と修復的実践

エイコーンは，修復的正義論者が想定するよりも愛や慈悲の心が双方向に成立しにくいものであること，すなわち，一方が愛や慈悲の心を相手に与えても，それをないがしろにされたり，逆に利用されたりする可能性があることを語る。ただし，双方向の愛や慈悲の心が成立した，バランスのとれた関係を「正しい関係」と言い換えたうえで，エイコーンは以下のようにも語っている。

> もちろん，私の人生にも「正しい関係」が全くなかったわけではない。（中略）中には，それなりに「正しい」関係もあったと言ってよいだろう。しかし，正しいものを振り返ってみてみると，共通して〔愛ではない〕他の特徴を持っていたことも，また明らかな事実である。たとえば，自然と生じた親しみの感情，共通の目的，共通の興味関心，共通の経歴，深刻な悪事を働いた経験がないこと，きちんとした約束に対する双方の適切な関与，多くの時間と労力，思いやりや，努力の投資（そして，それらが実っていること），さらに，愛着やユーモア，そして楽しい経験。こうした特徴を揃えて，〔一部の関係性は〕貴重な正しいものとなったのだ（Acorn 2004 : 8）。

すなわちエイコーンは，こうした関係性が成立不可能であると論じているわけでも，こうした関係性が成立しているところで愛や慈悲の心をもって正義の実現や問題解決を目指すことを否定しているわけでもない。むしろ，こうした関係性がないにも関わらず，短期間に，しかも本来敵対する立場として対面する場面において，愛や慈悲の心を期待することを問題視しているのである。

さて，修復的正義の考え方やアプローチを学校教育の場に適用した修復的実践は，まさにエイコーンが稀に経験したと記しているような対等な関係性の構築と強化を目指すものである。修復的実践の世界的拠点となっているIIRP（International Institute for Restorative Practices）の創設者テド・ワクテル（Ted Wachtel）は，「ますます繋がりが薄くなる世の中において，修復的実践は，コミュニティを修復し関係性を育む営みにおける肝心な役割を果たし得る」（Wachtel 2008：4-5）と語っている。修復的実践の第一の特徴は，他の修復的正義の実践と同様に問題の事後対応のアプローチも行う一方で，問題が起きる前の予防的アプローチをも同程度以上に重視して行うことであるといえる。予防的アプローチでは，「学校における衝突や加害・被害の問題を最小化するような，建設的なコミュニケーションや関係性を築くためのスキルや〔学校〕風土を確立」し，それでもなお問題が生じた際には，応答的なアプローチで「効果的なコミュニケーションを再構築する」のである（Henry 2009：5）。

関係性の構築に焦点を当てた予防的アプローチの内容としては，日ごろから教室で，互いの顔が対等の高さから見えるように円形に座って挨拶や遊びをする時間を設けたり，対等な立場で他者と協働することの重要性を教え，その練習をしたり，あるいは，「感情を表現する言葉かけ（affective statements）」や「感情に関する言語を引き出す問いかけ（affective questions）」とワクテルが呼ぶ言葉かけ・問いかけを重視して，日ごろから感情を表現・傾聴する習慣をつけるなどの手法が挙げられる[3]。こうした手法が，強制性をなくして愛や慈悲の心をもって加害者・被害者の双方が問題解決に取り組むことをどれだけ可能にするか，その効果の度合いについては，ここでは立ち入らない。

---

[3] 詳しくは，Costello et al. 2009，Wachtel & Mirsky 2008，Hopkins 2004，Hopkins 2009 など参照。また，坂上香（2012），山辺恵理子（2011）にも具体的に記している。

むしろ，関係性の構築と強化に焦点を当てた修復的実践においてもエイコーンの修復的正義批判が有効性を持つか，また，それを解消するためにはどうすればよいのか，を次節で検討する。

2 初期の大学における修復的実践にみる問題点

修復的実践は，日本において，義務教育段階と高校の実践が中心的に紹介されている[4]。しかし，初期の段階から修復的司法のアプローチを大学の学生課などの実践に導入する試みは展開されており，アメリカ東部や中部，そしてカリフォルニア州などの多くの大学で実践されている。また，大学でも高校以前の修復的実践と同様に，修復的司法に倣うだけでなく，教育の場としての大学の性質に合わせた独自の事後対応のアプローチが開発されている他，近年では事前予防のアプローチも採用され始めている。本稿では，大学における修復的実践を日本の読者に紹介するためにも，あえて大学における修復的実践に注目してその展開の経緯と理念を解説する。

大学で修復的正義の理念を適用した実践をはじめて展開したのは，ワクテルであるとされている（Wachtel 1997, Wachtel & Wachtel 2012）。問題が生じた後の事後対応のアプローチとして修復的正義を導入していたこの時期の事例として，ワクテルは学生による薬物乱用事件と，体育会のチーム内で起きた選手間の対立事件を挙げる（Wachtel 1997, pp. 142-144）。前者は，関係者を集めてカンファレンスを開き，大学の警備員および看護師にいわゆる直接の被害者として自身がいかに不安でこわい思いをしたかを学生に話してもらったことで，学生は反省するとともに，自分が周囲から気遣ってもらわれている存在であることを確認したという。カンファレンスの結果としては，二度と薬物を乱用しないことを約束し，コミュニティ・サービスを担うことで合意した。一方，後者の場合，問題となった学生はカンファレンスに積極的ではなかった。学生はチーム内でも重要な優秀な選手だったが，他の学生たちと繰り返し衝突し，彼らへの不満などを口にしたため，チーム内で孤立していた。しかし，最終的に学生はしぶしぶカンファレンスに参加し，自身の両親

---

[4] 竹原幸太（2007），山辺（2011），坂上（2012）など参照。

の離婚，恋人との別れや，親友との死別といった出来事が事件の背景にあったことを語り，チームメイトに赦しを乞うた。チームのキャプテンは学生の話を聞いてもなお怒りが収まらず，謝罪を受け入れられなかった。他のメンバーや新入生がキャプテンの態度を非難してもなお，キャプテンは納得しなかった。ところが，その後どのようにして害を修復するかということに議論の焦点が移ると，問題の学生とキャプテンは自然とチーム内の関係性の再構築に向けて協力し合うことに合意したという。

　これら2つの事例は，ごく初期の修復的実践であり，現在の基準で修復的実践の成功例として認められ得るかは議論の余地がある。双方とも，問題を起こした学生が大学やチームというコミュニティとのわだかまりを軽減して再統合された，という意味では成功している一方で，前者の薬物乱用事件の場合，学生が行ったコミュニティ・サービスが薬物乱用とそれを理由に生じた今回の被害とどのような直接的な関係があったのかが明らかにされていないし，後者の場合，修復的アプローチに対して懐疑的でカンファレンスに対して消極的だった問題の学生が，どのような説得や圧力を受けてしぶしぶ参加することに至ったのか不明瞭である。さらに，これら2つの事例において，エイコーンが指摘した修復的正義における2つの重要な落とし穴も見て取れる。

　エイコーンが指摘した一つ目の問題点は，復讐心を抑制・変容すべき欲望と捉え，それを愛や慈悲の心に転換しようとする修復的正義の性質に関するものである。後者の事例において，エイコーンが指摘した愛や慈悲の心の強制，そしてそれを基盤とした赦しの強要が，どれほどキャプテンに対して行われたか，疑問が残る。ワクテルは「カンファレンスは感情を示しあえる安全な場であったため，ネガティブな気持ちがしばらく鳴り響いた」（Wachtel 1997, p. 144）と補足するが，仮にもキャプテンが一人で表現したネガティブな感情を封じるまでに，他の複数の選手がキャプテンに対する不快感を示していたとすれば，このカンファレンスはキャプテンにとって「安全な場」であったとは言えない。また，特に問題の学生がチームにとって欠くことのできない重要な選手であり，その学生を赦せなかったのがチームのキャプテンであったということから，チームの存続や今後の戦績にとって，この二人の関係性を再構築することは非常に重要であったことが推測される。従って，

誰によるものでもない赦しに向けた圧力がこのキャプテンにかかっていたことは恐らく事実であり，キャプテンは自身の立場から責任感ゆえに問題の学生を赦す決断をしたとも考えられる。こうした赦しを余儀なくされる関係性において，人は怒りや復讐心を隠し，見せかけの愛，慈悲の心，そして赦しを合理的判断のもと示す傾向があるが，それで修復的実践が目指す「正しい関係性」が築けるのかどうかには，疑問が残る[5]。

次に，エイコーンは愛や慈悲心をもって接すれば加害者が変容するという修復的正義の前提を疑っている。加害者の中には，全く反省も変容もしていないにも関わらず見せかけの反省でその場を乗り切ろうとする者がいれば，人々の愛や慈悲の心を悪用しようとする者もいるというというのがエイコーンの見解である。ワクテルが挙げた１つ目の薬物乱用事件は，チーム内衝突の事件とは異なり，関係が希薄でさほど継続的ではない者同士を巻き込んだ事件であるがゆえに，こうした問題が生じやすいと考えられる。相手の話に耳を傾け，反省するふりをしていれば，当たり障りなくその場を凌ぐことができ，警察への通報などを回避することができる，という利己的な判断のもと，学生がカンファレンスの場で演技をする可能性は否定できない。ワクテルが記述した薬物乱用事件で学生がこのような目論見のもと謝罪したのかどうかは，ワクテルの記述だけからは判断することができないが，同様に，その可能性を否定できるほどの根拠も示されていない。

以上のように大学における初期の修復的実践の事例を検討すると，壊しがたいチームなどの密な関係性や自分の利益を守ろうとする合理的判断が介入すると，修復的実践は本来の意義を損ないかねない一方で，そうした密な関係性ゆえの圧力や利己的な判断が介入しない状況を保障することが容易ではないことが理解できる。これは，エイコーンの修復的正義批判が修復的実践においても効力を持つことを示していると考えられる。

---

[5] もちろん，この場合の学生とキャプテンは合理的判断のもと関係性をそれなりに修復し，時間の経過とともに真の赦しや和解を経験する可能性は大いにある。しかし，例えばこの学生がさほど有力な選手ではなかった場合，より有力な選手が転校してきた場合，あるいは，怪我によりこの学生がチームに貢献できなくなった場合などを想定すると，合理的判断が修復的実践が避けようとする排除の論理を受け入れかねないことがわかる。

3 大学における規範の修復と修復的実践

　修復的実践はその後，数多くの大学で導入されるようになった。大学における修復的実践の重要なモデルとして論じられている大学のひとつに，アメリカ・ニューヨーク州にあるスキッドモア・カレッジという名のリベラル・アーツ・カレッジがある。同大学で社会学を教えるデイビッド・カープ（David R. Karp）とニュー・メキシコ大学のトム・アリーナ（Thom Allena）は，修復的正義を以下のように定義する。

> 修復的正義は，被害者，加害者，そして以下3つの要素によって加害者に責任を担わせようとするその他の人々が協同的に意思決定を行うプロセスと定義することができる。3つの要素とは，(1) 加害の責任を受け入れ，認めること，(2) 被害者やコミュニティが被った害を可能な限り回復すること，そして (3) コミュニティにポジティブな社会的結びつきを築くことで再発のリスクを抑えるように努めること，である（Karp & Allena 2004：xv）。

　関係性の構築や修復よりも，加害者が積極的に責任を担うこと，および関係者が協同的に意思決定プロセスに参加することを重視するものとして定義した場合，修復的正義は，大学における学生の問題行動軽減といった効果だけでなく，大学の根本的な価値と重なる価値を持つという。大学はそれ以前の教育段階以上に，学生の権利や自治，民主主義的な議論を尊重する。その意味で，「大学のコミュニティは，民主主義的かつ平等主義的なエートスと教育的な目標を持つがゆえに，修復的正義に特に適しているのかもしれない」（Karp 2004：5）とカープは推測する。

　また，カープは修復的正義の中に大学にとって極めて重要な教育的価値があることも語っている。「修復的アプローチは（中略），リベラル的な回避〔というアプローチ〕や保守的な取り締まり〔の手法〕とは別の，コミュニタリアニズムに則ったやり方を提案する。このアプローチは，学術的な学び，学内の司法プロセスへの学生参加，および修復的正義の原理を統合することで，道徳教育に焦点を当てるものである」（Karp 2004：7）。無論，道徳教育といっても，大学では他の教育段階とはその目的を異にする。「修復的プロセスは，市民参加（civic commitment）やコミュニティの中で自身がとる行動がもたら

すインパクトを理解する能力について，〔大学〕コミュニティの構成員を教育するうえで一助となる」(Karp 2004：7)と述べるように，カープは，修復的実践が大学生に大学というコミュニティの構成員として，そしてより広い社会を構成する市民として，必要な能力を養うような道徳教育のプロセスを果たすと語る。

　こうした見解から，カープが大学における修復的実践として，なんらかの明白な暴力が起きた際に被害者と加害者との話し合いを通じてその解決を図る，VOM（被害者─加害者調停）型のモデルだけを想定しているわけでないことが理解できる。また，事後的対応において愛や慈悲の心が発揮されやすくなるように，日頃から感情に耳を傾け合い，「正しい関係性」を築こうとしているわけでもない。カープは，「この〔修復的実践の〕アプローチは，大学の倫理規定や方針に拡大して適用することが有効であろう」(Karp 2004：7) と述べ，カンニングやレポートの盗用から，差別発言やハラスメントといった，大学の規範に違反する行為が発生した場合に広く大学コミュニティとして話し合いの場を持ち，その規範の理解を徹底する試みを実施・推進している。

　カープと同じスキッドモア大学で教べんをとるボウ・ブレスリン（Beau Breslin）も，差別発言などを無くすためには，倫理規範を設けるだけでは不十分であるとして，修復的実践の導入を推奨する。理由は，規範として差別発言を抑制しようとすると，発言の自由を重んじる人間と合意に至りづらいため，規範は漠然とした内容に落ち着かざるを得ないこと，また，同じ言葉を発しても重大な差別的意図が明らかに見て取れる場合とそうでない場合があり，こうした文脈に依存する性質を少なからず持つ差別行為について抽象的な規範で白黒をつけようとすること自体に無理があることなどが挙げられる。実際，ミシガン大学（University of Michigan）やウィスコンシン大学（University of Wisconsin）に関しては，裁判によって差別発言を禁止する倫理規範の有効性が否定されている（詳しくは，Breslin 2004：209-213）。一方，修復的実践を活用すれば，問題を被害者─加害者間に限定することなく，その他の大学コミュニティの構成員を交えた形で話し合いの場を設けることができるうえ，被害者に必要な支援を提供することができるし，問題があまりに深刻化してしまう前に介入することも可能となるという。

しかし，スキッドモア大学やそこに倣って修復的実践を導入した大学の事例や関係者の言葉を見てみると，ブレスリンが挙げている修復的実践の利点以上に重要な修復的実践の特徴が浮かび上がる。それは，カープが述べた通り，大学の倫理規範違反が生じた際に，その規範の重要性について民主主義的に議論する場を設けられる点にある。司法制度に倣った対応方法では，規範違反として完全に認められる行為について，行為者が個人的に大学という組織から罰せられるという形式をとらざるを得ないが，それでは既存の規範の正当性や，違反行為とそうでない行為との境界について大学関係者が主張することはできても，それを利害関係を離れて広く話し合う場は得られない。それゆえ，倫理規範の意味について，そしてその重要性について，大学コミュニティの構成員が深く考え，議論し，理解を深めるプロセスは保障できない。それに対し，修復的実践においてはこうしたことが可能になるため，倫理規範の深化（構成員の変容や成長）と修復（コミュニティや関係性の発達）が可能になるのである。

先に述べたように，エイコーンや，IIRPのワクテルらは，修復的実践が関係性やコミュニティのためのものであると定義する。しかし，それでは先に見た通り，愛や慈悲の心，そして赦しの強制性の問題や，合理的判断に基づき見せかけの謝罪や赦しを展開する可能性が否定できないという問題が生じる。協同的で参加型の意思決定プロセスを通して，コミュニティそのものではなく，その内の倫理規範の構築と修復を目指すものとして修復的実践を捉えなおすことで，感情の表出やエモーショナル・リテラシーなどを通して関係性の構築と修復を目指すものとされてきた修復的実践のアプローチの焦点を規範に関するより理性的な議論に移し，エイコーンが指摘した修復的正義が抱える価値的な問題を回避することができるかもしれない。

Ⅳ　結　び

本稿では記述を省いたが，IIRPは2010年より，ヴァーモント大学（University of Vermont）の学生寮における修復的実践の導入に携わっている。住生活課長（director of residential life）のステイシー・ミラー（Stacey Miller）は，大学

の寮が子ども，中年，あるいは老人もいない，若い青年期（young adulthood）の人間でほぼ構成される独特の空間であること，そして新入生たちが揃って「親，家族，その他の大人によるあらゆる監視からも逃げて，自立と成人期への旅に入ろうとする目的」でこの空間に入居する（Wachtel & Wachtel 2012：p. 1），といった大学の学生寮の独自性を説明する。そのうえで，この独特の性質ゆえに毎年多く生じる逸脱行為に対して，無理なく効果的に対応する方法として修復的実践を採用したという。

　IIRP が大学における修復的実践に携わるのは，おそらく初期のワクテルの実践以来である。IIRP が小学校，中学校，および高校に注目してプログラムを開発・実践してきた間に，カープらが関係性の修復を重視する IIRP とは別の，より理性的で熟議型の修復的実践を展開してきた。ヴァーモント大学における IIRP のプログラムは，こうした他の大学における実践とは違って，学生寮という他の大学内のコミュニティ以上に密で壊しづらいインフォーマルな関係性が成立しているコミュニティに焦点を当てていること，そして，それゆえに大学段階にも関わらず「感情を表現する言葉かけ」や「感情に関する言語を引き出す問いかけ」を活用するなど，感情を重視していることが特徴的である。

　この IIRP の試みが，どれほどエイコーンの指摘した修復的正義の価値的な課題を乗り越えられるものであるのかに関しては，まだ現在の資料では判断ができない。しかし，復讐心を抑制すべきもの，愛や慈悲の心をいかなるときも促すべきものと捉え，その価値観を何らかの形で強制してしまう危険性，そして，愛や慈悲の心をもって接すれば相手は変容するという「傲慢」な考えに基づいて，一方の立場のものを劣勢に貶めてしまう危険性を解消するためには，少なくとも修復的実践においては，IIRP はエモーショナル・リテラシーによる関係性修復の論理を一度手放してみる必要があると考えられる。そして，その際には，カープが示しているような倫理規範に関する熟議によるコミュニティの規範修復の論理へと転換することが，有効であるかもしれない。こうした枠組みの捉えなおしを試みなければ，修復的実践は，ブレイスウェイトの修復的正義擁護論にみられる「プラグマティズム」に則った立場と同様にある価値観を共有する者同士の間でしか共有することができ

ない生徒指導・道徳教育へのアプローチのひとつに留まりかねない。

参考文献

Acorn, A. (2004) *Compulsory Compassion：A Critique of Restorative Justice*, Vancouver：UBC Press.
Ahmed, E., N. Harris, J. Braithewaite, and V. Braithewaite (eds.) (2001) *Shame Management Through Integration*, Cambridge：Cambridge University Press.
Braithewaite, J. (1989) *Crime, Shame and Reintegration*, Cambridge：Cambridge University Press.
─────(2006) "Narrative and 'Compulsory Compassion'," Law & Social Inquiry (31)-2, pp. 425-446.
Costello, B., J. Wachtel, and T. Wachtel (2009) *The Restorative Practices Handbook：For Teachers, Disciplinarians and Administrators*, Bethlehem, Pennsylvania：International Institute for Restorative Practices.
Henry, R. (2009) *Building and Restoring Respecctful Relationships in Schools：A Guide to Using Restorative Practice*, Oxon：Routledge.
Karp, D. and T. Allena (eds.) (2004) *Restorative Justice on the College Campus：Promoting Student Growth and Responsibility, and Reawakening the Spirit of Campus Community*, Springfields, Illinois：Charles C Thomas Publisher Ltd.
Morrison, B. (2007). *Restoring Safe School Communities：A Whole School Response to Bullying, Violence and Alienation*, Sidney：The Federation Press.
Strang H., & Braithwaite, J. (eds.) (2001). *Restorative Justice and Civil Society*, Cambridge：Cambridge University Press.
Wachtel, J. and T. Wachtel (2012) *Building Campus Community：Restorative Practices in Residential Life*, Bethlehem, Pennsylvania：International Institute for Restorative Practices.
Wachtel, T. (1997) *Real Justice：How we can revolutionize our responses to wrongdoing*, Pipersville, Pennsylvania：The Piper's Press.
Wachtel, T. & Mirsky, L. (eds.) (2008) *Safer Saner Schools：Restorative Practices in Education*, Bethlehem, PA：International Institute for Restorative Practices
Zehr, H. (2005：1990). *Changing Lenses：A New Focus For Crime And Justice*, 3rd ed., Scottdale and Waterloo：Herald Press
─────(2002) *The Little Book of Restorative Practices*, Intercourse, PA：Good Books.
竹原幸太 (2007)「学校における修復的実践の展望」犯罪と非行 (153), 156-172, 日立みらい財団
坂上香 (2012)「クリエイティビティを生かした「修復的アプローチ」の実践──英米の学校および表現活動の現場から──」修復的アプローチ海外取り組み報告書, 9-32, 日本社会事業大学

山辺恵理子（2010）「修復的正義から「修復的実践」へ--「修復的」であることの教育的意義の探求」研究室紀要（36），73-78，東京大学大学院教育学研究科基礎教育学研究室
————（2011）「子どもに「声を与える」こども環境としてのコミュニティの役割：イギリス・ハル市における修復的実践を題材に」こども環境学研究 7（2），45-51，こども環境学会

修復的正義と日本文化に関する教育学的研究
――再統合的恥付けをめぐる修復的実践の教育戦略――

竹 原 幸 太

I 課題設定――日本文化と修復的正義――
II 日本文化における恥の類型・機能と現代文化への反映
  1 「私恥」の自覚に敏感な日本文化
  2 「私恥」の過剰反応による反作用と「空気を読む」文化
  3 「公恥」に基づく制裁としての村八分
  4 村八分意識の残存と現代の社会的排除
III 再統合的恥付けと道徳的社会化
  1 価値意識を変革する「私恥」と再統合的恥付け
  2 「私恥」の反作用を抑止する条件
  3 道徳的社会化としての再統合的恥付け
IV 日本的「空気」に切り込む教育戦略
  1 対話的関係作りとしての修復的実践
  2 「優しい関係」を崩す対話トレーニング
V 結 論

I 課題設定――日本文化と修復的正義――

ブレイスウェイト（J. Braithwaite）が再統合的恥付け理論（Reintegrative shaming）を提唱するに際して、国際的に犯罪率が低い日本に注目していたことは有名であり[1]、海外の研究では、日本文化は和の精神を尊び、被害者も加害者も包摂していく修復的正義の精神と調和的であると紹介されてきた。

こうした議論を受け、2000年代初頭には国内でも、修復的正義との関連で

---

[1] 細井洋子・瀧田信之・山辺恵理子「＜対談＞ケアに適った正義，正義に適ったケア」『共生と修復』2号8頁（2012）。

日本文化における恥や和の精神に言及する研究が現れた。

例えば，菊田幸一は再統合的恥付けに関して，「RJ の施策としての『恥』は，個人が確立している近代国家においてこそ求められるものであって，日本にはいぜんとして個人がない。その社会での『恥』は，まさに『恥を知れ』以外にはあり得ない」と批判的見解を示した[2]。

また，西村春夫と細井洋子は海外の研究者が修復的正義との関係で日本を評価することに対して，集団に反する者は疎外される等の和の暗部に言及していない点に触れ，「被害者にやさしい」という形式的，儀礼的な日本の和解文化が，逆に被害者支援を遅らせてきた一因となったことを指摘した。そして，日本の刑事司法における和解は被害者に焦点が当てられたものではなく，官主導の受動的和解であり，修復的正義の精神とは相容れないと警告した[3]。

確かに日本では古くは『万葉集』でも私心のない透明な心が求められ，個の自己主張より和合が求められてきた側面があり[4]，個人の人権感覚の確立がない中では，時に相互関係が重く圧し掛かり，事実を曖昧にして「丸く治める」傾向にある。仮に「暗黙の了解」とされる集団的雰囲気から逸脱する主張をした場合は，集団から疎外されてしまう。

徳岡秀雄はやや観点を変え，児童文学の国際比較等を通じて日本文化の人間観について考察を加え，「民話にも見る如くわが国では，＜自首・自白・謝罪→赦し→更生＞という儀式的相互作用の過程を経て人間は更生するものだと信じられてきた」と矯正可能性をめぐる日本の積極的な人間観を描き出しつつ，一方で量刑との関係で表面上の謝罪やそれに付随する冤罪を促す司法風土について警告した[5]。

一般的に犯罪者へのまなざしは，日本よりもキリスト教や先住民族の慣習が色濃い文化圏の方が寛大であると考えられ，修復的正義の実施国では，宗教的・民族的慣習が反映されていることが多い[6]。これに対し，徳岡の研究で

---

[2] 菊田幸一「少年の修復的正義」所一彦編『犯罪の被害とその修復』252 頁（2002，敬文堂）。
[3] 西村春夫・細井洋子「謝罪・赦しと日本の刑事司法」宮澤浩一先生古稀祝賀論文集編集委員会編『宮澤浩一先生古稀祝賀論文集第一巻』38-40 頁（2000，成文堂）。
[4] 相良亨『日本人の心』77 頁（1984，東京大学出版会）。
[5] 徳岡秀雄「少年司法における恥と謝罪の意義」『犯罪と非行』127 号 59，62 頁（2001）。同論文は同『少年法の社会史』（2009，福村出版）に所収。

は、宗教文化的背景が薄い日本は海外に比べて犯罪者への赦しの概念が狭いのかを探るべく、日本における修復的正義の文化的基盤を探る研究でもあった。

こうした議論から10年余りを経た現在、司法分野を超えて、学校や児童福祉分野における子どもの学校再統合、親子の再統合を図る実践としても修復的正義が注目されている。昨今ではワクテル（T. Wachtel）の『リアルジャスティス』も翻訳され、彼が主宰する「修復的実践のための国際組織（International Institute for Restorative Practices，以下IIRP）」に倣って、修復的実践という概念も広がってきた[7]。

しかし、総じて言えば、日本の修復的実践は未だ実践途上であり、むしろ、重大犯罪に関しては、裁判員裁判を通じて極刑も免れ得ないとする世論傾向にある。こうした現在の日本社会では、修復的正義・実践とは夢物語なのだろうか。

客観的に見れば、毎日のように犯罪が報道され、犯罪・非行をめぐるモラルパニックが生じている側面もある。それ故に、今一度、日本文化に内在する相互関係意識や更生場面における恥の意味を探ることは、修復的実践を進めて行く基礎作業として無駄ではなかろう。

そこで、本稿では、第一に、再統合的恥付け理論との関連で相互関係の中で持つ恥の機能について整理し、日本の和の暗部とされる村八分における制裁としての恥付け機能を昨今の「空気を読む」文化構造と関連付けて考察する。第二に、恥の制裁的反作用を抑止し、道徳的社会化を通じた再統合的恥付けを導く条件設定について考察する。第三に、日本の学校教育において修復的実践を試みる現代的意義を考察し、最後に今後の展望について論じたい。

---

[6] ハワード・ゼア（西村春夫・細井洋子・高橋則夫監訳）『修復的司法とは何か』6頁（2003、新泉社）。

[7] テッド・ワクテル（山本英政訳）『リアルジャスティス』152-154頁（2005、成文堂）。その他、細井洋子「『修復的実践のための国際組織』（International Institute for Restorative Practices）の活動を通して」『法律時報』77巻4号（2005）、竹原幸太「学校における修復的実践の展望」『犯罪と非行』153号（2007）、山辺恵理子「修復的正義から修復的実践へ」『研究室紀要』36号（2010）等を参照。

II 日本文化における恥の類型・機能と現代文化への反映

1 「私恥」の自覚に敏感な日本文化

ベネディクト（R. Benedict）は日米の文化比較を通じて，日本は外面的強制力に基づいて善行を行う「恥の文化（shame culture）」，米国は内面的な罪の自覚によって善行を行う「罪の文化（guilt culture）」であるとし[8]，日本人の罪意識の曖昧さを問題にした。

これに対して，土居健郎は，ベネディクトには神と人間との契約関係が強固な西洋文化的視点に基づき，「罪の文化」は「恥の文化」よりも優れているという先入観があり，また，罪と恥の感情が相互に無関係に論じられている点も問題とし，他者との「気の動き」において相互関係を取ることを日本文化の特徴とした[9]。

作田啓一は，ベネディクトの有した文化的バイアスへの批判とは別に恥の概念の曖昧さを問題にした。作田は，恥とは他人の特別な注視の下に置かれる場合に誘発されるとし，ベネディクトは公開の場の嘲りに対する反応としての「公恥（public shame）」だけに捉われすぎて，自己と他者との志向のずれに基づいて誘発される「羞恥」の側面を見落としていると述べ，これを「公恥」に対して「私恥」と定義した[10]。

つまり，ベネディクトの描いた恥は，世間一般における一定の優劣基準に照らして，我々が劣等であると信じる自我の一部が白日の下に露呈される「公恥（普遍化された恥）」の側面であり，主に周囲から恥付けされる受動的性格であった。

しかし，恥は必ずしも所属集団の共通の優劣基準によって誘発されるとは限らない。恥にはもう一つの側面として，状況的相互関係における他者と個人との志向のずれに基づいて誘発され，自ら恥じて感じ取る「私恥」の側面も存在しており，日本人は普遍化された「公恥」よりも，むしろ「私恥」の

---

[8] ルース・ベネディクト（長谷川松治訳）『菊と刀』257-258 頁（1967，社会思想社）。
[9] 土居健郎『「甘え」の構造』48-49，114 頁（1971，弘文堂）。
[10] 作田啓一『恥の文化再考』10-13 頁（1967，筑摩書房）。

自覚に敏感とされている。

　再統合的恥付けとの関連で, 菊田幸一が日本の「社会での『恥』は, まさに『恥を知れ』以外にはあり得ない」としたのは, ネガティブなラベリングとなる「公恥」(＝受動的恥付け) を想定しているが, むしろ, 再統合的恥付けで想定されている恥は, 徳岡秀雄が指摘するように, 被害者や家族, 友人等に囲まれる中での対話を通じて, 加害者が自ら過去の過ちに気づき,「後悔の念 (remorse)」より自己を恥じるという部分で「私恥」(＝能動的な恥の自覚) に対応している[11]。したがって, 日本が「私恥」の自覚に敏感な文化だとすれば, 修復的正義で核となる再統合的恥付けも促されやすい文化構造のように思われる。

2　「私恥」の過剰反応による反作用と「空気を読む」文化

　楽観的に見れば, 他者との関係から自らを客観視して律する機能として「私恥」が位置づくように思われる。

　しかし, 日本が「私恥」の自覚に敏感な文化だとする主張は, 日本人の精神病理の傾向から根拠づけられることも多く, 必ずしも積極的に機能しているだけでもない。

　土居健郎は日本人に人見知りや対人恐怖症, 赤面恐怖症が多いことに関して,「周囲に対する恥の意識」が「周囲に対するおびえの意識」をもたらすためであると分析し, 症状の本質は恥の感覚であると述べている。そして, 対人恐怖症等を発生させやすい社会的要因が日本文化にあるのではないかと指摘している[12]。

　この点と関連して, 長井真理はかつて日本社会で行われていた村八分への恐れが近代以降も潜在意識 (村八分妄想) として残り, そのような日本文化の歴史的背景が, 現代社会で多く見られる統合失調症等の根底に潜んでいるのでないかと分析しており[13], 日本人は他者の視線に敏感でそれが過剰反応と

---

[11] 徳岡・前掲注 (5), 39-41 頁。なお, 厳密には徳岡は公恥の下位区分として法恥と顕恥を位置づけ, 家族等の「重要な他者」からの辱めが, 加害者の恥の自覚化を促し, 再社会化に有効としている。つまり, 受動的恥付け (＝公恥) と能動的な恥の自覚 (＝私恥) との中間領域として顕恥を位置づけているように思われる。この点は後述する。

[12] 土居・前掲注 (9), 125-127 頁。

なる場合，反作用として精神病理が生じるように思われる。

柳田國男は他者の視線に敏感な日本文化の特徴を踏まえ，日本人はにらめっこという遊びを発明して小さい頃から視線の強化に努めてきたと分析しているが[14]，現在では，子どもの頃から他者との親密関係が喪失傾向にある。すなわち，伝統的な遊びの中での視線強化の機会がなくなっているが故に，「私恥」の反作用として精神病理が社会問題化しているようにも思われる[15]。

このように，日常生活における親密関係が弱体化している場合，他者の視線により生じる「私恥」は周囲への恐怖感に転化され，個人に向けられる反作用を引き起こす。より現代的に言えば，個を押し殺し，不特定多数で構成される周囲の「空気を読み」続けることが求められる。

橋爪大三郎は，日本文化の曖昧性自体に注目して，これを実質的な意思決定が誰だか分からない空気の支配による仕組みと指摘したが[16]，日本では物事の曖昧性こそがコミュニケーションのツールになっていることはほぼ「暗黙の了解」事項となっている。

昨今で言えば，「空気を読む」文化構造がそれあり，「空気」が読めない場合は，KY（空気が読めない）と見なされるため，集団から疎外される恐怖感が常に内在している。

従来から，日本文化は人間と人間の関係を重視する「間人主義」と指摘されてきたが[17]，関係性が希薄したと言われる反面，関係性に飢えてより高度なコミュニケーションが求められる現代の集団関係における「空気」は非常に重苦しいものとなっている。

土井隆義は，昨今の子ども達が周囲との対立を回避して，誰も傷つかないようにするため，場の雰囲気や空気を読み合うことを「優しい関係」と表現しているが[18]，「優しい関係」の下では個人の本音は「地雷を踏む」ことにも

---

[13] 長井真理「村八分論」飯田真他編『岩波講座精神の科学 8 治療と文化』373-374 頁（1983，岩波書店）。
[14] 柳田國男『明治大正史 世相篇（新装版）』188 頁（1993，講談社）。
[15] 平松毅も日本人に神経症や精神病が多く，特に「ひきこもり」が日本人だけに見られる点に注目し，その背後には親密な相互関係の喪失があるのではないかとする。この点は，平松毅『訴訟社会・囚人爆発と調停・修復的司法』257-258 頁（2003，有斐閣）。
[16] 橋爪大三郎『人間にとって法とは何か』167-168 頁（2003，PHP 研究所）。
[17] 浜口恵俊『間人主義の社会 日本』（1982，東洋経済新報社）を参照。

なり兼ねず，まさに「空気を読む」サバイバルゲームとなる。さらに，「優しい関係」の下では，集団の空気を読んで逸脱しないことが求められる反面，個人の「キャラ」がかぶらないように，集団の空気から逸脱しない範囲でのキャラ設定が求められる困難性も指摘される[19]。

このように，土井は表面的で空洞化した「優しい関係」の下での子ども達の「生きづらさ」を描き出し，リストカットや劇場型犯罪等のような自傷行為・犯罪行為を通じたキャラの立て方をその一例として分析した。つまり，「周囲に対する私恥」が「周囲に対するおびえの意識」へと過度に転化された場合，その反作用として個人を痛めつけ，ある場合は周囲を巻き込んだ逸脱行動を誘発する側面も浮かび上がる。

3 「公恥」に基づく制裁としての村八分

所属集団の中で空気を読みながらも，不幸にも空気を読み間違えた言動が公になったとき，暗黙の集合意識により「KY」という「公恥」の制裁が下される。これがエスカレートすると，いじめへと発展していき，日本の「空気」や「和」の暗部が発生する。つまり，「恥」は制裁としても機能しており，「公恥」のレベルで意識的制裁として運用されたものこそ，村八分であった。

前近代の日本の農村社会では，制定法よりも土着共同体の団結と統制のために立てられた自治法（慣習法）こそが重要であり，その一つとして「村八分」が機能した。すなわち，土着共同体では，生活規範を破った者は，「農民による，農民のための，農民の制裁」として村八分という社会的制裁が実施された[20]。

村八分とは，「冠・婚・葬・建築・火事・病気・水害・旅行・出産・追善」という10種類の交際うち，「火事」と「葬式」の二分を除いた八分の交際を絶つことを意味し[21]，農村社会で最も重い制裁であった。

村八分の形態は，農地改革や都市化現象等の社会状況との関係で意味合

---

[18] 土井隆義『友だち地獄』8-10頁（2008，筑摩書房）。
[19] 土井隆義『キャラ化する/される子どもたち』10-12頁（2009，岩波書店）。
[20] 前田信二郎「村八分の諸形態」『近大法学』5巻3号42-43頁（1956）。同論文は同『犯罪の都市化』（1957，有斐閣）に所収。
[21] 長井・前掲注（13），360頁。

254

が異なり，社会状況に即した村の集合意識に基づき運用された。

前田信二郎は，村八分の変遷形態に関して，土地所有形態や農村社会のヒエラルヒー，農地改革による変遷や町村合併，資本主義の農村進出等の要素を基準として，①「地主的形態」，②「ボス的形態」，③「民主的形態」，④「都市化的形態」（経済形態・行政形態）の４つに分類している[22]。

「地主的形態」は，地主の権力と利益とを防衛する政治的な要素の強い制裁であり，地主の支配に反対する者が村八分にされた。

「ボス的形態」は，地主形態から自作農への移行・変遷期において，自作農の権力拡大を目指した政治的な策略だったとされ，無条件的に旧地主関係者や裕福で権力がありそうな者が村八分にされ，自作農の不当な権力拡大に反発する農民も村八分にされた。

「民主的形態」は，先の２つの封建的形態とは性格が異なり，権力者の利益保護ではなく，地域住民の利益保護という観点に立ち，散発的な権力への抵抗として，住民同士が生活を統制していくために村八分が実行された。

「都市化的形態」は，伝統的な地域社会による都市化政策への抵抗であり，旧住民が新住民を疎外して伝統的社会形態の保守のために村八分が実行され，経済的形態（現物経済から商品経済への抵抗）と行政的形態（町村合併や学校合併等への抵抗）の側面があった。

上記のように，村の集合意識は，時に権力者の利益保護のために，時に住民同士の利益保護のために村八分という和の制裁を実行した。「民主的形態」に関しては，表面上は住民自治という「一揆」のような形態にも見えるが，村八分に疑問を呈する個人の意見は無視され，いずれも「個人」が封じられている部分は他の形態と共通している。

こうした不安定な集団意識は「悪」を「善」に変える側面もあり，例えば，村の選挙において，立候補者の不正を見つけ，善意によりその不正を訴えた女子中学生の家庭が村八分にされる事例も存在しており[23]，個人の善意による意見が潰されて，逆に「公恥」に晒されて制裁対象となる側面もある。

---

[22] 前田・前掲注（20），54-60頁。
[23] 石川さつき「村八分の記（抄）」武田清子編『戦後日本思想大系２ 人権の思想』121-134頁（1970，筑摩書房）。

このように，村八分をめぐっては，そもそも村八分を決定する集会において，当事者の参加（弁明）の機会がなく，本人の知らない所で決定されて突然実行されることが，人権侵害に当たると認識され，後に個人の人権救済が法的に説かれていった[24]。

4　村八分意識の残存と現代の社会的排除

現在，表面上は村八分という社会的制裁は実行されていないが，いじめや犯罪・非行をめぐる加害者バッシングを見た場合，潜在的な集合意識により，村八分にも見える社会的排除現象が見られる。

内藤朝雄は，日本では学校共同体や会社共同体等，中間集団における強制力がきつく，これを「中間集団全体主義」としたが[25]，村八分においても，中間集団の集合意識による強制力が働き，個人の声は埋没していた。そして，現在の「空気を読む」構造も，まさに「中間集団全体主義」の下での同調傾向が反映されている。

「空気を読む」構造においては，「民主的形態」の如く，互いが互いを探りながら，誰かが集団から浮き出た場合，個人の意識とは別に，KY として「公恥」を下す一員として参加せねばならない。そして，選挙の不正を訴えた女子学生が村八分にされた事例のように，空気を読むことへの疑問を発言した場合，今度は途端に自分が KY として「公恥」に晒されることとなり，これが悪化するといじめへと発展していく[26]。

今日のいじめをめぐっては，実質的な加害者が見えにくく，学級集団が潜在的な加害者になり得ることが知られているが，これは「中間集団全体主義」の力学が反映されたものでもあり，被害-加害関係が見えにくいことも当然

---

[24] 前田・前掲注（20），89-97 頁。なお，修復的正義ではなく，民事ケースを対象とする ADR（Alternative Dispute Resolution，裁判外紛争解決）であるが，その起源を村の寄り合いに見出そうとする見解もある。確かに，寄り合いの文化に学ぶこともあるが，村八分の側面についても言及する必要がある。この点については，愛媛和解支援センター『ADR 日本の原点を訪ねて報告書』(2006) を参照。

[25] 内藤朝雄『いじめの社会理論』21 頁（2001，柏書房）。

[26] なお，やや粗いが村八分の形態をいじめに当てはめた場合，いじめの実質的リーダーが学級内に存在し，水面下で周囲にいじめの指示を出すような形態が「地主的形態」に，学級内のサブグループ同士が対立して生じるいじめが「ボス的形態」に，「転校生」という異質な存在がスケープゴートにされるいじめが「都市化的形態」にそれぞれ合致するように思われる。

であろう。

　また，近時は face to face の場における「公恥」のみならず，学校裏サイトのような，不特定多数が閲覧するサイバースペースでの「ネットいじめ」にまで発展している。

　「ネットいじめ」では，いじめの被害者側が「公恥」に晒される傾向にあるが，一方で，犯罪報道に目を向けた場合，インターネット上で加害者の個人情報や顔写真が晒される等，不特定多数の集合意識により，公開処刑のような社会的制裁が下される傾向も見られる。

　これらは，いわば村八分の残存意識が反映された「現代版の村八分」とも言え，お互いの顔が見えないサイバースペースにおいて，排除のための連帯（民主的形態）がなされ，「被害者」も「加害者」も救われない残酷性を帯びている。すなわち，個人の人権感覚がない中での和の文化には，残酷な側面があることを再確認しておく必要がある。

III　再統合的恥付けと道徳的社会化

1　価値意識を変革する「私恥」と再統合的恥付け

　西村春夫と細井洋子が日本の和の文化を無条件に美化し，修復的正義と似て非なる実践を作り上げないように警告したように[27]，修復的正義はその原理・原則に従えば，対話参加者の一人ひとりの声を尊重し，加害者の「後悔の念」から「私恥」の自覚を引き出していく相互対話実践である。村八分のように，加害者を集団で吊るし上げ，「公恥」に晒すような実践ではない。

　ただし，「私恥」の自覚に敏感な日本では，ともすれば，「私恥」は個人の内面を傷つける反作用を導き出し，ある場合は，「公恥」に結びついて集団からの排除の一因ともなる。すなわち，日本では公私いずれの恥もネガティブに機能して見えるが，井上忠司は「私恥」概念に更なる検討を加え，「私恥」が人間の内面の価値意識の変化に影響する側面を取り上げている[28]。

　井上は「私恥」の機能を分析するに際して，作田啓一がシェーラー（M.

---

[27] 西村・細井・前掲注（3），66頁。
[28] 井上忠司『「世間体」の構造』132-133頁（1977，日本放送出版協会）。

Scheler）の恥に関する研究に依拠しつつも，恥のもう一つの条件とされた「価値意識の覚醒」の側面を取り上げなかった点を指摘し，「私恥」と「価値意識の覚醒」の関係について考察を加えた。

シェーラーの述べる恥の「価値意識の覚醒」とは，人間の価値意識は固定されたものではなく，常に低い段階に引き戻されるか，または高い段階に向上するかの間で緊張しており，恥の自覚はこうした動揺的事態の下で成立するというものである。

この点と関連して，リンド（H. M. Lynd）の研究では，罪は禁止事項に関わる逸脱であり，処罰や懺悔によって緩和されて取り消されるのに対し，恥は自己全体に関わるものであり，自分がイメージする理想へと変わらない限り消えることはないとされる[29]。

そのように考えれば「私恥」は価値意識の変容を促す機能を内包しており，再統合的恥付け過程ではこの側面が焦点化されている。つまり，再統合的恥付けの内実は，加害者の「私恥」の自覚から，内面の価値意識の変容を通じて更生を促進していくことであり，周囲からの恥付けではなく，対話を通じた自らの恥の自覚を指している。換言すれば，ブレイスウェイトは価値意識の変容を促す「私恥」の側面に注目し，更生場面において意図的に「私恥」の自覚を促す条件設定として，再統合的恥付け過程を提唱したといえる。

2　「私恥」の反作用を抑止する条件

「私恥」の機能は価値意識を向上させる場合もあれば，精神病を誘発するような反作用も併せ持っており，その反作用を抑止し，自己変容に結びつける条件設定の考察が必要となる。

恥に関する先行研究を整理して，他者との関係性の観点から恥を分類したのが徳岡秀雄であり，恥を「法恥」，「顕恥」，「私恥」の3つに分類し，サンクションの決定主体をそれぞれ「法律」，「重要な他者（significant others）」，「一般化された他者（generalized others）」に対応させた[30]。これをまとめれば以下

---

[29] ヘレン・メリル・リンド（鑪幹八郎・鶴田和美共訳）『恥とアイデンティティ』10-12, 46-48 頁（1983, 北大路書房）。
[30] 徳岡・前掲注（5），43 頁。

のようになる。

「法恥」は文字通り法律によって自覚させられる普遍的恥であり，ベネディクトの恥の概念に近いものである。

「顕恥」は個人の自己形成の媒介となる両親や仲間等の「重要な他者」との関係における禁止事項を犯し，その逸脱に気づいて，「重要な他者」の価値規範に同一化するプロセスで自覚されるものである。

「私恥」は「顕恥」が拡大されたもので，「一般化された他者」を介して自覚される恥であり，日常生活における慣習や規範を内面化するプロセスで自覚されるものである。

これを修復的正義の対話場面に当てはめれば，「重要な他者」との顔の見える親密関係の中で，加害者は被害者やコミュニティが知りたいと願う事実，被害の賠償等について自らの言葉で応答していき，こうした過程で加害者は被害者に対して「後悔の念」を抱き，「顕恥」が導かれることとなる。

井上は「私恥」が「価値の覚醒」と関連性を持つことを示すに留まったが，徳岡はさらに「私恥」が引き出されるまでのプロセスとして「顕恥」を位置づけ，「顕恥」，「私恥」，「法恥」の相互関連性を導き出した。そして，この「顕恥」の条件設定こそが，「私恥」の反作用を抑止する条件設定だといえる。

修復的正義との関連で言えば，「本当の反省」は猛烈な「自責の念」を駆り立てるため，加害者を追い詰めて精神病や自傷行為に追い込む場合があるとされ，これが再統合的恥付けの反作用として危惧されてきた[31]。

そのため，対話の事前準備において，加害者，被害者の想いを聴きながら，参加のルールを入念に確認して対話環境を調整していく重要性が強調されてきたのであり[32]，これこそが「私恥」の反作用を抑止する条件に対応している。

---

[31] 魚住絹代『女子少年院』159-160頁（2003，角川書店），三木憲明「付添人（弁護士）としての立場からみた修復的司法の現状と課題」藤岡淳子編『被害者と加害者の対話による回復を求めて』144頁（2005，誠信書房）を参照。
[32] 重大事件での対話への参加基準については，ナンシー・J・グット/デビット・L・ガスタフソン「暴力発生後の協働」エリザベス・ベック他編（林浩康監訳）『ソーシャルワークと修復的正義』365頁（2012，明石書店）。

3 道徳的社会化としての再統合的恥付け

　犯罪学ではハーシ（T. Hirschi）がボンド理論の中で，「重要な他者」への愛着が犯罪抑止の一要素であると提唱しているが[33]，再統合的恥付けは犯行時に弱くなっていた「重要な他者」の存在感を，「重要な他者」との対話の中で回復させるアプローチでもある。

　土井隆義が言うように，昨今の子ども達は，暗黙の内にその場の集団の中で「優しい関係」を結ぶ傾向にあるが，そもそも，そこで想定される「他者」とは本音で対話する関係になく，場合によっては，ブログやツイッター等，顔の見えないサイバースペースで本音を吐露しているような現実もある。

　斉藤純一は「公共圏」とは人々の間にある共通の問題への関心によって成立するのに対して，「親密圏」とは「具体的な他者」の生/生命への配慮によって形成，維持されると指摘するが[34]，今日の子どもの世界では，「具体的な他者」を前にした「親密圏」が重苦しく且つ形式化し，サイバースペース等を含めた「公共圏」に居場所を求める傾向もあるのではないだろうか。すなわち，「重要な他者」となり得る友人との関係も「優しい関係」の圧力に過ぎず，本音が言い合える「親密圏」となっていない現状もある。

　こうした「親密圏」でのミクロな関係性自体が衰退傾向にある中で，再統合的恥付け過程は「重要な他者」とのミクロな関係性の再構築を目指すアプローチとしても位置づく。

　また，発達心理学的観点から言えば，再統合的恥付け過程は，犯罪や非行をめぐる道徳的価値意識の変容を図る「道徳的社会化」の場としてその現代的意義は少なくなく，この点については，道徳的葛藤と道徳的判断の関連性に注目したコールバーグ（L. Kohlberg）の知見が示唆に富む。

　コールバーグはプラグマティズムの思想とピアジェ（J. Piaget）の認知発達論に学び，他者の役割取得（role taking）による道徳的葛藤経験を積み重ねることで，正義（justice）の推論に基づく発達段階に沿って認知構造が質的に変化し，道徳性が発達するとした[35]。

---

[33] トラヴィス・ハーシ（森田洋司・清水新二監訳）『非行の原因』8-9頁（1995，文化書房博文社）。
[34] 斉藤純一『公共性』92頁（2000，岩波書店）。
[35] ローレンス・コールバーグ（永野重史監訳）『道徳性の形成』(1987, 新曜社) を参照。

さらに，バウマン（Z. Bauman）は道徳性の根源的場面は「顔」の見える face to face の関係の中にあるとし，「顔」との対面は「私」を「語ること」へと促し，他者へ応答していくことが引き出されると指摘している[36]。

　これらを再統合的恥付け過程と関連づけて考察した場合，「重要な他者」に囲まれた「親密圏」の中で被害者感情を聴き，加害者の内面に＜非行行為の正当化＞と＜被害者や周囲へ迷惑をかけたこと＞との道徳的価値意識の葛藤が誘発される部分が注目され，被害者や対話参加者の発言を通じた他者の役割取得を通じて，道徳的判断の理由づけを現在の発達段階から組み換え得る構造が読み取れる。つまり，加害者の内面において，道徳的価値意識の葛藤を経由した上で，被害者や周囲に迷惑をかけてしまった「後悔の念」に基づく「顕恥」が誘発され，応答責任を通じた自己変容（更生）へつながっていくと考えられる[37]。

Ⅳ　日本的「空気」に切り込む教育戦略

1　対話的関係作りとしての修復的実践

　修復的正義は刑事司法を超えて学校教育でも修復的実践として展開され，当初は校内暴力やいじめ等の問題において，加害者を出席停止や退学処分にする厳格な指導に代わり，問題をめぐる被害者と加害者との対話により問題解決を図る教育方法とされてきた。

　しかし，各国の実践研究を重ねる中で，次第に問題行動が生じた際の実践に留まらず，人格教育（Characters Education）のように，対話の前提となる相互尊敬（respect）やエンパワーメント（empowerment），包摂（inclusion）といった教育価値とともに対話スキルを学ぶ教育の総称が修復的実践と考えられるようになり，ホームルームや各教科の話し合い等にも応用されてきた。そして，日常から学校内での対話的関係作りを形成し，こうした関係作りの下で問題

---

[36] Bauman, Z. Postmodern Ethics, Blackwell, 1993, pp. 10-11
[37] この点については，徳岡論文の他，ゲリー・ジョンストン（西村春夫監訳）『修復司法の根本を問う』6-7章（2006，成文堂），竹原幸太「修復的実践と道徳性の発達」『早稲田大学大学院文学研究科紀要』1分冊52号（2007）も参照。

行動が生じにくい学校コミュニティの形成を目指す学校全体のアプローチ（whole school approach）が構築されてきた。

問題の未然予防から事後的対応までを射程とする連続体として修復的実践の構造について説明したのがモリソン（B. Morrison）であり，問題行動への段階的介入を三水準に表し，各水準のねらいと連続性について示している[38]。

第一水準の総合的な介入（Primary or universal intervention）では，暴力予防に向けた学校コミュニティ作りを目指して，すべての生徒を対象とする。相互尊敬による規範的風土や学校コミュニティへの帰属感，公正な手続きを発達させることがねらいとされ，教師はこれらの価値を経験的に教えていく。

例えば，学級における話し合い等において，クラス全員が円になって座り，1枚の羽を回し，羽を持った者が発言し，その他の子どもは発言者の意見を傾聴するといったトーキングピースを活用する。こうした活動から，それぞれの意見を尊重しながら，学級（コミュニティ）全体としての意見を練り上げていくスキルと価値を習得する。

第二水準の的を絞った介入（Secondary or targeted intervention）では，問題行動の危険性を帯びた特定の生徒を対象とし，問題行動に関与していない第三者の関与が伴って強力な介入となる。非行の危険性のある生徒を再び学校に関係づけることがねらいとされ，問題解決に際しては，ファシリテーターの存在が要求される。

例えば，同じ学級内で被害者，加害者が存在する場合，中立な立場を担保するため，教師に代わりスクールソーシャルワーカーがファシリテーターとして活用され，学校によっては，ファシリテーターの訓練を受けた生徒がファシリテーターを担うピアメディエーションが活用される。

第三水準の徹底的介入（Tertiary or intensive intervention）では，既に常習性を帯び，重大な問題を起こしている生徒を対象とし，学校を取り巻く幅広い参加者（保護者やソーシャルワーカー等）が関与する。重大な問題が黙認されてしまう程，弱体化していた学校（コミュニティ）内の関係性自体を修復し，再構築していくことがねらいとされ，委託を受けた第三者機関が介入する実践

---

[38] Morrison, B. Restoring Safe School Communities：A Whole School Response to Bullying, Violence and Alienation, Federation Press, 2007, pp. 106-109

形態の場合もある。

　例えば，学校内での窃盗や傷害事件で裁判所に送致された非行ケースに関して，裁判所は学校と関連機関の連携を図るため，対話を仲介するNPO等の第三者機関に紛争解決を委託して司法手続きから切り離すダイバージョンを実施する。これは，第三者機関が学校に関与し，保護者や地域関係者等の協力・参加を得ながら，非行を起こした子どもの学校再統合を促すもので，非行克服に向けた学校と関連機関のネットワーク形成をも射程としている。

　このように，連続性を持つ修復的実践では一つの対話の終わりは，対話参加者による相互ケアへとつながっており，結果として，すべての生徒が懲罰とは異なる包摂に向けた相互ケアという介入を受け，学校コミュニティを形成していくこととなる。

　逆にいえば，重大ケースで即座に対話を行うことは困難であり，時に加害者を「公恥」に晒し，集団で吊るし上げる危険もあり，第一水準の対話をめぐる価値とスキル形成を基盤として，各段階を連続的に実践させることが重要となる。

　なお，近年の日本では，いじめや問題行動をめぐる対応は毅然とした指導（ゼロトレランス）が支持される側面もあり，修復的実践のような対応は賛同を得にくい部分もある。

　しかし，本音が言い合えない教育環境に切り込み，対話的関係作りを目指す第一水準（問題の未然予防）においては実践可能性が見出せ，むしろ，問題行動への対応は長期目標に据え，対話的関係作りの実践として展開する方が現実性を帯びていると思われる。

2　「優しい関係」を崩す対話トレーニング

　現在，IIRPでは未然予防段階にあたる対話的関係作りの実践に力点が置かれ，その具体的方法としてサークルミーティングが活用されている。

　サークルミーティングでは，先ず実践の前提として「対話に参加する者は互いに敬意が払われる」，「一人ひとりが平等に発言力を持つ」，「対話は安全な環境の下で実施され，対話による問題行動の解決を通じて，問題が生じた環境（コミュニティ）をエンパワーメントしていく」等，修復的正義の価値を

確認する。
　そして，子ども同士がオープンに話し合うことを促進するため，話し合いの中で特定の者だけの発言に偏らないための「フェアプロセス（Fair Process）」，生徒同士の発言をさらに深めていく「修復的問い（Restorative Questions）」が重要となり，教師がIIRPでこの原理の研修を受け，実践されている[39]。
　「修復的問い」とは，いじめや校内暴力等の問題を話し合う際，「何が起こったのか」，「問題が生じてあなたはどのように感じたのか」，「問題を解決していくにはどのようなことが必要と思うか」，「誰に被害をもたらし，あなたはどのようなことをすべきか」等，崩れた人間関係を修復していく具体的な問いである。この問いを応用的に活用して話し合いを明確化させ，問題解決に向けた建設的対話が促されることとなる。
　また，サークルミーティングにおいては，「フェアプロセス」を担保する象徴として，トーキングピース（発言者が羽を持つ）の慣習に従い，一つのシンボル（ペンやボール等）をサークルの中で順番に回して発言することが徹底される。
　従来，日本では事象を「言語化」する教育方法において，生活綴方のように「話す」ことよりも「書く」ことを得意としてきた。そのため，相互対話を基盤とする修復的実践は文化的にも教育制度的にも敷居が高いかもしれない。
　しかし，だからこそ，「空気を読み合い本音を言えない」風土に切り込む教育方法として，修復的実践の意義は少なくなく，「優しい関係」を壊し，face to faceの関係で本音が言い合える関係作りの教育戦略ともなろう。
　さらに，サークルミーティングは，参加者同士で「言葉（発言）」を交換する「会話のキャッチボール」のトレーニングともなり，現代的に要請される円滑なコミュニケーションスキルの育成としてもその意義を見出すことができる。
　もっとも，修復的実践が学校コミュニティ作りばかりに力点が置かれ，個の視点が後退する場合，問題行動対策における「中間集団全体主義」を加速させるリスクもあり，学校全体のネットワイドニングを支える「統制の道具

---

[39] 竹原幸太「修復的実践の国際動向とスキルトレーニングについて」『共生と修復』2号（2012）。

化」ともなり得る[40]。

　IIRPの研修では修復的正義の原理・原則に従って実践がなされているか，実践の省察が重視されているが[41]，今後，日本で実践するに際しても，個人の発言を促進しながら，学級の「重たい空気」に切り込む教育実践となっているのか，実践の省察過程が課題となるだろう。

V　結　論

　日本文化における相互関係とそこでの恥機能を現代社会に即して見た場合，周囲の空気を読み外さないため，「私恥」に敏感であらざるを得ない状況が浮かび上がり，他方でサイバースペースでは，顔の見えない相互連帯の下，「被害者」も「加害者」も「公恥」に晒され排除されるような「現代版の村八分」現象も見られた。

　しかし，「恥」の機能は価値意識の変容を促す側面もあり，再統合的恥付けにおいては，この側面の条件設定として，「重要な他者」との親密関係が求められていた。

　逆に言えば，再統合的恥付け理論は，制裁としての恥ばかりが機能する日本文化の関係性を問い直す羅針盤ともなり得る。つまり，日本ではネガティブに恥が機能する重々しい関係性に切り込み，オープンな対話関係を促進する教育方法として修復的実践を試みる意義があるのではないか。問題行動への対応は，対話的関係が形成された上での長期目標として据えた方が妥当と考えられる。

---

[40] 竹原幸太「日本におけるゼロトレランス受容の基本問題と修復的実践の可能性」『フィロソフィア』96号92頁（2009）。
[41] 竹原幸太「対話と参加を基盤とする学校コミュニティ形成に見る道徳教育への示唆」『東北公益文科大学総合研究論集』25号39-43頁（2014）。

学校事故における修復とは
―― 2つの柔道事故と学校側の対応から考える ――

南 部 さおり

Ⅰ　はじめに
Ⅱ　わが国の柔道事故の実態
Ⅲ　市立N中学の柔道事故の場合
　1　事案の概要
　2　後遺障害に対する被告側の反証活動
　3　民事訴訟の関係破壊性
Ⅳ　市立K高校の柔道事故の場合
　1　事案の概要
　2　学校側による事故後の対応
Ⅴ　考　察
Ⅵ　おわりに

Ⅰ　はじめに

　修復的な教育実践は，互いの尊重と配慮によって，生徒同士の適切な関係性を構築し，葛藤や対立に際しての不快感，とりわけ「恥」の意識への対応方法を適切に学ぶ機会を提供する[1]。近年，学校におけるこれらの取組みは，①問題への事後対応策から早期介入策・予防策として体系化された後，②問題の有無にかかわらず，関係性構築の重要性を認識し，周囲の人間との関係性の構築と修復に積極的に取り組む姿勢を身につけることを，主な目的として発展してきたものといえる[2]。
　ところでわが国においては，学校事故[3]，特に深刻ないじめによる自殺問題

---

[1] Henry, R. "Building and Restoring Respectful Relationships in Schools：A Guide to Using Restorative Practice", Routledge,（2009）.

や部活動中の死亡・傷害事故など，実際に重大な結果が生じ，原因究明や補償の問題が切実なものとなった事案における学校側の対応の不十分さが，被害者家族のみならず，有識者，政治家などから指摘され，批判の対象となってきている[4,5,6]。

被害者が死亡や遷延性意識障害（いわゆる「植物状態」）となったような重大事故においては，直接の被害者は文字通り「物言えぬ」状態となっており，学校側の責任逃れや隠蔽はさらにエスカレートする。そのため，被害者家族・遺族（以下，被害者家族）はやむなく訴訟へと踏み切ることになるが，訴訟活動での当事者間の対立によって，被害者家族はさらに深く傷つけられることとなる。

筆者は2008年頃から，柔道事故被害者家族より柔道頭部外傷事例に関して法医学および法学的な意見をたびたび求められるようになり，その過程で多くの柔道事故被害者たちと出会ってきた。そこでは，被害者家族が孤立無援で裁判を闘いながら，同じ経験をした他の被害者家族との出会いを重ね，2010年3月に「全国柔道事故被害者の会」が立ち上げられるまでの経緯を，そして同会が多くの支持者を得ながら，柔道事故防止に向けた精力的な活動を展開し，全日本柔道連盟や各自治体，国を動かすまでの，大きな流れを垣間見てきた[7]。そうした中で，「学校事故」とりわけ「柔道事故」に特有の複雑さと，そこから生じる問題点，殊に被害者の置かれた苦境を知ることとなったが，また同時に，被害者と学校との関係修復がなされ，事故の画期的な再発防止策へとつながった事例にも出会うことができた。そしてこれらの貴重な経験から，修復的司法の実践が「すでに起こった重大な学校事故」にも必要とされ，また非常に有用であるものと考えた。

本稿は，柔道事故被害者家族からの聞き取り調査の内容を主に扱うために，

---

[2] 山辺恵理子「修復理論における『正義』概念―関係性の構築と修復に主眼を置いた教育実践をめぐる議論を手掛かりに―」，東京大学大学院教育学研究科紀要，51，63-70頁（2011年）。
[3] ここでは，学校内での殺傷事件など，明らかな犯罪行為ではなく，学校側の管理責任，安全配慮義務違反が問われるような学校内の事件・事故・インシデントを指す。
[4] 尾山宏・高橋清一『学校事故　子どもの安全と学災法制定』（1978年，労働教育センター）。
[5] 磯野弥生「クラブ活動に伴う事故」，『現代裁判法体系9 学校事故』（1999年，新日本法規）。
[6] 伊藤堯『体育法学の課題』，道和書房，1984年。
[7] 「柔道事故被害者の会」ホームページ（http://judojiko.net/）。

純粋学術的な論稿とは言い難いものではあるが，きわめて深刻な学校事故の実態を明らかにしながら，学校はもとより直接の加害者（事故の相手方）からの「謝罪と再発防止への意思」を得ることが被害者にとってどれだけ重要であるかを論じ，学校事故への修復的介入の可能性について考えてゆきたいと思う。

II わが国の柔道事故の実態

　1983年から2011年度の29年間に，学校管理下（部活動・保健体育等）で発生した柔道での死亡事故は118件に上るとされる[8]。そして，これらの死亡例のうち，投げ技や絞め技などの，いわゆる「柔道競技に固有の動作」に起因するものは，中学校では81.1%にものぼり，うち頭部外傷が生じて死に至ったケースが75.7%と，際立っていることが報告されている[9]。そして，遷延性意識障害や麻痺・不随などの重篤な後遺障害を残す事例は，死亡者数を上回っている。

　過去数十年間で，幾多もの柔道事故裁判が行われてきたが，事故が通常の練習中に起きている場合，柔道技と頭部外傷との間の因果関係や学校（指導者）側の過失の立証が困難であるため，学校側の過失責任が認められず，原告側が敗訴する事例は少なくなかった[10,11]。しかし近時は，裁判所が柔道技と頭部外傷との間の因果関係を積極的に認め，指導者側の予見可能性を肯定して学校側の過失責任を認定する，画期的な民事判決が出されるようになってきている[12]。また2011年には，柔道事故で初の指導者の刑事訴追が行われ，業務上過失致死罪での有罪判決が確定した[13]。

---

[8] 名古屋大学内田良准教授が主宰する「学校リスク研究所」ホームページ（http://www.dadala.net/）に柔道事故を含めた学校管理下での事故の最新情報がアップロードされている。また同ホームページからダウンロード可能な『柔道事故データブック2012（日本語版/英語版）』に，柔道事故データの詳細が掲載されている。

[9] 野地雅人「柔道による脳損傷の現状：最近27年間で110名以上の柔道死亡事故」，神経外傷，34，70-79頁（2011年）。

[10] 南部さおり「柔道事故における結果の予見可能性と裁判」，NCCD Japan，第41号（通算114号），40-55頁（2012年）。

[11] 南部さおり「学校災害と国の責任―小野寺勇治君柔道事故訴訟からの教訓―」，NCCD Japan，第44号（通算116号），3-36頁（2013年）。

これは，何度も柔道事故裁判の被告になり，柔道競技・練習に潜在する頭部外傷の危険性を認識してきていたはずの国や自治体，学校において，適切な予防措置や指導者への注意喚起を怠ってきた結果として，いまだ同種の被害が後を断たない現状に対し，多くの柔道事故の被害者家族たちが怒りの声を上げてきた成果である。

　次章では，学校事故裁判による当事者の関係破壊性が如実に表れた事例を紹介する。

Ⅲ　市立N中学の柔道事故の場合

1　事案の概要

　中学3年生のV君は，柔道の部活動で，顧問のX教諭との乱取り（自由組手練習）中，同教諭の得意な絞め技により，いわゆる「落ちた」状態となったが，X教諭の活によって意識を取り戻し，すぐに乱取りが再開された。X教諭は，意識を取り戻して間もないV君に対し，続けざまに投げ技を次々とかけ，さらに二度目の絞め技をかけたが，V君が意識を失う前に手を離した。この直後，V君は突然けいれんを起こして倒れ，意識不明となったため，ただちにS大学病院に救急搬送された。病院搬入直後に，頭部CTで右側の前頭ないし頭頂部に急性硬膜下血腫および著明な脳浮腫が認められたため，緊急の減圧開頭血腫除去術が実施された。V君は一命を取り留めたものの，高次脳機能障害という重大な後遺障害を負った。

　事故の約1ヶ月後から，両親は学校側に事故の詳しい内容の説明を求め，両者の協議が行われたが，4回目の協議以降，事故から約7ヵ月後に市の教育委員会が介入し，約半年間の調査期間を経て「顧問のかけた技とけがの明確な因果関係は認められない」とする最終報告書の内容が両親に口頭で伝えられた。納得できない両親は，何度も学校側と折衝しながら，独自の調査を行

---

[12] 南部さおり「『公知の事実』としての柔道事故―柔道必修化に伴う諸施策と，横浜地裁柔道事故判決の意義について―」，横浜市立大学論叢　人文科学系列，64（1）（2013年）。
[13] 南部さおり「柔道練習中の死亡事例への刑法の適用に関する考察」，横浜市立大学論叢［人文科学系列］，64（3）251-276頁（2013年）。

う過程で，同校柔道部に常態化した「しごき」の事実を突き止めた。しかし学校側は「通常の柔道練習であった」との意見を変えることがなく，顧問教諭の指導の不適切さを一切認めなかった。さらに事故の相手方であるX教諭も責任逃れの姿勢に終始したため，V君の家族はX教諭を「傷害罪」で刑事告発した[14]。しかし「学校の柔道場」という閉鎖的な空間で起きた事故であり，学校側も捜査に非協力的であったことなどから捜査は難航し，ついに地検は本件事故を不起訴処分にした。検察審査会は即座に「不起訴不当」の決議を出したものの，地検は改めて「嫌疑不十分」による不起訴処分を決定し，その直後，本件は傷害罪としての公訴時効を迎えた。

その間，事故発生から3年後の時点で，県と市，そして顧問のX教諭個人に対する民事訴訟が提起された。結果として，民事訴訟は原告側の勝訴であった。地裁は，X教諭がV君との乱取りにおいて，V君を絞め落とした上，十分な休憩もとらせずに連続して投げ技を行った結果，V君に急性硬膜下血腫の傷害を負わせたと認定。X教諭には「重大な傷害結果が生じ得ることは予見可能であった」とし，その結果としてのV君の脳の障害は教諭の過失行為に基づくものとして，県と市に損害賠償を言渡した[15]。

ところで筆者は，V君のご家族の御厚意により，民事裁判の全記録を借り受けることができた。記録は，被告側の訴訟活動が被害者にとっていかに耐え難いものであるかを如実に物語っており，何年も続く民事裁判手続による被害者側の精神的な負担は，刑事裁判手続によるそれを凌駕し得るものだとの印象を強く受けた。特に本件では，被害者は一命を取り留めたものの，「高次脳機能障害」という，非常に厄介な後遺障害を負うに至っていたため，被告側の立証活動をさらに悪質なものにしてしまった。

「高次脳機能障害」とは，脳の損傷が原因で，周囲からの知覚入力に対し，適切な認識や行動表出ができなくなった状態のことを指す[16]。高次脳機能障

---

[14] そのような経緯に鑑みれば，本件は「事件」と呼ぶべきかもしれないが，「柔道事故被害者の会」およびマスメディアは学校管理下での柔道による死亡・受傷を一括して「柔道事故」と呼んでおり，本稿でもそれに倣うこととする。
[15] 判決では，国賠法1条1項「公権力の行使に当たる公務員が，その職務を行うについて，故意又は過失によって他人に損害を与えた場合」に該当するとして，市及び県に対して連帯して損害賠償を求めたが，X教諭個人については「その責を負わない」とした。

害の典型的な症状としては,「易疲労性」「発動性の低下」「脱抑制・易怒性」「注意障害」「判断力の低下」「遂行能力障害」「失語症」「失行」「失認」「見当識の障害」などがあるが,脳の損傷箇所により,その表れ方や症状は大きく異なる。周囲が通常予想する反応と違った反応が返ってくることから,痴呆症や何らかの精神疾患が疑われることも珍しくない。そのため,高次脳機能障害を訴訟で証明することは著しく困難とならざるを得ず,これまで司法は,交通事故訴訟などでの同障害の認定に消極的であったため,被害者の保護に欠けた状態であった[17,18]。

2　後遺障害に対する被告側の反証活動

他の多くの柔道事故と同様,受傷直後のV君の頭部外表にはぶつけたような痕跡が認められなかった。そこで被告側は「頭部を打ちつけない『投げ技』によって,『本件のような傷害』が一般的に発生しないことは,講道館柔道120年の歴史における経験則である」「証拠と,医学の定説と経験則に基づけば,教諭の投げにより頭部を打ちつけないVが,このときに限り『本件のような傷害』を発生したのには,教諭の『投げ技』以外に何か他に原因があると推測するのが,証拠に基づく合理的認識と思料する」と,本件傷害発生の責任は教諭や学校側には一切なく,専ら被害者の身体・健康上の負因によるものと主張した。

その上で被告側は,V君の高次脳機能障害の後遺障害に対する反証として,小学校時代に遡った複数の教師からのV君の授業・生活態度に関する証言を録取し,証拠として提出している。

・「集中力や持続力がなく,整理整頓は苦手な生徒だった」(小4時:担任)
・「落ち着きがなく,授業中集中できない子。周りの子どもとうまくやってい

---

[16] 橋本圭司『高次脳機能障害がわかる本』(2007年,法研)。
[17] NPO法人　日本脳外傷友の会編『高次脳機能障害とともに　制度の谷間から声をあげた10年の軌跡』(2011年,せせらぎ出版)。
[18] ただし,2006年5月27日札幌高等裁判所が「高次脳機能障害は外見上の所見がなければ診断が難しく,該当者の保護に欠ける場合がある」として,事故直後の症状や日常行動から,被害者女性を高次脳機能障害と認める画期的な判決を出している。札幌高裁平成16(ネ)60等,平成18年5月26日判決(裁判所HP「判例情報」より参照可)。

けないことも多かった。ADHDの本に書いてあった子どもの行動の様子がまさにV君に当てはまった」(中1時：担任)。
- 「中1の時本人から『自分はADHDかもしれない』と言われた。当時の担任からも『V君は学習障害があるかもしれない』ときいた記憶がある」「こだわりが強く、自分のふるわれた暴力には敏感に反応する子だと感じた」(中2時：担任)
- 「落ち着きがなく集中に欠ける生徒でこだわりが強かった」(中2・3年時：理系教科担当)
- 「多動性があり、集中力がなかった」(中2・3年時：文系教科担当)

そして、被告側はそれにとどまらず、V君の小学校・中学校時の成績、加えて「小学校の文集」までを証拠提出し、それらの「証拠」に基づく、臨床心理士の「意見書」を提出している。

> 「V氏と深く関わる教員や友人の聞き取り記録や関係書類の内容から『落ち着きなさ』、『場の切り替えのできにくさ』、『注意・集中力の偏り』、『漢字記憶や書写の極端な苦手さ』、『記憶力に何らかの問題の可能性』などが見られます。これらの特徴は、軽度発達障害の子どもによく見られる傾向です。軽度発達障害は高次脳機能不全である説もあることを考えますと、(事故後の)複数の精神・神経検査に示されたV氏に関する所見はすべて事故の受傷によるものとは言い切れないように思われます」

いうまでもなく、この「心理士」は、V君本人との面談を一切行っておらず、偏った「証拠物」のみで当該「意見書」を作成したものである。

さらに本件では、当時の柔道部員やその保護者らからの多数の上申書が、被告側証拠として提出されている。

- 「(原告は)怪我が原因で大学進学を諦めたかのように報道されていますが、地元の彼の同級生たちはみな彼の学力を知っています。」(保護者)
- 「X先生がこういった形でN中に一時これなくなっているのは、正直納得いきません。」(部員)
- 「自分が思っている事を書きます。Kさん(V君の両親)、あんたさー事件の起きた当時『事故なので部活を続けてください』って言いましたよねー。今さら何言ってんの？ スジ通ってないし、最後までケジメ通せ。たしかに子

供が，障害になってしまったら辛いかもしれないけど，X先生も同じくらい辛いんだよ！」（部員）
・「V君の親に一言。V君の事故のことを理由に多額のお金を求めたり，今までやってきた練習を否定したりする事は，V君自身が喜んでくれると思いますか？　俺はそうは思わない。生徒とX先生との絆は，親が分かり得ないものがあるんですよ。」（部員）

　かくして被害者家族は，中学校のみならず，小学校時代までに遡った地域の人間関係の中で，四面楚歌の状態となっていった。結果として裁判は勝訴であっても，V君およびその家族に残した精神的ダメージは，計り知れないものがある。

3　民事訴訟の関係破壊性

　上記のように，民事訴訟においては，被害者保護や被害者感情の尊重などという建前は一切通用せず，事故当事者の関係破壊性は刑事裁判以上に深刻なものとなり得る。高額の請求金額が具体的な数字として関係者に明らかにされるだけに，その内訳の適正さには一切関心が向かないまま，「金目当ての裁判」という偏見だけがつきまとうことになり，周囲からの被害者への嫌悪感や敵意も表明されやすい。原告は，敗訴しても同情されることはなく，勝訴したとしても，その事実をもって，周囲がこれを「正義」であると見なすことはほとんどない。その場合はむしろ，恨みや妬み，司法への不信感などの負の感情が募る一方となり，地域からの転居を余儀なくされる被害者家族も少なくない。

　なお本件で市教育委員会は，判決直後のマスコミからの取材を受け，被害者側に対し「謝罪の用意がある」とのコメントを出した。そして本判決は控訴されず確定したが，判決確定後2年以上が経過した現在も，V君の家族は事件関係者から「一切の謝罪も受けていない」。家族はいまだ「X教諭はもちろんのこと，教委にはきちんとした謝罪の上，本件の事故とその結果を真摯に反省し，今後の事故防止に努めて頂きたい」と強く望んでいる。

　V君の母は「事故後に加害者との直接対話がなく，事故の責任を一切認めず，加害者側に反省の意思が確認できなかったからこそ」刑事告訴に踏み切

ることを考えたと強調する。後述のように，当初V君の家族は全く訴訟を考えていなかったのであり，学校や教育委員会の不誠実な対応が，無用な泥仕合を招いたものといえよう。

次章では，本件とは対照的に，学校側が事故直後から被害家族に対して真摯な謝罪と徹底した事実究明を行い，いまだ両者の間に良好な関係が保たれている事案を紹介する。

Ⅳ　市立K高校の柔道事故の場合

1　事案の概要[19]

某年6月15日，柔道部員で初心者である高校1年生のS君は，少し遅れて部活動に参加し，柔軟運動，回転運動，受身の練習，寝技乱取り等の練習を経た後，立技乱取り練習に加わった。事故時の乱取りにおいて，小柄なS君は身長約20 cm・体重約25 kgの体格差のある相手から大外刈りで投げられ，後頭部を打撲した。

柔道部顧問は普段より練習中に負傷や頭を打った際には直ぐに練習を休むよう部員たちに指導しており，S君は直ちに武道場の隅で休憩を取ることとし，少しの間休んでいたが，やがて立ち上がってふらつき，意識を失って畳の上に倒れた。すぐに顧問が救急車を要請し，搬送先の大学病院で急性硬膜下血腫と分かり緊急開頭手術を受けたものの，事故発生から38日目の7月23日にS君は亡くなった。

実はS君は，部活動を始めて間もない5月初めに練習で頭を打って以降，ずっと頭痛を覚えており，同月20日に母にそのことを伝え，翌21日にF総合病院を受診したが，CT検査では異常が認められなかった。それでも同月25日頃にはまだ「頭痛がとれない」ことで，翌26日にA大学病院の脳神経外科専門医を受診したが，症状も若干おさまりつつあることや前回のCTで異常が認められなかったこともあり，再度の画像検査は受けなかった。そしてテスト前の2週間は部活動がなく，徐々に頭痛も消えてきていたS君で

---

[19] 本件の事故調査報告書は自治体の公式ホームページから全文を入手可能であるが，事故の相手方生徒とその保護者に配慮し，ここでは事件を特定しないこととした。

あったが，テスト明けの6月8日の練習中にも右頭頂部を打撲し，本件事故前日である14日まで頭痛が続いていたため，再度A大学病院の脳神経外科を受診した。そこでは，脳震盪の所見は認められないことから鎮痛剤だけが処方され，部活動の禁止も特に指示されなかった。そして，これらの経緯につき，顧問教諭は把握していなかった。

2 学校側による事故後の対応

以下は，S君の遺族である母親から直接インタビューで聴き取った内容による。インタビューに先立ち，「公表されている事故調査報告書の記載内容を前提としてお聴きしますが，あの報告書の記載内容に間違いはありませんか？」と伺ったところ，即座に「間違いございません。あのままです。報告書の草案の段階で，私も事前に見せて頂き，納得した上で公表したものです」との返答であった。

(1) 事故直後の対応

事故発生当日，校長・教頭らの判断で，学校側は柔道部員たちから大まかな事情を聴き取っており，当日の緊急手術が終了した直後から，その内容は家族に伝えられていた。そして翌16日は，前日よりも詳しく，事故の経緯についての聴き取りが行われた。これは，「とにかく事実が知りたい」という家族からの希望に加え，治療にあたる医師からの「どうして柔道の投げ技だけでこんなに重篤な状態になったのか，事故の状況を詳しく聴きたい」との申し出によるものであった。S君の父は「生徒たちの記憶が薄れないうちに，事実をきちんと把握しておく必要がある」と校長に伝え，現場に居合わせた生徒全員との面談を希望した。この申し出に対し，校長は「そのお気持ちはよく分かる。学校側も，隠蔽するようなことはせず，事実をお伝えし，事故の原因を明らかにしていきたい」と直ちに了承した。

翌17日の朝の職員会議で校長は，S君家族の希望をかなえたい旨を，全教職員に伝えた。そして同日夕方には，全柔道部員とその保護者が学校に集められ，翌日（土曜日）に，S君の家族が直接生徒たちから事故の状況を聴き取ることへの理解と許可を，保護者に対して求めた。生徒たちの心理的な影響を考慮したものであったが，「S君だけの事故ではなくて，皆の事故だと考え

る。協力してもいい」と，全員の保護者が同意した。なお，その場に出席できなかった保護者には，教頭が家庭訪問の上で事情説明し，許可を得た。しかし，翌日になって，1人の保護者が「やっぱり子どもへの影響を考えて」家族と生徒との直接対面を断ってきた。

翌18日には，家族4人（S君の祖父と両親ならびに兄）と部員たちが，それぞれ別の部屋に通された。そして家族全員に，事故時の生徒同士の位置関係などを示した「道場の状況図」1枚，当日の状況を時系列でまとめた「当日の経緯」と題するプリント1枚が，それぞれ配布された。そして家族がその紙に目を通し，疑問があれば質問を紙に書き，生徒がそれに対する答えを書く，という「筆談方式」により，2時間足らずの間，家族は部員たちからの状況の説明を受けた。立ち会った校長，教頭，顧問2名，担任1名が，メモのやり取りのため家族の部屋と生徒の部屋を行き来した。こうした一連の措置は，校長個人の責任で行ったものであった（教育委員会には事後報告）。

なお，事故直後である17日の段階で，家族に対し，校長から，日本スポーツ振興センターの災害共済給付制度によって治療費が補償されるとの説明があり，20日には顧問教諭より，全柔連からも補償がなされる旨が伝えられている。

(2) 事故の公表と事故防止策

K高校校長は，事故から6日後の6月21日に開催された臨時市立高校校長会にて，全市立高校へ事故の説明と各学校の安全指導の徹底を依頼し，さらに翌週の27日には市内全中高等学校（123校）に事故発生を伝え，柔道の安全指導の徹底を通知した。S君が死亡後は，始業式で全校生徒に事故内容を説明した。

またこの間に，事故後休止されていた部活動を夏休みから再開したいとの意向がS君の家族に伝えられた。この休止期間中，柔道部の練習内容は徹底的に見直されており，基礎的な運動や体力づくりに重点を置くこととしている。そして夏休み中の8月には保護者向けの「柔道部練習見学会」が開催され，県柔道連盟所属の外部講師による「巡回安全指導」を学期ごとに実施することを9月から10月にかけて市教育委員会が決定し，11月のK高校での実施を皮切りに，指導を希望する中学・高校に出向いて行う講習会事業をス

タートさせた。またその後は，体育教員を対象にした「安全指導者講習会」を複数回実施してきている。

　そして同年12月に，これまで事故の公表を希望していなかった家族から，本件事故を公表する意思が学校側に伝えられた[20]ことを受け，市教育委員会は翌年2月2日に当該事故の公表とあわせて，外部の有識者で構成する「柔道安全指導検討委員会」の設置を報告した。市教育委員会は同検討委員会の作業と平行して，市内の中・高等学校の体育授業および部活動における「柔道の安全指導の手引き」の改編作業も行った。同委員会の報告書の結びの部分に，「この新しい手引きを平成24年度からの教育現場で実行すること」とするのみならず，「その達成度を武道の必修化の初年度の結果と共に平成25年5月末までに外部に公表しなければならない」として，「マニュアルの作成」にとどめず，その成果の公表までも，市教育委員会に求めたのである。

　このように，K高校における事故の公表と原因究明，そして事故防止に向けての取組みは時機に適したものであり，また非常に徹底したものであったことが分かる。

(3) 学校側による「謝罪」

　学校側，殊に校長や教頭からの「謝罪」の言葉は，事故直後から現在に至るまで，何度も出ている。事故当日，校長は家族に会って開口一番「学校で起きたことは，すべて学校の責任です，本当に申し訳ございません」と深謝した。事故の翌日からは，家族のみに短時間の面会しか許可されないため，面会時間が終わる時間を見計らって，校長と教頭が，可能な限りは揃って，必ずS君の容態を聴きに来た。そしてS君が個室に移り，面会が自由となった後は，午前と午後の必ず2回，土日も休むことなく，校長，教頭，顧問教諭，担任の4人がS君を見舞ったという。

　4人は，S君の容態の一進一退に家族と共に一喜一憂し，「ガンバレ，先生と一緒に学校に戻るんだぞ！」「先生あきらめないよ！」と，意識のないS君

---

[20] S君の母に「なぜ当初は『非公表』としたのか」と尋ねたところ，「遺族を追いかけてマイクを向ける」ような，マスコミによる強引な取材のイメージがあったことと，「事故時に組んでいた相手」が「加害者」として報道されてしまうことへの心配があったとの回答であり，公表を希望するようになったのは，「Sの死を無駄にしてはならない。同様の事故防止のために何かしなければ」と，強く思うようになったためだとする。

に声をかけて励まし続けた。そうした毎日の教員らの力強い呼び掛けに，不安と心配のうちに付き添う母も「もしかしたらSには聞こえていて，いつか学校に戻れるかもしれない」と，勇気と希望を与えられたという。そうした中でもやはり，折に触れて「ご家族の気持ちを考えると，どんな言葉を尽くしても足りない。本当に申し訳ない」という言葉が校長の口からは自然に出ていた。

S君が亡くなった時には，家族と，S君の亡骸に対しても，校長が「三年間学校に通わせてあげられなくて，本当にごめん」と，心からの謝罪の言葉を口にしている。

そして校長たちは，事故から1年以上経った現在でも，月命日の前には欠かさず焼香に訪れ，たびたび「済まない気持ちで一杯だ」と慙愧の念を口にするという。

(4)「訴訟は考えなかった」

S君の母は，他の柔道事故被害者のように，事実を隠されたり，ひどい対応を学校から受けたのであれば，「真実を知るために」訴訟を起こしていただろうと語る[21]。

しかし実際には，S君の死後も，学校側はいまだS君の家族を「在学生の保護者として」遇し，折に触れて学校行事へと誘ったり，「S君も参加したはずの」修学旅行のしおりを持ってきたりしてくれるのだという。

S君の母は，「校長も教頭も一部始終調査に関わり，事故の状況を十分把握しているので，そうした人は今後の安全対策のため，絶対に学校に残る必要があると思った」こともあり，また「誠意をもって対応してもらった」「やるべきことはやってくれている」ことで，当初から訴訟は考えていなかったという。

---

[21] また，S君の母は，S君が「もし生きて重い障害を残したとすれば，十分な補償を求めようと考えただろう」とする。これは，現在，学校災害に対する補償のための制度として，日本スポーツ振興センターの災害共済給付制度（医療費，障害見舞金）および同給付を補完するものとして各自治体が設立する「学校安全互助会」などの各基金制度，また，柔道事故の場合は，（財）全日本柔道連盟の「障害補償・見舞金制度」などもあるが，いずれも，労働能力・運動機能全廃の障害を負った家族の療養には十分な額とは言い難い。そのため，そうした被害者家族たちの多くは，わが子に一生涯の十分な介護を安心して行えるだけの補償を求めるために，やむなく提訴に踏み切るという実情が背景にある。

S君の母は「学校で子どもを亡くした親は，学校側の対応によってどれだけ救われるかが，本当によく分かりました。もともと，Sが本当に入りたくて入った高校だったし，私も，いまでもこの学校が好きです」と，はっきり答えた。

(5) 事故の相手との直接対話

このように，K高校の対応は，徹底して被害者家族の感情やニーズを尊重するものであり，S君の母は「学校側の対応には一切不満はない」と断言する。しかし，事故時に組んでいた相手について話が及ぶと，やや複雑な心情を吐露した。

まず，事故時に組んでいた相手の生徒と直接対話する機会は「一切なかった」。第1回目の巡回安全指導を見学した際には，相手の名前だけは知っていたが，特定できなかった。そして2回目に見学した際に，帯に入った名前に気付き，初めて相手を確認した。しかしいずれの機会にも，S君の保護者であることが分かっているはずの相手は何も言ってこず，接触しようとはしなかった。S君の母には「こちらを気にすることもなく，普通にやっていた」ように見えた。

そもそも，その生徒の保護者とも一度も会っていないのだという。事故後に顔を合わせる唯一の機会であったPTA行事に，相手の親は欠席した。

その後何度か教頭に「会わないわけにはいかない」と伝えても，教頭づてに「向こうは恐縮して『申し訳ない，合わせる顔がない』と言っている」と知らされるのみであった。

S君の母が相手の保護者に「会う必要がある」と考えていたのには，大きな理由があった。それは，今回のことが「事故」だということ，そして，場合によってはお互いの立場が逆になっていたかもしれないということを話した上で，「私もあなたも，お互いが同じ『柔道事故』の被害者だと思います。これからは同じ立場として，（柔道事故防止という）同じ方向を向いて行きましょう」と伝え，「〈加害者〉の親[22]という重荷」を軽くしてあげたいと思っていたのである。

しかし，一向に対面は実現せず，その後も相手方の「考えさせてほしい」という返事を教頭から伝え聞くのみであった。そうした中で卒業を目前に控

え，S君の母は不意に「相手は『これで終わった』と思っているんだろうか」と考え始めた。そして，「相手がどういう思いでいてくれているのか」を知りたい気持ちが徐々に芽生えてきたという。S君の母は「初心者であるSに，どういう気持ちで大外刈りを思い切りかけたんだろう」「Sのことが気に入らなかったのではないか」などとつい考えてしまうと打ち明け，「直接話していないから，余計に気にするようになるんですね。会って相手が一言，『あれはたまたまだったんです』とでも言ってくれれば，『あー，そうだったんだ』と思うことができるのに」と語った。

V 考 察

　N中学の事例では，事故発生の4日後に中学で開催された柔道部保護者会で，顧問教諭Xから事故状況の説明と「謝罪」を受けた際，被害者家族からの「先生は悪くない」「気にしないで下さい」との発言があったことが部員の保護者からの上申書に記載されており，あわせて「この度の告訴および民事訴訟は，甚だ理解に苦しむ」とも記載されている。こうした悪印象は，部員による「スジ通ってない」との上申書にも表れている。
　しかし，このエピソードは，被害者家族がいかに事故直後は学校側を信頼していたかということを，そして，その後いかにその信頼が裏切られ，当事者の関係が悪化したかということを，如実に示すものである。
　事実を率直に話した相手から率直に謝罪された場合には，保護者は相手を非難できないものである。これは，1973年に高専1年生の生徒が柔道部練習中，やはり顧問教諭に投げられ急性硬膜下血腫を発症して遷延性意識障害となり，後に国を相手取っての激しい法廷闘争へと発展した，いわゆる「小野寺勇治君事件」[23,24]においても同様であった。事故の報を受け病院に駆けつけた両親に対し，「私が二回続けて投げた後意識がなくなりました」「本当にす

---

[22] S君の母は「事故であるから『加害者』という言葉を使うには抵抗がある」とされるが，「相手方がS君とその家族に『申し訳ない』という気持ちを抱いている」ということが事実なのであれば，相手は「【事故の相手にとっての】加害者であるという重荷」を背負い続けているものと思われる。そのような意味における「事故の相手方」を，本稿では象徴的に〈加害者〉と表記する。
[23] 前掲注11。

みませんでした」と謝る顧問教諭に対し，父は「あなたばかり心配することはない，息子も受身が悪かったんでしょう」と，逆に慰めている。

事故関係者や保護者たちは，被害者家族のこうした事故直後の言質のみをとらえ，訴訟を提起した被害者に対し「嘘つき」「弁護士からの入れ知恵か」などと不信感を持つことになりがちである。また，裁判を戦う過程で学校側への謝罪を求める家族に対しては「事故後すぐに謝罪を受けたのに，まだ謝罪を要求するのか」と，クレーマー扱いすることも少なくない。

しかし，事故直後に伝えられた内容と公表された内容とで事実が異なり，学校側が一切の責任を否定するようになった場合，被害者にとって最初の「謝罪」はもはや「謝罪」ではなくなるのであって，改めて謝罪を求めるべきは当然のことであろう。

そのような点からすると，2例目のK高校は，生徒の死という最悪の結果でありながら，終始「事故」への一貫した対応をとり続けることで，被害者家族のみならず他の保護者からの信頼や正常な関係性を保ち続けており，一切の紛争や対立を回避している。S君の兄は，ICUのベッドに横たわるS君に「校長先生，いい先生だね。いい学校に入ったね」と話し掛け，今回の事故でまだ若い顧問教諭の経歴に傷がつくのではないか，と気にかけていたのだという。こうした〈加害者側〉である学校関係者と被害者との関係性は，人間対人間としての「心の通った」温かな交流によって醸成されたものであり，K高校主導によるこうした一連の対応は，「学校事故」における学校の「関係修復的な対応」のひとつのモデル・ケースとなるものと思われる。

ところで，本稿で挙げた事例のみならず，いずれの事故の被害者家族も，「事故の直接の相手と対面し，謝罪を受ける」ことを切実に必要としている。当初こそ相手を責めたり恨んだりする気持ちを全く持っていなかったとして

---

[24] 本件は，学校災害補償法制定運動の象徴とされる有名な事例であり，学校事故賠償に関する多くの文献で引用されている。同事例の民事訴訟判決については，訟務月報23巻2号237頁，判例タイムズ360号232頁。また本件事故の背景や学災法制定運動までの経緯については三浦孝啓『わが子に言葉なく ある学校事故の記録』（1978年，総合労働研究所），菅原一郎「小野寺勇治君事件」，学校事故研究会『学校事故の事例と裁判 学校事故全書②』，294-307頁（1977年，総合労働研究所），尾山宏・高橋清一監修『学校事故 子どもの安全と学災法制定』（1978年，労働教育センター）など。

も,「相手が会おうとしない」という事実から,「偶発的な事故であるなら,会えるはずだ。会えないのは何か理由があるのでは」と,相手に対する負の感情(イメージ)を持ち始めることが示唆される。特にS君の事件では,被害者家族は学校側の対応に十分満足しており,学校や地域との関係修復は成功裏に行われていると率直に語られている点を考慮すると,直接の相手方に対する被害者家族の感情には注目すべきである。

ほとんどの柔道事故に共通するのは,柔道技に伴うリスクへの相手方あるいは指導者の無知・軽率によって引き起こされたという事実である。そして一般の犯罪とは異なり,どの事故であっても,見直すべきであった要因が必ず認められる。そのため,「事故」によって一方的に生命や身体の完全性を奪われた被害者およびその家族は,少なくともその事故に関わった人からは,しかるべき敬意を払われるべきだと感じ,同時に「二度と起こさない」との確約を強く望むのであって,またそれを期待する権利があるものといえよう。

ゼアは,被害者は「安全性」がどれほど重要なものであるかを痛感するものであり,他の人々にこうした事態が二度と起こらないという保証を欲し,この目標に向けて対策が講じられていること—事態の正常化—を確認したいものだとする[25]。それを確信することが正義の体験であり,それを経験しなければ被害者の回復—癒し—は不可能だとするのである。

ところが,これまで学校事故においては,被害者がそうした過程を経るためには,学校ないしその監督機関の長による「公式の謝罪」で必要十分であると信じられてきた嫌いがある。しかし実際には,法的には責任を持たないであろう直接の〈加害者〉が被害と被害者を確実に認知し,決して同じ過ちを繰り返さないという心構えを示さない限りは,被害者に真の回復は訪れないものといえる。このことは,いじめ加害者に対する「再統合的恥づけ」が,いじめの再被害化を効果的に予防するとの思想とも通じるものである[1]。

学校事故において,学校側による迅速かつ適正な原因究明と誠意ある対応が果たされない場合,被害者は学校側に強い不信感を抱くと共に,〈加害者〉に対しても不公平感を感じることとなる。被害者は,「学校側が守ろうとし

---

[25] ハワード・ゼア(著),西村春夫・細井洋子・高橋則夫(監訳)『修復的司法とは何か 応報から関係修復へ』(2003年,新泉社)。

ているのは組織の体面と相手の人権だけだ」との印象を強く持ち，絶望の後に，〈加害者〉に対し本来は持たなかった怒りをかきたてられるのである。

　N中学校柔道事故ではX教諭の傷害罪での告訴までがなされ，民事裁判でも個人責任が追及されている。このことについてV君の母は，事故後，V君に高次脳機能障害が残ることを医師から宣告された際「脳損傷の場所が悪い。将来は暴力を覚悟した方がいい」と言われたことで，「万一将来刃物でも振り回して暴力沙汰を起こした時，その原因が脳外傷によるものと学校側に一筆書いてもらっておけば，少しは罪が軽くなるのでは」と考えたのだという。しかし，学校側の「あくまでも個人的負因」との主張と，X教諭による部員や保護者を巻き込んでの責任逃れの姿勢に，「これは事故ではなく事件である」との思いを強くしていったのである。

　事故への学校側の不誠実な対応によって傷つけられるのは，被害者だけではない。生徒の安全を脅かす事態が生じた時に学校や教師がどのような対応を行うかは，〈加害者〉にも，そして学校事故の潜在的被害者ないし加害者であるすべての生徒にも，教育上の大きな影響を及ぼすものである。また，とりわけ学校側の事故隠蔽に生徒を加担させるような事態は，決してあってはならない。大人の罪に子どもを巻き込むことで，当事者間の関係破壊を深刻化することは，最悪の害だといわざるを得ないだろう。

VI　おわりに

　今後は，修復的司法の理念と手法を，いじめの予防施策のみにとどまらず，「起こってしまった」学校事故に対する学校の応答責任 accountability と，事故当事者の対話の導入という形へと拡大することも検討されるべきであると思われる。通常の犯罪とは異なり，学校事故，特に柔道事故は防ぐことのできる災害であり，心の通わぬ安全施策をただマニュアル化したとしても，学校関係者，生徒の意識が変わることがなければ，事故を根絶することはできない。「起こった」事故の教訓をすべての学校間で共有し，被害者に今後同様の事故が起こらないという確信を与えることが，事態の健全化と学校の信頼維持のために不可欠である。そして，事故に衝撃を受け，自責の念を持つ〈加

害者〉の心のケアに学校側が配慮すべきだというのであれば，被害者と対面し，必要があれば被害者に謝罪する機会を与え，直接被害者からの赦しや励ましを受けることで真に立ち直るまでの権利をも，彼らに保障するべきであろう。ただ「事故である」として相手方に何らのケアも行わないのであれば，事故の相手方は〈加害者〉であり続けるのみならず，再度加害者化する可能性をも持ち続ける。それは，被害者家族にとっては「わが子の死／障害には何の意味もなかった」と思い知らされることであり，最も恐れるべき事態である。

　学校や教師が些細な不正義を放置することが学校や生徒の荒れへとつながるということは，例えばアメリカの大都市において一定の効果を得てきたゼロ・トレランス・ポリーシング（不寛容政策）がベースとする修復的司法の理論によって導かれ得る[26]。そして，インシデント・アクシデント報告に代表される昨今の医療機関における安全風土のように，学校活動におけるヒヤリ・ハット経験をも保護者や地域に包み隠さず報告・開示し，教師と保護者とでいつでも話し合える風土を学校が醸成することも，決して不可能ではないものと思われる。地域社会に信頼される，安全で開かれた学校を作ることは，やがて生徒たちを社会へと迎え入れる，すべての大人の責務だといえよう。

---

[26] ピーター・グラボスキー「ゼロ・トレランスと修復的司法」，細井洋子他（編著）『修復的司法の総合的研究―刑罰を超え，新たな正義を求めて―』84-90頁（2006年，風間書房）。

「移行期の正義」における歴史教育の可能性
――参加の諸側面に注目して――

原 口 友 輝

Ⅰ　はじめに
Ⅱ　「移行期の正義」の展開と人々の参加の重要性
Ⅲ　教育と多様な参加
　1　「過去に向き合い未来を変える」プロジェクトの概要
　2　「教育への参加」
　3　「教育による参加」
Ⅳ　まとめと今後の課題

Ⅰ　はじめに

　かつて独裁制だった国，あるいは内戦状態だった国・地域が，新しく民主的な体制へと移行する。どのようにして過去の大規模な人権侵害に対処するか。どのようにして新しい体制を定着させるか。どのようにしてかつての被害者と加害者を平和に結びつけることができるのか。チリやアルゼンチンなどのラテンアメリカ諸国，ポーランド，旧ユーゴスラビアなどの東欧諸国，南アフリカ共和国やルワンダ，シエラレオネなどのアフリカ諸国，そのほか東ティモールや北アイルランドなどの国・地域において，人々は共通してこうした課題に直面した。

　これらの課題に取り組む研究が，1990年代末から登場し，2000年に入ってから急激に増加してきた。総じて，「移行期の正義（Transitional Justice）」論と呼ばれる。「移行期の正義」論は，それぞれの「移行期」の国・地域が取りうる選択の有効性や限界について検討するものである。2012年末に発刊された『移行期の正義百科事典』では次のように説明されている。すなわち，「移行期の正義」は，「多様な司法的手段と非司法的手段を含んでいる。諸国家と

社会集団は，それらの手段を通して，真実，正義，救済，そして和解を提供することにより，過去の人権侵害と折り合いをつけよう（come to terms with）と努める」ものである[1]。これまでのところ，それらの手段には次のものがある。すなわち，加害者の訴追，真実の探究と出来事を生じさせた要因の分析，被害者に対する道徳的義務やかれらのニーズにこたえること（補償，身体的・精神的ケアなど），被害者に敬意を払い出来事を記憶していくこと（記念碑の建設など），社会的和解の促進，制度変革と更なる人権侵害の予防などである[2]。これらの多様な手段により，「過去の人権侵害と折り合いをつけ」る。これが「移行期の正義」の目指すところである。

　近年，わが国でも「移行期の正義」に関する研究が大幅に進んできた。たとえば，杉山知子氏はラテンアメリカ諸国で「移行期の正義」がどのように展開されてきたかを詳細に論じている[3]。また望月康恵氏は，国際社会あるいは国連が関与する「移行期の正義」の取り組みを検討している。「移行期の正義」の概念や歴史的展開だけでなく，それを達成するためのメカニズムとして，「真実委員会」や国際刑事裁判所がどのような役割を果たすか，加えて「移行期の正義」と「真実の追究」や「知る」という行為はどのような関係にあるのか，などである[4]。さらに，日本平和学会では「体制移行期の人権回復と正義」という特集が組まれ，ラテンアメリカや南アフリカ共和国，カンボジア，インドネシア，東ティモール，シエラレオネなどの事例や，国際刑事裁判所の構造などが，「移行期の正義」の観点から検討されている[5]。以前にも，ラテンアメリカ諸国の個別的事例や，南アフリカ「真実和解委員会」などについての研究は存在した。また，『体制移行期の人権回復と正義』の「巻頭言」では，次のように述べられている。「植民地支配の責任や戦時国際法違反に対する謝罪・賠償，和解等も移行期〔の〕正義のテーマに含まれ」ると

---

[1] "Preface" Lavinia Stan and Nadya Nedelsky eds., *Encyclopedia of Transitional Justice*, Vol. 1, p. xli（2012 Cambridge University Press）

[2] Bickford, L. "Transitional Justice," in *The Encyclopedia of Genocide and Crimes Against Humanity*, ed. Shelton D., Vol. 3, p. 1045（2004 Macmillan Reference USA）.

[3] 杉山知子『移行期の正義とラテンアメリカの教訓―真実と正義の政治学―』（2011 年，北樹出版）。

[4] 望月康恵『移行期正義―国際社会における正義の追及―』（2012 年，法律文化社）。

[5] 日本平和学会編『体制移行期の人権回復と正義［平和研究第 38 号］』（2012 年，早稲田大学出版部）。なお，同書の副題は，Restoring Human Rights and Transitional Justice である。

考えれば,「日本ではすでに豊富な研究の積み重ねがある」[6]。それらの研究が，近年「移行期の正義」という共通の枠組みのもとでなされるようになってきたのである。

「移行期の正義」論が発展するにつれて，教育の重要性，特に近過去の大規模な暴力を教える教育（以下，歴史教育）の重要性も主張されてきた。「移行期の正義」において，なぜ歴史教育が重要であるかはすでに他稿で論じた[7]。本稿では，改めて参加という観点から歴史教育の可能性を考察する[8]。「移行期の正義」の文脈において，なぜ人々の参加は重要なのか。人々の参加と歴史教育とはどのような関係にあるのか。またどうあるべきなのか。歴史教育の内容と方法に対して，人々はどのような参加ができるのか。いかなる歴史教育がこれらの参加を促進できるのか。さらに，歴史教育によって人々は社会にどのように参加できるようになるのか。本稿ではこれらの点を考察する。

II 「移行期の正義」の展開と人々の参加の重要性

「移行期の正義」の起源は，第二次大戦後に設置された二つの国際法廷，すなわちニュルンベルク裁判と東京裁判にある。これらの国際法廷は，大規模な「悪」を働いた者はその報いを受けなければならないとする，いわゆる「応報的正義（Retributive Justice）」観に基づいていた。

その一方で，1995 年に南アフリカ共和国で「真実和解委員会」が設置されたことをきっかけとして，「移行期の正義」に「修復的正義（Restorative Justice）」の観点が取り入れられるようになってきた。というより，「修復的正義」の観点が取り入れられるようになったことで，単なる「応報的正義」観を超えた

---

[6] 内田みどり，清水奈名子「巻頭言 多様化する移行期正義研究の軌跡」日本平和学会編・前掲注(5) vii 頁。
[7] 原口友輝「『移行期の正義』論における教育の位置—『歴史と私たち自身に向き合う（Facing History and Ourselves）』の事例を中心に—」『教育学研究』第 77 巻第 1 号 15-24 頁（2010）。原口友輝「『移行期の社会』での修復と共生を目指す—過去についての教育を通して—」，『共生と修復』第 1 号 15-17 頁（2011 年）。
[8] 教育はさまざまな点において「移行期の正義」の目標に貢献しうるにもかかわらず,「移行期の正義」論の中では近年まで注目されてこなかった。とりわけ，わが国の研究においては，管見の限り，拙稿を除いてはほとんど考察されていない。

「移行期の正義」論という新しい領域が確立されたともいえる。

それまでに同種の活動を行ったものとしては，アルゼンチンでの「行方不明者調査委員会」（1983～84年）や，チリでの「真実和解委員会」（1990～91年）がある。しかしそれらの設置・活動は，加害者の訴追の代替，あるいは政治的妥協という意味合いが強かった。これは，旧政権の指導者や軍関係者が依然として実質的な力をもっていたためである。また程度の差はあれ，人権侵害に関与していた者が膨大な数にのぼり，そのため全員を訴追するのは事実上不可能であったためでもある。

南アフリカも，ラテンアメリカと共通した状況にあった。しかし南アフリカの試みは，委員会自体に独自の意味を見出そうとするものであった。「真実和解委員会」という名称からもうかがえるように，人々が「和解の理念を公的な指針として制度化した」ものであった[9]。各国の「真実委員会」[10]の詳細な検討を行ってきた阿部利洋氏は次のように述べる。「和解や共生，加害者の社会再統合を念頭においた南アフリカの活動を境にして」，委員会に，「真実を共有し，相互理解を促進する」役割を期待する傾向が強まってきた[11]。活動を通じて和解や共生，相互理解の促進などを目指したという点において，南アフリカの「真実和解委員会」は「修復的正義」の観点を前面に打ち出したものであったといえる。国全体を挙げたこのプロジェクトは，国際的にも広く注目を集めることとなる。それ以来「移行期の正義」は，真実の解明，和解や共生，相互理解の促進などをも目指す，より包括的なものとなってきたのである。

「移行期の正義」概念の拡大に伴い，翻って加害者の訴追も，和解や共生を達成するための一つの手段ととらえられるようになってきた。旧ユーゴスラビアやルワンダでは，1990年代に大規模な人権侵害が生じた。それに対処す

---

[9] 阿部利洋「参加にともなう公的承認　南アフリカ真実和解委員会とカンボジア特別法廷の事例から」日本平和学会編・前掲注（5）25頁。

[10] 「真実委員会」とは，「過去の人権侵害を調査し，その傾向や全体像を分析し報告する目的で立ち上げられる政府機関」の総称である。アルゼンチン，チリ，南アフリカ以外のものとして，エルサルバドルの「真実委員会」（1992～93年），グアテマラの「史実究明委員会」（1997～99年），東ティモールの「受容真実和解委員会」（2002～05年）などがある。阿部利洋『紛争後社会と向き合う——南アフリカ真実和解委員会』14頁（2007年，京都大学学術出版会）。

[11] 阿部利洋『真実委員会という選択―紛争後社会の再生のために』44頁（2008年，岩波書店）。

るために，国連によって刑事裁判所が設立された。これらの国際刑事裁判所の設置を受け，裁判の役割についての議論が高まった。望月氏は，「刑事裁判所の役割は，社会の再構築と安定といった，より広範な文脈において理解され，民主化プロセスの促進，和解，被害者の癒しや共通の記憶の創造にまで拡大された」と述べている[12]。つまり国際刑事裁判は，単に犯した罪に見合う罰を加害者に与えるための制度としてだけではなく，その後の社会のあり方に影響を与えるべきものとして理解されるようになってきたのである[13]。

こうした「移行期の正義」においてカギとなるのは，その過程にできるだけ多くの人々が参加することである。阿部氏は，「南アフリカ真実和解委員会」と「カンボジア特別法廷」の事例を検討したうえで，「移行期の正義」に共通する課題として，以下の二点を挙げている。

第一に，「なるべく多くの人々が関わる仕組みを作る」ことである。大規模な暴力やさまざまな不正を公的に認知・承認する際に，「被害者側，加害者側など何らかの集合的特性に参加対象が偏ると，その活動は不十分であったとして批判される」[14]。

たしかに被害者にとっては，自分たちが十分に参加できなければ，社会にとって過去が十分に明らかになったとはいえず，公的な認知・承認は不十分に感じる。被害者が公的に証言したりニーズを満たしてもらえる仕組みを作ることは，「移行期」において決定的に重要である。

そのうえで，かつての加害者たちが十分に参加できない（あるいはかれらを巻き込めない）場合も同様である。第一に，加害者しか知らない情報が明らかにされなければ，真実は解明されない。人々は真実を知ることができない。その結果，被害者の苦悩は続き，和解や共生，相互理解にはより長い時間がかかる。第二に，程度の差はあれ，加害者集団の多くもまた，かつての体制

---

[12] 望月・前掲注（4）72頁。
[13] その後，2002年に常設の国際刑事裁判所が設立される。望月氏は，同裁判所が「被害者に〔,〕より着目した司法機関」となったと述べている。たとえば，「捜査において，検察官が被害者や証人の利益および個人的な事情を尊重」する，「被害者の意見や懸念が，公判手続きにおいて提示あるいは検討されうる」，裁判所が被害者に対する「賠償に関する原則を確立する」，「犯罪の被害者と家族の為に新たな信託基金の設置」が定められた，などである。これらの事実は，「刑事手続きにおいても修復的な正義が援用されうることを提示する」と言えよう。望月・前掲注（4）95頁。
[14] 阿部・前掲注（9）36頁。

の犠牲者である。かれらに自己弁護の場を与えるとともに，謝罪の機会を提供することは，社会全体が修復されるにあたって必要な過程である。マーサ・ミノウ氏は次のように述べる[15]。

> 多くの場合，加害者もまた犠牲者なのである。加害者たちも，かれらを原理に基づいて行動しているのだと確信させてしまうイデオロギーと欺瞞のシステムの犠牲者であり，その結果，他者の責任や自分の自己検証責任すらも緩めてしまう，空洞化した責任体系の犠牲者なのである。

だからこそ，加害者がなぜそのような行動に至ったかを，人々は理解できなければならない。そのためには，加害者すべてを「悪魔視」してはならない。ミノウは続ける[16]。

> 多くの場合，「向こう側」の人間を全て悪魔視してしまうことは，社会構成員のうちかなりの部分を，つまり，より大きな善のために小悪をはたらいたと信じている人々や，あるいは恐怖に駆られた行動であった等の理由で自分たちの過ちを合理化している人々を含む社会のかなりの部分を悪魔視してしまうことになるだろう。こういった思い込みなり信念を理解しようと努めることは，……人々をして自らの行動と信念を正当化し得るものと観念させているところの意味と記憶のフィルターの存在をきちんと認識することなのである。

加害者を参加させ，人々が自分たちの社会を覆ってきた「フィルター」を認識する。そのためにも，ある集団の声のみが反映されていてはならない。南アフリカ「真実和解委員会」は，いくつかの限界はあったが，被害者のみならず加害者の声を拾えた点で画期的だった。

「移行期の正義」に共通する第二の課題として，阿部は「（単一の機関による決定に収斂させずに）『被害を公的に承認する機会をさまざまに設ける』」ことを挙げている[17]。「カンボジア特別法廷」は，「この種の法廷において，初めて被害者参加（民事当事者参加：civil party participation）のメカニズムを導入した」などの点で評価された[18]。しかし，実際は「被害者参加」が不十分として批判

---

[15] マーサ・ミノウ著，荒木教夫，駒村圭吾訳『復讐と赦しのあいだ―ジェノサイドと大規模暴力の後で歴史と向き合う』187頁（2003年，信山社）。邦訳は一部変更している。以下同様。
[16] ミノウ・前掲注（15）188頁。
[17] 阿部・前掲注（9）36頁。

を浴びることとなった。その背景には，被害者らの申請窓口が十分に機能しなかった，国際法廷の専門家と現地の人々との間に「正義という語のギャップ」があった，などの要因があった。たとえ画期的であっても，一つの試みだけでは被害者の十分な参加は困難である。多様なアプローチを組み合わせ，それにより「なるべく多くの人々」の多様な形での参加を確保していく必要がある。そのための一つの方法として，教育，特に近過去の歴史を教える教育がある。以下ではまず，南アフリカの教育NPOの事例を取り上げる。そのうえで，歴史教育と参加の諸側面について考察する。

Ⅲ　教育と多様な参加

1　「過去に向き合い未来を変える」プロジェクトの概要

　ここでは南アフリカのウェスタンケープ州で進められてきた「過去に向き合い未来を変える（Facing the Past-Transforming our Future）」（以下FTP）プロジェクトの概要を述べる[19]。FTPは，2003年から，米国を拠点とする教師支援NGOである「歴史と私たち自身に向き合う（Facing History and Ourselves）」（以下FHAO）[20]，ウェスタンケープ教育省，そしてケープタウン・ホロコーストセンターが共同で開始したものであり，現在はこれらの機関・団体の支援のもとで現地のNPO（Shikaya）が推進している。FTPは，第9学年の歴史を教える教師が，ナチスドイツおよびホロコーストの事例とアパルトヘイトの事例を取り扱う支援をする。支援内容は，3～4日間の導入セミナー，年4回1～2日間行われる応用セミナー，学校での現地訓練，資料や授業プランの提供，スタッフによる助言などである。

　FTPは，FHAOの教授方法を取り入れて，当時の南アフリカにおいて次の

---

[18] 阿部・前掲注（9）28頁。
[19] FTPについては拙稿で詳しく論じた。原口（2010）・前掲注（7）。
[20] FHAOは，「移行期の正義」の視点を取り入れた教育プログラムを提供するNGOであり，南アフリカだけでなく，ルワンダや北アイルランドにおいても教育支援を行っている。詳しくは，原口（2010）・前掲注（7），および原口友輝「『歴史と私たち自身に向きあう』プログラムによる道徳教育の可能性―『思考』と『判断』の観点から―」，『筑波大学人間総合科学研究科学校教育学専攻　筑波大学学校教育学研究紀要』第4号（2011年）を参照。

三つの点で新しい要素をもつカリキュラムを開発した[21]。

　第一に,「相互的・参加的な方法の使用」である。たとえば,被害者・加害者など個人のナラティブ（事実に基づいた個人の物語）,一次資料,文学作品,芸術,マルチメディアを教材として使用する,また学習者同士の相互交流を促進するアクティビティを用いるなどである。

　第二は,「人間の行為」（ないし個人の選択）や個人のナラティブに焦点を当てる点である。さまざまな集団や立場の個人が,どのような状況で,どのような選択をしたか,なぜそのような選択をしたのか,といったナラティブが豊富に使用される。

　そして第三は,参加的な方法とナラティブの使用という二つの要素を,アパルトヘイトの事例に先立ってホロコーストの事例の中に適用したことである。大規模な暴力の場合,一般的に,自分たちから地理的・時間的に距離のある歴史の方が学習者は向き合いやすい。なぜなら,「誰か」の歴史を見る際には「情緒的な距離」をとることができるためである[22]。FTPのカリキュラムは,この観点から,アパルトヘイトの事例に先立ってホロコーストの事例の学習を行うよう作られている。FTPプロジェクトに関与したエリザベス・コール氏とカレン・マーフィー氏は,次のように述べている[23]。

　　南アフリカの外部の事例を使うことによって（それにはホロコーストや米国における人種問題が含まれる）,このプロジェクトのディレクターは,教師の参加者のために,いくらかの距離を作り出そうと努めてきた。その距離によって,参加者は,困難な事例および過去に人々がした選択とその結果を,見始められるのである。

　こうしたアプローチは,「比較アプローチ」ないし「三角測量」と呼ばれ,「移行期の正義」の分野でも高く評価されている[24]。

　先に述べた相互的,参加的なアクティビティにはどのようなものがあるか。

---

[21] Tibbitts, F. "Learning from the Past : supporting teaching through the *facing the past* history project in South Africa," *Prospects*, ⅩⅩⅩⅥ, 3, pp. 301-304 (2006).
[22] Tibbitts・前掲注（21）p. 303.
[23] Cole, E., and Murphy K. "History Education Reform, Transitional Justice, and the Transformation of Identities," Paige Arthur ed., *Identities in Transition : challenges for transitional justice in divided societies*, p. 358 (2010 Cambridge University Press).

教師を対象としたセミナーでは，さまざまなアクティビティが行われる。たとえば，「静かな会話」と呼ばれるアクティビティである[25]。これは次のようなものである。まず，アパルトヘイトの下で生きていた，異なった「人種集団」の（たいていは）普通の人々によるいくつかのナラティブが用意される。そして参加者は声を出さずにそれらを一つ一つ読み，ナラティブ自体，あるいは他の人のコメントへの感想や考えを書き連ねていく。参加者は互いに声を出さずに，もし希望なら匿名で，感想をシェアすることができる。

　FTPのセミナーには多様な「人種」の教師たちが参加しており，なかにはそれまでのアパルトヘイト政策のために，他の「人種」の人と接するのが初めての者もいる[26]。突然過去について互いに話を始めたならば，激しい議論になってしまうかもしれない。しかし，この「静かな対話」アクティビティにより，かつては敵対していた集団に属する者同士でも，安全な環境で互いの考えを共有できる。

　もちろん，これは最初の段階のアクティビティであり，参加者の関係が深まるにつれ，より相互的・参加的なものが行われるようになる。FTPのセミナーではこのようなアクティビティがふんだんに用いられている。教師自身がそれらを体験することによって，生徒にも同様のものを使用できるようになると期待されている。

2　「教育への参加」
(1)　「教育内容への参加」

　以上のFTPの活動をもとにして，以下では人々の参加と歴史教育との関係について考察する。その際，「教育への参加」と「教育による参加」の二つの

---

[24] Cole, E. "Transitional Justice and the Reform of History Education," *The International Journal of Transitional Justice*, 1 (1), p. 133 (2007). マーフィー氏は，同様の手法がルワンダにおいても有効であったと述べている。「調査において，……私たちは，ホロコーストの事例がルワンダの過去と現在の問題をはっきりと関連付ける機会を提供することを発見してきた」。Murphy, K. "Examples of best practice 1. Teaching a Holocaust case study in a post-conflict environment: education as part of violence, reconstruction and repair," *Intercultural Education*, 21, S1, S. 74 (2010).

[25] Weldon, G. "Post-conflict teacher development: facing the past in South Africa," *Journal of Moral Education*, 39, 3, p. 358 (2010).

[26] Blank, M. "The New History: Teachers Learn to Face South Africa's Past," in *Edutopia*, (2008) Website http://www.edutopia.org/apartheid-south-africa-facing-past Accessed on 21/11/2013

側面から考察する。さらに,「教育への参加」を,便宜上,「教育内容への参加」と「教育過程への参加（あるいは学習活動への参加）」の側面から考察する。ただし，これらの区分はあくまで便宜上のものであり，しばしば実際上は切り離せない。

「教育内容への参加」は，学校教育で教えられる内容に，人々の声をどう反映させるかという問題にかかわっている。そこで，これを行政側と教師側とに分けて考える。

(a) 行政側

公的な機関が，過去の大規模な暴力についての記述を，教科書などにどの程度入れるか。当然のことながら，出来事についての記述のみならず，多様な人々の意見や物語を多く取り入れる方が，人々は教育内容に参加していることになる。逆に，記述が偏っていると，人々は「教育内容」に参加できていないことになろう[27]。

この点で，真実委員会の活動と教育部門の活動とはリンクされる必要がある。真実委員会は過去の事実を明らかにしたり，人々のナラティブを報告書等に取り込む役割をもっているためである。「移行期の正義」における教育のあり方を検討したジュリア・ポールソン氏は次のように述べている[28]。

> 真実委員会は，自分たちの活動前および最中に教育省との密接なつながりを確立するよう考慮すべきである。……教育改革のための提言を行おうと努める委員会は，教育の専門家を雇うべきであり，これらの提言について，教育の専門家のいる市民社会集団からだけでなく，教育省からも教育関係者を招き，協議すべきである。

それでは，被害者をはじめとする人々の声や，大規模な暴力の歴史をどう学校教育に取り入れるか。特に，歴史教科書の内容をいかに変えるか。『移行期の正義百科事典』の「歴史教科書の書き換え」の項目を著したヒューマ・

---

[27] 厳密には，教科書は教材であり，その記述はいわゆる「教育内容」（「教科内容」）と等しいわけではない。ここでは教育内容を厳密な意味ではなく，「教えられる内容」という意味で用いる。

[28] Paulson, J. "(Re) Creating Education in Postconflict Contexts : Transitional Justice, Education, and Human Development," International Center for Transitional Justice, *Research Unit*, pp. 25-26 (2009). http://ictj.org/sites/default/files/ICTJ-Development-Education-FullPaper-2009-English.pdf Accessed on 22/11/2013

ハイダー氏は，その意義を次のように述べている[29]。

　①痛々しい「真実」を含んだナラティブを開発し文書化することにより，真実を明らかにし，記憶を保存する。②教科書の認可（approval）に国家が関わることにより，害を公的に承認する。③過去からの断絶の合図となる不正義の認知を通して，政治的・社会的に和解する。④新しい意識，ビジョン，アイデンティティを発達させる。なぜなら，教科書は若者と社会が自分たち自身，自分たちのコミュニティ，そしてこの世界を見る方法を形づくるためである。

　ここで言われる，ナラティブの文書化，記憶の保存，害の公的承認[30]，不正義の認知[31]などは，真実委員会の役割と大きく重なり合う。しかし，歴史教科書の書き換えは，真実委員会のように記憶を保存するだけではない。それを積極的に次世代に伝えていくことができる。また，「新しい意識，ビジョン，アイデンティティ」の発達という点でも，より大きな貢献ができる。適切な方法で行われるならば，まさに教育はそれらを形づくるものだからである。

　歴史教科書の記述について，かつて対立していた集団間が合意に至らない場合もあるだろう。しかし，仮に合意に至らなかったとしても，人々が共同で歴史教科書を開発する過程には，それ自体一定の意義が認められる。小菅信子氏は，日中韓の共同教科書作成について，次のように述べる。「東アジアでは，当面，共通歴史叙述そのものではなく，そのための協働がなされているという事実を評価すべきである」[32]。国家間だけでなく，同一国家内の集団間でも同様のことが言える。共同で歴史記述を作ろうとする営み自体が，和

---

[29] Haider, H. "Rewriting History Textbooks," Stan and Nedelsky・前掲注（1）94頁。
[30] 「真実委員会」研究の第一人者であるプリシラ・ヘイナー氏は，真実委員会が事実の公的な認知・承認を行うことの意義を次のように述べている。「公式の認知は非常に効果的である。というのも，公式の拒絶が非常に強い力を持って幅をきかせてきたからだ」。公的な機関が，公然と行われていた人権侵害の事実をそれまで公的に否定してきた。あるいは，そこへの関与を否定してきた。そのなかで，そうした事実をあらためて公式に認める。この意義は非常に大きい。プリシラ・B・ヘイナー著，阿部利洋訳『語りえぬ真実　真実委員会の挑戦』48頁（2006年，平凡社）。
[31] 歴史教科書の記述の変化は，国家が過去をどう認知したかに表れる。歴史記述の実質的な意義だけでなく，そこには象徴的な意義もある。この点についてはすでに論じた。原口（2010）・前掲注（7）。
[32] 小菅信子「共通歴史叙述と和解——東アジアにおける『歴史の政治化』と『歴史の歴史化』」剣持久木ほか編著『歴史認識共有の地平——独仏共通教科書と日中韓の試み』225頁（2009年，明石書店）。

解に通じることもあるのである。少なくとも,共同作業が進められていけば,緊張は緩和されうる。できるだけ多くの人々が教育内容の形成過程に参加すること自体にも意義がある。

(b) 教師側

一方で,仮に教科書などの内容に多様な声が反映されていたとしても,教師がそれに触れないということもありうる。逆に,教科書などの整備が不十分だとしても,教師がその他の資料から多様な声を取り上げることもできる。学校にゲストを招いて話をしてもらうこともできる。その点で,公的な機関の姿勢は,実質的にも象徴としても重要であるが,教育現場とは直結していない。

たとえば,南アフリカでは,歴史を自由に教えられるようになった後も,教師が近過去の歴史の授業を行わない,という事態に陥った。そしてその結果,歴史教育は一時,壊滅状態になった[33]。その主な理由は,教師がアパルトヘイトを教えることに,ためらいや後ろめたさを感じたためである。とりわけ,アパルトヘイト期にすでに教育を行っていた教師の中には,(消極的にせよ)自分たちが体勢を支えていたという意識をもつものが多い。仮にそのような意識をもっていなかったとしても,異なった「人種」の生徒たちを前にして,歴史を教えることに戸惑いを覚えても不思議ではない。そこで,そうした教師が,教育内容へ参加できるようにする必要がある。そして,ひいては生徒らの「教育内容への参加」を可能にする必要がある。

国のみならず,NGOや現地のNPOは,教師をはじめとする人々が「教育内容への参加」を促す援助ができる。この点で上述のFTPの試みは,適切な距離を設け,相互的・参加的な方法を使用することによって,教師が「教育内容」に自分自身(と他の参加者)の意味づけを行えるようにするものであった。自分にとってアパルトヘイトやそれに関する歴史は何であったのか。また,自分とは異なる立場の集団からはどうであるか。これらの点を,「教育内容」と関連させて考えられるようになる。必要とあらば,自分たちの個人的な経験を「教育内容」に取り入れていくこともできるようになる。

---

[33] 永原陽子「『新しい歴史教科書』を模索する南アフリカ」『歴史評論』No. 632, 58-59頁(2002年)。

こうした経験をした教師たちは，次のような教育ができるようになると期待できる。すなわち，自分の生徒たちが「教育内容」に自分たち自身の意味を付与できるような教育である。過去の事実を単なる知識としてではなく，自分と関連した出来事とみなすことができるようになる教育である。この意味で，教師は，生徒たちが「教育内容」に参加する手助けもできるようになると期待できる[34]。

(2)「教育過程への参加」

「教育内容への参加」に加えて，教師たちが学級で教える際に重要となるのは教育方法である。これは，「教育への参加」の二つ目，「教育過程への参加（あるいは学習活動への参加）」の側面にかかわっている。

仮に，最良の教科書やカリキュラムができたとしても，教師がそれを適切に扱う技能を身につけていなければ効果は薄い。たとえば，教師が，以前の体制で忠実に実践してきた次のような方法，すなわち「良しとされた知識で頭を一杯にする権威主義的方法での教授」しか身につけていなかったとしたら，生徒たちの「討論と批判的思考のための諸技能，和解のための諸技能，平和的共生のための諸技能は育たないだろう」。生徒たちが学習活動に自分から参加できるような教育方法を，教師は身につける必要がある。「教科書改革の成功を確実にする」ためにも，「生徒中心の参加的な教授方法が決定的に重要」なのである[35]。

また，「移行期」の社会においては，教師は生徒同士の討論などの学習活動を敬遠しがちである。それは，「前体制で培われた受け身の姿勢が残っており，中央政府から要請された内容を講義形式で忠実に教えるという習慣が身についているため」である[36]。教師は，参加的な教育方法を積極的に活用する態度をも身につける必要がある。

では，参加的な方法やその方法を活用する態度を，教師にどのようにして身につけさせるか。先述のFTPは，セミナー等によって，教師が「相互的・

---

[34] セミナーを受けた教師たちがどの程度そうした実践を実際に行えているのかについてはまだ明らかではなく，今後の研究がまたれる。

[35] Samuelson, B. "Education and Post-Conflict Transitional Justice," Stan and Nedelsky・前掲注（1）173頁。

[36] 原口（2010）・前掲注（7）17頁。

参加的な方法」を身につけることを目指していた。また教師が安全なかたちで自分たちの経験や考えを伝え合うことのできる環境を提供していた。自分の経験や考えをシェアしあうことで，教師は，自分が異なった集団の人々からどう見えるのかをあらためて自認できる。そして，生徒やその他の人々に対する戸惑いや気まずさ，あるいは恐怖心を少しずつ克服していくことができるようになる[37]。この過程にはそれぞれの教師が参加できる。まさに，教育が行われる過程への参加である。その過程で，教師は参加的な教育方法を体験し，身につけると同時に，それらを使うことに積極的になれる。

　ゲイル・ウェルドン氏は，先の「静かな対話」のアクティビティを，何人かにとっては初めての「『公的な』場」であると述べている[38]。これを仮に，いわゆる公的な場とは区別して「準公的な場」と呼ぶと，教育の場は「準公的な場」になりうるといえる。行政やNPOは，そのような「準公的な場」を教師に提供することができる。そこに参加した教師は，自らの教育実践において学校や学級を「準公的な場」にし，生徒をそこに参加させることもできる。場合によっては，生徒だけでなく，同僚や親をも参加させられる。このような一種の「公的な場」を提供することは，人々の「教育過程の参加」を可能にするのである。

3　「教育による参加」

　教育に，かつての被害者や加害者，あるいは教師や生徒が参加する。そうした「教育への参加」は，公的な承認や和解などに資する。その一方で，歴史教育はそれ自体，人々の参加を促進する役割をもつ。

　ポールソン氏は子どもの教育それ自体の重要性を次のように述べている[39]。

> 　子どもたちを優先的なステイクホルダー（利害関係者）と認める移行期の正義のメカニズムは，また，教育を優先事項として認めるべきであり，子どもたちとのそれらの活動が教育部門にどのようにフィードバックされるかについて考慮するべきである。

---

[37] Tibbitts・前掲注（21）307-309頁。
[38] Weldon・前掲注（25）358頁。
[39] Paulson・前掲注（28）25頁。

子どもは，これから自分たちの社会にかかわっていく存在である。たとえば，近過去の出来事について知らされなければ，そこから派生して生じる現在の出来事についても理解できなくなる。現在の問題を理解できなければ，それらにかかわっていくことは困難になる。つまり，子どもが社会の出来事にかかわっていけるようにするためにも，過去を教える必要があるのである。だからこそ，「移行期の正義」において，教育もまた重要な役割をもつ。教育によって子どもは社会参加できるようになる。

さらに，なぜ大規模な暴力が生じてしまったのかを一人ひとりが学ぶことは，将来の暴力により適切な仕方で対処できるようになる。ポーランド，旧チェコスロバキア，旧東ドイツの社会主義政権崩壊後に広範な聞き取り調査を行ったティナ・ローゼンバーグ氏は，こう述べている[40]。

> 独裁者が舞い戻るのを防ぐには，独裁制のメカニズムを十分に理解することが必要である。しっかりした意図をもち，理想主義者でさえあった，ふつうの市民を唯々諾々として恐ろしい犯罪に連座させたのは，共産主義のどのような仕組みによるのだろうか。……おそらく東ドイツの人々が第三帝国についてこうした問いをしていたなら，そのあとの共産主義の独裁制による不当な要求に，もっと抵抗することができただろう。

また，旧ユーゴスラビア国際刑事裁判所に判事として赴任した多谷千賀子氏は，アウシュビッツ強制収容所に行ったときの気持ちを次のように述べる。「そこで驚いたのは，ユーゴ崩壊の過程で，『民族浄化』を戦った民兵の犯行の手口やそのときの心情が，ナチスのそれに酷似している感じがしたことである」。歴史的状況の全く異なった暴力でも，「細部に至るまで酷似している」[41]。大規模な暴力を防止するという文脈において，将来の世代が参加できるようになるためには，過去についての知識を教える必要がある。

その一方で，歴史教育は，単に知識を教える以上の効果をもちうる。すなわち，子どもの態度や技能を形成することもできる。たとえば，FTPは体制に抵抗した者や被害者を助けた者について教えている[42]。それは，FTPが「歴

---

[40] ティナ・ローゼンバーグ著，平野和子訳『過去と闘う国々：共産主義のトラウマをどう生きるか』xi頁（1999年，新曜社）。
[41] 多谷千香子『「民族浄化」を裁く』202-203頁（2005年，岩波書店）。

史は単なる出来事の連なりなのではなく，個々人の小さな選択の積み重ねによって形成されてきたものであること，また何気ない選択も重大な結果を導きうること，さらに現在ないし将来に何らかの行為をする際には，大抵の場合何らかのよりよい選択の余地があることを，学習者に気づかせる」ためである[43]。それらの事実について教えることは，たとえば「自分から行動しよう」という態度を育てる。あるいは，他者への不寛容から大規模な暴力が生じた事例を知ることで，「他者に寛容となろう」という態度を育てる。また，仮に学習の場が他者と参加的なものであれば，「非暴力的な方法で自分の意見を伝える技能」や「自分とは異なる他者の意見を傾聴する技能」，あるいは「他者と協力する技能」なども育成できるだろう。これらは社会に参加する際に必要な態度・技能である。現在までのところ，FTPがどの程度，生徒のそうした態度や技能を育てることにつながっているかは明らかでない。一方で，FTPのもととなっているFHAOプログラムの効果については多くの報告がある。たとえば，FHAOプログラムを受けた生徒は，差別的な態度が減少したり[44]，自分と異なる意見に寛容になったりした[45]。

　FTPおよびFHAOのカリキュラムは，最終的に子どもが「参加するための選択（Choosing to Participate）」をできるようになることを目指している。過去の大規模な暴力の事例を学ばせることで，子どもたちにそれらを予防するための知識や態度，技能を習得させようとしている。FTPやFHAOが目指すように，教育によって次世代の社会参加を可能にすることができる。特に，被害者集団の子どもたちの社会参加は，長期的に見て和解や相互理解といった「移行期の正義」の目標に資する。

---

[42] Tibbitts・前掲注（21）303頁。
[43] 原口（2010）・前掲注（7）19頁。
[44] Schultz, L. H., Barr, D. J., Selman, R. L. "The Value of a Developmental Approach to Evaluating Character Development Programmes: an outcome study of Facing History and Ourselves," *Journal of Moral Education*, 30, 1, pp. 3-27 (2001).
[45] Fine, M. *Habits of Mind: struggling over values in America's classrooms* (1995, Jossey-Bass).

Ⅳ　まとめと今後の課題

　「移行期の正義」の追究のためには, 被害者をはじめ, 出来るだけ多くの人の多様な参加が必要である。歴史教育においても,「教育内容への参加」と「教育過程への参加」の側面において, 人々を参加させることができる。また, 適切な歴史教育が行われれば, それは人々の社会への参加を可能にする。これらの諸側面における参加は, 人々の真実の共有, 相互理解, 和解, 統合の促進や社会の修復につながる。逆に, 教育の諸側面において参加が不十分であれば, その分「移行」には長い時間がかかることとなる。

　最期に, 今後の課題を二点あげる。第一に,「移行期」の社会に生きる生徒たちへの歴史教育が, 実際にどのように行われるのかについて, 実証的な調査が求められる。本稿では主に教師への支援を中心に考察したが, 教師支援の現場と学校教育での実践現場とでは学習過程や生じる課題が異なる。支援を受けた教師が, どのような生徒を対象に, どのような実践を行い, そこでどのような課題が生じているか。今後, 研究される必要がある。

　第二に,「移行期の正義」論と歴史教育の議論を, いかにわが国の文脈にひきつけるか。わが国は「移行期」の社会ではない。しかし, 第二次大戦期の植民地支配に関する歴史や, 現在までの国内外の人権侵害の問題をいかに教えるかには, 過去に向き合うという点で共通の課題がある。「教育による参加」において述べたように, 生徒が現在の問題を理解し, 将来的にそれらにかかわっていく上では, 過去についての知識が必要となる。しかし, 現状では, 学校教育において十分に過去の大規模な人権侵害等が取り上げられているとは言い難い。学校教育の授業内, とりわけ道徳の時間や社会科, あるいは総合的な学習の時間などにおいて, いかなる過去をどのように教えていくべきか。今後, 検討していきたい。

韓国の刑事司法制度における修復的司法

安　成　訓

I　はじめに
II　刑事調停制度――検察における修復的司法――
　1　概　要
　2　制度の内容
　3　運営の現況
III　少年法上の和解勧告-法廷における修復的司法
　1　和解勧告の対象事件
　2　和解勧告委員の選定
　3　具体的な手続の運営
IV　終わりに

I　はじめに

　伝統的な応報的司法に対する反省から出発した「修復的司法」（Restorative Justice）の理念と制度が本格的に韓国に紹介され始めたのは，2000年以降のことである。韓国における修復的司法に関する議論は犯罪被害者の保護に関する論議の延長線で，またはそれと密接な関連性を持ちながら展開されてきた。1992年，韓国被害者学会の創立を切っ掛けに犯罪被害者の保護・支援に関する様々な側面においての研究が盛んになり[1]，それとともに犯罪被害者

---

[1] 韓国被害者学会は，他の先進国に比べて出発が遅れたにもかかわらず，先に設立された韓国刑事政策研究院と共に犯罪被害者に関する多様な実証的・規範的研究を行い，国家の刑事政策における基礎資料を提供しただけではなく，学会の学者たちが直接，国家の政策形成の過程に参加することで，被害者学の研究成果を立法に反映することもあった。キム・ソンドン「わが国の犯罪被害者に対する友好的な刑事政策の過去，現在，そして未来」韓国被害者学会『被害者学研究』第20巻第1号，108頁（2012）。

に対する社会的関心も少しずつ大きくなった[2]。このような流れの中，伝統的な刑事司法の体系において犯罪によって破壊された加害者・被害者の間の関係ネットワークの修復対策，例えば，犯罪被害に対する原状修復，被害者・加害者の和解に関する議論も，90年代後半まで，引き続き展開された。さらに，加害者と被害者，そして地域社会まで含む関係ネットワークの修復を強調する修復的司法に関する議論が活発に行われることになった。

このように，韓国における修復的司法に対する関心は，過去20年の間，徐々に拡がっており，また被害者を含む一般社会，学界，刑事司法実務の分野においても賛否両論を含めて，大いに話題になっている。一時の流行に過ぎないと批判する学者もいるが，修復的司法の実践が民間の領域や刑事司法分野において部分的ではあるものの，行われている現状をみると，これが一時期の流行で終わることはないと思われる。たとえば，修復的司法の理念に基づくプログラムを韓国の刑事司法の実務に適用するため，様々な工夫が試みられ，最近，刑事司法手続き上，部分的ではあるものの，これを適用しようとする動きがあった。2007年12月21日に少年法が改正され，少年保護事件において少年部の裁判官が少年に対し，被害者との和解を勧告することができる「和解勧告制度」が導入され（少年法第25条の3），また，2010年4月21日には犯罪被害者保護法が改正され，検察が独自的に施行していた「刑事調停制度」が法的根拠をもつ制度として正式に導入（犯罪被害者保護法第6章）されるなど，部分的ではあるものの，修復的司法プログラムを活用できる法的根拠が設けられた。

以下では，上記の二つの制度を中心に，韓国の刑事司法制度における修復的司法プログラムの運用について具体的に調べてみることとしたい。

---

[2] 韓国は，政治的な理由で，1970年代から欧米で活発に展開された被害者運動を経験することができなかった。しかし，90年代からは犯罪被害者の利益保護と権利の拡大を図る刑事政策的な雰囲気を造ったり，国家刑事政策の樹立を促すことに寄与したという意味で，被害者運動は確かに存在したといえる。同論文108頁。

II 刑事調停制度——検察における修復的司法——

1 概要

　刑事調停は，紛争解決のために中立の第3者が刑事事件の当事者を仲介し，両方の主張を折衷して和解が成立するよう補助する制度として，従来の刑事実務における非公式的な仲裁に代わって，仲裁者の中立性を担保する新たなアプローチとして捉えられる[3]。

　韓国の刑事調停制度は検察の内部指針によって2006年4月から大田地方検察庁，仁川地方検察庁富川支庁，ソウル南部地方検察庁において試験的に実施された後，2007年8月からは全国検察庁に拡大され，施行されている。制度導入初期，刑事調停は犯罪被害者支援センター内に設置された刑事調停委員会で担当していたが，被害者支援機関が刑事調停を行うとすれば，公正性の問題が発生しかねないとの疑問が提起され，2009年11月10日から刑事調停委員会の所属が当該検察庁に変更された[4]。2010年4月21日，刑事調停制度は犯罪被害者保護法の改正をもって，初めて法律的根拠をもつ制度として位置づけられた（犯罪被害者保護法第6章の規定）。

2 制度の内容
(1) 刑事調停の「付する」

　検事は，被疑者と犯罪被害者（以下，当事者と称する）の間の刑事紛争を公正かつ円満に解決して，犯罪被害者が受けた被害を実質的に修復するのに必要であると認められると，当事者の申請または職権によって捜査中である刑事事件を刑事調停に付することができる（犯罪被害者保護法第41条第1項）。

　刑事調停に付することができる事件の具体的な範囲は，大統領令によって定められることになっているが（同法第41条第2項本文），現在，個人間の金品取引によって発生した争いに関する詐欺・横領・背任などの財産犯罪や名

---

[3] 『刑事調停の理論と実際』36頁（2010，大検察庁）

[4] その他にも，同センターが犯罪被害者保護・支援という本来の業務をおろそかにする恐れがあるという指摘もあった。同書66頁。

誉毀損・医療紛争・給料未払いなどの私的紛争に関する告訴事件，その他，刑事調停に付することが紛争を解決するに適合していると判断される告訴事件または一般刑事事件をその対象とする。但し，被疑者が逃走あるいは証拠隠滅の恐れがある場合や公訴時効の完成が差し迫った場合，そして，不起訴処分の事由にあたることが明らかである場合（但し，起訴猶予処分の事由にあたる場合は除く）には，刑事調停に付してはならない（同法第41条第2項但書）。

(2) 刑事調停委員会

刑事調停を担当する刑事調停委員会は，各地方検察庁及び支庁におく（同法第42条第1項）。刑事調停委員会は2人以上の刑事調停委員からなる組織であるが（同法第42条第2項），現在は3人構成である。委員の任期は2年であり，連任することができる（同法第42条第5項）。

(3) 刑事調停の手続き

刑事調停が付されると刑事調停委員会は，速やかに刑事調停手続きを進めなければならない（同法第43条第1項）。現在は実務上，検事が事案の軽重，疑いの有無などを考慮して当該事件の刑事調停への依頼の可否を決め，当事者が同意する場合，刑事調停に付しているが（刑事調停実務運用指針第2条，最高検察庁例規第493号，2009年11月10日），法律上では当事者の同意は必要とされない。しかし，当事者が同意しない場合には刑事調停の進行が円滑になされる余地はほとんどなく，修復的司法の理念は同意を前提にするという点を鑑みると，現行通りに当事者が同意する場合に限って付するのが望ましいものであるとされている。

刑事調停は，調停手続に当事者が参加している中で実施する。刑事調停委員会は必要であると認める場合，刑事調停の結果に利害関係のある者の申請または職権をもって利害関係者を参加させることができる（同法第43条第3項）。刑事調停委員会は，検事に当該刑事事件に関して当事者が提出した書類，捜査書類及び証拠物など，関連資料のコピーを送付することを要請することができる（同法第44条第1項）。検事は刑事調停に必要であると判断すると，これを送付することができる（同法第44条第2項）。当事者も事実の主張に関する資料を提出することができる（同法第44条第3項）。これらの資料は提出者あるいは供述者の同意を得て，相手の当事者に閲覧，写本の交付，ま

表 1　刑事調停依頼件数

年度＼区分	刑事事件数	刑事調停依頼件数	刑事調停依頼率(％)
2010	1,816,035	16,671	0.9
2011	1,724,636	17,517	1.0
2012	1,765,017	21,413	1.2
2013	1,852,437	33,064	1.8

注 1.　大検察庁被害者人権課の統計による

表 2　刑事調停委員会の刑事調停実績

年度＼区分	依頼件数	成立	不成立	送還不能	進行中	成立率(％)
2010	16,671	7,713	6,608	1,074	1,276	50.1
2011	17,517	8,398	6,999	1,500	620	47.9
2012	21,413	10,280	6,189	1,551	3,393	57.0
2013	33,064	14,772	10,787	2,882	4,623	51.9

注 1.　大検察庁被害者人権課の統計による
　 2.　成立率(％) = 成立/(依頼件数−進行中)×100

たは送付することができる（同法第33条第4項）。刑事調停期間は付された日から2ヶ月以内であり，この期間は検事の事件処理の期限に算入されない。

(4) 刑事調停手続きの種類

　刑事調停を通じて合意が成立すると，刑事調停決定文を作成して（同法第4条第1項），刑事調停に付した検事にこれを送付しなければならない（同法第45条第3項）。刑事調停委員会は調停の過程において証拠偽造や虚偽供述などにより，嫌疑がないことが明確に認められる場合には，担当検事と協議をして調停を中断し，担当検事に回送することができる（同法第45条第2項）。

　検事は刑事事件を捜査して処理する際，刑事調停の結果を考慮することができる（同法第45条第4項本文）。つまり，刑事訴訟が成立され，告訴の取消または合意書が作成された場合には却下処理をする。但し，捜査する必要がある場合には，通常の手続きに従って捜査を進行し，容疑を認めた場合には減軽することができる。そして，刑事調停が成立しなかったという事情を被

疑者に不利に考慮してはならない（同法第45条第4項但書）。

3　運営の現況

刑事調停への依頼件数をみると，施行初年度である2007年には7,962件であったが，2010年には16,671件にまで増加し，2011年には17,517件，2012年には21,413件，2013年には33,064件にのぼるなど，依頼件数は増加傾向にある。全刑事事件の中，刑事調停依頼事件の割合は＜表1＞の通りである。

調停の成立率は，2010年50.1%，2011年47.9%，2012年57.0%，2013年51.9%であり，4ヶ年平均約52%の成立率を見せている。年度別の刑事調停成立率の現況は＜表2＞の通りである。

Ⅲ　少年法上の和解勧告-法廷における修復的司法

現在，裁判所の裁判段階において修復的司法と関連づけられる制度はないが，少年法上の和解勧告制度はその運営如何によって修復的司法を実践する制度として定着する可能性がある。2008年6月22日から施行された改正少年法には，「被害者の意見陳述権の保障」及び「和解勧告制度」が新たに導入され，少年審判における修復的司法の実践的な土台が整われた。この規定は被害者の要求を考慮し，また加害者を地域社会に再統合させるための規定として，当事者間の自律的な葛藤解決を可能にしたという点で，修復的司法の理念が反映された制度であると評価されている[5]。

少年法上の「和解勧告制度」は2007年12月，少年法の改正とともに導入された（2008年6月22日から施行）。本制度の意義は，少年保護裁判において少年法第25条の3で定められた趣旨により保護少年の性行を矯正し，また被害者を保護するために必要であると認められる事件の場合，保護処分をするに先立って和解勧告手続に付し，その後，裁判所が委嘱した和解勧告委員により被害者と加害者に対する和解勧告が積極的に行われ（同条第1項），そ

---

[5] キム・ヨンセ『被害者学［第4版］』217-218頁（蛍雪出版社，2010）参照。

の結果，和解勧告により保護少年が被害者と和解した場合には保護処分を決める際，これを考慮することで（同条第3項），加害者の健全な社会復帰を助け，少年保護裁判の手続きを通じて修復的司法の理念を実現することにある。2010年5月から2011年8月まで，和解勧告制度を利用した事件は，57件（2010年12月31日まで30件）[6]であり，この内，48件の和解が成立された[7]。

1 和解勧告の対象事件
(1) 和解勧告に適切な事件の類型

事件の態様と性格，被害者にもたらされた被害の程度，加害者の非行性の程度などを考慮し，和解勧告に適切な事件とそうではない事件を類型ごとに分類する必要がある。

和解勧告の対象事件は次の通りである。

①刑法上の暴行罪（第260条第1項），脅迫罪（第283条第1項），特殊暴行罪[8]（第261条），傷害罪（第257条），恐喝罪（第350条）及びこれによる「暴力行為など処罰に関する法律（以下，暴処法という。）」違反罪（暴処法第2条第2項，第3条第1項）

②窃盗罪（第329条），特殊窃盗罪[9]（第331条第2項），自動車等の不法使用罪（第331条の2）及び各未遂犯

③財物損壊罪（第366条），重損壊罪[10]（第368条，但し，第366条による重損

---

[6] 57件の事件中，学校暴力事件が43件（恐喝3件，性暴力犯罪の処罰及び被害者保護などに関する法律違反（カメラなど利用撮影）2件，残りは傷害，暴行），窃盗事件が1件（友人の家で服を盗んだ事件）がある。他に，過失致傷（高層でペットボトルなどを投げて遊び場で遊んでいる乳児にあたった事件，スキー場でぶつかって被害者に怪我をした事件，公園で開かれたダンス教室でぶつかって被害者に怪我をした事件）3件，交通事故処理特例法違反（道路交通法違反）4件，（自転車で被害者を衝撃した事件），傷害1件（酒に酔ってタクシー運転手と言い争って殴った事件）などがある。ソウル家庭法院で和解勧告制度を利用した大部分の事件が学生間の学校内外で起きた暴力事件であったので，学校暴力事件の特徴として，事件以後，加害者と被害者が持続的な関係を結ばなければならないということから，加害者の謝罪と被害者の許しを通じる感情的な側面における和解と再発防止の約束が必要であるということ，また治療費など，金銭的賠償による被害回復が求められるということなどから，和解勧告制度の趣旨に適合しているからである。

[7] ソウル家庭裁判所内部資料による。

[8] 団体又は多重の威力を見せる，又は危険な物を携帯して第260条第1項（暴行）あるいは第2項（尊属暴行）の罪を犯したときには5年以下の懲役又は1千万ウォン以下の罰金に処する。

[9] 凶器を携帯し，又は2人以上が共同して他人の財物を窃取した者は1年以上10年以下の懲役に処する。

壊に限定），特殊損壊罪[11]（第369条第1項）

④そのほか，和解勧告が必要と考えられる事件

(2) 和解勧告の対象事件になるための具体的条件

①加害者が犯罪少年または触法少年であること

加害少年が虞犯少年である場合は，具体的な被害者がいないため，概念的に除外される。また，被害者は必ずしも少年である必要はないが，被害者の年齢があまりにも幼い場合（10歳未満）には除外するのが相当である。

②事実関係が明らかであり，加害者が犯罪事実を認めていること

犯罪事実を認めることが，必ずしも自白を意味するわけではないため，犯罪事実の全部または一部を否認する場合，正当防衛などの違法性の阻却事由を主張する場合，また，犯罪行為に対する責任を否認する場合などは除く。但し，一部を否認する場合であっても，警察の調査の際には否認したが家庭調査官（以下，調査官という）の調査の際や審理手続において認める場合などは含む。

③被害者の同意があること

被害者の参加は自由意思によるものでなければならないので，被害者とその保護者（被害者が未成年者である場合）が和解勧告手続に参加するという同意がなければならない。同意を得るに先立って，当事者に対し，和解勧告は単に金銭的な賠償を目的とする制度ではなく加害少年と被害者の間の葛藤を解消し，また被害者の傷付けられた部分を治癒することによる被害者の保護と加害少年の健全な社会復帰を図るための制度であるということを説明している。被害者の参加の意思については，当該事件の調査を担当した調査官や参与官などが事前に確認し，担当の裁判部は和解勧告手続に出席した被害者とその保護者から「和解勧告手続の参加同意書」を提出してもらう。

---

[10] 財物損壊などと公益建造物破壊の罪を犯して人の生命又は身体に対して危険を生じさせたときには1年以上10年以下の懲役に処する。また，財物損壊などと公益建造物破壊の罪を犯して人を傷害に至らしたときには1年以上の有期懲役に処する。死亡に至らしたときには3年以上の有期懲役に処する。

[11] 団体又は多衆の威力を見せる，又は危険な物を携帯して第366条（財物損壊など）の罪を犯したときには5年以下の懲役又は1千万ウォン以下の罰金に処する。また，前項の方法で第367条（公益建造物破壊）の罪を犯したときには1年以上の有期懲役又は2千万ウォン以下の罰金に処する。

④加害者の明示的な反対意思がないこと

　和解勧告の効果を期待するためには，加害少年とその保護者の同意も原則的に必要であるといえるだろう。但し，少年法が和解勧告期日の指定のために，必ずしも加害者の同意を条件としているのではなく，和解勧告が加害少年の性行矯正のため必要な場合もあるはずなので，実務においては，その同意の程度は被害者の場合のように厳しく見るべきものではなく，加害少年と保護者の「明示的な反対意思がない場合」は和解勧告をすることができるとみなすことが相当であると判断している[12]。

2　和解勧告委員の選定
(1)　必要性と適格性

　和解勧告手続は，裁判官中心の審理手続（または民事や家事事件の調停手続）のように運営されるべきではなく，被害者と加害者が自発的に参加する対話会の形で運営されるべきであるので，裁判官を補助して和解勧告手続を実質的に進めることができる和解勧告委員が必要である。したがって，和解勧告委員にはこのような制度的な趣旨に符合する専門性が求められている。

(2)　和解勧告委員の任命及び任期，報酬

　裁判長は心理学，教育学，精神医学，保健看護学，社会福祉学，家族治療学，相談学，家族関係学，その他少年保護事件に関わる分野にわたる専門的な知識と経験のある者の中で，適切な人を和解勧告委員として委嘱する（ソウル家庭裁判所の和解勧告委員の任命と報酬支給などに関する内規　第2条第1項）[13]。任期は1年とし（同内規同条第2項），和解勧告委員の賃金と手当て，旅費と宿泊料などはソウル家庭裁判所の調停委員に準して支給する（同内規第5条）。

---

[12] シン・ハンミ「和解勧告制度の現況と課題」RJフォーラム発表資料，4頁。
[13] ソウル家庭法院は，2010年5月7日に弁護士5人と修士・博士級の青少年相談専門家及び葛藤解決専門家10人など，総15人の和解勧告委員を委嘱し，また，2011年5月には委員数を拡大して相談や葛藤解決専門家26人，弁護士20人を和解勧告委員として委嘱した。和解勧告委員は，弁護士1人と上記の専門家2人など，総3人でチームを構成して一つの和解勧告事件を処理する。専門家2人の和解勧告委員は，和解勧告手続の円滑な進行と当事者の意思を明確に確認するために，事前に当事者たちと接触して（任意的である），手続を準備する場合もある。

3　具体的な手続きの運営
(1) 和解勧告対象事件の選定と関係者に対する通知

①少年部の裁判官は新たに割り当てられた事件を検討する際，和解勧告手続きに付することが相当であると判断される場合には，「和解勧告に適切な事件であるかどうか及び関係者の意思」を調査の対象に入れ，調査命令をするか，または，上記の項目のみを調査対象とし，調査官に調査命令をする。通常「和解勧告のための調査命令」という名称で調査命令をし，調査事項としては少年の犯罪事実の自認の有無，被害者などの和解勧告手続きへ付することに対する同意の有無，少年などの同意の有無（明示的な反対意志があるのか），その他，和解勧告に必要な事項に対する調査などであり，調査命令の時点から約1ヶ月の期間内に書面で報告することを命ずることになる。

調査命令を受けた調査官はこれらの事項に対して調査をするため，加害者及び保護者に対して召喚調査を行い，また被害者などに対しては電話連絡をするなど，召喚をせずに調査することを予定している。

②早急に和解勧告が必要と判断される事件の場合は，調査官調査を省略して当事者の意思確認をして，直ちに和解勧告手続きに付することができる。また，調査を終えて審理手続を進行する事件の場合であっても必要であれば，和解勧告手続きに付することができる。つまり，終局的な保護処分をする前には，いつでも和解勧告手続きに付することができる。

③当事者の意思確認は，調査官室に記録のある事件（調査命令が出された事件）である場合は，担当の調査官が行い，そうではない事件は裁判所の参与官または実務官が行うが，場合によっては（審理進行の途中に和解勧告に付する事件など）裁判官が直接確認することもできる（但し，この場合にも法廷に出席していない被害者などの意思確認は，裁判所の参与官または実務官が行う）。

④調査官調査などを通じて和解勧告に付する事件として確定されると，裁判部は和解勧告期日を指定し，当事者及び関係者と和解勧告委員を召喚するが，和解勧告委員らが被害者及び加害者と事前面談をすることも可能であるので，これを踏まえて，余裕をもって期日を指定する（主に，約4週間の後に期日を指定する）。

⑤裁判所の実務官は，順番により，指定された当該事件の和解勧告委員ら

（弁護士1名と専門家2名）に対し，被害者と加害者の個人情報と犯罪事実などを郵便やファックスなどの適切な方法をもって送付し，和解勧告委員らが事件の内容を把握することができるようにする。

⑥専門家2人の和解勧告委員は，和解勧告手続の円滑な進行と当事者の意思を明確に確認するため，任意に当事者たちと事前に接触して事実を準備する。場合によっては，このような事前会合で和解が成立したりするが，たとえ，そうであるとしても和解勧告期日に再び和解の意思を明確にすることを原則とする。

(2) 和解勧告の具体的手続

①和解勧告手続は，準備手続室や調停室などで行われており，服装に関しては穏やかな雰囲気をつくるため，裁判官も法服ではなく普段着のままで進行する。

②関係者全員が到着すると，まず，被害者とその保護者から和解勧告参加に対する同意書を作成させてもらい，最初の段階として，裁判官は参加者[14]の紹介が終わった後，事実関係を朗読し確認する（和解勧告の対象を特定し，また再確認する意味）。

③その後，裁判官は原則として退室し，その後の手続きは実質的に和解勧告委員の主導によって行われる。各々の出席者には自分の立場や意見を順次に説明する機会を与え，また，被害者，加害者またはその保護者の間に十分な対話の時間をもつようにする。特に，和解勧告委員は，この事件が各自の生活に及ぼした影響，また，この事件以後の各自の生活にいかなる変化がもたらされたのかなども話すようにし，お互いに共感がつくられるように調整する。

④金銭的な賠償の問題が主な話題になると，和解勧告手続が民事や家事事件の調停手続のように運営される恐れがあるので，和解勧告委員はこの点を常に念頭に置かなければならない。そして，それぞれの立場と意見を出して十分な話し合いが行われた後には，事件の核心的な争点と責任の範囲を明確

---

[14] 必要的参与者は，裁判官，参与事務官，和解勧告委員，加害者と被害者及び各保護者などである。事案によっては参加を望む加害者と被害者の家族や親族なども参加することができる。また，調査官は任意に出席して意見を陳述することができる。

にし，被害の修復と再発防止のための対策を講じるなど，解決策を模索する形で進行される。

⑤和解勧告手続に当事者らが円満に合意に至ると，最終的に「和解勧告手続の合意書」を作成して和解勧告手続きを終結する[15]。

⑥上記の合意書には，加害少年と被害者及びその保護者などが全員署名をした後，原本は記録として整理・保存し，また副本や写本は1部ずつ保護者たちに交付する。合意書には金銭支給に関する事項など，法律的な義務を伴う条項だけではなく，「被害者と加害者はこれから学校で仲良くなる」とか「被害少年の保護者と加害少年の保護者はこれから地域社会の青少年の善導のためともに努力する」などの条項も当事者の間で合意された場合，それを積極的に含ませる。

⑦当事者が合意に失敗した場合（片方の当事者が明らかに参加意思を撤回し，手続の中断を要請した場合などを含む），和解勧告委員からこのような報告を受けた裁判官は，未合意による手続きの終決を宣言し，事案によっては審理を終結した後，直ちに加害少年に対する保護処分をすることができる。但し，和解勧告制度の趣旨や手続以降にも被害者と加害者の間に合意の成立可能性があるという点などを考慮すると，このような即日処分はなるべく控えるべきであり，実務においても即日処分はあまり行われていない。

⑧和解成立の有無を問わず，和解勧告手続きが終決した場合，和解勧告委員は当該事件に対して「和解勧告委員意見書」を作成して裁判部に提出する[16]。

(3) 和解勧告手続以降の手続き

①和解勧告手続に合意が成立した場合[17]

和解が成立したとしても，和解勧告は個人的な合意にすぎないものであり，法的強制力はないため，担当調査官は合意事項の移行が完了するまで，その移行の可否を点検し，その結果に基づき，加害少年に対する適切な処分意見を出す（移行有無の点検は調査官だけでなく参与官などを通して裁判部にも可能である）。必要であれば，裁判官が移行有無の点検のための審理手続を設け，

---

[15] 移行の可否を確認する必要のある場合には，全体の審理を終結することは難しいと思われる。

直接，少年やその保護者に対して移行の有無を確認し，移行を励ますことができる。また，合意による移行が完了した場合には，直ちに審理手続を開き，不処分などの保護処分の裁判をするが，再び審理手続を開くことが適切ではない場合には，審理開始決定を取消して，審理不開始の決定をすることができる。

②和解勧告期日内に合意が成立しなかった場合

直ちに保護処分をする場合ではなければ，直ちに審理期日を指定して，残りの手続きを進行して保護処分を行う。例え合意が成立しなかった場合であっても和解勧告委員の意見書などを参考にして，和解のための努力が認められる場合には保護処分を決定する際，これを考慮する。

Ⅳ 終わりに

以上で，韓国の修復的司法プログラムとして捜査段階における刑事調停制

---

[16] 家庭法院の受付日から和解勧告期日まで，大体2ヶ月から4ヶ月程度かかると報告されているが（下記の表を参照），2011年に和解勧告委員を増員して，2010年に比べて速かに期日が指定されている。そして，和解勧告期日の前に調査官調査（和解勧告のための調査命令）を行うのが手続引き延ばしの原因になっているようには見えない。家庭法院に受付された後，6ヶ月以上経ってから和解勧告手続が開かれる事件は，一般調査官調査や心理相談調査を行った後，審理手続を進行したが，被害者が請願書を提出した場合や調査報告書の結果によって，遅れて和解勧告手続に付された事件である。

期　間	1ヶ月	2ヶ月	3ヶ月	4ヶ月	5ヶ月	6ヶ月	7ヶ月	9ヶ月	11ヶ月
事件数	1	11	15	13	4	3	2	1	1
調査命令（23件）		2	5	6	3	3	2	1	1
不合意		3	2	3					

＊ソウル家庭法院の内部資料による。

[17] 和解勧告手続きに参加して合意が成立した場合，大部分のケースは審理不開始決定（29件）や不処分（8件）で事件が終局された。その他は，1号処分（保護者又は保護者に代わって少年を保護することが出来る者に監護委託）をした場合が9件，保護観察処分（4号，5号）をした場合が4件があった。主に保護少年が初犯で，保護者に保護する能力がある事件に対して和解勧告制度を利用するようにしているので，被害者の被害が回復して合意に至った場合には，保護少年の再非行の危険性がほとんどないため保護処分をする必要性のない場合が多い。しかし合意が成立しても，保護少年が過去に非行前歴がある場合やその他，非行行為の罪質が悪く再非行の危険性があると認められる場合（知的障害があるとか行動障害がある場合）には保護処分をしている。

度と裁判段階における和解勧告制度について概観した。この両制度は，韓国刑事司法において修復的司法の理念を実現した最初の制度として意義をもつ。

現在，刑事調停の成立率は50％を超えており，和解勧告制度の場合，和解成立率が84％に至っている[18]。両制度に対する全般的な評価は，韓国刑事司法において順調に定着しつつあると評価されている。しかし，制度運営過程において様々な問題点も露呈している。例えば，刑事調停制度の場合，対象事件が大部分，告訴事件を中心に選定されており，また全刑事事件の中で刑事調停に回附される割合が非常に低いという点，また，刑事調停委員の専門性を確保するための対策の不備などが問題点として指摘されている。和解勧告制度の場合は，和解の試みが刑事手続き上，比較的に遅く始めているという点や葛藤解決専門家の確保問題，限定された対象事件などが問題点として指摘されている。現在，このような問題点に対する改善策を講じるために学界と実務，そして国家研究機関などが制度の有効性検証と改善策などの研究を進行している[19]。

初めに述べたとおり，韓国の修復的司法プログラムの実践は，犯罪被害者保護・支援に関する論議の延長線上で，またはそれと密接な関連性を持ちながら展開されてきた。今後も，このような傾向は維持されると考えられる。実に，韓国の警察，検察，裁判所は修復的司法を推進していくという姿勢を明確に示している。最近，日本でも修復的司法の効果，導入の意義などについて関心が高まっている[20]。そういう意味から，韓国の刑事司法における修復的司法プログラムの導入・運用は，その示唆するところが大きく，注目するに値するであろう。

---

[18] 特に，和解勧告制度は全国の裁判所に徐々に拡大施行されている。最近，釜山家庭法院，水原地方法院少年裁判部がこの制度を導入し，施行している。
[19] キム・チソン『刑事調停事件の成立率の再考方案研究』韓国刑事政策研究院（2011）：シン・ハンミ，前掲論文：大検察庁，前掲書参照。
[20] 日本の刑事司法においては，警察段階で一部の試みがあるだけで，検察や裁判所では，まだ修復的司法の理念を反映したプログラムが導入されていない。

国際刑事裁判所における修復的
アプローチ及び被害者支援
―― ルバンガ裁判を振り返って ――

龍 田 怜 奈

I　はじめに
II　ICCにおける被害者と修復的アプローチ
　1　国際刑事司法制度における被害者
　2　ICCにおける修復的理念と被害者の地位
　3　当事者の権利バランス
　4　ICCにおける被害者支援機関
III　ルバンガ裁判における被害者と修復的アプローチ
　1　ルバンガ裁判の背景と意義
　2　性犯罪及び少女兵に対する性的暴力
　3　ルバンガ裁判の意義
　4　損害回復に関する一般原則
IV　おわりに

I　はじめに

　1970年代以降，犯罪被害者の地位や権利，利益を保護しようとする社会的な動きが世界各国に拡大してきたことに伴い，被害者の当事者性及び主体性を重視する修復的司法（または修復的正義）の概念が徐々に普及してきた。近年では，国際社会においてもこの「新しい」司法概念の重要性及び効率性が認識されるようになり，大きな注目を集めている。
　国際連合（以下「国連」）を筆頭に，欧州連合，欧州評議会，欧州議会といった国際機関において，犯罪によって引き起こされる問題を対処する際，特に被害者支援との関連から修復的プロセスの導入及び活用を加盟国に奨励する動きがみられる[1]。

修復的司法の概念や実践はこれまで主に国内の刑事司法制度において議論されてきた。特に，その定義については様々な議論があるため，単一的な基準を設け普遍的合意を得ることは困難だとされる。しかし，今日，国際社会では，，2002年国連犯罪防止・刑事司法委員会第11会期において定められた「刑事事案における修復的司法プログラムの活用に関する基本原則（Basic Principles on the Use of Restorative Justice Programmes in Criminal Matters）」が共有されつつある。基本原則において，「修復的過程とは，被害者及び加害者，並びに適切な場合には，犯罪による影響を受けたその他の個人及び地域社会の成員が，犯罪によって起こる事象の解決に積極的に参加するあらゆる過程を意味し，一般的には進行役の手助けによる」と定めている[2]。

　基本原則成立に至る前後においても，1999年及び2000年国連経済社会理事会による決議案[3]，2000年第10回国連犯罪防止・犯罪者処遇会議における「犯罪と司法に関するウィーン宣言（Vienna Declaration on Crime and Justice）」[4]，2005年第11回国連犯罪防止刑事司法会議における「相乗効果と対応に関するバンコク宣言（Bangkok Declaration on Synergies and Responses）」[5]などに見られるように，国連は被害者の利益と犯罪者の改善更生を促進するため，修復的司法に関する政策や手続き，プログラムの推進を図ってきた。2006年には，国連薬物犯罪事務所より「修復的司法プログラムに関する手引書（Handbook on Restorative Justice Programmes）」が公刊され，修復的司法の基本原則を具体化するための体勢が徐々に整備されている。

　修復的アプローチを推進する国際的な動きは，個人の国際犯罪を裁く常設

---

[1] ジョージ・ムスラキス著「現今の理論と実践に関する考察（四・完）」広島法学29巻4号（2006年）参照。
[2] 山口直也著「修復的司法に関する国連基本原則の成立」山梨学院大学法学論集49巻中川良延教授・神田修教授退職記念号（2003年）参照
[3] U. N. Doc. E/1999/26（28 July 1999）& E/2000/14（27 July 2000），United Nations Economic and Social Council.
1999年，修復的司法の枠組において，加害者及び被害者，コミュニティ全体が包括され，加害者志向であると同時に被害者中心的なバランスアプローチが試みられていることを明確にした「被害者への正義に関する手引書」が国連薬物統制・犯罪防止事務所により公刊された。
United Nations Office for Drug Control and Crime Prevention, *Handbook on Justice for Victims : on the use and application of the Declaration of Basic Principles of Justice for Victims of Crime and Abuse of Power*, Centre for International Crime Prevention, New York, 1999. pp. 42-43. 参照。

国際刑事裁判所（以下「ICC」）における裁判手続や被害者支援にも見出すことができる。

1998年7月17日にローマ規程（以下「規程」）が採択され，2002年7月1日に正式に発足したICCは，人道に対する犯罪，集団殺害（ジェノサイド）犯罪，戦争犯罪，侵略犯罪といった，「最も重大な犯罪」について責任ある個人を訴追・処罰することを目的として設立された[6]。

ICCは，旧ユーゴスラビア国際戦犯法廷（以下「ICTY」）やルワンダ国際戦犯法廷（以下「ICTR」）のように，国連安全保障理事会（以下「安保理」）といった政治機関の意思に大きく依存し設置された国際司法機関ではなく，国連と地位協定[7]を締結してはいるものの，国際刑事司法制度の歴史上初めて独立した常設の国際司法機関と見なされている。また，その規程は修復的司法の原理を基礎とした条項を多く含み，裁判の全審理過程における被害者の参加を保証するとされる。

本稿では，ICCにおける修復的アプローチを考察し，特に，ICC史上初となったトマ・ルバンガ・ディーロ（Thomas Lubanga Dyilo）（以下「ルバンガ」）[8]に対する裁判における被害者への支援や損害回復に関する問題を検討する。

前半では，国際社会における修復的司法の普及や国際刑事法廷における被害者の地位，また，ICCにおける修復的アプローチの概要を確認したい。後半においては，性犯罪・性的暴力が訴因内容に包含されなかったルバンガ裁

---

[4] 「ウィーン宣言」第27項及び第28項にて，被害者支援との関連で修復的司法について具体的な言及がなされた。これを受けて，国連犯罪防止及び刑事司法委員会のワーキンググループによって，「刑事事象における修復的司法プログラムの活用に関する基本原則」の策定作業が進められた。
http://www.uncjin.org/Documents/congr10/4r3e.pdf

[5] 「バンコク宣言」第32項では，より進んだ形で，被害者の利益と犯罪者の改善更生を促進するために，修復的司法に関する政策，手続き，プログラムを推進すべきことが明記された。
http://www.unodc.org/art/docs/BangkokDeclaration%20Eng.pdf

[6] 2012年11月現在，121カ国が加盟している。地域別で見ると，アフリカ33カ国，アジア・太平洋18カ国，中東1カ国，ヨーロッパ42カ国，北アメリカ1カ国，中南米28カ国となる。

[7] Negotiated Relationship Agreement between the International Criminal Court and the United Nations（2004年7月24日発効）

[8] ルバンガは，コンゴ民主共和国イトゥリ地方において活発に活動していた反乱組織コンゴ愛国同盟の創設者兼元指導者であり，この同盟の武装部隊であったコンゴ解放愛国軍の元指令官でもある。

判を振り返り，子ども兵士問題の重大性を国際社会に再認識させた裁判の意義や，被害者への損害回復のあり方を中心に ICC における今後の課題を議論したい。

尚，従来「Reparations」を「損害賠償」と訳すことが多いが，金銭的側面が強くなる傾向があることから，本稿では，ICC が掲げる修復的司法の理念を広義に捉える「損害回復」という語を用いることにする。

II　ICC における被害者と修復的アプローチ

1　国際刑事司法制度における被害者

修復的司法は，犯罪を法益の侵害という側面からのみ捉えるのではなく，人々の社会的関係に対する侵害・害悪であると捉える。そして，犯罪によって生じた被害者と加害者の不均等・不公平の是正を目的とする。被害者の権利・尊厳回復を図る一方，加害者に対しては損害回復への義務と悔悛の機会を与えることによって，その尊厳を認めている。

しかし，国際刑事司法制度において修復的司法が注目されるに至った歴史的経緯を振り返ると，各国における刑事司法制度と同様に被害者の地位や権利が蔑ろにされてきたといえる。従来，国際法は国家間関係を規律するのみとされ，国際法上の重大な犯罪を犯した責任ある個人を最初に国際司法機関において訴追したのは，第 2 次世界大戦後のニュルンベルク裁判及び東京裁判であった。両裁判の設置は，政治的意思に基づき設置され，罪刑法定主義に反しているという批判はあるものの[9]，国際法の刑事的側面ないし国際刑事司法制度における歴史的転換だといえる。

1950 年，国連国際法委員会は「ニュルンベルク諸原則」を確立させ，平和に対する罪，戦争に対する罪，人道に対する罪を国際法上の犯罪として処罰されるものとした。また，1954 年には，「人類の平和と安全に対する罪の法

---

[9] 国際法上の犯罪を犯したとみなされた個人を国際的な裁判機関において訴追・処罰しようとする考え方は，第 1 次世界大戦後，ヴィルヘルム 2 世の責任追及が定められたヴェルサイユ条約において既に提議されているため，ニュルンベルク裁判及び東京裁判によって出てきた新しい概念ではない。

典案 (Draft Code of Crimes against the Peace and Security of Mankind)」において，責任を有する個人が処罰されるべき国際法上の犯罪とみなされる「人類の平和と安全に対する罪」に，上記 3 つの罪に該当する行為も列挙した。

一方，被害者に関する記述はニュルンベルク裁判及び東京裁判の各憲章において存在せず，被害者に対する特別措置は無論取られることはなかった。また，ニュルンベルク諸原則においても被害者に関する記述はない[10]。

半世紀近くを経て 1990 年代に入ると，冷戦終焉に伴う国際融和，また，非人道的な責任者処罰を求める国際世論の高まりを背景に，国連安保理決議による ICTY 及び ICTR が設置され，冷戦期に凍結されていた常設的な国際刑事裁判所の設立への動きは加速することになった。

ICTY や ICTR においては，刑の宣告の際，被害者のために原状回復 (restitution) を命じることを認めるに至ったが，被害者の損害回復請求権を認めたわけではない。さらに，手続と証拠に関する規則では，有罪判決が最終的かつ拘束力のあるものとして国内当局に送付され，その際に被害者は権限ある国内裁判所に救済請求できるとされているが，救済措置は国内の司法制度が機能しているかどうかに依るところが大きく，困難となる場合も少なくない[11]。

近年では，国際法の下で個人の刑事責任を追及する国際刑事法と共に，国家責任と個人の権利の問題と関連し国際人権法が発展してきた。そして，人権侵害を受けた被害者には，国家に対する損害回復を請求する権利及び効果的な救済措置を受ける権利が保障されるよう国家に義務づけられるようになった。このことは，紛争の多発や国家主権をめぐる状況の変化などを背景に，今日取り沙汰され議論されている「人間の安全保障 (Human Security)[12]」とも無関係ではない。

---

[10] 村瀬信也・洪恵子共編『国際刑事裁判所・最も重大な国際犯罪を裁く』227 頁［東澤靖］(2008 年，東信堂) 参照。
[11] 村瀬・洪・前掲注 (9) 229 頁。
[12] 「人間の安全保障」とは，「人間の生存，生活，尊厳に対する脅威から各個人を守り，それぞれのもつ豊かな可能性を実現するために，ひとりひとりの視点を重視する取組を強化しようとする考え方」である。1994 年の国連開発計画による「人間開発報告書 (Human Development Report)」の中で表現されて以来，広く普及している。西田芳弘「人間の安全保障」レファレンス 54 巻 8 号 (2004 年) 31 頁参照。

2005年,「重大な国際人権法侵害及び深刻な国際人道法侵害の被害者のための救済及び修復を受ける権利に関する基本原則とガイドライン（Basic Principles and Guidelines on the Right to a Remedy and Reparation for Victims of Gross Violations of International Human Rights Law and Serious Violations of International Humanitarian Law)」は国連総会によって採択され，被害者の人権に対する理解が体系化された。このうち，被害者が定義されている第8原則は，1985年の「犯罪及び権力濫用被害者のための司法に関する基本原則宣言（Declaration of Basic Principles of Justice for Victims of Crime and Abuse of Power)」における被害者の定義を踏襲した。さらに，テオ・ファン・ボーフェン（Theo van Boven）が，1989年に国連の差別防止及び少数者保護に関する小委員会（Sub-Commission on Prevention of Discrimination and Protection of Minorities）の委託により携わり，1993年に最終報告書を提出した「人権と基本的自由の重大な侵害を受けた被害者の原状回復，補償及び更生を求める権利についての研究（Study concerning the right to restitution, compensation and rehabilitation for victims of gross violations of human rights and fundamental freedoms)[13]」において，2005年基本原則が既に検討されていた。以上から，1998年に採択されたICCの規程や手続及び証拠に関する規則（以下「規則」），裁判所規則（以下「裁規」）をはじめとする文書の各草案検討過程の際，1985年宣言が参照されただけではなく2005年基本原則が既に検討されていたといえる[14]。

2　ICCにおける修復的理念と被害者の地位

　個人の権利や被害者の地位及び利益を保護する国際人権法の発展に伴い，ICCの規程には，国際法上の犯罪を犯した責任ある個人を訴追・処罰しようとする応報的アプローチだけではなく，被害者地位向上や支援，損害回復を政策の重要な柱とする修復的アプローチも取り入れられることになった。つまり，国際法における個人の刑事責任を追及すると同時に，被害者の地位や権利保護も意図されている。ニュルンベルク裁判及び東京裁判のような「勝者の裁き」ではなく，また，ICTYやICTRのような政治性に左右されない，

---

[13] E/CN.4/Sub.2/1993/8
[14] 村瀬・洪・前掲注（9）231頁

公平かつ中立的な国際司法機関として，被害者にとっての正義を国際刑事司法制度において実現・確立することを目的としている。

ICCは，従来の国際刑事裁判手続で認められてきた被害者・証人の保護のみならず，国際刑事司法制度の歴史上初めて，被害者の意見陳述を認め，裁判の全審理過程における被害者の参加を保証している。被害者は，積極的に裁判に参加することによって，自らの経験を語る機会を得，裁判過程に関わり，損害回復を要求することができる。また，被害者の証言が被告人の過失または無実の証明等に関連し，事実の認定に寄与することも期待されている。そして，ICCが公開裁判制度であることから，被害者が裁判を追跡できることも重要である。さらに，「Reparations」が有罪判決を受けた被告人への懲罰の一形態「損害賠償」であるという発想から，被害者の尊厳の回復や認知を主眼とした「損害回復」であるという発想の転換を試みていることも画期的である。ICCが，被害者の裁判参加及び損害回復の権利を承認しその執行の方法を与えたことは，国際社会にとっても歴史的な進歩であったといえる。

このように，「最も重大な犯罪」に対する応報的司法と修復的司法の均衡を図ることはICCの理念の一環であり，下記のように言及されている。

> ローマ規程における被害者志向の規定によって，被害者は，自身の声に耳を傾けてもらう機会を得，また，必要に応じて，自身が受けた苦痛に対する損害回復を何らかの形態[15]で享受する。応報的司法と修復的司法の均衡によってこそ，ICCは加害者に正義をもたらすだけではなく，被害者にも人生を自ら建て直させる助力となり得るのである[16]。

被害者の定義は規則第85条（a）（b）に規定されており，ICCの対象犯罪によって直接の害悪を被った場合，自然人のみではなく，慈善または人道目的に供された組織や機関も含まれる。被害者は原状回復（restitution），補償（compensation）及びリハビリテーション（rehabilitation）を含む損害回復（Rep-

---

[15] 規程75条1項及び2項において，「原状回復（restitution），補償（compensation）及びリハビリテーション（rehabilitation）の提供」を含むものとされている。これに対して，2005年基本原則では，第18原則の下，上記3形態の他に「満足（satisfaction），繰り返されないことの保障（guarantees of non-repetition）」の2形態も損害回復に含むものとしている。

[16] Victims and witnesses, Structure of the Court, ICC：http://www.icc-cpi.int/EN_Menus/ICC/Structure%20of%20the%20Court/Victims/Pages/victims%20and%20witnesses.aspx

arations）を請求する権利があると規程第75条に明記されている。

1985年宣言及び2005年基本原則における被害者の定義と比べると，ICCにおける定義は，ICCが管轄権を有する犯罪の性質や種類に応じて，組織や機関も包含されていることから，直接被害を受けた被害者としての認定範囲が拡大したといえる。しかし，その一方，同宣言第2項や同基本原則第8原則に明記されているような被害者の直属の家族や被扶養者そして被害者の援助や被害防止の為に害悪を被った間接的な被害者については明示されていない。従って，被害及び被害者の範囲を認定する際，裁判官の自由裁量に依拠することになり，被告人に有罪判決が下った後に行われる損害範囲の査定や損害回復の決定にも影響してくる。その結果，事件や裁判部各部門によって被害者の定義や範囲についての解釈が変わってしまうことが懸念される。ICCにおいて修復的アプローチを含む政策の一貫性を保持するため，裁判官は合理的，厳格かつ公正でなければならず，また裁判部各部門の判事間で大きな相違が生じてはならない。このことは，ICCの今後の課題としてさらに検討されるべき課題の一つである。

3　当事者の権利バランス

被害者及び証人の権利保護や裁判参加手続に関し，「被告人の権利及び公正かつ公平な裁判を害さず，かつ，これらと両立する態様で」なければならないことが規程第68条に明記されている。つまり，被害者の権利や裁判参加が手厚く保障されることによって，同55条及び67条において規定されている被告人の権利が不当に制約されてはならないのである[17]。

このような規程上のバランスが実際の刑事裁判で有効に機能するのか，犯罪や罪状の深刻さを立証するために用いられる被害者及び証人とそれを反駁しようとする被告人の利益は競合するだけなのではないか，という疑問が指摘されている[18]。規程第21条3項において，裁判所による「法の適用と解釈は国際的に承認された人権と両立するものでなければならない」とされていることからも，被害者と被告人の権利が互いに制限されてはならないことが

---

[17] 村瀬・洪・前掲注（9）232-233頁
[18] 同上

原則である。しかし，このことは，従来の国際刑事法廷と比較して，より大きな負担を裁判所及び弁護側に課すことになるであろう[19]。

とはいえ，被害者及び証人の権利や保護が強固であること，また，被告人や弁護人の証拠開示請求権及び武器対等が保障されることは，本来非和解的なものであってはならない。事件当事者双方の権利保護及びニーズ充足の均衡こそ，ICCにおいて，応報的司法と修復的司法の均衡が追求されるべき由縁である。そもそも，被害者は弁護士によって代理される裁判当事者とみなされるべきであり，必ずしも検察官訴追戦略の手段として裁判参加するのではなく，むしろ，検察官と被害者の関心における相違を埋めることにより事実認定に役立つことが期待されるのである。

4 ICCにおける被害者支援機関

被害者支援のために設立された主要機関は3つあり，これらすべて，規則第16条に基づきICC書記局に所属し，裁判所より課せられた責任を遂行する。その3つの機関とは，被害者や証人の保護を専門に扱い，特に精神的外傷に関する専門知識を有する職員を置く「被害者・証人室（Victims and Witnesses Unit）」（規程第43条6項），被害者の法的代理人・弁護士に関するサービスを提供する「被害者のための公設弁護士事務所（Office of Public Counsel for Victims）」（裁規第81条），そして，被害者の参加や賠償・損害回復を担当し申請や手続に関する情報提供や書式の提供などといった援助を行う「被害者保護・賠償課（Victim Protection and Reparation Section）」（規程第43条6項）である。

また，ICCにおける修復的アプローチ及び被害者支援に重要な役割を果たすのが，被害者の救済や賠償支払を効果的に行うことを目的に設立された「被害者信託基金（Trust Fund for Victims）」（以下「基金」）である。基金は，ICC発足後，規程第79条の下締約国会議の決定により設立され，「被害者信託基金規則」に従い運営されている。国際司法制度の枠組において，被害者の損害回復を補償するための信託基金が国際法廷によって独自に設けられたのはこれが初めてである。

---

[19] 同上

基金の役割としては大きく二つに分けられる。第一に，裁判所の命令により，有罪判決を受けた被告人による損害回復に必要な賠償支払いが不可能または実用的でない場合，被告人が基金を通じて支払いすることができる。つまり，被害者への損害回復に必要な額はまず基金の資金から支払われ，被告人は基金にその額を返済しなければならない。第二に，裁判手続参加に関わらず，ICCが取り扱っている事態・事件に巻き込まれた被害者やその家族に身体的・精神的リハビリテーションや物質的支援を提供するため，援助資金供与者からの寄付や献金といった外部の資金源を活用する一般扶助を遂行している。例えば，北ウガンダやコンゴ民主共和国において，生産的な保健医療サービスへのアクセスや職業訓練，心的外傷治療のための相談・診察，再建手術といった幅広い支援を，現在までのICCの対象犯罪被害者約8万人に対して提供している[20]。

基金は，地域，国家，国際レベルにおいて，非政府組織やコミュニティ・グループ，女性のための草の根活動機関，政府，国連機関などと連携しながら活動している。その支援プロジェクトの多くは，子ども，高齢者，障害者，性的被害者に必要な身体的，精神的，物質的ニーズに対応し，生存者の苦痛を軽減することを目的としており，ジェンダーや年齢，社会的脆弱性に特別な配慮をしている。また，地域主権・地域主導を尊重することによって，被害者の生活を再構築する過程において被害者を主要な当事者としてみなしているのである[21]。裁判命令にしろ，一般扶助にしろ，基金は，戦争で荒廃した社会における持続可能な平和，和解，福祉を推進する役割をもつ。平和構築及び移行期正義との連携で損害回復を具現化する際に，ICCにおける修復的アプローチの要として活用されなければならないのである。

---

[20] Trust Fund for Victims welcomes first ICC reparations decision, ready to engage, The Trust Fund for Victims（8 August 2012）
http://www.trustfundforvictims.org/sites/default/files/media_library/TFV_Lubanga_reparations_press_statement.pdf
[21] Ibid.

Ⅲ　ルバンガ裁判における被害者と修復的アプローチ

1　ルバンガ裁判の背景

 2012年3月14日，ICC第一審裁判部はトマ・ルバンガ・ディーロ（以下「ルバンガ」）に対し有罪判決を下した。検察側は禁固30年，または，衷心から謝罪することと今後の犯罪防止及び平和の促進に従事することを条件に禁固20年を求刑していたが，7月10日，裁判部は禁固14年の量刑を言い渡した[22]。2002年のICC設立以来10年を経て最初に下されたこのルバンガ裁判の判決は，国際刑事司法制度における試金石として国際社会の注目を浴び，ICCの意義と今後の課題についても浮き彫りにした。

 ルバンガは，2002年から2003年に起こった国際的及び非国際的武力紛争において，15歳未満の子どもを戦闘兵として徴兵・入隊させ，戦争行為に動員させた容疑で起訴された。これは，規程第8条2項（b）（xxvi）及び（d）（vii）に明記されている戦争犯罪に該当する。ICCの第一予審裁判部は，ルバンガに対する上記の容疑について十分な証拠があると判断し，2006年2月に極秘逮捕状を発布し，コンゴ民主共和国（以下「コンゴ」）政府に対しルバンガの逮捕と引き渡しを求めた。3月17日，ルバンガはコンゴの治安当局によって逮捕され，ICCに移送された。11月9日から28日まで，容疑を確認する公開予備審問が開かれ，翌年2007年1月29日に第一予審裁判部による容疑の認定が行われた。結局，当初2007年内に予定されていた公判は2年後2009年1月26日に開始されたが，遅延の理由は，規定第64条2項及び3項（c）及び第67条2項に基づき，検察側の証拠の不開示が被告人の公正な裁判を受ける権利を侵害した可能性があり[23]，さらに，ルバンガに対する無条件

---

[22]　ルバンガは，15歳未満の子どもに対する徴兵容疑に対して13年，入隊容疑に対して12年，戦闘動員容疑に対して14年の禁固刑を下され，全体で14年の禁固となった。2006年より6年間既に拘留されていることが考慮され，刑に服する残存期間は差し引き8年となる。2012年10月3日，ルバンガの弁護側は無罪放免もしくは減刑を申し立て，逆に検察側も量刑が犯罪の重大性に相応しないと主張し，双方共に上訴した。

[23]　容疑の証拠収集の際に，検察が情報提供者と交わした守秘義務に関する合意が弁護を準備する被告人の機会を不当に奪うものであることが訴えられた。

釈放を許可する命令が発布されるといった事態により、公判手続が途中凍結したからだとされる。

ルバンガ裁判に参加した被害者の多くは、訴因の性質から元子ども兵士及びその親族であった。ルバンガ裁判の公判当初、93名の被害者を代表する8名の法定代理人が参加していたが、最終的に裁判に手続参加した被害者は総数129名（女性34名、男性95名）に上った[24]。このうち、28名は手続が認められた時点で18歳未満の子どもであった[25]。被害者の多くは保護制度の下にあったため、身元開示されたのは、129名中23名のみであった[26]。

ルバンガに対する刑の言い渡しの際、アドリアン・フルフォード（Adrian Fulford）第一審裁判部門第一法廷裁判長は、子ども兵士の徴兵及び動員は、国際社会に影響を及ぼす重大な犯罪であると明言した。家族から引き離され、教育の機会を奪われ、暴力にさらされた子ども兵士の心的弊害について言及し、「子どもの脆弱性は、戦争行為に伴う様々な危険から、厳重に子どもが守られる必要があることを意味している」と指摘した[27]。つまり、15歳未満の子どもを兵士として利用することが犯罪として禁止されるのは、脆弱性という観点から特別な待遇が必要であり、子どもの精神的・肉体的な安寧の確保を最重視して武力紛争に伴う様々な危険から子どもを守らなければならないからである[28]。そして、暴力や戦闘中の身体的損傷に限らず、家族からの離別、教育の中断や妨害並びに暴力や恐怖が伴う環境にさらされることを含めた苦境から生じる重大な心的障害の可能性から子どもを保護することも目的

ICC Trial Chamber 1, Decision on the consequences of non-disclosure of exculpatory materials covered by Article 54 (3) (e) agreements and the application to stay the prosecution of the accused, together with certain other issues raised at the Status Conference on 10 June 2008, ICC-01/04-01/06 (13 June 2008)

[24] First ICC Trial verdict：Lubanga convicted of war crimes committed in Ituri, FIDH (Fédération internationale des ligues des droits de l'homme) (14 March 2012)；稲角光恵著「国際刑事裁判所初のルバンガ事件判決の意義と課題」金沢法学第55巻1号63-79頁（2012年）
http://www.fidh.org/First-ICC-trial-verdict-Lubanga

[25] ICC Trial Chamber I, Situation in the Democratic of the Congo in the Case of the Prosecutor v. Thomas Lubanga Dyilo, Judgment Pursuant to Article 74 of the Statute, ICC-01/04-01/06-2842 (14 March 2012) (hereinafter "Lubanga Judgment"), para 15 and note 51.

[26] Lubanga Judgment, para 18.

[27] ICC：Congolese Rebel Leader Gets 14 Years, Human Rights Watch (10 July 2012)
http://www.hrw.org/news/2012/07/10/icc-congolese-rebel-leader-gets-14-years-0

[28] 子どもの権利条約（Convention on the Rights of the Child）第38条及び第39条参照。

に包含されている[29]。

尚、国際連合児童基金の統計によると、コンゴでは約3万人の子どもが兵士として戦争に徴兵されており、少女兵はそのうち約30から40パーセントだと見積もられている[30]。

2 性犯罪及び少女兵に対する性的暴力

紛争が長期にわたって継続しているコンゴは、民族的動機に基づく殺戮、拷問、略奪、強姦を含む非人道的な犯罪が蔓延しており、特に性犯罪率が世界で最も高い国の一つであると言われてきた。地域機構や国際機関、国際人道支援団体によって、イトゥリ地方における強姦や性的・ジェンダー暴力の証拠が数多く収集されてきた[31]。性犯罪は、紛争の「戦略手段」として拡大しており、比較的安定した地域でさえも横行しているといわれている。

例えば、American Journal of Public Health における『Estimates and Determinants of Sexual Violence Against Women in the Democratic Republic of Congo[32]』の研究によると、2006年から2007年の12ヶ月間の間、15歳から49歳までの40万人の女性が性犯罪・性的暴行を受けており、これは1時間毎に48人の女性が被害に遭っているという計算になる。この統計は、国連によって報告された1万6千人という被害者の数字よりもはるかに上回っている[33]。しかし、報復や被害者非難への恐怖、自責の念、羞恥心を抱く被害者は告訴することに積極的になれず、また、こういった犯罪に巻き込まれた被害者の多くが死亡しているといった様々な事情から、実際の被害者の数を正確に把握

---

[29] Lubanga Judgment, para 605.
[30] Katy Glassborow, Appel à l'inclusion du viol dans les charges contre Lubanga, Institute for War & Peace Reporting (30 May 2008)
http://iwpr.net/fr/report-news/appel-à-linclusion-du-viol-dans-les-charges-contre-lubanga
[31] *Democratic Republic of the Congo—Lubanga case : Trial Chamber I issues first trial Judgement of the ICC—Analysis of sexual violence in the Judgement*, Special Issue No. 1, Women's Initiatives for Gender Justice (May 2012)
http://www.iccwomen.org/news/docs/WI-LegalEye5-12-FULL/LegalEye5-12.html#2
[32] Amber Peterman, Tia Palermo, and Caryn Bredenkamp, *Estimates and Determinants of Sexual Violence Against Women in the Democratic Republic of Congo*. American Journal of Public Health, June 2011, Vol. 101, No. 6, pp. 1060-1067.
[33] DR Congo : 48 rapes every hour, US study finds, BBC (12 May 2011)
http://www.bbc.co.uk/news/world-africa-13367277

することは不可能である。

　国際人道支援団体は，ICC 検察局に対して，イトゥリ地方におけるルバンガ指揮下の部隊が行った重大な犯罪行為が反映されるよう，性犯罪を含む幅広い容疑でルバンガを起訴することを訴えてきた。それにも関わらず，ルバンガ裁判において，検察側は容疑を子ども兵士の徴兵，入隊，戦闘動員のみに限定した故，性犯罪・性的暴力の容疑については審理されなかった。性犯罪の容疑を犯罪事実に追加することが規則第 55 条の下で要請されたが，最終的に訴追当初の犯罪事実以外の犯罪を審理することは否定された。

　公判前の 2008 年，子ども及び武力紛争に関する国連事務総長特別代表（Special Representative of the UN Secretary-General for Children and Armed Conflict）ラディカ・クラマスワミ（Radhika Coomarasamy）は，女性に対する性的奴隷・強制結婚が紛争の「手段」として利用されていることや，強制的に徴集・動員された少女兵が性的暴力を受けていることを強調し，ルバンガに対する罪状には明記されていない女性や少女に対する性犯罪が考慮されるべく起訴内容の拡大解釈を ICC に提議した[34]。

　規程の下では，15 歳未満の子どもを「敵対行為に積極的に参加」させることは戦争犯罪であり，この「積極的な参加」とは，戦闘への直接参加だけではなく，偵察，スパイ，破壊工作のような戦闘に関係した活動，そして子どもを囮，密使，軍事検問所要員として利用すること，さらに，前線に物資を運送させるといった補助的役割に「直接」子どもを使用することを含むと理解されている[35]。ICC のエリザベス・オディオ・ベニート（Elizabeth Odio Benito）裁判官や，検事局における管轄・補完性及び協力統括部門（Jurisdiction, Complementarity and Cooperation Division）のベアトリス・ル・フラペ・ド・エレン（Béatrice Le Fraper du Hellen）は，ICC の規程や規則等において，子ども兵士に関する犯罪について定義が詳細に明記されておらず，「戦闘行為への積極的な参加」という容疑が女性や子ども兵士への性犯罪・性的暴力を含むものと

---

[34] Lubanga Judgment, para 619-628.
[35] Syria：Opposition Using Children in Conflict, Boys Report Serving as Fighters, Guards, and Lookouts, Human Rights Watch（29 November 2012）
http://www.hrw.org/news/2012/11/29/syria-opposition-using-children-conflict

解釈されることによって，ルバンガを訴追する可能性があることを示唆した[36]。

しかし，結局，ルバンガに対する容疑に拡大解釈をしたとしても，性犯罪の容疑が課されることにはならないため，併合罪加重として訴追できない現実を埋めることはできない[37]。こういった犯罪が罪状から排除された点については，罪状決定における検察官の裁量が不適切に行使されたとし，その結果，多くの性犯罪被害者が公正な裁判において損害回復の権利を受ける機会を奪取され，さらにICCの正当性が損なわれたという批判がある[38]。

一方，性犯罪・性的暴力がルバンガに対する訴因内容から除外されたものの，2009年1月より始まった公判の冒頭陳述において，当時の主任検察官ルイス・モレノ・オカンポ（Luis Moreno-Ocampo）は，子ども兵士が徴集される際に性的暴力が手段として利用されていたこと，子ども兵士に軍隊訓練の一環として婦女誘拐及び暴行を強要していたことについて言及した[39]。少女兵が戦闘に動員されていただけではなく，軍隊生活における身辺の世話をさせられるとともに，性的な欲求の捌け口という性的奴隷の対象にもなっていたことは，証人尋問に召還された元子ども兵士が語った数多くの証言によっても明らかにされている。

また，基金による損害回復に関する第一報告書（First Report on Reparations）において，子ども兵士に対するジェンダー暴力が蔓延しており，子ども兵士を徴集・動員される際，性別に関わらず，彼らが性的暴力の対象になっていることが言及されている[40]。2010年，基金が一般扶助として実施している被害者支援の調査によると，48％以上の元子ども兵士が性的暴力を経験しており，そのうち66.7％は女子，32.2％は男子であった[41]。さらに，インタビュー

---

[36] Wairagala Wakabi, *Interview : ICC Prosecutors Will Refute Allegations That Intermediaries Manipulated Evidence in Lubanga Case*, Lubanga Trial, Open Society Foundations（15 March 2010）
http://www.lubangatrial.org/2010/03/15/interview-icc-prosecutors-will-refute-allegations-that-intermediaries-manipulated-evidence-in-lubanga-case/
[37] Katy Glassborow, *op. cit.*
[38] 稲角・前掲注（22）71頁
[39] ICC-01/04-01/06-T-107-ENG, p. 10, para 8-10.
[40] ICC-01/04-01/06-2803-Red
[41] Ibid, p. 62, para 163.

を受けた35％の少年兵は強制的に性的暴力に関与させられたことも明らかになっている。

2012年3月14日の裁判判決において，裁判部は，性犯罪・性的暴力に関する証拠が刑の量定や損害回復で考慮されるべきかという決定は一旦検討・延期することを表明した[42]。裁判手続初期の段階で検察部は量刑を決定する際に性的暴力も考慮されるべきであることを主張していたものの，ローマ規程枠組の下では性的暴力が加重要素として考慮できるかどうか依然として明確ではない。

一方，書記局による損害回復に関する第二報告書（Second Report of the Registry on Reparations）において，損害には，教育や職業訓練の欠如や薬物中毒，HIVといった病気の感染，そして性的暴力や少女兵の妊娠も含まれるとしている[43]。さらに，的確な損害回復命令が下らなければ，子ども兵士に対する非難がコミュニティ内で増加し，彼らが置かれている状況が悪化する可能性が懸念されることを言及している[44]。

3 ルバンガ裁判の意義

ルバンガ裁判は，子ども兵士問題について国際社会に注意喚起を促したとして意義深い。裁判に参加した元子ども兵士やその家族の証言は，彼らが置かれた悲惨な環境を赤裸々にし，子ども兵士問題の実態を広く知らしめることに貢献したといえる。しかし，本裁判では，被害者の参加や損害回復を取り扱う技術的な側面において，いくつかの問題が明らかとなった。

第一に，被害者に関わる規定の詳細が不十分であるため，法解釈によって被害者の地位や立場が有利にも不利にもなるという点である。特に弁論の際，裁判所は被害者参加について慎重かつ厳重な法解釈を適用する傾向にある。つまり，前述のように，規程第68条3項において「裁判所は，被害者の個人的な利益が影響を受ける場合には，被害者の意見及び懸念が，裁判が適当と判断する公判手続の段階において並びに被告人の権利及び公平な公判を

---

[42] Lubanga Judgment, para 631.
[43] ICC-01/04-01/06-2806, para 6 and 88.
[44] Ibid.

害さず，かつ，これらと両立する態様で，提示され，及び検討されることを認める」と規定され，被害者の裁判参加によって被告人が不利な立場にならないよう取り計らい，慎重になっている。また，同条における「被害者の個人的な利益」の内容が明確ではないため，本規定そのものの法解釈が一様ではないことが問題となる。被害者に関わる規定が不十分とすれば，設立後依然として経験の浅いICCにおける裁判部各部門の間で法解釈に誤差が生じることが懸念される。公正公平であるべきICCの存在意義並びにその政策の一貫性を堅持するため慎重に検討されるべき点であるといえる。

　第二に，過酷な軍隊生活及び性的暴力による元子ども兵士への心理的影響が，法廷における証言の信憑性に疑問を投げかけた。法廷における証人のほとんどは，性的暴力，軍事教練時の残忍な体罰・虐待などの過酷な処遇により心的弊害を持つ元子ども兵士である。裁判過程において過去の辛い経験を想起することは，証人にとって大きな心理的苦痛となる。心理学者エリザベス・シャウアー（Elisabeth Schauer）が監修した検察局側の報告書『The Psychological Impact of Child Soldiering[45]』をはじめ，多くの実証的研究は，少年兵が心的外傷後ストレス障害の症状を引き起こす危険性が非常に高く，心的外傷体験の反復想起は，生涯にかけて精神的及び社会的障害を伴い，さらに世代を超え影響を及ぼす可能性があることを指摘している[46]。そして，法廷においても証言能力に支障をきたすことになってしまう結果，証人である子ども兵士が始終一貫した証言ができず，無意識に虚偽の陳述をしてしまうという現象は決して珍しいことではないという。このことは，裁判における証言の信憑性を吟味しなければならない裁判官にとって困難な問題となる。被害者の裁判過程における精神的負担や不当な扱いによる「二次被害」を避けるため，また，証言の信憑性を少しでも高めるため，法廷での被害者の心理的・精神的負担を軽減する方法をさらに模索する必要がある。

---

[45] Elisabeth Schauer, *The Psychological Impact of Child Soldiering*, Vivo（25 February 2009）
http://www.icc-cpi.int/iccdocs/doc/doc636752.pdf

[46] Jennifer Easterday, *Expert Reports on the Psychological Impact of Child Soldiering*, Lubanga Trial, Open Society Foundations（15 May 2009）
http://www.lubangatrial.org/2009/05/15/expert-reports-on-the-psychological-impact-of-child-soldiering/

第三に，元子ども兵士による証言の信憑性に関連し，ICC 検察局と現地のパイプ役として捜査活動を補佐する「仲介人 (Intermediaries)」が証人に対して偽証教唆を行ったという疑惑が浮上した[47]。仲介人は，証人の認定及び連絡，証拠収集などの際に，現地で検察局を補佐する重要な役割を担っている。ICC が，限られた資源のなかで，異なる文化や言語を背景とする様々な国家の事態に対応することを考慮すれば，その職務を効果的に処理する上で仲介人は ICC の現地捜査に欠くことのできない存在である[48]。ルバンガ裁判において，弁護士側は仲介人による偽証教唆及び証言の信憑性に対する疑惑を主張し，公判の無期停止を求めた。その実態が審理で検証され，裁判官は，検察局が証拠を慎重に検討しなかった結果，複数の証言の信憑性を否定することに繋がったと指摘した[49]。子ども兵士の心理的・精神的脆弱性が利用され，裁判手続が濫用されたと言っても過言ではない。偽証教唆は職権濫用になるだけではなく，子ども兵士に心理的悪影響を与え「二次被害」にもなり兼ねず，さらに，裁判において被害者に真実を語る機会を与えようとする ICC の理念に水を差す行為でもある。ルバンガ裁判は，仲介人と ICC の関係をしっかり管理監督し，規制する必要性を明らかにしたといえる。

　第四に，規程や規則に定められた被害者の範囲及び被害者に対する損害回復に関する内容が不明確であることがあげられる。具体的に，規則第 85 条に規定されている被害者の定義を，ICC の法廷審理に出廷した被害者に限定される狭義の解釈，もしくは，基金が決定に関与し，審理中の事件における広義の被害者を認定する広い解釈を適用するのか明確ではなかった。さらに，規則第 98 条に規定された裁判部と基金の関係も明らかにされておらず，3 つの可能性のみが想定されていた。つまり，(ⅰ) 基金が裁判部による最終決定を機械的に執行するか，(ⅱ) 基金が判決に先立ち被害者の範囲や望ましい損害回復の形態について裁判部に助言するか，(ⅲ) 裁判部は損害回復の一般原則のみを決定し実際の策定や執行は基金の裁量に一任するか，という 3

---

[47] ICC-01/04-01/06-2434-Red2, para 7 and 25.
[48] ICC：Landmark Verdict a Warning to Rights Abusers, Human Rights Watch（14 March 2012）http://www.hrw.org/news/2012/03/14/icc-landmark-verdict-warning-rights-abusers
[49] Ibid.

つの可能性である。

　第五に，万が一最終判決において被害者の有罪が確定しなかった場合や有罪が確定するまでの裁判過程において，損害回復をどのように捉えるべきかという疑問も残った。実際，2012年12月18日，ICCはルバンガ同様コンゴ案件で起訴されたマチュ・ングジョロ・キュイ（Mathieu Ngudjolo Chui）に対して無罪を言渡した[50]。被告人が有罪判決と損害回復命令を受けてから被害者に対する損害回復責務が生じることは，原則として規程第75条2項及び規則第98条1項に明記されており，逆にいえば，被告人の有罪判決確定後でなければ被害者は損害回復を享受できないのが原則である。一方，最終判決の如何に関わらず，基金の一部の資金は被害者の救済や支援に予め割り当てられている。実際，今回のルバンガ裁判の事例でも，子ども兵士のリハビリテーション，教育，メンタルケアといった損害回復に関わる各種プログラムの後ろ盾になり，被害者援助を行っている。しかしながら，こういった援助・支援は判決によるものではなく，前述したように，基金の一般扶助活動の一環であり「加害者による損害回復」ではない。このことは，裁判所と基金の不明確な関係性が浮き彫りとなり，ICCがどこまで被害者の損害回復に関わるべきなのかという疑問が残されている。

　ルバンガ裁判の被害者代理人弁護士ルック・ワイレン（Luc Wayllen）氏は，被害者である子ども兵士の受ける損害回復に関する具体的な問題点を指摘している。例えば，誘拐，強制徴兵された15歳以下の就学児童が，その十年後，成人になってから小学校に再就学することは現実的に難しい。さらに，子ども兵士は，実際の戦闘において残虐行為や戦争犯罪にさえなり得る犯罪行為に携わっていることも多いため，被害者であると同時に加害者でもあるという複雑な側面も持ち合わせている。その結果，コミュニティへの再統合や社会復帰が非常に困難である場合が多い。家族やコミュニティに受け入れても

---

[50] ングジョロはジェルマン・カタンガ（Germain Katanga）と共に，戦争犯罪7件，人道に対する罪3件の間接共犯として起訴され，両名の公判は2009年11月24日に始まった。この裁判の焦点は2003年2月24日に起こったボゴロ村虐殺事件であった。ングジョロの無罪判決は，法による裁きが無いまま被害者たちを放置することになると批判された。これに対し，ICCは，ングジョロの責任追及が証拠不十分で認められなかったことは，ボゴロ村での犯罪事実やコミュニティの受けた苦難を否定するものではないと強調した。

らえず，行き場所がなくなった子ども兵士は，しまいに自ら軍隊生活へ戻ることを望むものも少なくない。また，コンゴの保守的な社会的文化的背景より，性的暴力を受けたことは恥であると認識されることも多いため，コミュニティへの再統合を難しくしている。

　このように，強制的に徴兵された子ども兵士が軍隊生活以外の生活習慣や教育を受けられなかった結果，大人になっても平穏な社会生活を送れず，故郷にも戻ることができないといった負の連鎖を繰り返していることは，その他多くの武力紛争で見られる。ICC が管轄権を行使する重大な犯罪は，その性質から，社会や地域コミュニティ全体が巻き込まれていることがほとんどである。その結果，1 人の責任者を訴追したからといって，長期にわたる紛争が繰り広げられている地域においては，犯罪が引き起こす問題が根本的に解決される訳ではない。根本的な社会構造や人々の意識を転換する必要があるという意味では，移行期正義とも関わり深いことは明白である。被害者に対する損害回復が，心的外傷及び心的外傷後ストレス障害を持つ子ども兵士の心のケアや社会復帰などを含め，被害者個人のニーズだけではなくコミュニティ全体の利益としても追求されるべきである。

4　損害回復に関する一般原則

　2012 年 3 月 14 日，裁判部はルバンガに対して有罪判決を言渡したが，損害回復に関する決定については日程を引き延ばした。そして，裁判当事者や参加者，書記局，基金，その他関連団体に，損害回復に関する原則及び手続について意見書を提出するよう求めた[51]。特に，(1) 裁判部は個人的または集団的損害回復のどちらを命ずるべきか，(2) 誰に対して損害回復の指示を出すべきか，(3) どのように損害の範囲を査定し，どのような査定基準を設けるべきか，(4) 有罪判決を受けた被告に対して損害回復命令を直接下すことは可能であり妥当といえるか，(5) 裁判部は基金を通じて損害回復を発す

---

[51] ICC-01/04-01/06-2844, para 8.
Democratic Republic of the Congo—Lubanga case：*Lubanga Judgement—the Women's initiatives submits observations in reparations proceedings in the Lubanga case*, Special Issue No. 4, Women's Initiatives for Gender Justice（Decembre 2012）
http://www.iccwomen.org/news/docs/WI-LegalEye12-12-FULL/LegalEye12-12.html

るべきか，(6) 裁判当事者や参加者は訴訟法上の鑑定書提示を要求できるか，以上6つの内容について提出された各意見書を参考の上，ルバンガ裁判における被害者への損害回復に関する決定を下すことにした。

8月7日に下された決定では，被害者に損害回復を享受する基本的な権利があること，その損害回復がICCの重要な政策の柱であることが再確認され，修復的プロセスを導く一般原則が下記の内容で定められた[52]。

① 損害回復請求権は十分に確立された基本的人権である。
② 被害者は，裁判手続に参加したかどうかに関わらず，公平かつ平等に扱われなければならない。子ども，高齢者，障害者，性的・ジェンダー暴力被害者を含め，全ての被害者のニーズが考慮されなければならない。被害者は，人道的にかつ彼らの尊厳，人権，安全性，福利を尊重して扱われなければならない。損害回復は，年齢，民族，性別の差別なく認められ，取組まれなければならない。その際に，被害者に対する非難・中傷や家族・コミュニティからの差別を回避しなければならない。
③ 損害回復は直接的及び間接的被害者が対象となり，直接的被害者の家族や法人組織も含まれる。
④ 損害回復は，ジェンダーの包括的アプローチに則り，全ての被害者が享受されなければならない。被害者及びその家族並びにコミュニティは，修復的プロセスに参加し，十分な支援を受けられなければならない。
⑤ 損害回復には，被害者が苦痛を受けた性的・ジェンダー暴力，またその結果生じる複雑な影響が考慮されなければならない。こういったアプローチは，女性や少女の司法へのアクセスを可能にしなければならない。
⑥ 損害回復には，被害者の年齢のほか，コミュニティにおける武装部隊に関与した子どもを社会復帰させる必要性が考慮されなければならない。また，子どもの権利条約（Convention on the Rights of the Child）に則り，子どもの権利の尊重・発展が確保されなければならない。
⑦ 損害回復は，個人的及び集団的もしくはその双方となり得る。個人的損害回復の場合，コミュニティにおける緊張が生じないよう対応しなければならな

---

[52] ICC-01/04-01/06-2904,
Lubanga Case―Q & A on ICC Landmark Decision on Reparations for Victims, Victims' Rights Working Group（14 August 2012）
http://www.vrwg.org/home/home/post/36-lubanga-case---q--a-on-icc-landmark-decision-on-reparations-for-victims

い。集団的損害回復の場合，被害者が受けた個人的及び集団的な損害が対処され，現時点で認定されていない被害者にも行き届くものでなければならない。
⑧ 損害回復は，原状回復，補償，リハビリテーション，またはその他アウトリーチ活動のようなより象徴的な形態を取ることができる。
⑨ 被害者は，的確かつ迅速に十分な損害回復を享受しなければならない。損害回復は，犯罪によって引き起こされた損害，傷害，損失，損傷と均衡でなければならない。損害回復は，被害者とその家族，そして犯罪によって影響されたあらゆるコミュニティとの間が調和されることを目指すものなければならない。損害回復は，地域文化や慣行をできるだけ反映させるべきである。ただし，これらが差別的・排他的でなく，被害者が自己の権利にアクセスすることを同等に認める場合に限る。
⑩ 損害回復請求を根拠付ける損害，損失，損傷は，15歳未満の子どもを戦闘兵として徴集し戦争行為に動員させたという犯罪の結果生じたものでなければならない。しかし，損害回復は，こういった犯罪の「直接的」な損害や影響に限定せず「直接の原因」に基づくべきである。
⑪ 損害回復命令に係る事実関係は「蓋然性の均衡」において証明されなければならない。損害回復が被害者信託基金または他の資金よりもたらされる場合，事実関係決定には柔軟性のあるアプローチが的確である。
⑫ 本原則は有罪判決を受けた被告人の公正かつ公平な裁判を受ける権利を侵害または矛盾するものであってはならない。
⑬ 締約国は損害回復命令の執行及び損害回復の取組に完全に協力しなければならない。
⑭ 本原則及び損害回復に関する全ての手続はあらゆる必要な手段を通じて公表されなければならず，その手段には国家機関や地域コミュニティ，影響を受けた人々によるアウトリーチ活動を含む。

　一般原則において，損害回復の形態は個人的または集団的，もしくはその双方となる。しかし，ルバンガ裁判についていえば，裁判部は，基金を通じて損害回復がなされること，個人的損害回復よりもコミュニティに基づく集団的損害回復に重きを置くことを示唆した。基金は裁判部より業務を委託され，これまで裁判部にて受理された個人の損害回復請求申請が基金に転送される。個々の被害者が基金による集団的損害回復を通じて個人的利益や損害

回復を享受できることが期待されているのである。

　また，基金は，損害回復計画の準備及び遂行を支援する学際的な専門家グループの任命を一任された。専門家グループは，コンゴ政府の代表者，子どもやジェンダーに関する専門家，国際組織の代表者などから結成される。具体的な業務内容として，(1) 被害者の受けた損害を査定すること，(2) 15歳未満の子どもを戦闘兵として徴集し戦争行為に動員させた結果，子どもの家族やコミュニティに生じた影響を査定すること，(3) 被害者及びそのコミュニティと緊密な協議を重ねながら，最も適切な損害回復の形態を特定すること，(4) 損害回復を享受するべき個人，組織，団体，コミュニティを決定すること，(5) 以上の目的で資金を調達すること，以上5つが挙げられる[53]。

　さらに，裁判部は，基金が書記局や被害者公設弁護士事務所，専門家と連携し，損害回復の遂行計画を実行するように指示した。その計画は，(1) 修復的プロセスに関わるべき場所（特に判決で言及された場所または犯罪が行われた場所）を特定，(2) 特定された場所において，被害者が損害回復についての提案や優先事項を述べられるよう協議プロセスを始動，(3) 被害者の受けた損害の査定，(4) 損害回復の一般原則や手続に関する説明を実施し被害者の期待に対応することを目的に，各場所にて公開討論を実施，(5) 集団的損害回復の手段に関して，各場所で展開された提案を収集，以上5つの段階に分けられるとする[54]。

　従来裁判手続にほとんど参加できず，情報も十分に得ることのできなかった被害者にとって，損害回復は最も具体的に正義を象徴するものである。損害回復に関して十分に検討されるべき問題は残っているものの，裁判部が被害者の様々なニーズに対して，ジェンダー及び民族的な差別なく柔軟に対応しようとする一般原則を基に可能な限り幅広い修復的救済手段を認めたことは大きな歴史的一歩だったといえる。

---

[53] Ibid.
[54] Ibid.

Ⅳ　おわりに

　国連，国際人道支援団体，地方団体は，ICC 検察局による立件に含まれていない，ルバンガ部隊が行った多くの重大犯罪について引き続き調査報告している。ルバンガの起訴内容が限定された結果，被害者の経験した甚大な苦痛がしっかり反映されていないという批判があった。そして，裁判判決においては，イトゥリ地方における被害者に様々な疑問，なかでも損害回復の形態についての疑問が残っている[55]。今回の決定では集団的損害回復に重きを置かれたが，個人的損害回復でなければ個々が経験した特有の苦痛に対応することができないと感じている被害者も多い。その一方，裁判に参加できず「被害者」として認定されていない多くの被害者は，個人的損害回復を享受できないため，集団的に活用できる形態で損害回復がなされるべきだという意見もある。その際，謝罪や記念碑の建設といった抽象的なものよりも，被害者全体が利用できる医療サービスや病院の建設といった実用的なものが望まれているという報告もある。

　ICC 管轄となる人権侵害は長年の民族対立の中で生じ，民族間の歴史的な敵対関係が根深いことによって生じることが多い。また，ICC が一案件として検討・調査を開始する際，犯罪に巻き込まれた社会は，暴力・抑圧から安定へ向かう社会，つまり「移行期社会」としての段階に入る場合が多い。ICC における正義の追求は，ある意味，その社会が歴史的分岐点にある現実を反映しているともいえるが，多くは社会的公正の共通認識が欠如している。その結果，子ども兵士がコミュニティから排除され社会復帰が困難となる複雑な問題に直面する。さらに，ICC で裁かれる責任者や指導者のほか，犯罪の実行者として扇動された一般市民も多く，事件後も被害者と加害者が隣り合わせに同じコミュニティ内で生活していかなければならない。従って，ICC

---

[55] Olivia Bueno, *Local Communities Divided on the Question of Reparations in the Lubanga Case*, Lubanga Trial, Open Society Foundations（7 November 2012）
http://www.lubangatrial.org/2012/11/07/local-communities-divided-on-the-question-of-reparations-in-the-lubanga-case/

は，個人レベルの被害のみに留まらず，社会的レベルから見た被害と損害回復にも目を向け対応しなければならない。

　国際刑事裁判制度の発展により国際的な平面における「法の支配」は進展する一方，国際裁判において訴追対象となるのは一部の指導者層のみであり，中・下級の加害者を訴追すべき国内裁判が機能していない場合が多い。また，ほとんどの被害者の救済は着手されておらず，このため，国内的平面における「法の支配」はあまり進んでいないというのが実情である。

　移行期社会の再建を成功させるためには，人々の間で理解と信頼を築くことが必要である。そして，正義の追求のためには，被害者や社会，コミュニティのニーズに応えることのできるような，柔軟性をもった道徳的価値及び法政策のイニシアティブが必要である。被害者の地位や損害回復に関わる問題は依然として扱いにくく，国内外において激しい議論が繰り広げられてきた。長期間に及ぶ紛争が繰り広げられている地域において，被害者は，苦痛や困難を理解・認識されず，また，紛争がもたらす影響に対応する術も持たず，等閑に付されてきた。しかし，歴史の変遷と共に近年の国際社会においては，重大な人権侵害の被害者の権利を保護する動きが活発であり，修復的司法の役割は増々重要になってくるといえるのではないだろうか。

細井洋子先生の想い出

小　柳　　　武

　まだ私が紅顔（厚顔？）の美青年だった大学3年生の時，細井先生が専任講師として東洋大学社会学部にご着任されました。まだご結婚前で宮澤姓でしたが，体型は現在の名前のように，ほっそりとした体型の先生で，多くの学生の憧れの的でした。当時，多くの大学においてそうであったように，東洋大学でも，学生運動が最盛期を迎えようとしていました。教養課程の川越移転計画に端を発した学生運動は，次第に政治的な色彩を強めながら全学的に拡大されていました。そうした騒然とした学内にあって，先生は，いつも研究室で分厚い洋書を読まれていました。私たちはと言えば，時々，インターナショナルやワルシャワ労働歌などを歌いながら，狭い学園内をデモ行進したり，シュプレヒコールを繰り返すなどしていました。幸いなことに社会学部は比較的温和で，過激な発言はあっても行動には至らずにいました。

　私が在籍していた社会学部社会心理学専攻では，毎年5月に山中湖で合宿をしていました。新入生から4年生まで一緒に合宿し，社会心理学について勉強することになっていました。ご着任早々の先生をお誘いしたところ，ご快諾いただき，世界遺産となった富士山の麓で3日間を過ごしました。その時に，先生が社会学を専攻されたこと，社会病理学や犯罪学をご研究されていることなどを知りました。しかしながら当時の私は，自分が将来犯罪学関係を勉強することを想像もできずにいましたので，合宿中に犯罪学や社会病理について先生から学ばなかったことが，今も残念に思っています。

　大学卒業と同時に，私は法務省に入省し東京少年鑑別所に配置されました。当時の東京少年鑑別所には，その後の我が国の犯罪心理学会会長を務めた3人の先生をはじめ，多くの犯罪心理学者が勤務していました。毎週，若手の専門職を中心に勉強会が開催され，事例研究，文献紹介，心理テスト研究な

ど，学生時代よりもはるかに厳しい勉強をさせられました。その時に，文献紹介として，細井先生が訳された Albert Cohen の Deviance and Control を紹介しました。専門分野での最初の細井先生との関係です。その後，犯罪社会学会が設立され，東洋大学に事務局が置かれたころから次第に先生にお目にかかることが多くなったような気がします。

1988年に淑徳大学で開催された第15回日本犯罪社会学会シンポジウムで，私は「犯罪抑止要因としての家族」を発表しました。5年間以上犯罪をしていない間歇犯受刑者に面接し，犯罪が抑止されていた期間に何があったのか，どのように過ごしていたのかなどを中心に調査し，その結果，家族関係（家族に代わる保護者等を含む）の在り方が，犯罪を抑止する要因として特に重要であることを発表しました。細井先生もご出席されており，私の発表の順番になると，「大丈夫かしら」と心配顔で私の発表を見守ってくださったのを今も印象深く思い出します。

私が法務省矯正局国際企画官時代，矯正局に関係する審議会の幹事をしていました。細井先生には矯正・保護審議会（矯正科学部会）委員をしていただき，矯正処遇の在り方についてご審議いただきました。この会議の席上，先生は，「被害者に視点を当てた教育」を加害者教育の中に取り入れることを熱心に主張されました。当時の我が国では，被害者学がようやく市民権を得ようとしていたのですが，「被害者の視点」を矯正教育に取り入れるほどには浸透していませんでした。むしろ，被害者の視点を取り入れることによって，加害者を追い込み，それまでの改善更生，健全な社会復帰を目標としていた矯正教育に大きな混乱を招くのではないかと危惧する雰囲気もありました。しかし，このご発言は，審議会の審議内容を中心にまとめた「提言21世紀における矯正運営及び更生保護の在り方について」に記載され，これを元に，現在刑事施設において展開されている，「特別改善指導」の R4（被害者の視点を取り入れた教育）として結実しました。

私が法務省を退職し，常磐大学に勤務してからは，それまで以上に先生のご指導を仰ぐ機会に恵まれました。科研費で調査した「地域共同体における犯罪被害者と加害者のあらたな関係形成の実証的研究」（研究代表者：西村春夫），現在実施している「高齢受刑者の生活世界と出所後のかれらの自立プロ

セスに関する実証的研究」(研究代表者：細井洋子)など，多くの研究を共同でさせていただき，折に触れてご指導いただく機会に恵まれています。

　古稀を迎えられて，益々お元気にご活躍いただき，折に触れて私たちを叱咤激励していただくことを，そしていつまでも知的で魅力溢れる先生でおられることを祈念しております。

細井洋子先生　略歴・主要著作目録

略　歴

1961 年 4 月～1965 年 3 月	東京女子大学文理学部社会学科卒業
1965 年 4 月～1967 年 3 月	東京都立大学大学院社会学研究科修士課程修了
1967 年 4 月～1969 年 3 月	東洋大学社会学部助手
1969 年 4 月～1975 年 3 月	東洋大学社会学部専任講師
1975 年 4 月～1980 年 3 月	東京都立大学大学院社会学研究科博士課程単位取得後退学
1975 年 4 月～1985 年 3 月	東洋大学短期大学助教授
1982 年 4 月～1987 年 3 月	東京都立大学法学部非常勤講師
1985 年 4 月～1989 年 3 月	東洋大学短期大学教授
1988 年 4 月～1997 年 3 月	明治学院大学社会学部非常勤講師
1989 年 4 月～2012 年 3 月	東洋大学社会学部教授
1998 年 3 月	博士（社会学）東洋大学より授与される
2004 年 4 月～2005 年 3 月	東洋大学大学院社会学研究科委員長
2005 年 4 月～2007 年 3 月	東洋大学社会学部長
2012 年 6 月	東洋大学名誉教授

【加入学会】

日本犯罪心理学会
日本犯罪社会学会
日本被害者学会
アメリカ犯罪学会
日本司法福祉学会
オーストラリア・ニュージーランド犯罪学会
アメリカ犯罪学会

【社会活動】

1991 年 1 月～2010 年 10 月	国家公安委員会　犯罪被害給付専門委員
1995 年 6 月～12 月	警察庁　警察の被害者対策に関する研究会委員
1991 年～1992 年	総務庁青少年対策本部「非行研究会」委員

1992年～2000年	法務省矯正・保護審議会委員
2001年12月～2006年3月	法務省中央更生審査会委員
2003年4月～現在	公益財団法人犯罪被害救援基金理事
2000年4月～現在	公益財団法人日立みらい財団理事
2007年～2008年	内閣府　犯罪被害者等施策推進室
	犯罪被害者実態調査研究会「企画分析会議」座長

主要著作目録

【著書】

1 リアルティと応答の社会学―犯罪・逸脱とケア（2013.6，風間書房）（小宮信夫，鴨志田康弘，細井洋子 編）
2 犯罪と社会 Crime & Society 初歩からはじめる犯罪社会学（2011.3，学文社）（細井洋子，鴨志田康弘 共著）
3 修復的司法の今日・明日―後期モダニティにおける新しい人間観の可能性（2010.10，成文堂）（細井洋子，西村春夫，高橋則夫 編）
4 修復的司法の総合的研究：刑罰を超え新たな正義を求めて（2006.10，風間書房）（細井洋子，西村春夫，樫村志郎，辰野文理 編）
5 社会病理学講座　第1巻　社会病理学の基礎理論（2004.2，学文社）
6 犯罪の被害とその修復（西村春夫先生古稀祝賀）（2002.12，敬文堂）（編集代表，所一彦）
7 宮澤浩一先生古稀祝賀論文集（2000.6，成文堂）（宮澤浩一先生古稀祝賀論文集編集委員会）
8 女性犯罪の研究―ジェンダー犯罪学への試み―（1998.2）
9 住民主体の犯罪統制：日常における安全と自己管理（1997.2，多賀出版）（細井洋子，西村春夫，辰野文理 編）
10 法社会学コロキウム：石村善助先生古稀記念論文集（1996.3，日本評論社）（宮澤節生，神長百合子編集代表）
11 社会病理と社会福祉（1995.11，未来社）（東洋大学白山社会学会編）
12 現代の社会病理9（1995.3，学文社）（日本社会病理学会編）
13 青林法学双書　犯罪学（1995.2，青林書院）（宮沢浩一，藤本哲也，加藤久雄 編）
14 「都市コミュニティにおける犯罪予防」に関する国際会議報告集（Crime Prevention in the Urban Community）（1992.12）（The International Society for Criminology 編）
15 アメリカ犯罪社会学会報告集（1991.11）（アメリカ犯罪社会学会編）
16 現代の社会病理6（1991.1，垣内出版）（日本社会病理学会　責任者　望月嵩）
17 戦後沖縄の家族変動と家族問題（1989.7，アテネ書房）（新崎盛暉・大橋薫 編）
18 思春期の性（1987.2，誠信書房）（作田勉，猪俣丈二 編）
19 女性犯罪（1987.10，立花書房）（中谷瑾子 編）

20 社会病理学入門（1986.4，有斐閣）（大橋薫，高橋均・細井洋子 編）
21 責任と罰：罰の意識構造（1986.2，多賀出版）（石井善助，所一彦，西村春夫 編）
22 福祉国家にみる都市化問題（1984.11，垣内出版）（大橋薫 編）
23 社会学全書 犯罪社会学：法と社会の力学（1984.10，高文堂出版社）
24 新社会病理（1984.4，学文社）（望月嵩 編）
25 犯罪・非行と人間社会（1982.7，評論社）（菊田浩一，西村春夫 編）
26 地方中核都市の社会病理―10年ごとに見る変化と実態―（1982.3，川島書店）（大橋薫，鈴木敏子 編）
27 日本の犯罪学6 1970-77 Ⅱ対策（1980.1，東京大学出版会）（平野龍一 編）
28 犯罪観の研究―現代社会の犯罪化・非犯罪化―（1979.4，大成出版社）
29 新講 犯罪学（1978.12，青林書院新社）（宮沢浩一，藤本哲也 編）
30 犯罪統制の近代化（1976.8，ぎょうせい）（那須宗一編著）
31 犯罪社会学（1975.7，有斐閣）（岩井弘融，細井洋子 編）
32 法社会学セミナー報告書（1974.7，国際社会学会）（国際社会学会編）
33 社会学講座16 社会病理学（1973.11，東京大学出版会）（岩井弘融 編）
34 短大双書 社会学（1973.4，短大双書編集委員会，酒井書店・育英堂）（岡田静二 編）
35 法社会学講座8 社会と法2（1973.2，岩波書店）（川島武宜 編集）

【論文】
1 オーストラリアにおける被害者政策―論争から統合，そして権利保障へ（2014.3，被害者学研究第24号）
2 高齢犯罪者の概要と課題（特集 高齢者犯罪を巡る諸問題）（2012.6，犯罪と非行）
3 ケアに適した正義，正義に適したケア（2012.5，共生と修復（共生と修復研究会編））
4 犯罪被害者の苦悩と怒り（2012.3，東洋大学 21世紀ヒューマン・インタラクション・リサーチ・センター研究年報）
5 ノルウェーの挑戦（2011.12，センターニュース（犯罪被害者都民センター））
6 国際シンポジウム 「殺人事件のあとを生きて―死刑をめぐる5つのストーリー」―米国・犯罪被害者遺族の体験に耳を傾ける―（2011.3，東洋大学 21世紀ヒューマン・インタラクション・リサーチ・センター研究年報）
7 修復的正義の実践活動を促進するために（2011.3，共生と修復（共生と修復研究会編））
8 「安全・安心」な福祉社会形成のあり方（第3報）―犯罪と社会福祉・社会保障との関係

に関する統計的考察（その1）(2011.3, 東洋大学/福祉社会開発研究)
9 シンポジウム 「近い未来, 遠い未来から―犯罪被害者と加害者, 社会を考える (2010.3, 東洋大学 21世紀ヒューマン・インタラクション・リサーチ・センター研究年報)
10 司法への被害者参加―研究者の立場から (20周年記念シンポジウム 被害者学のパースペクティブ) (2010.3, 被害者学研究)
11 犯罪被害者・加害者の関係性構築の戦略を考える (2009.3, 東洋大学 21世紀ヒューマン・インタラクション・リサーチ・センター研究年報)
12 ＜犯罪被害者＞イメージの「構築における現状と課題 (2008.3, 東洋大学 21世紀ヒューマン・インタラクション・リサーチ・センター研究年報)
13 修復的司法の現在・将来―連載をはじめるにあたって (2007.6, 犯罪と非行)
14 修復的司法の動向 (16) 修復的実践のための国際組織 (International Institute for Restorative Practices) の活動を通して (2005.4, 法律時報)
15 犯罪被害者のディスコース・アナリシス (1) (2005.3, 東洋大学 21世紀ヒューマン・インタラクション・リサーチ・センター研究年報)
16 世界の修復正義 アメリカ合衆国の修復的司法 (2003.12, 罪と罰)
17 犯罪者に対する類型別処遇について考える (特集 類型別処遇) (2003.8, 更生保護)
18 世界の修復正義 オーストラリアにおける修復的司法 (2002.8, 罪と罰)
19 脱社会主義と社会変動 (2) ―移行期におけるスロヴァキア地域社会の動態― (2001.9, 中央大学社会科学研究所 調査研究資料集 第2号)
20 図説・関係修復正義：被害者司法から関係修復正義への道のりは近くにありや (2001.8, 犯罪と非行)
21 クリミノロジー賞 受賞のことば (2001.2, NCCD Japan (全国犯罪非行協議会機関誌))
22 コミュニティ紛争の裁判外処理と警察 (2001.2, 警察政策 (警察政策学会) 良書普及会)
23 福祉国家スウェーデンと犯罪 (2000.12, 東洋大学社会学部紀要第60集)
24 福祉国家スウェーデンの家族政策 (2000.9, 季刊 社会安全)
25 スウェーデンの家族政策―犯罪少年施設SKAを通して― (1999.10, 社会安全)
26 オーストラリアにおける刑事司法と地域社会―回復的司法の試み (特集 地域社会の中での更生保護) (1999.9, 更生保護)
27 ジェンダー関係の変容に関する研究：世界の男女リーダーに対する調査を通して (1999.3, 東洋大学社会学研究所「研究報告書」第25集)
28 女性犯罪の研究 (5・完) ジェンダー犯罪学への試み (1999.2, 犯罪と非行)

29 女性犯罪の研究（4）ジェンダー犯罪学への試み（1998.11，犯罪と非行）
30 女性犯罪の研究（3）ジェンダー犯罪学への試み（1998.8，犯罪と非行）
31 女性犯罪の研究（2）ジェンダー犯罪学への試み（1998.5，犯罪と非行）
32 若者の洞察力（1998.5，矯正の窓）
33 女性犯罪の研究（1）ジェンダー犯罪学への試み（1998.2，犯罪と非行）
34 犯罪被害者からみる旧東欧諸国の社会変動とアノミー（特集 第9回国際被害者学シンポジウム）（1998.2，罪と罰）
35 研究動向 なぜ，今「社会病理学」か―Social Pathology：a Journal of Review（Harrow and Heston，1995）の発刊に学ぶ（1996.9，現代の社会病理 XI）
36 日本における男女平等政策と性別権力構造に関する一考察（1996.3，東洋大学社会学研究所「研究報告書」第19集）
37 犯罪被害者―その権利と対策（1995.6，現代のエスプリ号）（諸沢英道 編）
38 女性犯罪の報道に関する一考察―規範を再生産するメディアという観点から（1995.2，犯罪と非行）
39 「家出」のネガとポジ―今日の青少年の複雑な胸の内を，大人たちはどのように受け止めたらよいのだろうか（1993.9，青少年問題）
40 「家出」に関する研究（1993.3，東洋大学社会学研究所 研究報告書）
41 欧米とわが国における社会病理学の学説史的研究（1993.3，文部省科学研究費報告書（平成3・4年度））（細井洋子（代表））
42 日本文化の変容と犯罪―国際化の時代において，「犯罪統制」の観点から何をどのように考えたらよいであろうか（日本犯罪心理学会第30回大会発表論文集）―（1992.12，犯罪心理学研究第30回特別号（日本犯罪心理学会編））
43 わが国における家族の現状と問題点―犯罪・非行との関連において（1990.5，刑政）
44 「犯罪と家族」再考（刑政時評）（1990.3，東洋大学社会学研究所年報）
45 「社会学的ものの見方」再考（刑政時評）（1990.2，刑政）
46 「群衆」から「個衆」の時代へ―最近の「女性犯罪」と「少年事件」を考える（1990.1，刑政）
47 今日的社会における女性と犯罪（上）（1989.8，都市問題）
48 犯罪者と家族の新しい視点―個人の生涯にわたる家族連携への渇望（1989.4，刑政）
49 アーロン・シクレル教授講演要録・解説（1989.3，東洋大学社会学研究所年報）
50 若者たちは，今何を求めているのか―スウェーデン社会にみる新しい家族（刑政時評）

(1989.1, 刑政)
51 現代社会と女性犯罪（＜特集＞女子犯罪と女子犯罪の処遇について）（1986.4, 罪と罰）
52 社会統制に関する理論的考察（1985.3, 東洋大学短期大学紀要16号）
53 女性の非行を考える（＜特集＞家族の未来を考える）（1984.12, 日本婦人問題懇話会会報）
54 北欧における犯罪研究の特徴（1984.10, 犯罪社会学研究）
55 スウェーデンの青少年問題-4 少年非行をめぐる諸制度とその運用（1982.2, 犯罪と非行）
56 スウェーデンの青少年問題-3 少年非行の特徴とその社会的背景（1981.11, 犯罪と非行）
57 スウェーデンの青少年問題-2 薬物非行の実態とその背景（1981.8, 犯罪と非行）
58 ラベリング論と犯罪統制—スウェーデン社会に見るラベリング論の検証（世界の法社会学）（1981.6, 法律時報）
59 スウェーデンの青少年問題-1 性の解放と「フリーセックス」（1981.5, 犯罪と非行）
60 警察の社会統制機能について—スウェーデンの一つの実験を中心に（世界の法社会学）（1981.4, 法律時報）
61 少年非行に関する比較社会的研究—ISAの「逸脱と社会統制」の部会に出席して—（世界の法社会学）（1980.4, 法律時報）
62 逸脱に関する比較社会的研究の1つの試み—西洋の論理 VS 東洋の論理（世界の法社会学）（1980.3, 法律時報）
63 非行の社会学的理論：現代型非行解明の一助として（＜特集＞少年非行理論の再検討）（1979.9, 犯罪社会学研究）
64 現代社会と女性犯罪（1978.11, 刑政）
65 犯罪行動論についての若干の覚書き（1976.10, 犯罪社会学研究）
66 ヨーロッパ社会の「もう一つの犯罪学」：「逸脱と社会統制の研究」に関するヨーロッパ委員会の報告を中心に（1976.1, 犯罪社会学研究）
67 新しい犯罪統制モデル—アメリカの刑事司法体系を考える（世界の法社会学）（1974.5, 法律時報）
68 犯罪学における社会学的側面の再評価（2）視座の転換（世界の法社会学）（1973.7, 法律時報）
69 犯罪学における社会的側面お再評価—最近の犯罪学の動向—（世界の法社会学）（1973.3, 法律時報）
70 各国の犯罪学-1-ソヴェトの場合（世界の法社会学）（1971.9, 法律時報）
71 （2）非行研究の理論的検討（課題研究Ⅰ非行社会学の理論的再検討）（1970.10, 日本教

育社会学会大会発表要旨集録）

72　犯罪学における理論と実証（1970. 5，法律時報）
73　D・マッツァ「Delinquency and Drift」（世界の法社会学）（1970. 4，法律時報）
74　社会的逸脱論（1970. 1，せいしん（誠信書房））
75　高齢結婚についての一考察（1968.11，厚生の指標（厚生統計協会））
76　「婦人の役割」研究に関する一つの視点―家族社会学の立場から―（1968.10，思想（岩波書店））
77　犯罪行動の行為論的考察（1968. 3，東洋大学社会学部紀要 6/7 合併号）

【書評】

1　＜書評＞中野秀一郎・今津幸次郎編『エスニシティの社会学：日本社会の民族的構成』（1997. 9，社会学評論）
2　「BOOK REVIEW　デビッド・マッツァ著『漂流する少年－少年非行論』（非行理論研究会訳）（1987. 6，法律時報）
3　川島武宜監修『法社会学講座』全 10 巻（1972～1973）岩波書店（1972. 9，朝日ジャーナル）
4　広瀬和子著「紛争と法―システム分析による国際法社会学の試み」（1971. 1，組織科学）
5　The Nature of Human Conflict（1968. 3，組織科学）

【翻訳】

1　J・ブレイスウェイト　修復的司法の世界（2008. 7，成文堂）（細井洋子，染田恵，前原宏一，鴨志田康弘）
2　H・ゼア　犯罪被害の体験をこえて：生きる意味の再発見（2006. 7，現代人文社）（西村春夫，細井洋子，高橋則夫）
3　H・ゼア　終身刑を生きる：自己との対話（2006. 7，現代人文社）（西村春夫，細井洋子，高橋則夫）
4　H・ゼア　修復的司法とは何か：応報から関係修復へ（2003. 6，新泉社）（西村春夫，細井洋子，高橋則夫 監訳）
5　E・エルマン　国家は女性虐待を救えるか―スウェーデンとアメリカの比較（2002. 6，文化書房博文社）（細井洋子，小宮信夫）
6　D・シブレイ　都市社会のアウトサイダー（1986. 5，新泉社）（細井洋子 監訳）

7　R・フレッド＆R・スパーク　世界大学選書　犯罪学入門（1972.5，平凡社）
8　A・K・コーエン　現代社会学入門7　逸脱と統制（1968.10，至誠堂）

【調査報告書】
1　「有罪判決後の被告の人生―量刑のための知識―」犯罪社会学会主催第7回公開シンポジウム成果報告書（2011.3，日本犯罪社会学会）
2　「犯罪被害者等に関する国民意識調査」調査結果報告書（2008年度）（2009.3，内閣府犯罪被害者等施策推進室）
3　「現代人のこころのゆくえ2」：ヒューマン・インタラクションの諸相（2008.3，東洋大学21世紀ヒューマン・インタラクション・リサーチ・センター）（東洋大学21世紀ヒューマン・インタラクション・リサーチ・センター編）
4　「犯罪被害者等に関する国民意識調査」分析・考察（2006年度）（2007.11，東洋大学）
5　加害者被害者・コンテクストに関するオートバイオグラフィーとメディアにおける研究（2007.2，東洋大学）（原山　哲（代表））
6　「現代人のこころのゆくえ」：ヒューマン・インタラクションの諸相（2005.3，東洋大学21世紀ヒューマン・インタラクション・リサーチ・センター）（東洋大学21世紀ヒューマン・インタラクション・リサーチ・センター編）
7　被害者・家族等の参加による少年の再非行防止に関する実証的研究　平成12-14年度科学研究費補助金基盤研究（C）（1）研究結果報告書（2003.6，国士舘大学）（西村春夫（代表））
8　「インターネットと非行についての調査研究」平成13年社会安全研究財団女性調査研究報告書（共著）（2002.3，インターネットと非行研究会）（細井洋子（代表））
9　世界のカジノ規制制度に関する実態調査報告書（2002.3，社会安全研究財団）（研究班班長（所　一彦）
10　保険・福祉の課題か解決にかかわるコミュニティの役割に関する日米比較研究，平成11～12年度科学研究費補助金研究成果報告書（2001.3，東洋大学）（園田恭一（代表））
11　犯罪防止NPOで働く女性に関する国際比較研究（1998.6，東京女性財団　1998年度自主研究報告）
12　少年の性犯罪被害に関する研究（社会安全研究財団女性研究報告書）（1997.3，全国少年補導員協会）
13　犯罪の発生過程に関する実証的研究―被害者学の視点から―（平成5～7年度科学研究

費補助金　総合研究（A）研究成果報告書（1996.3，東洋大学）（細井洋子（代表））
14　性的権力構造の国際比較（1994.9，東京女性財団　助成事業年次報告書1993年度）
15　21世紀の国際社会における日本―環境破壊・国際人教育・女性―（特別研究・特定課題 1990-1992年度研究成果報告書）（1994.3，「21世紀の国際社会における日本」東洋大学特別研究（平成2～4年）報告書）（神田道子，細井洋子，天野マキ，岡田忠夫，比嘉佑典，池田正敏，西山茂，小林幸一郎，山手茂）
16　欧米とわが国における社会病理学の学説史的研究（1988.3，文部省科学研究費報告書）（細井洋子（代表））
17　責任と罰に関する比較文化的研究（日米協力研究報告書）（1975.3，日本学術振興会）（石村善助，細井洋子，西村春夫，所一彦，冨田信穂，松原望）

【辞典等】
1　被害者法令ハンドブック（被害者法令ハンドブック編纂委員会編著）（2009.10，中央法規出版）（編集代表：西村春夫，細井洋子，高橋則夫）
2　社会学小辞典　改訂版（1997.1，有斐閣）（編集代表：浜嶋朗，竹内郁郎，石川晃弘　編）
3　新社会学辞典（1993.2，有斐閣）（森岡清美，塩原勉，本間康平（編集））
4　犯罪学辞典（1983.2，成文堂）（菊田幸一，西村春夫 他編）

【主催した主要なシンポジウム・講演会】
1　国際シンポジウム「殺人事件のあとを生きて―死刑をめぐる5つのストーリー」～米国・犯罪被害者遺族の体験に耳を傾ける～（2010.6，主催：東洋大学21世紀 ヒューマン・インタラクション・リサーチセンター）
2　公開シンポジウム「近い未来，遠い未来から―犯罪被害者，社会を考える―」（2009.12，主催：東洋大学21世紀 ヒューマン・インタラクション・リサーチセンター）
3　ハワード・ゼア博士来日講演「「ハワード・ゼア博士と共に修復的実践を考える」（2006.7，主催：ハワード・ゼア講演実行委員会）
4　「The 122nd International Training Course」（2002.10，国連アジア極東犯罪防止研修所にて講演）

【参加した主要な学会】
1　XVIII ISA World Congress of Sociology in Yokohama 2014（2014.7，主催：International

Sociological Association (ISA))
2. 8th International Conference of the EFRJ in Belfast 2014 (2014. 6, Secretariat of the European Forum for Restorative Justice)
3. The Stockholm Criminology Symposium 2014 (2014. 6, 主催：The Swedish National Council of Crime Prevention on behalf of the Swedish Government)
4. シンポジウム「長野県から特殊詐欺の被害をなくそう」(2014. 2, 主催：長野県弁護士会, 関係団体：長野県警, 県消費生活センター, 県社会福祉協議会, 信濃毎日新聞社他)
5. 日本司法福祉学会　第13回全国大会「司法福祉の焦点：社会的弱者の加害—その対応を考える」(2012. 8, 主催：日本司法福祉学会)
6. The Stockholm Criminology Symposium 2012 (2012. 6, 主催：The Swedish National Council of Crime Prevention on behalf of the Swedish Government)
7. 修復的司法, 人権と平和教育に関する2012年国際シンポジウム (2012. 3, 主催：台湾修復的司法研究会：修復式正義連線官方部落格, 玉山神學院, 東吳大學, 輔仁大學, 台灣大學他)
8. The 2010 27th Annual NOFSW Conference (2010. 4, 主催：National Organization of Forensic Social Work：USA)

執筆者紹介（掲載順）

西村春夫（にしむら・はるお）
　　刑事司法政策学者，犯罪学者
黒澤　睦（くろさわ・むつみ）
　　明治大学法学部准教授
小長井賀與（こながい・かよ）
　　立教大学コミュニティ福祉学部教授
長谷川裕寿（はせがわ・ひろかず）
　　駿河台大学法学部教授
高橋則夫（たかはし・のりお）
　　早稲田大学大学院法学研究科教授
宿谷晃弘（しゅくや・あきひろ）
　　東京学芸大学人文社会科学系法学政治学分野准教授
染田　惠（そめだ・けい）
　　法務省宇都宮保護観察所長
山辺恵理子（やまべ・えりこ）
　　東京大学大学総合教育研究センター特任研究員
竹原幸太（たけはら・こうた）
　　東北公益文科大学公益学部准教授
南部さおり（なんぶ・さおり）
　　横浜市立大学医学部医学科助教
原口友輝（はらぐち・ともき）
　　中京大学国際教養学部講師
安　成訓（あん・そんふん）
　　韓国刑事政策研究院研究委員
龍田怜奈（たつだ・れな）
　　パリ第2大学大学院法学研究科博士課程
小柳　武（こやなぎ・たけし）
　　常磐大学国際被害者学研究所教授

修復的正義の諸相
——細井洋子先生古稀祝賀

RJ 叢書 9

2015 年 7 月 1 日　初版第 1 刷発行

編　者	西　村　春　夫
	高　橋　則　夫

発　行　者　　阿　部　成　一

〒 162-0041　東京都新宿区早稲田鶴巻町 514 番地

発　行　所　　株式会社　成　文　堂
電話 03(3203)9201　FAX 03(3203)9201
http://www.seibundoh.co.jp

製版・印刷　三報社印刷　　　　　　　　製本　弘伸製本
© 2015　H. Nishimura, N. Takahashi　Printed in Japan
☆乱丁・落丁本はおとりかえいたします☆
ISBN978-4-7923-5155-7　C3032　　　　　　検印省略

定価（本体 7,500 円＋税）

RJ叢書

1　修復的司法の探求　　　　　　　　　　　高橋則夫著

2　リアル ジャスティス　　テッド・ワクテル著・山本英政訳
　　　　―修復的司法の挑戦

3　修復司法の根本を問う　　　　ゲリー・ジョンストン著
　　　　　　　　　　　　　　　　　　　　西村春夫監訳

4　犯罪司法における修復的正義　　　　　　吉田敏雄著

5　対話による犯罪解決　　　　　　　　　　高橋則夫著
　　　　―修復的司法の展開

6　修復的司法の世界　　　　　ジョン・ブレイスウェイト著
　　　　　　　　　　　細井洋子・染田　惠
　　　　　　　　　　　前原宏一・鴨志田康弘　共訳

7　これからの犯罪被害者学　　　　　ジョー・グディ著
　　　　―被害者中心的司法への険しい道　　西村春夫監訳

8　修復的正義の今日・明日
　　　　―後期モダニティにおける新しい人間観の可能性
　　　　　　　　　　細井洋子・西村春夫・高橋則夫編著

9　修復的正義の諸相　　　　　西村春夫・高橋則夫編
　　　　―細井洋子先生古稀祝賀